小栗崇資＋谷江武士＋山口不二夫
【編著】

内部留保の研究

RETAINED EARNINGS

唯学書房

はじめに

　企業の内部留保をめぐって近年、社会的に大きな話題となることが多い。特に大企業の内部留保が膨大な額に上ることが明らかとなり、それが隠れた埋蔵金ではないかという見方も報道等を通じて広まっている。また内部留保を取り崩して社会的に活用できるか否かが、政治や労働の場で大きな論点にもなってきている。こうした内部留保の活用は、内需の冷え込んだ日本の国内市場をどう活性化させるかの重要な解決策の一つとして期待されるに至っている。

　そうした内部留保であるが、それがどのような概念であるのか、どのような計算によって把握することができるか、どのような実態にあるのかは、必ずしも十分に明らかにされているわけではない。内部留保は企業の会計を通して生まれるので、それを明らかにするには会計学的な知識が必要となる点に、理解の困難さも生じている。

　本書は、そうした問題を解明することをめざした共同研究である。この共同研究はもともと会計理論学会のスタディ・グループ研究（2009年～2011年）として出発したものである。当初、スタディ・グループは「経営分析の現代的課題——内部留保を中心に」というタイトルのもとに谷江武士を代表として計12名のメンバーで研究をスタートさせた。論議を通じてサブタイトルにある内部留保の研究に的を絞ることとなり、2年間の研究を経て、その研究成果は2011年10月に学会における研究報告書として発表されている。

　本書はそのスタディ・グループ研究をさらに発展させたものである。本書は3部構成をとり、第1部では総論、第2部では各論、第3部では現代的課題、付録では先行研究について論じている。

　第1部（第1章～第5章）では、内部留保とは何かについて様々な側面から明らかにしている。内部留保という用語の由来、内部留保論と内部留保分析論の違い、利益留保と資金留保の違い、利益留保における利益の定義、内部留保分析論の発展過程、内部留保論の前史、内部留保における法人税法の役割など、であるが、内部留保を論じるのに必要な論点のほとんどを第1部で明

らかにしえたと考えている。

　第2部(第6章〜第14章)では、内部留保を構成する項目について理論的かつ具体的に明らかにしている。公表内部留保として一般に認知されている利益剰余金を除く、実質内部留保を構成する諸項目をここでは取り上げている。引当金、減価償却、退職給付引当金(退職給付に係る負債)、減損損失、資産除去債務、資本剰余金、自己株式、無形資産、のれん、について国際会計基準による変化にも触れながら、詳細な分析をケーススタディとともに行っている。第2部のまとめとして、実践的な内部留保計算書についても提案しているので、参照されたい。

　第3部(第15章〜第17章)では、現代の内部留保の実態とその活用について論じている。内部留保の活用の可否が大きな論点であるが、本研究では内部留保の取り崩しは可能であり活用すべきであることを問題提起している。内部留保の社会的な活用が必要であることは、実態分析の中からも明らかにしている。特に大企業の内部留保が日本経済の歪みをもたらしており、格差を生む強蓄積の構造の転換が大きな鍵となっていることを実証的に分析している。内部留保分析が個別企業の分析にとどまらず、日本経済の構造分析にも通用しうるものであることを示すことができたと考えている。

　付録では、日本における内部留保分析論をリードしてきた4人の研究者の研究について取り上げ、インタビューや調査を通じて、その研究内容を明らかにしている。

　以上のような内容であるが、本書は、内部留保を真正面から取り上げた初めての本格的な研究書であると思われる。専門的で難解な部分も多く、会計学の知識のない読者には読みづらいところもあると思われるが、関心のある部分を読んでいただくようお願いしたい。今回の研究を通じて、初めて明らかになったことも多く、これまでの内部留保についての諸研究を本書によってある程度、集大成できたのではないかと考えている。内部留保分析は、日本における批判的な経営分析の中から生まれたものであり、国際的に見てもユニークな概念とそれに基づく分析方法に立っている。今後さらに内部留保論および内部留保分析論を発展させていくことが重要となっている。本書が

そうした新たな研究への土台となることができれば幸いである。

　本書は、3人の編者、小栗崇資、谷江武士、山口不二夫を中心に、可能なかぎり共通の知見を築き上げ、各論文の論旨を全体と一致させるように努力したつもりであるが、なお細部においては違いも残っている。その点で各論文については各執筆者の責任において書かれていることをご了解いただきたい。

　本書が成るに当たっては学会、研究会の多くの先生方からの貴重なご質問や意見をいただいた。特に会計理論学会からは研究費も含めて多大なご支援をいただいた。この場を借りて感謝したい。またインタビューに快く答えていただいた、山口孝先生、角瀬保雄先生、野村秀和先生、大橋英五先生にはお礼を申し上げたい。先生方の貴重な研究を引き継ぎ発展させることの重要性と責任を痛感している。

　最後に大部の本書の出版をお引き受けいただいた唯学書房の村田浩司氏にお礼申し上げたい。書籍販売が不振な中で、問題を深く掘り下げた研究を読者は待っているとの村田氏の言葉を励みに本書に取り組んできた。その言葉は今後もわれわれ研究者の指針としたい。本書がそのようなものとなっていることを願うばかりである。

2015年8月

編著者

目次

はじめに　iii

第 1 部
総論 内部留保とは何か

第 1 章　内部留保分析の現代的展開 ……… 003

1　はじめに　003
2　内部留保と内部留保分析　003
3　内部留保とは何か　008
4　利益留保と資金留保　011
5　内部留保の全体像　020
6　法人企業統計における内部留保　025
7　おわりに――内部留保分析の役割　027

第 2 章　利益概念の多様性と内部留保 ……… 033

1　問題の所在――利益と内部留保　033
2　利益観の変化と内部留保利益　034
3　利益観による内部留保利益の差異　036
4　利益の隠蔽・保守主義・重要性の原則と留保利益　039

第3章 内部留保論の形成と展開 ……… 043

1. 内部留保論形成の背景 043
2. 1970年代の内部留保論と分析論の形成 044
3. 内部留保概念の異同 056
4. 1980年代から90年代の内部留保論と分析論の展開 060
5. 2000年代の内部留保論および分析論のひろがり 065

第4章 内部留保論形成の前史 ……… 069

1. はじめに 069
2. ドイツにおける内部留保のはじまり 069
3. 日本における第二次世界大戦以前(戦前)の内部留保 071
4. 戦中の内部留保 075
5. 戦後の内部蓄積に向けて 078
6. 内部留保概念に関する主要な見解 083
7. おわりに 088

第5章 法人税制と内部留保 ……… 093

1. はじめに——分析の視点 093
2. 法人税負担率と内部留保 093
3. フローベースでの各種比率の分析 101
4. 2007年・2011年税制改正減価償却制度 108
5. おわりに 113

第2部
各論 内部留保項目の分析

第6章 引当金 ……… 117

1. はじめに 117

目次 vii

	2	イギリスにおける変遷　118
	3	アメリカにおける変遷　120
	4	日本における変遷と議論　122
	5	国際会計基準の動向　126
	6	引当金のケーススタディ　130
	7	引当金の利益留保性　150

第7章　減価償却 — 153

	1	減価償却の本質　153
	2	減価償却の史的展開　157
	3	内部留保と減価償却　163
	4	IAS16再評価モデルと減価償却（新たな論点）　170
	5	分析事例　175
	6	今後の課題　182

第8章　退職給付引当金・退職給付に係る負債 — 187

	1	はじめに　187
	2	先行研究——退職給与引当金の会計的性格　188
	3	退職給付会計の概要と特徴　190
	4	退職給付引当金と退職給与引当金の相違　194
	5	ケーススタディ　198
	6	まとめとして　207

第9章　減損損失 — 211

	1	減損会計基準　211
	2	固定資産の減損とその概要　212
	3	減損会計の実態　218
	4	減損会計と内部留保　220
	5	減損の内部留保分析——鹿島建設のケース　223
	6	まとめ　230

第10章 資産除去債務 ——— 235

1. はじめに 235
2. 資産除去債務に関する会計基準の概要 236
3. 会計処理と開示 237
4. 引当金方式と資産・負債両建て方式 241
5. 資産除去債務の適用状況 244
6. 資産除去債務のケーススタディ 247
7. 資産除去債務と内部留保 253

第11章 資本剰余金 ——— 257

1. はじめに——先行研究と視点 257
2. 資本剰余金(資本準備金)に関する諸説 258
3. 資本準備金の変遷 261
4. 自己株式及び法定準備金の取崩等に関する会計基準 266
5. 新会社法における資本準備金 267
6. 資本剰余金の実態 268
7. 内部留保としての資本剰余金 270
8. 事例分析 271
9. おわりに 279

第12章 自己株式 ——— 283

1. 自己株式取得に関する法制度 283
2. 自己株式の取得または処分の目的 285
3. 財源規制と消却原資 287
4. 自己株式に関する会計処理 290
5. 自己株式の位置づけ 293
6. IFRSにおける自己株式 296
7. 自己株式の実態 299
8. 自己株式の消却等の内部留保への影響 306
9. おわりに 310

第13章 無形資産・のれんの会計処理と内部留保 ——— 315

1. 無形資産・のれんと内部留保　315
2. オリンパスの粉飾と内部留保　316
3. ライブドアと楽天の無形資産の認識　320
4. 無形資産とのれんの分類方法の提案　323
5. のれんの評価と内部留保　326

第14章 内部留保の構成（内部留保計算書） ——— 331

1. はじめに　331
2. 公表内部留保と実質内部留保　332
3. 内部留保の項目　333
4. 内部留保計算書の提案　340

第３部
現代的課題 内部留保の実態と活用

第15章 内部留保の現段階とその活用 ——— 347

1. 膨大な内部留保の蓄積　347
2. 過去最高となる蓄積状態　350
3. 内部留保の使途　353
4. 人件費削減と法人税減税による内部留保　356
5. 巨額な換金性資産の存在　359
6. 内部留保の活用は可能か　362

第16章 上場企業の内部留保分析 ——— 367

1. 内部留保分析と内部留保の内容　367
2. 内部留保を財務諸表からもとめる　371
3. 内部留保を何に使っているか　373

第17章　内部留保分析から見た日本資本主義の特質 ……… 381
　　　── 法人企業統計を用いた内部留保分析

1　はじめに　381
2　法人企業統計における内部留保の特質と問題点
　　　── 法人企業統計を用いた内部留保分析の方法　382
3　日本企業における総資本構成の変化と内部留保　389
4　規模別の内部留保における特質と問題点　397
5　大企業における内部留保の特質と問題点　401
6　大企業における産業別の内部留保の特質　415
7　おわりに　431

付録　内部留保論の先行研究 ……… 435

山口孝の内部留保論　436
角瀬保雄の内部留保論　444
野村秀和の内部留保論　450
大橋英五の内部留保論　457

【執筆分担】

第 1 章　小栗崇資	第12章　松田真由美
第 2 章　山口不二夫	第13章　山口不二夫
第 3 章　谷江武士	第14章　谷江武士
第 4 章　松田真由美	第15章　小栗崇資
第 5 章　田中里美	第16章　谷江武士
第 6 章　高橋伸子	第17章　田村八十一
第 7 章　長谷川美千留	付録
第 8 章　柳田純也	山口孝の内部留保論　　山口不二夫
第 9 章　高橋円香	角瀬保雄の内部留保論　松田真由美
第10章　山﨑真理子	野村秀和の内部留保論　柳田純也
第11章　田中里美	大橋英五の内部留保論　田中里美

第1部
総　論
内部留保とは何か

第 1 章

内部留保分析の現代的展開

1　はじめに

　本章は内部留保分析論を今日の時点でより深めることを意図している。現在はその内容をさらに発展させるべき段階にあると考えられるからである。

　経済危機の中で雇用の切り捨てが進む一方で、内部留保を増大させている大企業の姿勢への批判が高まっており、企業の内部留保の活用をめぐって政府や国会でも取り上げられたことはなお記憶に新しい[1]。資本の側は「内部留保は生産設備などに使われており、現金に換えることはほとんど不可能」（日本経団連代表の国会発言）との見解を繰り返しているが、その活用可能性も含めて内部留保についてのさらなる解明が必要となっている。

　内部留保とは何であり、内部留保をどのように分析すべきであるのか、内部留保は果たして活用可能であるのか。本章では内部留保論および内部留保分析論を再吟味し、こうした問題を考えてみたい。

2　内部留保と内部留保分析

　内部留保とは、経済学における資本蓄積（剰余価値の資本への転化）を会計面で捉える概念である。資本は生み出した剰余価値（利潤）のうち、配当等に費

やした後の残りを新たな追加資本として充用し、資本を増大させることで資本のさらなる増殖を図ろうとするが、このように剰余価値を資本に再転化することを経済学的に資本蓄積と呼ぶ[2]。

　資本蓄積においては、さらなる剰余価値を得るために追加資本が生産過程に投下され、それが繰り返されることによって蓄積が蓄積を生む運動が生み出される。資本蓄積は拡大された規模での再生産、つまり拡大再生産を意味する。拡大再生産は諸資本が競争に迫られる中でたどらざるをえない必然的な過程であり、そうした資本を絶えず増大させる蓄積運動は資本の本性に基づくものである。

　資本蓄積のためにはまずは剰余価値の一部がただちに資本に再投下されるのではなく積み立てられなければならないが、そうした部分は蓄積ファンドと呼ばれる[3]。厳密にいえば蓄積ファンドが資本として再投下されたときに資本蓄積が進むということができる。会計学における内部留保は、企業内部への利潤の積み立てを表す概念であり、そうした意味で蓄積ファンドの概念に近いといえる。

　基本的には資本蓄積はこのような生産過程への継続的・拡大的な追加資本としての投下を意味するが、今日では資本は生産過程において生産資本として投下されるだけではなく、利子生み資本や擬制資本などへの金融投資として投下される度合が高まっている。

　金融資本主義的な段階にある現代資本主義においては、資本蓄積の概念をより拡張して捉えることが必要である。現代では蓄積された資本は、生産的に充用されることなく非生産的な資本として金融資本主義を加速させる方向へと投下される傾向にある。それは生産の観点から見れば過剰な蓄積によって生まれた過剰資本である[4]。内部留保は蓄積ファンドに近い概念であるので、内部留保が生産資本として使われているのか、過剰資本として生産以外に投下されているのかを見ることが重要となる。今日の内部留保を解明する上で、このような現代的観点から見た資本蓄積の段階や過剰資本の問題などを念頭において検討を行うことが求められている[5]。

　それでは、そうした会計的な概念としての内部留保とは何であろうか。内部留保は企業において利益の蓄積として現れるが、利益の蓄積は会計（財務

諸表）を通して行われ表示されるので、それを読み解くには会計における利益計算の構造やその過程に関する検討が不可欠となる。問題となるのは、誰の目にも明らかな利益（公表利益という）の蓄積だけでなく、見えない形での隠れた利益（実質利益という）の企業内部への蓄積が行われることである。隠れた利益の蓄積は、個別企業の財務・会計政策によって行われるが、それは制度や政策（会計制度や税制）による容認や支援なしには実現できない。特に日本では歴史的に、法人税法や租税特別措置法等による内部留保促進策がとられてきたことに見られるように、国家による大企業優遇措置として制度的な内部留保の大がかりな形成が図られてきたといわねばならない[6]。

　こうした内部留保をめぐる問題は、わが国において戦後、独自に発展した批判会計学の大きな研究課題として、「秘密積立金」論や「利益の費用化」論、「引当金」論などを通じて検討されてきた。それらに共通の研究課題は、公表される利益の留保だけでなく企業が様々な会計手法で実質的に利益をどのように蓄積しうるのか、どのような制度的・政策的な支えによって利益の操作や隠蔽が可能となるかについて、理論的・実証的に解明することにあった。そうした研究では、「内部留保」という用語や概念が共通に定着していたわけではないが、「資本蓄積」「内部蓄積」「留保利潤」「利益留保」など様々な言葉によって内部留保についての考察が進められた。類型的ではあるが、そうした論議を俯瞰するとすれば次のようになろう。

　「秘密積立金」論は、資産の過小計上や負債の過大計上、費用の過大計上、収益の過小計上を通じて利益が「秘密」に積み立てられる会計処理や制度を論じる議論である。19世紀末のドイツで生まれた秘密積立金の実務は、典型的には「1マルク勘定」に代表されるように、過大な減価償却により企業内部に利益（資金）を蓄積することでドイツ独占資本の形成を支えるものとなった。資本調達基盤の脆弱性の中で資本を蓄積するために、配当安定化＝秘密積立金＝過大償却政策がとられたのである[7]。秘密積立金は、減価償却の過大計上、引当金の過大計上、資本的支出の収益的支出への組替、未収収益の非計上等によって生み出されるが、それらはいずれも損益計算を操作することで利益を企業内部に一定期間、積み立てる結果をもたらすものとなる。「秘密積立金」論を展開したのは宮上一男であるが、会計制度や会計理

論が利益の縮小表示を合理化し利益の秘密積立金化を隠蔽するとする宮上の公表会計制度論は、「秘密積立金」論を一つの基礎にしているといってもよい[8]。「秘密積立金」論はその後の内部留保論につながる重要な論点を提起しているということができる。

「利益の費用化」論は、経済学的に見た利潤が会計においては費用化されることで適正な利益計算が損なわれているとする議論である。今日の会計は、独占資本の会計として収益を小さく費用を大きく計算するだけでなく、さらに虚偽、不正が加えられて利益の隠蔽が行われるのであるが、そこでの資本家の中心的な手段となっているのが、本来の利潤を様々な費用に転化させる「利潤の費用化」という方法である[9]。岡部利良が会計方法のあり方を考察するために展開した議論であるが、本来の利益が様々な名目により費用とされることで損益計算が歪曲されることを意味する「利益の費用化」論として今日に至っている[10]。「利益の費用化」論は、内部留保形成において隠れた利益の蓄積過程を表す重要な概念となっているといわねばならない。

「引当金」論は、「秘密積立金」や「利益の費用化」を象徴する典型的な会計実務について論じる議論である。引当金は、当初（20世紀初頭）は、将来予想される費用や損失に対する支払い準備のための利益積立金（利益処分）としての性格をもっていたが、その後、制度として会計原則・会計基準が形成される過程で、引当金は繰入れを費用として本体は負債として処理される項目に変わっていった。引当金方式が確立されることによって、「秘密積立金」の一部がある意味で公示積立金の一種に転換し、「利益の費用化」が制度的に公然と容認されるものとなったのである[11]。

日本経済の高度成長の中で会計制度が果たした役割は大きいが、とりわけ過大な引当金の設定を通じて急速な資本蓄積が促進されてきたことは特筆に値する。特に1962年改正の商法で特定引当金（利益留保性引当金）を含む幅広い引当金の計上が容認されたことが契機となっている[12]。引当金問題の解明は、日本の会計制度が経済政策や税制と一体となって日本資本主義の発展を支えてきたことを明らかにする役割を果たした[13]。批判会計学だけでなく通用の会計学においても引当金の位置づけやその妥当性をめぐって議論や論争が行われたが[14]、「引当金」論は、日本の企業における資本蓄積、すなわち

内部留保の実態を検討する上で大きな役割を果たしたということができる。

こうした研究では、「内部留保」という用語や概念が共通に定着していたわけではないが、「資本蓄積」「内部蓄積」「留保利潤」「利益留保」など様々な言葉によって内部留保についての考察が進められた。いずれの議論も様々な角度から内部留保について論じるものであったといってよい。こうした議論を通じて、戦後から1970年頃までの段階では、主として「内部留保論」が展開されたということができる。その後、「内部留保論」から「内部留保分析論」へと展開が図られるが、「内部留保」という用語や概念が共有化されるのは「内部留保分析論」の段階においてである。

経営分析論の様々な分析方法の中で内部留保分析は、特に企業における利益や資金の蓄積状態を批判的に解明する上で重要な役割を果たしてきたが、内部留保分析が具体的な分析方法として論じられ、「内部留保分析論」として展開されるのは1970年代に入ってからである。日本経済が高度成長から低成長へと減速し始め、右肩上がりの成長に連動した賃金アップにブレーキがかかる中で、労働運動における賃上げ要求が困難に陥ったことが契機となっている。労働組合の要請を背景に、企業内部の資金蓄積状態や資金運用能力を明らかにしようとする会計学者の経営分析研究の一環として内部留保分析が誕生したと考えられる。海外では内部留保分析はほとんど見られず、経営分析研究において日本の内部留保分析論はユニークな位置にあるということができる。

内部留保分析を含む経営分析についての主要な著作は次の通りである。

- 1975年　角瀬保雄・君塚芳郎・敷田禮二・中山金治・山口孝・近藤禎夫『経営分析と労働組合』労働旬報社。
- 1977年　山口孝『企業分析――経済民主主義への基礎』新日本出版社。
- 1977年　野村秀和『現代の企業分析』青木書店。
- 1979年　角瀬保雄『経営分析入門』労働旬報社。
- 1981年　横倉久夫『労組幹部のための経営分析』ミネルヴァ書房。
- 1987年　坂口康『経営分析論』法政大学通信教育部。
- 1994年　大橋英五『現代企業と経営分析』大月書店。

- 2005年　大橋英五『経営分析』大月書店。
- 2010年　小栗崇資・谷江武士編著『内部留保の経営分析——過剰蓄積の実態と活用』学習の友社。

　ここにも現れているように、1970年代後半に一斉に登場した経営分析に関する著作の中で内部留保分析問題が提起され、論議が深まっていったということができる。特に、山口孝、野村秀和、角瀬保雄の3氏による内部留保分析論は理論的にも実践的にも大きな影響を与えるものとなった。3氏の間では、内部留保概念と内部留保算入項目についての見解の違いをめぐって論争も行われたが、いくつかの論点は残りつつも、その後の坂口康や大橋英五の論議を経て内部留保分析は現在、一定の到達点にある（詳しくは、本書第3章参照）[15]。以下ではそうした到達点と残る論点についてまとめながら、内部留保について見てみたい。

3　内部留保とは何か

（1）▶ 内部留保のフローとストック

　内部留保を論じる上で、内部留保のフローとストック、および利益留保と資金留保という問題についてまず検討してみたい。

　内部留保にはフローとストックの両側面がある。それは、毎期、内部留保の増加分がフローとなり、そのフローがストックの内部留保となるという関係にある。内部留保のフローは、当期純利益から社外流出を除いた分と利益の費用化によって利益とはならないまま蓄積に回る分からなると見ることができる。問題は必ずしもフローがストックとなるわけではないという点である。たとえば、資本剰余金や評価差額のように最初からストックとして現れる場合は、フローを経由しないストックの内部留保ということになる。またフローの内部留保とみなされる項目がストックの項目として財務諸表に表示されない場合もある。たとえば、減損損失はフローとして現れるが、その累

計額はほとんどストックとしては表示されない。これらの場合には、フローとストックは結びつかないことになる。

　それと関連して、先に述べた内部留保論と内部留保分析論とでは内部留保の捉え方が異なってくることも見ておかなければならない。内部留保論が理論的である一方、内部留保分析論はその性格上、実践的なものとならざるをえないからである。実践的な観点からは、対象となる内部留保項目が分析可能でありデータとして利用可能かどうかが問題となる。また本研究における内部留保分析論の観点からは、主としてストックの内部留保が分析対象となる。後に見るように法人企業統計はフローの内部留保を分析対象としているが、これまでの多くの内部留保分析は、資本蓄積を会計的に明らかにするという視点から、ストックの内部留保を問題にしてきた。その場合、フローとして現れるがストックとしては表示されない内部留保項目については分析対象から外してきた。公表された財務諸表や統計を素材とした経営分析ではデータとして利用可能なものだけが対象とならざるをえないからである。その場合、さらに個別企業の財務諸表のようなミクロなデータを対象とする分析と法人企業統計のようなマクロのデータを対象とする分析とでは、さらに利用可能なデータの範囲が異なってくる。いずれにしても内部留保分析においては理論的というよりは実践的に分析可能な内部留保を対象とせざるをえないのである。

　他方、内部留保論の観点からは、フローとストックの両面から理論的に内部留保を捉えることが必要となる。分析のためのデータとして利用可能か否かという問題はさておき、まずは内部留保の全容とそのメカニズムを明らかにすることが課題となり、内部留保論のレベルではフローとストックの関係の理論的な把握が重要となるのである。したがって以下では、内部留保論から見た内部留保と内部留保分析論から見た分析対象となりうる内部留保について区別しながら論じていかねばならない。

（2）▶ 利益留保と資金留保

　次に利益留保と資金留保の問題である。これまでの内部留保論および内部

留保分析論は、内部留保を主として利益留保を意味するものと捉えてきた。批判会計学の中から生まれてきた内部留保研究は、「秘密積立金」論や「利益の費用化」論、「引当金」論に見られるように、会計制度や会計政策の中で損益計算が歪められ、利益が様々な会計的術策を通して隠蔽され操作されることを問題としてきた。その観点を引き継いだ内部留保分析論は、主として利益留保としての内部留保概念を展開してきたのである。批判会計学の伝統を受け継ぐ内部留保分析論の焦点は、隠れた利益留保の分析にあったといっても過言ではない。

しかし、利益留保と資金留保は必ずしも線引きが明確ではない。これまでの会計理論は、今日的表現でいえば費用収益アプローチに立って、収益・費用による利益計算を現金収支と結びつけて捉えてきた。収益・費用とそこからもたらされる利益は期間のズレはあっても基本的に現金収支となって現れると考えてきたのである。そうした点から見れば、利益留保は資金留保と同じものとなる。それをあえて利益留保というのは、妥当性のない（費用性のない）費用を計上したり、費用を過大に計上することによって、本来、利益となるはずのものが意図的に（制度的に）企業内部に蓄積されることを問題にしようとしたからに他ならない。

坂口は「言葉上の無用の混乱を避けるためにも、内部留保は利益の留保に限ったほうが良いのではないか」と述べている。しかし一方で「企業のレベルに現われた資本の蓄積過程を全体として分析することこそ、われわれの分析視角からはもっとも大切なこと」であり、「利益の再投資としての内部留保と資金の『留保』とを概念的には峻別しながら、それぞれの指標が企業の資本蓄積過程においていかなる意味をもつのかを適切に位置づけていくことが必要である」としている（坂口［1987］302-303頁）。

坂口の指摘するように、利益留保に重点を置きつつ、資金留保も加味しながら内部留保分析を行うことが重要であると考えられる。内部留保分析のベースとなった批判会計学の内部留保論の主眼は、企業の利益操作や隠蔽を批判する点にあった。費用性を有さない費用の計上による利益の留保や資本調達時の資本剰余金の形成を批判的に解明する上で、利益留保の概念を欠くことはできない。内部留保を利益留保を中心に考察することは、企業の利益

計算が操作的で歪曲的なものであり続けるかぎり、批判の観点を継承していくためにも引き続き重要であるといわねばならない。

とはいえ、利益留保と資金留保の峻別には困難が伴うことも事実である。利益留保を「利益の費用化」の点から見た場合、その費用に費用性があるかないかを問うことになるが、その評価は簡単ではない。費用性があればその留保は利益留保ではなく、費用となる前の一時的な資金留保となる。以下に具体的な項目を取り上げて、利益留保と資金留保の関係を検討してみたい。

4 利益留保と資金留保

(1) ▶ 引当金

引当金をめぐる論議ではそうした問題が問われてきた。引当金を利益留保性、負債性、評価性と区分する議論である。利益留保性引当金は文字通り利益留保となる引当金である。問題は負債性および評価性の引当金であるが、果たして費用性があるかどうかが問題とされてきた。また費用性があるとされた場合でも過大計上を問題にする議論がなされてきた[16]。

そこでの費用性とはどのような概念であろうか。費用性とは、収益をもたらす資産・用役の費消であり、期間のズレはあっても現金等の支出を伴うことを意味する。その観点をそのまま厳密に適用すれば、費用であるかどうかが定かでなく現金等が未支出である引当金の設定（引当金繰入）は本来、費用性を持ちえない。そもそも引当金は、当初は準備金や積立金の名称で利益から取り置かれる (set aside) ものであり、利益から留保される性格のものであった。しかし、将来予想される費用・損失の要因が当期以前に発生しているという論理を導入することで、見積りの金額を収益に対応させ費用として配分をする方法が引当金の名称のもとに容認されるところとなった。引当金の設定は費用性をもつものとして認知されるに至ったのである。費用発生主義を拡張して理論的な合理化がなされたものが引当金であるということができる[17]。

図表1-1　引当金における利益留保と資金留保

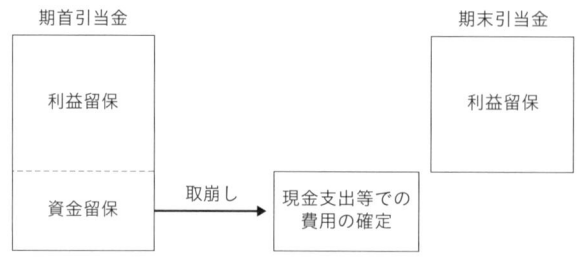

　そうした論理を踏まえつつ、引当金論ではそれぞれの引当金の費用性について吟味され、その妥当性が検討されてきた。

　その場合、費用性があり適正な計上と判断されれば、その引当金は利益留保ではなく単なる資金留保ということになるのであろうか。しかし費用性の有無は現金支出ないしはそれに類する取引があった時にはじめて明らかとなると考えられる。引当金は実際の費用・損失が将来の時点で発生するまではあくまで見積りでしかない。理論的レトリックと会計制度によって引当金（繰入）は費用とされているのであるが、実際に費用性があったかどうかが問われねばならない。将来の時点で現金支出等があった時、はじめて費用性が確定されると見なければならない。見積額のうち現金支出等があった分が実際の費用として確認される。すなわち現金支出等となることによって利益留保でなく資金留保であったことが事後的に判定されるのである。したがって利益留保の中に費用性を帯びた資金留保が混入していると見ることができる。イメージで示せば上の図表1-1のようになる（図表では期首の引当金の顛末を見るために期末の新たな引当金の設定をしていない）。

　図表のように、期首の引当金のうち期中に現金支出等があった分は取り崩されていくが、取り崩された分は費用性が確定したものとなるので、その分は利益留保ではなく資金留保であったということになる。その結果、期末の引当金は利益留保のみの分ということになる。このように見れば、期首の引当金は利益留保の中に資金留保となる分が混入した状態のものであるが、期末の時点での引当金は資金留保分が取り崩された後の状態のものとなり、期末の引当金はすべてが利益留保であるとみなすことができる。

もちろん、期末には再び引当金の新たな設定が行われるので、実際には利益留保の分に加えて、利益留保となるか資金留保となるかが未確定な見積分が加えられることになる。したがって期末の引当金は利益留保分と見積分が混在したものとなる。これまで「引当金」論では、その内の利益留保性の高いものと費用性の高いものとを分別する議論がなされてきた。内部留保論の要素をもつ「引当金」論の観点から見れば、個別の引当金の性格を吟味することが理論的に求められたのである。

　内部留保分析論の立場から見ればどうであろうか。分析論の観点から見れば、引当金は費用性をもつか否かが未確定のまま常に利益から控除される項目であるということが重要なポイントとなる。費用性をもつ資金留保であったか否かは財務諸表上では明らかとはならない。分析時点で費用性が未確定なものは利益留保とみなされるべきものとされる。財務諸表上で唯一把握できるのは、利益留保の性格を多分にもった費用性の未確定な引当金が設定されているという点である。

　そうした観点に立てば、内部留保分析論において引当金をすべて利益留保項目として位置づけることは、十分な根拠があるといえるのである。引当金論として論じる場合は、引当金のそれぞれについて利益留保性や費用性の有無が検討されるであろうが、分析論の立場から見れば、期末財務諸表に表示されるすべての引当金は基本的に利益留保に相当するとみなされる。しかし賞与引当金のように費用性が比較的明確で短期間にほとんどが取り崩されるものもあるように、流動負債に計上される短期の引当金には固定的な利益留保としては捉えがたい引当金も多く存在している。その点から従来の分析論では流動負債の中の引当金は留保項目から除いてきた。本書でもその点を継承し、短期の引当金を除くこととしたい。ただし、貸倒引当金については短期のものも、常に一定額が設定され、事実上、留保が固定化していることから、短期の貸倒引当金は内部留保に加えている。従来の分析論でも多くはそのような取り扱いをしており、その点も本書は継承している。

　こうした点から、内部留保となる引当金は長期負債性引当金と長短の貸倒引当金からなるといえる。上で述べたように、個々の引当金の性格とは関係なく、分析論においては期末時点の引当金は利益留保と見るべきである。内

図表1-2 減価償却による資金留保

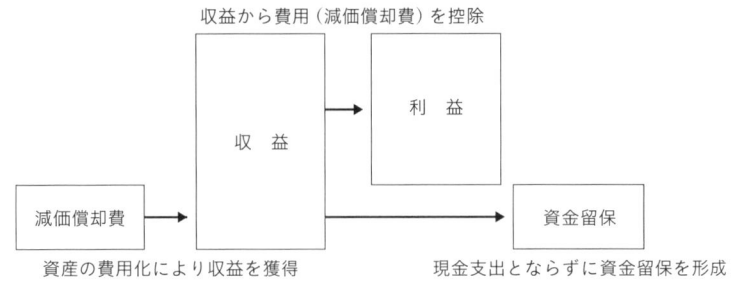

部留保分析論から見れば、引当金の設定は費用性が明確でなく事後的にしか確定しない費用による収益の縮減であり、その分、利益（および資金）を翌期以降に留保するものとなるのである。

(2) ▶ 減価償却、減損損失、資産除去債務

　問題となるのは減価償却である。減価償却は先に資金が資産購入に支出された後、その資産の耐用年数にわたって資金を回収する会計処理であるとされるので、減価償却は資金留保であっても利益留保とはいえないとされる。そうした点で資金留保は必ずしも利益留保を意味するわけではない。しかし、先に述べたかつての「秘密積立金」論に見られるように、歴史的に減価償却の過大計上は利益の隠蔽であると論じられてきた。「秘密積立金」論に立てば、減価償却はそれが過大であるか否かによって資金留保となったり利益留保となったりすると考えられる。厳密にいえば、過大な減価償却費の計上（以下、過大償却）の場合は、単なる資金留保の部分と利益留保（かつ資金留保）の部分が混じり合うことになる。その場合、やはり資金留保と利益留保の線引きは明確ではない。

　仮説的ではあるがその関係を次のように考えたい。引当金と同様に減価償却（減価償却費）の費用性の有無が問題となる。減価償却費とは、固定資産の一部が資本運動の中で収益を生むべく費用化されるものである。減価償却費は収益獲得能力をもつ費用であるということができる。それは上の図表1-2

図表1-3 過大償却による利益留保

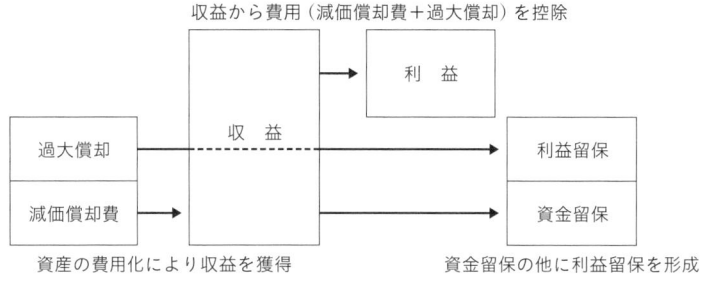

のように示される。図表は論理的に想定される減価償却の過程を示している。

　図表は、収益を生む費用が他の費用なしに減価償却費のみからなると仮定したものである。減価償却費によって収益が獲得され、それによって利益が生じる過程を示している。この場合、減価償却費は本来の費用性をもつものと捉えられる。減価償却は固定資産原価を耐用年数にわたり費用配分し投下資本を回収する会計手続きであるとされるが、それは資産の費用化により収益が生まれることを通じて投資以上のものが獲得されることを意味している。その場合、収益から控除される減価償却費は現金支出を伴わないので、その分が資金留保となる。

　次に図表1-3のような費用性を有する減価償却費を超えて、過大償却が行われる場合を想定してみよう。

　図表は、収益獲得に貢献する減価償却費の他に過大償却が行われる関係を示している。その場合、減価償却費によって収益は獲得されるが、過大償却分は何ら収益獲得に貢献しない。図表のように償却費を2倍にしたからといって収益が2倍になるわけではないからである。過大償却と収益は何らの関係もなく、ただ収益から控除されることによって利益の減少をもたらすのみとなる。過大償却は収益獲得に貢献せずに、そのまま利益を減少させるだけで、結果として利益留保を生むことになる。論理的な想定においてであるが、費用性をもたない過大償却は利益を留保する役割のみを担うことになるのである。

図表1-4 早期過大償却による利益創出

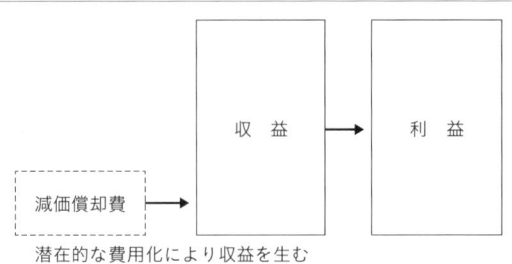

潜在的な費用化により収益を生む

　過大償却が行われると耐用年数よりも短く早期に償却が行われることになるが、過大償却によって早期に償却が終わる場合はどのような問題が生じるのであろうか。減価償却は資産の費用化により収益を獲得する過程を会計学的に表すものであるが、過大償却によって早期に償却が終わる場合、償却は終わっていてもなお資産は使用可能であるので、論理的に見れば資産価値の費用化は未だ完了していないと見ることができる。減価償却による資産価値の費用化が収益を獲得する能力を有しているとすれば、償却が終わって資産の価額が計算上ゼロ（実務的には1円）となっていたとしても、収益を獲得する能力があるという意味で資産価値の費用化は未だ完了しておらず、潜在的には資産の価値は残っていると考えることができるからである。

　その場合、図表1-4のように、潜在的に資産価値の費用化がなされることによって収益がもたらされる。しかし、実際には費用が計上されないので、仮に他の費用がないとすれば収益がそのまま全額、利益となって現れることになる。ある意味で、先に留保されていた利益が後にズレて現れると見ることができる。過大償却は留保利益を先に繰り延べる効果をもっているのである。

　また、これまでも指摘されてきたように早期過大償却によって生み出された内部留保（資金留保＋利益留保）を使って、より早期に新たな設備投資を行い、いち早く収益拡大を狙うことも可能となる。さらに、償却済みではあっても価値（収益獲得能力）を有する資産を売却すれば、売却益を得ることも可能となる。過大償却は利益留保を形成しつつ、様々な形態で利益を操作したり創出することを可能にするのである。

今日の制度的な減価償却はそのほとんどすべてが過大なものとなっているといっても過言ではない。内部留保論の観点から見れば、過大償却分は利益留保以外の何物でもない。今日の減価償却は、費用性を有し資金留保を生む減価償却部分と費用性がなく利益留保を生む過大償却部分から成り立っているのである。理論的には減価償却のかなりの部分が利益留保であるといってよい。

　しかしその線引きは明確ではなく、内部留保分析に適用することは実際上、困難である。内部留保分析論上、減価償却累計額を資金留保分と利益留保分に分けることは困難であるので、内部留保分析において減価償却を利益留保として扱うことは実践的に難しいといわざるをえない。したがって本書では減価償却累計額を利益留保に加えることなく分析する分析方法をとっている。その上で、減価償却累計額を最広義の内部留保である資金留保のうちの重要項目として扱うこととしたい。

　現代の会計においては、さらに減損損失と資産除去債務が内部留保を形成するか否かが問題となる。

　減損損失は投資の失敗等による収益性の低下があった場合、回収可能額まで帳簿価額を減額する会計処理である。減損損失は、過大償却と類似の会計処理であり、現代的な「秘密積立金」としてかなりの部分が利益留保となると考えられる。減損損失の特徴は「利益の費用化」という形態をとらずに「利益の損失化」ともいうべき形態をとることにある。収益を生む費用性を否定する形態はとっているが、収益を減少させる役割という点では過大償却と同じである。過大償却は形式上は費用として処理され、減損損失は費用ではなく形式上、損失として処理されるが、どちらも費用性をもたない収益控除項目であることに変わりはない。したがって減損損失は内部留保論の観点から見れば、過大償却と同様に利益留保を生み出すということができる。しかし、減損損失は累計額を表示することが義務づけられておらず当期の特別損失に計上されることがほとんどなので、実際にはフローの内部留保としてしか捉えることはできない。内部留保論として論じることはできるが、内部留保分析論としてはストックの分析データの利用が困難であり、減損損失を内部留保の実践的な分析対象とすることは難しいといわなければならない。

資産除去債務は資産・負債両建て方式により、将来に予想される除去支出を現在価値に割り引いて債務とするとともに対応する分を資産とし、設定後は減価償却費と利息費用を毎期、計上するという会計処理である。方式の違いはあるが、将来予想費用を引当金として設定する引当金方式と実質は同じである。引当金を利益留保と見る分析論の観点からすれば、資産除去債務の処理も利益留保を生み出す会計的な手法ということになる。この場合、設定後に生じる減価償却費と利息費用の合計が引当金繰入に相当するものとなり、将来の現金支出が生じるまで利益留保が行われると見ることができる。しかし、減価償却費は資産の減価償却累計額に加えられ、利息費用は資産除去債務に加算される形となり、引当金に相当する利益留保の額をストックとして把握することは困難である。減損損失と同様に、内部留保論として論じることは可能であるが、内部留保分析論上は資産除去債務における諸費用を利益留保として分析対象とすることはやはり難しいといえるのである。

（3）▶ 利益留保と資金留保の関係

　以上の点に立てば、利益留保とは、当期の収益に対応しない費用を計上（費用化）することによって利益を縮減し、利益分をフローからストックへと蓄積するものであるということができる。他方、資金留保とは、利益留保を含む広い留保概念であり、支出を伴わない費用計上によって形成されるものとなる。このように利益留保と資金留保は費用性の有無を判定の基準として論理的に区別することができる。しかし、現代会計の展開の中で問題はさらに複雑な様相を帯びてきている。時価会計によって生まれる評価差額（評価益）のような経済学的な利益を新たな利益留保として内部留保に含めるべきであるというのが筆者をはじめとする本書の立場であるが、そうした評価差額（評価益）の特徴は資金留保を伴わない利益留保となるという点にある。時価評価から生じる利益（差額）は、売却等によってはじめて資金として実現することになるからである。そうした資金留保とはならない利益留保も加えて、利益留保と資金留保の関係を考えるとすれば図表1-5のような図を描くことができる。横軸に利益留保性の有無を示す座標軸を置き、縦軸に資金留

図表 1-5 利益留保と資金留保の関係

```
                    資金留保性なし
        ┌─────────────────┬─────────────────┐
        │                 │ 評価差額・含み益 │
        │                 │ その他の包括利益 │
        │                 │                 │
        │                 │ 資金性のない資本準備金 │
利益留保性なし├─────────────────┼─────────────────┤利益留保性あり
        │                 │ 資本準備金      │
        │ 減価償却累計額  │ 過大減価償却分  │
        │                 │ 減損損失・資産除去債務 │
        │ （年金資産）    │ 引当金・準備金  │
        │                 │ 利益剰余金      │
        └─────────────────┴─────────────────┘
                    資金留保性あり
```

保性の有無を示す座標軸を置いたのがこの図表であり、その中にいくつかの典型的な事例を配置してある。

図表では右下の象限が、利益留保かつ資金留保となる部分である。典型的なものは、利益留保が明白な利益剰余金と、隠れた利益留保である引当金・準備金である。それに加えて、上で述べたように過大な減価償却部分や減損損失や資産除去債務（における諸費用）のような「秘密積立金」的な項目が位置づけられる。また、後に見るように、資本市場から資金を伴って調達される資本準備金も利益留保に準じた形でここに加えることができる。

左下の象限は、資金留保ではあるが利益留保とはならない部分である。典型的には減価償却累計額があげられる。また簿外ではあるが積み立てられた年金資産などもここに位置づけられるであろう。減価償却累計額のうちの過大な償却部分が利益留保性を持つことは上で述べたが、制度的・政策的に税法上で耐用年数を短縮化された今日の減価償却では、どの部分が過大部分であるかの線引きは実際には困難であるといえる。

右上の象限は、利益留保ではあるが資金留保とはならない部分であり、評価性利益留保と呼びたい。典型的には時価評価によって生じる評価差額（評価益）や土地などの含み益、その他の包括利益があげられる。今日の公正価

第1章　内部留保分析の現代的展開

値会計の展開の中でこのような時価評価による評価差額（評価益）が増大しているのが特徴である。ここには資金流入を伴わない資本準備金も加えてある。組織再編に伴う資本の再構成において株式交換等により資本準備金が増大する事例が増えているが、資金を伴うものではないので、右下の象限の資金流入を伴う資本準備金とは区別して、ここに置いてある。

　図表ではこのように区分することができるが、現代の会計ではリスクを事前に回避するための保守主義的な実務の増大によって、資金留保と利益留保の線引きやその有無の区別がますます困難になっているといわねばならない。そうした点で内部留保分析論上では、データの利用が困難となる会計処理が増えてきており、内部留保の実態解明にとって大きな障碍となっているということができる。

5　内部留保の全体像

（1）▶ ストックとしての内部留保

　それでは次に、内部留保についてストックである貸借対照表の項目に即して見ていこう。

　図表1-6は貸借対照表の仕組みを示したものである。貸借対照表は、企業に投入された資金をコインの裏表のように運用と源泉の両面から示すものである。

　借方側（左側）は、企業に投下された資金の具体的な運用（使途）を示している。たとえば、資金を設備投資に使えば、有形固定資産の中に「機械装置」として表される。また資金を金融投資に投下すれば、流動資産の中の「有価証券」や固定資産（投資その他の資産）の中の「投資有価証券」として表される（「現金預金」をはじめそれらを線で囲んだのは、後の第15章で論じるように、内部留保の中に活用可能な換金性資産が存在することを示すためである）。貸方側（右側）は、企業に投下された資金の源泉（調達）を示している。たとえば、負債は銀行等からの借り入れた資金を表し、資本（会社法では純資産）は株主からの出資さ

図表1-6 貸借対照表の仕組み(左右は同じ金額)

れた資本および利益の留保を表す。内部留保は貸借対照表の貸方側(右側)の項目として現れる。なぜならば、内部留保は資金の源泉の一種である内部資金として位置づけられるからである。線で囲んだものが後述するような内部留保項目である。

(2) ▶ 内部留保を生む三つの計算

それでは、貸借対照表の中の内部留保項目はどのようにして生まれるのであろうか。先の論述と重なる部分もあるが、内部留保の全体像を示す図表1-7に基づきその要点を見てみることとしたい。

図表にあるように、内部留保は基本的に三つの計算の過程から生まれると考えられる。

第一は、損益計算の過程からの内部留保である。損益計算においては「収益－費用＝当期純利益」というように収益から費用が控除されて当期純利益が計算されるが、一つは当期純利益が計算された後、配当金等が社外流出し

図表1-7 内部留保の全体像

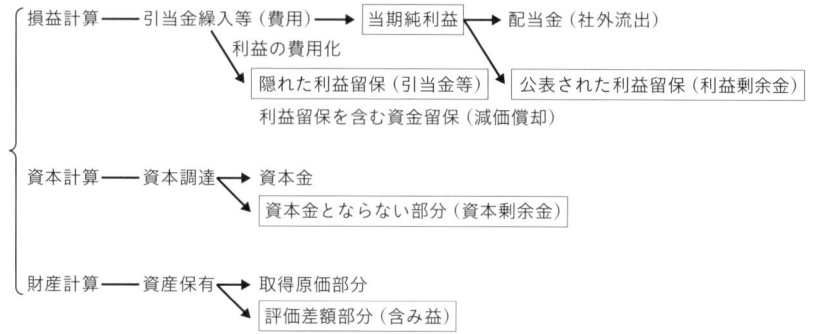

た後に、社内留保分が利益剰余金となることから生まれる内部留保である。この留保は、当期純利益の一部が利益剰余金に転化するプロセスが財務諸表上、明白であり、誰もが認める公表された利益留保であることから公表内部留保ないしは狭義の内部留保と呼ばれる。

もう一つが、当期純利益を計算する前段階において生まれる内部留保である。それは本来の費用ではないが、費用の名目で差し引いた利益を企業内部にストックすることから生まれる引当金等のような内部留保である。これは上で述べた「利益の費用化」であるが、利益の費用化による内部留保は損益計算の過程に隠されているという意味で、隠れた利益留保ということができる。

隠れた利益留保は、以下に述べるその他の項目とともに実質内部留保ないしは広義の内部留保と呼ばれる。引当金や特別法上の準備金がそうした役割をもつ内部留保項目であることは、日本銀行の「主要企業経営分析」や財務省の「法人企業統計」でも内部留保として処理されていることに示されるように、一般にも周知のこととなっている。減価償却費については上で述べたように過大償却分については利益留保と見るべきである。「秘密積立金」論はそうした議論の先駆であるが、減価償却の内の過大償却分を解明した大橋の研究[18]も含めてさらなる検討が必要である。ここでは利益留保とは区別して「利益留保を含む資金留保」として位置づけておきたい。

第二は、資本計算の過程からの内部留保である。資本調達の際に、株主か

らの払込資本は原則的には資本金とすべきとされるが、これまでその一部は資本金ではなく資本剰余金（資本準備金）に組み替えられてきた。歴史的には額面を超える超過分であるプレミアム（の全部または一部）が資本であるか利益であるかの論争が行われてきたが[19]、額面株式が廃止された今日でも資本金に組み入れられない資本準備金をどう見るかは大きな論点となっている。

諸説があり、すべてが資本であるという説から、部分的に資本と見る説やすべてを利益同然の内部留保と見る説まで幅広く存在する。まず、資本主である株主が払い込んだものである以上すべてが資本であるという法的・制度的な観点から議論があるが、それはあまりにも形式的である。戦前においても額面を超えた超過金は利益として扱われており、株主の払い込みがすべて資本であるかどうかは法形式論においても一貫しているわけではない。また他方で、株式発行額を理論的に分析し、その時点で必要とされる所要資本額を超えた部分をプレミアムとして捉える議論もある（高山[2008]）。一部を資本、他を利益とする議論である。経済学的な理論としての整合性はあるが、分析の面に生かすことは事実上、不可能である。形式的ではなくまた理論一辺倒でもなく、実際的かつ制度的に利益留保ないしは資金留保として運用可能なものとなっているかどうかを問題にすべきである。内部留保分析論という実践的な学問領域においては、実態の分析に基づく議論の展開が必要であろう。

筆者は、資本金とならなかった部分を資本市場から収奪され留保利益と同様に運用可能なものであるとする立場に立っている[20]。2006年の会社法では、その他資本剰余金は利益剰余金と同じく分配可能な剰余金となり、資本準備金もその他資本剰余金に組み替えることによって分配することが可能となっている。こうした規定に基づけば、過去の論争はともあれ、今日では制度的に資本剰余金は分配可能な存在となったと見ることができる。現に多くの企業では赤字の場合に資本準備金を取り崩して配当に充てる実務がなされている[21]。そのような制度と実態の分析から見れば、資本剰余金は実質内部留保の重要な項目として位置づけられなければならない。

第三は、財産計算の過程からの内部留保である。現代の会計においては時価評価会計（公正価値会計）が適用されるが、そこでは保有資産・負債につ

いて時価評価がなされ評価差額（その他包括利益）が計算される。時価評価によって計算される評価差額（未実現損益）部分が内部留保であるか否かが問題となるが、時価評価が制度化される以前から、含み益を内部留保として捉える見解が出されている[22]。留保される利益を実現利益に限定せず、経済学的な利益に近いものとして広義に理解すれば、資本（純資産）の部に示される評価差額等は内部留保ということになり、評価性利益留保と呼ぶことができる。実質内部留保は広義の内部留保とも呼ばれるが、利益を広義に捉えることで評価差額等を広義の内部留保として位置づけることができるのである。

ただ留意すべきは、評価性利益留保の分析は内部留保分析の補完物であるという点である。これまで見てきた内部留保項目は、利益留保であるとともに資金留保であった。内部留保は、資本蓄積として企業（資本）が活用することを前提にした概念である。資金として資本への再投下が可能であることが想定されていた。そうした点から見れば、評価性利益留保は実際の資金としては存在していない。あえていえば、いざとなれば売却によって実現しうる資金としての潜在的な資金ということができる。逆のケースで評価損失が出る場合には、顕在化した資金の活用を妨げるものとなるとも考えられる。したがって、評価性利益留保を広義の内部留保に加えるとしても、従来の内部留保分析の補完物として捉えることが必要であると考えられる。

以上の観点に立てば、公表内部留保（狭義内部留保）は利益剰余金からなり、実質内部留保（広義内部留保）は利益剰余金、資本剰余金、引当金・特別法上の準備金、評価差額等からなると見ることができる。

なお実質内部留保の算定において自己株式の扱いが問題となる。会社法および会計基準では、自己株式の取得は株主への分配とみなされ、自己株式の取得は内部留保の取り崩しであるかのように説明される。次に見る法人企業統計でも、内部留保から自己株式の額を差し引いて計算している。2001年まで商法では自己株式は資産として処理されており、内部留保の控除項目ではなかったが、制度上の扱いの変更によってそのようになったのである。

しかし自己株式は金庫株（金庫に保有する株）と呼ばれるように内部留保として実質的に温存されていると見るべきではないか。分析論としてはやはり実態に即した分析が重要である。現にアメリカでは自己株式を株価上昇時に

売却する実務が盛んに行われている。そのような売却があれば、再び以前よりも増大した資金として回収されることになる。つまり自己株式取得は現金が自己株式に変わっただけで、内部留保であることに変動はないと見るべきである。会社法および会計基準が資本控除説(資本から控除する表示法)となったからといって内部留保から自己株式を差し引くべきではないと考えられる[23]。

6　法人企業統計における内部留保

　内部留保分析を産業全体で行うためには、財務省の統計情報である法人企業統計を使うことになるが、分析を進める上では法人企業統計の数値の特徴を見ておく必要がある。

　重要な点は法人企業統計でも内部留保という概念が使われていることである。法人企業統計では、分析目的の一つとして企業の資金調達と資金運用をめぐる資金需給状況の分析が行われている。その資金需給分析では、調達資金が外部資金と内部資金に分けられた上で、内部資金の調達先として内部留保と減価償却の二つがあげられている。

　内部留保概念はどのような内容のものとして捉えられているのであろうか。法人企業統計では次のように説明されている(資金需給分析表の注記に以下の文章が表示されている)。

> 内部留保は利益留保、引当金、特別法上の準備金、その他の負債(未払金等)の調査対象年度中の増減額の合計である。ただし、企業間信用差額｛(受取手形+売掛金+受取手形割引残高)－(支払手形+買掛金)｝の調査対象年度中の増減額の値が負の場合は内部留保に含む。利益留保はその他資本剰余金、利益剰余金、その他(土地の再評価差額金、金融商品に係る時価評価差額金等)、自己株式の調査対象年度中の増減額。

　この規定の最も大きな特徴は、内部留保がフローとして捉えられている点

図表1-8　内部留保の全体像

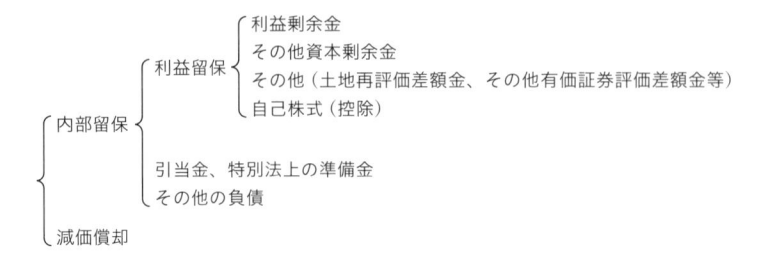

```
           ┌ 利益留保 ┌ 利益剰余金
           │          │ その他資本剰余金
           │          │ その他（土地再評価差額金、その他有価証券評価差額金等）
内部留保 ┤          └ 自己株式（控除）
           │
           │ 引当金、特別法上の準備金
           │ その他の負債
           └ 減価償却
```

である。これは法人企業統計が毎期の資金調達の増減把握を主眼としているためである。企業では毎期にフローとして生じる内部留保が加算されてストックになっていくが、その毎期のフローの増減が計算されているのである。したがって、減価償却以外の内部資金はすべて内部留保に位置づけられることから、内部留保の中にその他の負債の増減額や企業間信用差額（いわゆる回転差資金）の増減額が加えられている点も特徴といえるであろう。そうした点を踏まえて、上記の規定を図示してみると上のようになる（図表1-8）。

　こうした法人企業統計の区分について若干の検討をしてみたい。この区分の問題点は、まず内部留保をフローに限定していて、ストックを算出していない点である。資金調達の観点からフローに限定したために、その他負債や企業間信用の期間差額まで加えることになった点は上で述べた通りである。毎期のフローとしての内部留保はストックとしての内部留保に加えられていく関係にあるので、内部留保分析においてはやはりストックとしての内部留保把握が最も重要となるといわねばならない[24]。本章では内部留保をストックとして捉えているので、その他の負債の増減額や企業間信用差額を除外して考えることとしたい。

　その他の点では法人企業統計の内部留保概念についておおむね評価することができる。内部留保には利益留保と資金留保の両側面があり、線引きをすることは難しいが、利益留保は内部留保を限定して捉え、資金留保は内部留保を広く捉える傾向をもつ。法人企業統計では内部留保を資金留保として幅広く捉えるとともに、その中に明確に利益留保という概念を位置づけていることは図表からも明白である。法人企業統計は資金留保としての内部留保の

中に利益留保を含めて捉えている点に特徴があり、その点は評価しなければならない。その中で利益剰余金は当然としても、その他資本剰余金および時価評価差額（含み益）までも利益留保としていることは、本章の考える実質内部留保の項目とも相通じる重要な規定である。その反面、引当金、特別法上の準備金を内部留保に位置づけるのは良いとしても、利益留保に入れていないのには疑問が残る。また資本剰余金の中の資本準備金を内部留保から外している点も問題である。

さらに法人企業統計では自己株式を内部留保からの控除項目としているが、すでに述べたように、資本控除という会計処理の形式にとらわれて内部留保が減少したかのように見るのは間違いである。

そうした問題はあるが、法人企業統計の内部留保概念は基本的に評価されるべきであろう。資本準備金を加算し、自己株式の控除を取り消せば、本章の考える内部留保に容易に組み替えることができるからである。また、それは後に論じる内部留保の活用を考える上でも重要な示唆を与えるものとなる。というのは、内部留保が企業の内部資金として位置づけられている点である。内部留保の一つの側面としてそれを資金として見ることができれば、その資金としての活用のあり方の問題が当然のことながら検討課題となるからである。内部資金が十分生かされずに滞留している場合には、それは社会的に有効に活用されるべきものとして論じられなければならない。

7 おわりに──内部留保分析の役割

以上、様々に述べてきたが、内部留保論および内部留保分析論が企業の実態を解明する上で重要な役割を果たすものであることが明らかになった。こうした議論は、表面的な会計の解釈では論理に惑わされて見えなくなる企業の実態を、利益留保や資金留保という点から論じ、分析的に考察することを可能としている。また経済と会計をつなぐ議論として、会計データを使って経済的な分析を展開することを可能としている。内部留保論および内部留保分析論は、会計学を基礎としつつ経済学的観点も加味しながら行われる包括

的な企業分析論であるといってよい。

　会計学の見地からの議論でありながら、多くの会計学者の内部留保問題の解明に対する取り組みは盛んとはいえない。会計学の専門性に基づく議論とは次元が異なるという感覚が底流にあるからであろうか。会計学の論理やレトリックを形式的に踏まえようとすると、法人企業統計でさえ内部留保と位置づける引当金を留保項目とは見ない見解も見られる。また後述するように内部留保の活用を論じようとすると、会計学者や会計実務家の中から否定的な意見が出てきさえする。内部留保は貸方側のものであり、活用を論じるのは借方側の問題であることから、それを結びつけて考えることが会計学的に無理があるかのように思うからであろう。また様々な会計の項目を一括りに内部留保とすることに対しても、会計学のロジックとは異質であるかのように捉えるきらいがあるようである。

　その意味で、内部留保論および内部留保分析論は独自の位置を占める議論であるといえる。一方で会計学の理論を踏まえながら、他方でその枠から離れて経済学的な発想をしなければならないからである。また企業の実態を掘り下げて批判的に捉えようとする姿勢も求められる。しかしこうした議論を発展させることが今日、必要となっている。経営分析の中で、個々の比率分析とは違って、内部留保分析は利益や資金の面からではあるが企業の全体像を明らかにする重要な役割をもっていると筆者は考えるものである。資本蓄積分析が経済学的に重要な位置にあるように、内部留保分析は会計学的に重要な位置にあるということができる。

【注】

1　麻生内閣時の河村官房長官は「内部留保はこういうときに活用を」と発言している（「朝日新聞」2009年1月30日付）。また麻生首相も当時の国会答弁で「内部留保の扱いについては（企業に意見を）重ねていわねばならぬところ」と述べている。
2　マルクスは『資本論』第1部第7篇を「資本の蓄積過程」とし、その第22章「剰余価値の資本への転化」において「資本蓄積」を次のように定義している。「これまでは、どのようにして剰余価値が資本から生ずるかを考察しなければならなかったが、今度は、どの

ようにして資本が剰余価値から生ずるかを考察しなければならない。剰余価値の資本としての充用、または剰余価値の資本への再転化は、資本の蓄積と呼ばれる」(『資本論』大月書店版、第1巻、754頁)。大谷 [2001] 201-203頁参照。「資本蓄積」は資本主義的発展を貫く法則であり、資本蓄積は資本の集積、集中へと展開する。マルクスは「資本の蓄積は同時に資本の集積と集中とを伴った」と述べている (同上、846頁)。

3 　大谷 [2001] 201頁。
4 　マルクスは、剰余価値生産に活用することができない資本が増大することについて次のように述べている。「増大した資本が、増大する前と同じかまたはそれよりも少ない剰余価値量しか生産しなくなれば、そこには資本の絶対的な過剰生産が生ずるわけであろう」(『資本論』大月書店版、第3巻315頁)。このような資本は過剰資本と呼ばれる。
5 　そうした現代的な観点から内部留保を経済学的に論じているのは大木 [2012] である。
6 　その詳細な検討については嶋 [2007] 参照。
7 　津守 [1964] は、後進資本主義ドイツにおいては、蓄積政策は「当時もっぱら秘密積立金政策として遂行されざるをえなかった」と述べている。戦後の日本資本主義の発展を考える上でも重要な観点である。
8 　「秘密積立金」論については宮上 [1959]、津守 [1964] 参照。詳しくは本書第4章参照。
9 　「利潤の費用化」として最初に定式化したのは岡部利良であり、多数の研究があるが、その初期の論稿は岡部 [1953] である。岡部は「利潤の費用化」を批判することで本来あるべき会計方法を明らかにしようともした。それは「建設的提言」と呼ばれている。そうした議論については岡部 [1991] 参照。
10 　利潤は経済学的な概念であるので、利益という会計学的概念に置き換えて「利益の費用化」という表現が普及している。本章でも以下は「利益の費用化」という概念を使用したい。
11 　「引当金」論については遠藤 [1998] 参照。詳しくは本書第6章参照。
12 　嶋 [2007] は戦後日本の会計制度を分析する中で資本蓄積に大きく貢献したものとして引当金・準備金の役割を論じている。「これら特定引当金は利益を非課税で内部留保したものであって、この仕組みが当時の日本企業の資本蓄積を促進する企業会計上の仕組みとして機能した。この特定引当金は、一時期は設備の取替資金の3分の1をまかなったといわれる」(嶋 [2007] 144頁)。
13 　引当金に関する研究は多いが、内川 [1998]、遠藤 [1998]、熊谷 [1993]、藤田 [2012] を参照されたい。
14 　阪本安一と番場嘉一郎との論争が有名である。阪本 [1982]、番場 [1984] 参照。
15 　谷江と筆者による編著作は、そうした到達点に立ったものである。
16 　遠藤 [1998] を参照のこと。
17 　発生主義の拡張により引当金の合理化が進んだ経緯については遠藤 [1998] が詳細に展開しており、その論理に対する鋭い批判が行われている。
18 　大橋 [1994] は、「独占的な大企業の短期・加速度償却は一般的なものとなっており、償却額の20～30％は適正な耐用年数に基づく定額法による償却を基礎に考えると過大な償却額と考えなければならない」(同73頁) として、その過大償却分を内部留保と捉える

べきであるとしている。
19　資本プレミアム論争については高山［2008］参照。
20　筆者が参考の一つにしているのは木村和三郎であるが、木村［1972］は、資本剰余金を資本市場からの収奪と捉える見解を示している（18頁）。
21　小栗・谷江［2010］103頁で、資本剰余金で配当する企業の事例をあげている。いずれも損失により利益剰余金がマイナスになったため、資本準備金を取り崩して配当支払いを行った事例である（出所は「日本経済新聞」2009年6月4日付）。

（単位：百万円、▲はマイナス）

	最終損益	利益剰余金	年間配当金
学研	1,979	▲639	845
サンリオ	▲1,885	▲186	873
石塚硝子	▲2,026	▲675	105
シダックス	▲2,499	▲2,499	613
フォーバル	▲2,697	▲1,353	172
東京機械製作所	▲6,096	▲2,882	359
マルハニチロ	▲8,159	▲7,178	1,524
第一三共	▲264,662	▲252,370	56,315

22　大橋［2005］は、資産の含み益を実質内部留保に含めるべきことを提起している。
23　小栗・谷江［2010］参照。
24　政府統計の中では、経済産業省の「海外事業活動基本調査」が、内部留保について当期の内部留保（フロー）と並んで、内部留保残高（ストック）を示している。これは海外の子会社にどのくらいの内部留保が残っているかを知るためのものである。つまり海外子会社から日本に利益を還流させず、海外でどのくらい利益を蓄積させているかを把握するための重要な項目となっている。この統計の「調査票記入の手引」によれば、内部留保残高は「自己資本−資本金−資本準備金」という簡単な計算式で示されている。財務省の統計と違って、引当金・準備金は含まれていないが、資本金と資本準備金以外の自己資本の項目が入れられていることは評価できる。何よりも内部留保を蓄積されたストックとして示していることは大いに評価すべきであろう。他にはストックの内部留保の統計が行われていないので大変、貴重である。是非、他の政府統計でも何らかの形でストックの内部留保を把握して国民に知らせることが求められているといわねばならない。

【主要参考文献】

内川菊義［1998］『引当金会計の基礎理論』森山書店。
遠藤孝［1998］『引当金会計制度の展開』森山書店。
大木一訓『「内部留保」の膨張と21世紀日本資本主義』『経済』2012年9月号。
大谷禎之介［2001］『図解 社会経済学——資本主義とはどのようなシステムか』桜井書店。
大橋英五［1994］『現代企業と経営分析』大月書店。
―――［2005］『経営分析』大月書店。

岡部利良［1953］「剰余価値率・利潤率・利益率」京都大学『経済論叢』第72巻第6号。
―――――［1968］「残余利潤としての企業利益論」京都大学会計学研究室編『企業利潤論』ミネルヴァ書房。
―――――［1991］『現代会計学批判』森山書店。
小栗崇資［2009a］「日本経済の危機を深めた『構造改革』」『経済』2009年2月号。
―――――［2009b］「内部留保の雇用への活用は可能か」『経済』2009年5月号。
―――――［2010a］「日本企業は経済危機にどう対応したか」『経済』2010年2月号。
―――――［2010b］「日本企業の収益構造――2010年3月期決算の特徴」『経済』2010年8月号。
―――――［2011a］「リストラと外需依存の企業収益回復」『経済』2011年2月号。
―――――［2011b］「震災復興のための内部留保の活用」『経済』2011年6月号。
―――――［2012a］「内部留保論の現代的課題――その全体像と分析方法」『経済』2012年9月号。
―――――［2012b］「内部留保分析の現代的展開――内部留保の実態と活用」『中央大学商学論纂』第53巻第5・6号。
小栗崇資・谷江武士編著［2010］『内部留保の経営分析――過剰蓄積の実態と活用』学習の友社。
角瀬保雄［1979］『経営分析入門』労働旬報社。
木村和三郎［1972］『科学としての会計学（上）』有斐閣。
熊谷重勝［1993］『引当金会計の史的展開』同文舘出版。
坂口康［1987］『経営分析論』法政大学通信教育部。
坂本安一［1982］「企業会計上の引当金」『企業会計』第34巻第8号。
嶋和重［2007］『戦後日本の会計制度形成と展開』同文舘出版。
高山朋子［2008］「株式プレミアムと所要機能資本説――株式プレミアムと資本準備金制度（二）」『東京経大学会誌』第260号。
津守常弘［1964］「ドイツ独占資本主義と秘密積立金政策」『立命館経済学』第3巻第2・3号。
野村秀和［1977］『現代の企業分析』青木書店。
番場嘉一郎［1984］「企業会計における最近の論点（3）」『税経通信』第39巻第5号。
藤田昌也［2012］『会計理論のアポリア』同文舘出版。
宮上一男［1959］『企業会計制度の構造』森山書店。
山口孝［1977］『企業分析――経済民主主義への基礎』新日本出版社。

第 2 章

利益概念の多様性と内部留保

1 問題の所在——利益と内部留保

　本章の目的は、内部留保とは何を指すのかを確認することにある。本書の元になった会計理論学会の内部留保概念に関するスタディ・グループ研究の中で、わが国の過去の内部留保に関する議論と論点の整理のために研究者へのインタビューが行われた（会計理論学会スタディ・グループ中間報告論集に所収のものを本書の付録に収録しており、参照のこと）。その作業を通じて、内部留保の算出方法は、ほとんど論者の数だけあるといっても過言でないほど多様であることが明らかになった。

　そこでの差異は、大きく分けて二つの点に求められる。一つは内部留保とは、利益の内部留保であるか、資金の内部留保であるかという点の差異である。もう一つは論者によって何を利益と考えるかが異なるという点の差異である。特に自己創設のれんや資産・負債の評価損益を内部留保と考えるかについては、これまで多くの議論があった。本章は利益の内部留保とは何かについて考察を行うことを目的としている。利益の内部留保の考察のためにはまず、利益とは何かを考察する必要がある。それは内部留保という観点から会計の構造を吟味するといってもよい。

2 利益観の変化と内部留保利益

　利益の内部留保とは、組織体の経済的価値の増分で、通常は公表された利益の蓄積と隠れた実質利益の蓄積からなると考えられる。特に現代の会計ルールを視野に入れるとき、利益とは組織価値の増分という考え方から出発したほうがよい。それに対してこれまでの簿記・会計的な利益の考え方では、利益は、個々の取引の集積から生み出されると考えられてきた。その個々の取引データを積み上げ、金銭上の剰余を算出する過程が、簿記なのである。それに対して包括利益に代表される現代の利益概念は、組織価値の増分を算出しようとしている。組織としての価値の増分を簿記的に測定しようとしているのが、現代の資産負債アプローチと呼ばれる会計である。会計上の利益を明らかにするためには、利益とは何かを定義し、その算出方法を明らかにする必要がある。内部留保の算出には、利益の算出過程では算定できなかった、あるいは把握しきれなかった隠れた実質利益を定義し、把握する必要がある。

　ここで二つの手順が必要なことがわかる。まず、利益とは何かを明らかにすること、次に、隠れた実質利益とはどのようなものかを明らかにすることである。ここではエドワーズ＝ベルの著書、E. O. Edwards and P. W. Bell [1961], *The Theory and Measurement of Business Income*, University of California Press（伏見多美雄・藤森三男訳［1964］『意思決定と利潤計算』日本生産性本部）の中で展開されている利益概念を整理して、会計学的な利益概念と経済学的な利益概念を比較したい。エドワーズ＝ベルの同書は、原書で323頁にわたる大著で、一般的には米国におけるインフレーション会計の理論書と捉えられている。しかし、この本の特徴は、経済学的な利益概念と会計学的な利益概念とを架橋したところにある。いくつかの道具立てを用いて経済学的な利益を会計学の地平に併置して見せたといってもよいかもしれない。

　同書では、利益（利潤、所得といってもよい）とは何かから問う。まず現代のビジネスパーソンに有効な利益概念としてヒックス（J. R. Hicks）の利益概念（利益とはwell offが維持できながら最大限に消費できる〔Edwards and Bell [1961] p.172〕）

から出発し、それを具体化したものとして主観利潤（Subjective Income：Edwards and Bell［1961］p.31）を提示する（Hicks［1964］における利益概念は、フィッシャーの利益概念を発展させたものとされている。詳しくはFisher［1930］）。

そしてその主観利潤を改善したものとして実現可能利潤（Realizable profit：Edwards and Bell［1961］p.51）を、さらに会計利益に馴染み深いものとして経営利潤（Business Income：Edwards and Bell［1961］p.88）を提示する。私が架橋と評したのはこの、主観利潤、実現可能利潤、経営利潤という展開を指してである。

まず、価値評価には大きく分けると三つの方法がある（同書では厳密化し18に分類しているが〔Edwards and Bell［1961］p.77〕）。それは過去と現在と未来の評価、すなわち歴史的原価、時価、将来のパフォーマンスによる評価で、最後の評価は現在は割引現在価値計算という方法を用いて行われている。そこでは企業が資本財を持ち、資本財から毎期キャッシュフローを得るとする[1]。

主観利潤は、ネットキャッシュフロー（キャッシュインフローとキャッシュアウトフローの差額）から資本変化分を差し引いたものである。ただし、主観利潤では、資本をその資本の生み出す将来予想ネットキャッシュフローの割引現在価値すなわち資本の主観価値（Subjective Value）で測定する。資本の変化分とは、資本の主観価値の期間中の変化分のことである。この資本の主観的価値と資産の時価との差額は主観のれんと名づけられた。エドワーズ＝ベルはこの主観利潤は、将来のキャッシュフローの予測を必要とするので、客観性に乏しいとして望ましい利潤概念としては放棄する。

その代わりに経済学的利潤の理想的ゴールとして導入されたのが実現可能利潤である。実現可能利潤は、ネットキャッシュフローから、その期間の資本財の市場価値の変化分を差し引いたものである。資本の価値について、将来キャッシュフローの割引現在価値の代わりに市場価値を用いた点が異なるのである。実現可能利潤では、金融資産に加え棚卸資産、固定資産も時価評価を行い、評価益を計上する。

しかし同書のなかで最終的に両著者は経営利潤を提案する。経営利潤とは棚卸資産の時価評価に当たり製造過程で原材料が製品になる場合、製品、仕掛品の評価をもとの原材料の時価で行おうという利益概念である。原材料が

製品、仕掛品になることにより、価値が操業利益（Operating Profit）分増加するが、経営利潤は販売まで操業利益を認識しない。両著者はこの点で会計利潤の「実現概念」に近づいているというのである。この意味で同書の主観利潤、実現可能利潤、経営利潤という展開は順次、会計利益に近づいていく。そのため筆者は同書を経済学的利益と会計学的利益の架橋と呼んだのである。

3 利益観による内部留保利益の差異

　内部留保は利益の留保されたものであるから、その額は利益概念によって異なってくる。簿記会計を手がかりに単純なものから複雑な利益計算へと分類すると、大まかに以下のような4種類の利益概念に分けられる。それぞれの利益概念によって利益金額は異なってくる。
　①貨幣資産の増加を利益と考える場合の利益。もちろん貨幣資産の増加でも、資本の増加によるものであるかどうか（資本取引と損益取引の区分）という視点は考慮される。
　②①の発展形である取得原価主義下の収益費用アプローチによる、評価益を含まない利益。これは①の利益概念に、自己資本と他人資本、資本と利益の区分、減価償却、経過勘定項目などの会計処理を加味していったものである。ただし、発生主義の導入の程度によって、期間利益は異なってくる。
　③資産負債アプローチにおける、時価評価による評価損益やその他の包括利益項目の加わった利益。
　④自己創設のれんを含む企業価値の増分としての利益。
　この4種類の利益概念の分類は、多分に本節の説明上、簡略化されたものである。歴史研究や個別の会計技法の研究などによって、さらに細かく分けられることが予想される。
　③の利益概念では、保有金融資産・投資に生じた時価評価損益、金融派生商品に生じた損益、為替差損益を損益と認識すれば、それらは留保利益に

入ってくる。評価益留保とも呼べるものである。この時価評価の考えを論理的につめていくと、これまで行われてきた金融資産の時価評価に加えて、設備資産や無形資産、さらに負債を時価評価することも自然である。これは上記、エドワーズ＝ベルの実現可能利潤に相当する。国際財務報告基準（International Financial Reporting Standards：IFRS）では、すべての資産の時価評価を志向しているように推察される。さらに時価の無いような資産については将来キャッシュフローの割引現在価値で価値を計算することを認めている。このような志向性がどこを目指しているのかを考えると、それは、組織価値全体としての企業価値の測定とその増分としての利益を目指しているとしか考えられない。このような利益概念はエドワーズ＝ベルが客観的でないとして放棄した主観利潤に他ならない。

　社会で公正妥当とされる利益概念は時代とともに変化してきた。その背景には、経済環境の変化と、その中での事業の価値にたいする考え方の変化があると考えられる。過去においては、（共同）出資とそれにともなう利益の配分計算という要因が、利益の計算の主たる関心であり、利益計算の発達を促した可能性がある。現代においては、「リスク」が利益測定において考慮すべき条件として顕在化してきたように思われる。特にIFRSにおいては事業におけるリスクからの解放が、利益の一つの条件として挙げられている。何をリスクからの解放と考えたかで、利益概念が異なってきたのではないかと考えられる。

　組織の経済的価値の増加（企業価値の増分、上記の④）を現代の投資家が志向していると考えるならば、包括利益（上記の③）はその道程に位置するものである。たとえば④企業価値の増分としての利益概念では、留保利益はその企業価値の増分が蓄積留保されたものとなる。ここでの留保利益は投資家の企業への投資価値の増分という意味で、企業内に留保されているものである。ここでの企業価値には当然のことながら、自己創設のれん（Internally Generated Goodwill）が含まれている。主観的な自己創設のれんの変化分を含んでいるという意味で、④は主観利潤そのものである。

　他方で、②の取得原価主義の下での収益費用アプローチでは、事業での財やサービスの生産過程（価値創造過程）の効率性が重視された利益概念であっ

た。そこでは設備資産の時価の変化は臨時異常なものとして、必要なときに算出すればよいと考えられていた。設備資産の資金を拘束することの可否を常に検証していこうという姿勢は、乏しかったので、設備資産の時価損益を毎期利益に反映させようという考え方はなかったのである。現代のビジネスではビジネス自体や設備資産そのものが売買の対象であり、利益に要求されるのはビジネスの価値創造過程の効率性ではなく、ビジネス自体の価値、あるいはその組織価値とその変化である。IFRSの実施によって企業のビジネス観そのものが変わる必要があるといわれるのは、このようなことをさしている。

　このように①から④のように何をもって利益と考えるかで、利益金額は異なり、蓄積された内部留保利益は異なってくる。ただし、各時代の会計ルールがその時代に要求される利益を制度化することに成功しているならば、制度化された会計計算構造での利益の蓄積である利益剰余金に利益の内部留保は集積されているはずである。ところが、実際は制度化された会計ルールによる利益とその時代の期待される利益は、粉飾や会計ルール上の限界等を含め、様々な理由から、差異が生じる。また企業によって会計処理の個別性もあり、個々の企業を見るならば本当の「内部留保」と利益剰余金が異なることの方が普通である。そのため各時代の経営分析家は、利益剰余金に集約されなかった隠れた実質利益（内部留保）の探索を行う必要が出てくる。この経営分析家の試みは、その時代の会計ルールの限界を示している。

　たとえば、十数年ほど前には、経営分析では有価証券の時価情報を算出して企業評価をすることが必要であった。これはその後、進展した金融資産の時価評価に先行する試みであった。退職給与引当金の積み立てが不足していることが明らかになったとき、積み立て不足の算出が当時の企業評価の課題であった。その後退職給付会計が制度化されることになる。リース会計においても、以前ほとんどすべての企業でファイナンスリースのオフバランス化が行われていた。実質的な経営分析比率の算出のために経営分析においてはリースのオンバランスが試みられていた。このように経営分析での会計項目の調整が、その後の制度ルールに反映されることは枚挙に暇がない。すなわち経営分析家の要求は、時代の先を行き、その要求に応えるべく会計ルール

が形成されていくと見ることも可能なのである。

4　利益の隠蔽・保守主義・重要性の原則と留保利益

　このように内部留保利益の算出には、利益の蓄積と隠された実質利益の探索が必要となる。隠された実質利益には、意図的に粉飾された場合（調整された場合）とルール上の限界あるいは業界の特殊性によるものが含まれていることも注意されたい。経営分析家は財務データや財務諸表がどの点で粉飾されているか、その当時どのような粉飾がその時代や各業界で重要かによって、留保利益に加える隠された実質利益の項目が異なってくる。

　特に個別の会計処理を観察すると、多くの場合複数の会計処理方法から選択可能であることが多い。会計において複数の会計処理方法からの選択適用を許している理由は、本来は、現場の担当者が企業の実態を最も良く示す会計処理を選択できるように（経理自由の原則）多くの会計処理方法が示されていたはずである。ところが、会計処理を選択適用することによって短期的な利益を調整することが可能なので、粉飾に用いることが可能となる。隠れた実質利益探索のためには、粉飾や利益の調整を見破るとともに会計ルールの限界による実質利益の埋没を明らかにすることが重要となる。

　保守主義の原則あるいは重要性の原則は、粉飾の弁解に使われていることが多いと考えられる。現在、世界で標準化しつつあるIFRSでは、重要性の原則を用いた例外を排除しようとしているが、重要性の原則は会計の本源的性質に起因するという見方もある。人間の認識能力は限られているので、すべての事象を細かく分類し、認識するわけにいかない。重要でない科目、金額の僅少な科目は、その他やほかの科目に含めてしまう。ただし重要性の原則で捨象された項目に留保利益や損失が凝縮されており、意図的な重要性の原則の利用や濫用により粉飾を行うことがありえる。重要な子会社を意図的に連結からはずすなどはその典型である。また無形資産の即時償却処理などを考えるとわかるように、保守主義も利益留保を生み出す一つの要因となっている。

もう一つの注意する必要は、各時代にはその時代において粉飾や利益の調整に用いやすい会計処理が存在するということである。この点は第3章、第4章および付録で論じている、現代までの各時期による、あるいは理論による留保利益の算出のための項目の差異は、これらの点に由来している。繰り返しになるが、経営分析家は、その時代の会計制度の限界と粉飾を見分けて企業の内部留保を算出しようとしてきた。この努力は会計基準の改編を先導するものとなっている。
　このように現代では金融資産の未実現利益・評価益までが利益の構成要素とされ、利益剰余金や包括利益を構成する。いわゆる評価益留保が制度的にも認められている。金融資産の評価益留保が認められるならば、当然、有形固定資産や無形資産にかんする評価益留保も内部留保の構成要素となりえる。特に現代は、企業価値・事業の価値（経済的価値）という概念が重要となってきている。企業価値の算定方法には、将来収益からの割引現在価値を推定する方法、超過収益率から逆算する方法、株価を参考にする方法（この方法が一番、当てにならないが）などがありえる。これらは企業の総体的なビジネスの価値（経済的価値）から推定する方法である。この企業価値（経済的価値）を企業を構成する個々の要素に還元する方法がありえる。
　この企業価値（経済的価値）と負債における請求権と資本のなかの拠出部分の差が、利益留保と考えてよい。そのような視点からあらためて企業価値を構成するものは何であろうか考えてみる。企業価値の構成要素という視点から資産を分類すると、事業資産（設備資産と棚卸資産など）、金融資産、無形資産とのれんに分けることが可能である。現在、IFRSでは事業資産と金融資産に関してはかなり詳細に規定されている。有形固定資産についても再評価モデルが認められているように、時価評価が想定されているのである。ただこれらの会計処理も完璧ではなく、その処理によってもたらされる金額が、実態と異なることもありえる。いわば本書の各章はそのような科目あるいは会計処理から「実態」を明らかにし、「利益留保」の算出を可能とすることを目的としている。
　特に上記の資産分類のなかで企業価値算出のために現状の会計処理あるいは規定が十分でないのは、無形資産とのれん、特に自己創設のれんに関して

である。現代では無形資産とのれんを評価することが、企業価値の算出につながり、利益留保の測定すなわち企業の超過収益力の算定に重要であると考えることもできる。ただし、ここで見てきたように、企業価値の算出に将来キャッシュフローの割引現在価値などの見積りを必要とする場合、主観性が混入することを銘記しておく必要がある。

第13章では、企業価値の算出の際に必要である自己創設のれんを含む無形資産の分類と評価を検討し、企業価値を個々の要素に還元できるような無形資産のモデルを考察する。そうした中から無形資産等を用いた内部留保の可能性を指摘したい。

【注】

1 　ここでの利益の説明については、詳しくはEdwards and Bell［1961］の著書あるいはその理論をきわめてコンパクトに洗練させた斎藤［1988］を参照されたい。

【主要参考文献】

Edwards, E. O. and P. W. Bell［1961］, *The Theory and Measurement of Business Income*, University of California Press（伏見多美雄・藤森三男訳［1964］『意思決定と利潤計算』日本生産性本部）.
Fisher, I.［1930］, *The Theory of Interest*, Macmillan, reprinted as Income and Capital, In R. H. Parker and G. C. Harcourt (eds)［1969］, *Readings in the Concept and Measurement of Income*, Cambridge University Press.
Hicks, J. R.［1946］, *Value and Capital*, Claredon Press, 2nd edition（安井琢磨・熊谷尚夫訳［1965］『価値と資本』岩波書店）.
Lee, T. A.［1975］, *Income and Value Mearurement: Theory and Practice*, University Park Press（三木正幸訳［1979］『利潤と価値の測定――理論と計算』白桃書房）.
斎藤静樹［1988］『企業会計――利益の測定と開示』東京大学出版会。
辻山栄子［1991］『所得概念と会計測定』森山書店。
福井義高［2008］『企業測定の再評価』中央経済社。

第 **3** 章

内部留保論の形成と展開

1 内部留保論形成の背景

　日本経済は1960年代になると、重化学工業を中心に設備投資が増大し、高度成長経済のもとで、大企業は高収益・高利益を得て資本蓄積を行っていった。他方、労働運動も盛んに行われていた。

　こうした中で1965年12月には、経営分析論研究会による『経営分析論』（世界書院）[1]、さらに1969年9月に同研究会により『入門経営分析』（世界書院）[2]が出版された。これらの著作は、関東会計研究会のメンバーを含む9名の執筆によるものである。『入門経営分析』の「まえがき」では、通用の経営分析が「高度成長企業を手ばなしでほめたたえ、今日の資本主義の現実のもつ矛盾を美化し、合理化するものでしかないといえる」（経営分析論研究会編［1969］まえがき）と指摘した上で、1960年代の高度成長期の特色についてつぎのように述べている。「大企業が記録的な高収益を持続し、強蓄積を進めている反面、中小企業の倒産件数は史上最高を数え、労働者への労働分配率は国際的に際立って低く、1人当たりの国民所得は世界第20位という低賃金にもかかわらず、消費者物価の高騰はその例をみない」（同上）。そして「これらの矛盾の根元を企業の運動の中から明らかにするものでなければ真の科学的な経営分析とはいえないであろう」（同上）としている。

　この『入門経営分析』は、「企業と経営分析」「分析資料のみかた」「経営

分析の本を斬る」という構成となっている。本書は、「非科学的な、資本の利益にのみ奉仕する経営分析の問題点を批判するとともに、経営分析を働く国民の役に立つ」立場から新たに論じようとしたはじめての著作であった。しかしこの著書では、「蓄積分析」あるいは「内部留保」に関する理論や経営分析方法はまだ提示されていない。

2　1970年代の内部留保論と分析論の形成

　ところが、1970年代に入ると、日本経済は1971年のドルショックや1973年秋の第一次石油危機を契機に高度成長経済が終焉し、低成長経済期に入っていった。日本経済は1974年から1978年にかけて深刻な経済危機に直面した。このため大企業は新たな企業再構築に取り組んだ。それは、人、物、金の減量経営を図り、従来の重化学工業中心から知識集約型へと国内の産業構造の転換を図るものであった。同時に大企業は国際的な経済摩擦に対応して多国籍企業による海外進出を行いつつあった。

　他方において1960年代の高度成長経済のひずみが水俣病や四日市の公害問題、瀬戸内海の赤潮被害などとして現れてきた。また石油危機に伴う物価高騰や物不足、そして商社による買い占めなどの社会的問題が生じてきた。

　このように1973年秋の石油危機以降に、日本経済は高度成長から低成長の経済へと移行した。1974年から78年に至る深刻な石油危機による不況のなかでも、大企業は資本蓄積を推し進めたが、他方、労働者の賃金抑制や消費者に対する物価吊り上げなどが行われた。高度成長期から低成長期に移行するにしたがって、大企業の収益も高度成長期にくらべて低くなり、このため賃金を抑制することなどによって企業業績を回復しようとしたのである。こうしたことは、労働者がこの賃金抑制に対抗して過去の資本蓄積つまり内部留保に目を向けはじめる契機となった。そして、経営分析の中で、大企業が利益を内部留保する過程の実態分析が行われるようになっていったのである。1970年代中頃からこの実態分析を踏まえて、理論的に内部留保概念を明らかにするとともに、内部留保分析の方法の確立が模索され始めた。

こうした検討の中で、1971年4月出版の共著『労働組合の経営分析』では内部留保概念の原型ともいえる「資本の高蓄積」の内容が明らかにされている。また1975年6月出版の共著『経営分析と労働組合』では内部留保概念と分析方法が明確にされている。

　さらに単著として1977年7月には山口孝の『企業分析』、同年11月には野村秀和の『現代の企業分析』、1979年3月には角瀬保雄の『経営分析入門』の著書が出版されている。これらの一連の著書によって内部留保に関する概念や内部留保分析の方法が、労働組合や職員研修などの実践的活動を踏まえて形成されたのである。つぎに、これらの一連の内部留保や内部留保分析に関する著作を見ていこう。

（1）▶『労働組合の経営分析』（労働旬報社，1971年）

　1971年に出版された共著『労働組合の経営分析』労働旬報社[3]では、第4章で「資本の高蓄積のひみつ──蓄積の分析」（山口孝担当）が取り上げられている。ここでは「内部留保」という用語は用いられていないが「蓄積」という用語を使用している。また、「このように高利潤の多くは、借入金に対する利子として銀行に支払われる。さらに株主に対する配当金として社外に流出し、残りの公表利益は内部に利益処分の剰余金とか準備金として留保される」（角瀬他［1971］113頁）として、「公表利益の留保」という用語が使用されている。さらに「利益は、その過小的平準化を通じて隠蔽される。すなわち、収益をできるだけ繰延費用を早期過大計上することによって期間利益を過小に操作している」（同上、114頁）と述べ、実質的な利益留保についても言及している。それは、「利益の過小的平準化と経理不正による秘密資産の隠匿は、それだけ公表貸借対照表の資産（借方）と利益（貸方）を減少させている」（同上）という指摘に現れている。

　実質的な留保として引当金や資本剰余金についても次のように述べられている。「さらに、引当金制度を広範に利用して、独占的高利潤の一部を引当損失の発生（損益計算書の収益から差し引かれる）と引当金という負債の増加（貸借対照表負債の部）として処理してしまうのである」。「このような利益性引当

金と、公表利益中剰余金として積み立てられた部分は明白な資本蓄積分である。さらに、資本剰余金中、額面超過金、合併差益、減資差益などは、資本取引の結果としての剰余であり、一種の蓄積と考えられる。また、評価性ないし負債性引当金も、一時的、あるいは部分的に利益を留保し、資本蓄積に奉仕する」（同上）。

このように、1971年の『労働組合の経営分析』における「資本の高蓄積のひみつ——蓄積の分析」では、1975年の『経営分析と労働組合』における「内部留保」概念の原型ともいえる「資本の高蓄積」の内容が明らかにされていることがわかる。

(2) ▶『経営分析と労働組合』(労働旬報社, 1975年)

1975年6月に角瀬保雄、君塚芳郎、敷田禮二、中山金治、山口孝、近藤禎夫の6名の共著による『経営分析と労働組合』(労働旬報社)[4]が出版された。この共著の中で内部留保概念が述べられている。

> 労働組合の経営分析の第二の課題は「蓄積分析」である。それは支払能力分析が一期間の枠内で金があるかないかということを問題としたのにたいして、企業資本の集積・集中の姿を明らかにし、これまでの利益の蓄積の大きさを問題にするものである。毎期の利益のうちから配当などのかたちで社外に流出した部分を差し引いた残りが内部留保として企業内に蓄積され、資本として再投下される。日本経済のいわゆる「高度成長」の過程で蓄積された内部留保は、利益の積立て部分として表示されているものばかりでなく、引当金等のかたちをとって隠されたもの、土地や株などの含み利益をあわせると、膨大な金額になる。それらは資本として再投下されていて、当面の支払準備にはむけられないと資本家がいっても、これまでのもうけをため込んだものであることは変わりなく、労働者が、短期的な不況や赤字のなかでも、長期の「成長」、蓄積を追及してたたかうことのできる有利な条件を明らかにしえる。これまでためこんだ内部留保をとりくずさせ、隠し利益や含み利益をはき出さ

せることは、不況期における重要なたたかいのポイントといえる。これは長期的・動態的な視点をもって支払能力分析を一歩前進させたものであり、大きな発展といえよう。（角瀬他［1975］41頁）

　また、同上書の第4章「資本の高蓄積の秘密──蓄積の分析」（君塚芳郎担当）では、「引当金の種類」の中でつぎのように述べている。

　　引当金（準備金を含む。以下同じ）は負債の部に入れられているが、本質的には利益隠しの手段となっている。分析上は引当金は負債から（自己）資本の部に組み替えるべきである。会計学の理論によれば、引当金には負債性、評価性、利益性の三種があるという。さらに税法上認められたもの（法人税法上の引当金、租税特別措置法上の準備金）と認められないものに分けられる。商法上は負債である引当金と特定引当金の2種となり、また一般的な引当金と特殊な引当金とに分かれる。（同上、150頁）

　そして本書では引当金を内部留保項目とした上で、貸倒引当金、退職給与引当金などの諸引当金について具体的な分析を行っている。
　貸倒引当金は、将来発生するかもしれない貸倒れに備えるもので、売掛金・受取手形等からのマイナス部分をあらわす評価性引当金であるといわれる。独占資本の貸倒引当金は、利益を隠し、合法的に脱税して資本の蓄積を図る重要な手段なのである。逆に貸倒れの起こりやすい中小企業では、引当金を設けるほどの利益がないか、赤字なので設ける意味がない場合が少なくないのである。（同上、132頁）

　また退職給与引当金は、労働者の退職金（年金を含む）を保証するために設けられ、労働者にたいする長期にわたる債務であるから固定負債に入れるべきであるという。税法上の積立限度額は、労働協約がある企業では、全従業員が期末に退職したと仮定した場合に支給すべき退職金合計額の2分の1である。労働協約がない企業は、さらに給与総額の6％以下という条件が加わる。しかし会社によっては、利益を隠す為に2分

の 1 でなく全額を引き当てることもあり、有税引当とよばれている。けれども退職給与引当金制度は、多くの社会保障制度と同様にゴマカシである。まず独占資本では、毎年やめる労働者数に大きな変化がないから、普通は不要であるといえる。前期の東電では半年間に 31 億円の退職金（引当金残高の4.3%）を支払ったにすぎないから、この引当金は、合法的脱税と利益隠しのために利用されるといってよい。（同上、132-133頁）

さらに資本準備金と利益準備金に関しても言及している。

　資本準備金は、以前は資本剰余金とよばれ、普通の利益（利益剰余金）と異なるものとされていた。資本準備金は「ゴミ」捨場といわれるくらい、そのなかに種々雑多なものをふくんでいるが、共通点は課税されない点だけである。むしろ税を免れるために資本準備金という概念が作られたのではないかとさえ疑われる。このおもなものは株式の時価発行にともなう株式発行差金（額面超過のプレミアム）と一部は再評価積立金であり、たとえば三井物産では 261 億円もあり、資本金の 8 割近い（1974年3月末）。資本準備金は、広義のもうけを留保したものと考えてよい。利益準備金は、商法の規定によって資本金の 4 分の 1 に達するまで毎年の配当金額の 10% 以上を積立てたもので、法定積立金とよばれることもある。その他の剰余金とは任意積立金であり、おもなものは別途積立金と当期純利益（または当期利益）である。（同上、136頁）

このように 1975 年出版の『経営分析と労働組合』では、内部留保分析が蓄積分析のなかで取り上げられており、経済学上の概念からより具体的な会計学上の内部留保分析へと進んでいったことがわかる。

(3) ▶ 山口孝『企業分析──経済民主主義への基礎』（新日本出版社，1977年）

本書は、雑誌『経済』（新日本出版社）に 1974 年から 77 年まで連載された「企業分析ABC」をもとにしてまとめられた著作であるが、その中で内部留保

の内容や計算方法（簡便法と個別法）について展開している。内部留保については、「第5章　貸借対照表分析と蓄積分析」の「4　蓄積の分析」のなかでつぎのように述べている。

> 高利益の時も、その利益の多くを賃上げや労働条件の改善にばかりまわすのではなく、しばらくの間辛抱してもらって、会社の内部留保を厚くし、競争に充分耐え勝抜くための健全な体質をつくらねばならない、と繰り返し語ってきました。日本の大企業は、このような口実をつくりながら、労働者や国民から吸いあげた巨大な利潤を各種の剰余金の設定、評価性引当金、負債性（利益性）引当金の設定を通じて、内部に留保してきました。このようにして留保された利潤を内部蓄積といいます。
> （山口 [1977] 258頁）

山口の著作の特徴は、内部蓄積（内部留保）の算出法を定式化したことにある。著作では、利益の内部留保を明らかにするために二つの方法、すなわち控除法（簡便法）と個別法が提起されている。まず内部蓄積計算の控除法（簡便法）を見てみよう。

> 内部蓄積を全体的に手っ取り早く計算するには、控除法（簡便法）を利用するとよいと思います。それは、①自己資本総額から資本金を差し引いて剰余金をもとめる。②この剰余金に特定引当金を加える。という簡単な方法で計算できます。（同上、258-259頁）

> ただしこの利益留保額のなかには、株式を時価発行してえた株式発行差金（額面超過金）のような資本準備金が入っており、ブルジョア会計学者や、経営者は、それは利潤ではなく資本であると批判するかもしれません。しかし資本準備金や資本剰余金は、額面50円の株を200円も300円もの時価で発行した差額（株式発行差金）や、企業を有利に買収した結果（合併差益）などであり、そこから得られた剰余であることは間違いありません。もちろんこのような資本準備金ないし資本剰余金を除い

て計算することも可能です。(同上、259頁)

　しかし、この内部蓄積を計算する控除法では、「内部留保」の中味を知ることができない。そのため内部蓄積項目を合計して算出する個別法を山口は提案している。個別法での内部蓄積額の算出は次のようになる。利益準備金や任意積立金そして未処分利益を加えた公表留保利益に、隠蔽利益（価格変動準備金、海外市場開拓準備金などの準備金）を加え、さらに資本準備金を加えて剰余金総計を算出する。この総額に、退職給与引当金や貸倒引当金などの負債性引当金を加え、さらに減価償却引当金（減価償却累計額の当時の名称）を加えて内部蓄積合計を算出するのである。

　山口は内部蓄積を内部資金としても捉えているが、そうしたこともあって山口の内部留保概念は他の論者と比べて減価償却引当金まで含む幅広いものとなっているということができる。

（4）▶ 野村秀和『現代の企業分析』(青木書店，1977年)

　本書は、「留保」として、企業内留保だけでなく企業外留保も含めているが、留保分析の中心は企業内留保である。その上で、狭義の内部留保（公表利益留保）と広義の自己（内部）資金源泉も含めた「計算制度上の留保」について論じている。

　まず「企業内留保の第一は、狭義の内部留保として定義づけられる公表利益留保である。その累積額は、決算日現在の貸借対照表の『利益準備金』と『その他の剰余金』のなかの『任意積立金』の各勘定残高に、利益金処分計算書にでてくるこれらの勘定への追加額を加えた金額である。当期の期間増加高は、利益金処分計算書において、これらの公表利益留保に追加された金額である」(野村［1977］176頁）として、狭義の公表利益留保を定義している。

　つぎに「第二の企業内留保は、広義の解釈による自己（内部）金融資金源泉も含めた、いわゆる計算制度上の留保とでもいうべきものである。これを含めるのは、会計計算上、費用と考えられるものにも、条件によれば、企業の実質的に活用可能な資金力となることが可能なものがあるという理由で

ある。この項目は、特定引当金、評価性引当金、固定負債引当金から構成される」(同上、176頁)とし、内部金融資金源泉も含めた「計算制度上の留保」を定義している。

この「計算制度上の留保」の概念は野村の内部留保論の大きな特徴をなしている。この点について詳しく見ていこう。

たとえば特定引当金については、「形式的には、負債の部に計上されてはいるものの、実質的には利益留保を意味し、利益性引当金ともいわれる性格のもので、法令によって設定を認められている制度的留保の一つである」(同上、176頁)として制度的な利益留保に加えている。

また評価性引当金については、「現行制度では、貸倒引当金と減価償却引当金の二つである。貸倒引当金は決算時点では、未発生の予想計上額であるので、理論的には利益性留保の性格をもっている。実際上は、大手企業にとっては貸倒損失の発生は皆無ではないにしても、発生率は少なく、また、発生の場合の実損回避のために担保取得を行っていることが多い。これに対し、中小零細企業の場合、無理な販売を十分な事前信用調査もせず、担保もとらずに行わざるをえないため、貸倒実損の発生可能性はかなり高いといってよい」(同上、176-177頁)とし、貸倒引当金も利益留保であるとしている。

減価償却引当金についてはつぎのように述べている。「減価償却引当金は、もともと有形固定資産の更新のための費用配分を企業内に回収・留保したものである。理論的には、毎期計上される減価償却費が正しいかどうか、特に過大計上による利益償却(利益圧縮)が問題となるが、どこまでが正当な減価償却費であるかを、金額的に確定することは不可能といわざるをえない。したがって、理論的には、過大計上額は利益留保の性格をもつのであるが、計算確実性の面から、これを決定できないという事情が実務の面で発生する。税法上の普通償却にも、耐用年数の短縮による過大計上が含まれていないとはいえないのである。したがって、過大・過小の問題やその計算区分に立ち入ることは行わない。理論的に過大計上分も含めて、減価償却費は、当該有形固定資産の現実的現物更新による資金支出の時点までは、減価償却引当金として企業内に留保されることになり、これに見合う流動資産は自己(内部)金融資金として活用可能な状態にあるといえる」(同上、177頁)と述べ、減価

償却引当金全額を制度的留保に含めている。

　つぎに固定負債引当金について見よう。「主として、退職給与引当金といってもよい固定負債引当金は、将来、確実に後払賃金として支出となるという意味では、当期繰入額や累積限度額における現行基準の妥当性についての疑問が残るとはいえ、内容的には、費用性を認めてよい引当金である。現行基準は、税法上、現員の50％の自己都合による必要退職金を累積限度にしているが、解散を予定したり、倒産の危険が強まった例外的なばあいを除くと、必要以上の繰入れ、累積限度基準といえる」(同上、178頁)として退職給与引当金繰入の費用性を認めつつ、「しかし、ここでも妥当な基準は、個別企業の実績に応じて変化するため、これの一般的基準の確定は不可能である。しかし、過大計上分も含めてこの引当金は、その実際の支出時点までは活用可能な資金である。しかも、従業員の人数の増加や給与水準の上昇もしくは退職金規定の改善などの諸事情が追加されると、そのつど必要な支払いが行われたとしても、その総額は増大することになる。したがって、これも企業の存続するかぎり活動可能な半永久的資金ということができる」(同上、178頁)として、資金的側面からやはり制度的留保に含めている。

　このように野村の計算制度上の留保は、利益の留保と資金の留保の両側面をもちながら減価償却引当金まで含む広い概念となっている。しかし、その一方で、他の論者と違って資本準備金を内部留保に含めない点が大きな特徴になっている。すなわち「このほかに資本準備金を含めることもある。これは、現行の計算が拠出資本でなく、資本金を基準としているので、資本金以外の資金源泉を留保と考えるためである。しかし、会計計算上、資本金と資本準備金は拠出資本としての性格を有するので、自己資金ではあるが、理論的には内部留保を構成していないとみるべきであろう」(同上、176-178頁)とし、内部留保に含めていない。

　以上の野村の内部留保概念をまとめると図表3-1のようになる。

(5) ▶ 角瀬保雄『経営分析入門』(労働旬報社、1979年)

　本書は、『賃金と社会保障』誌に連載された「経営分析入門講座」(1978年

図表3-1 野村秀和の内部留保

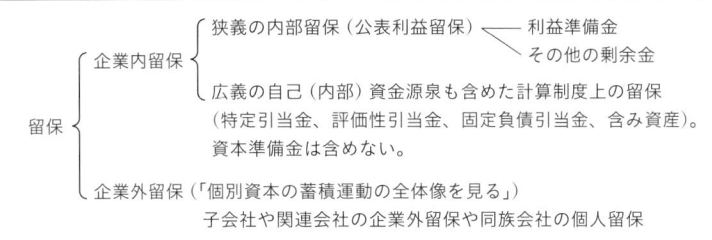

```
              ┌ 企業内留保 ┬ 狭義の内部留保（公表利益留保）─┬ 利益準備金
              │           │                                └ その他の剰余金
留保 ┤           │           │
              │           └ 広義の自己（内部）資金源泉も含めた計算制度上の留保
              │             （特定引当金、評価性引当金、固定負債引当金、含み資産）。
              │             資本準備金は含めない。
              └ 企業外留保（「個別資本の蓄積運動の全体像を見る」）
                子会社や関連会社の企業外留保や同族会社の個人留保
```

4月下旬号〜11月上旬号）を土台として出版された著作である。「第3話　内部留保の求め方」で詳しく説明されており、内部留保は公表内部留保と実質内部留保に分けられている。

　まず公表内部留保についてつぎのように述べている。

　　『法定準備金』のうちの利益準備金は、商法の規定（288条）によって資本金の4分の1の金額に達するまで、毎期、株主に現金で利益の配当をおこなう場合、その金額の10分の1以上を利益のうちから積立てることを強制されているもので、中間配当の場合にも積立てられます。これは資本準備金とともに債権者を保護するためとして、欠損の塡（てん）保にあてる以外には取り崩すことができないようになっています。

　　それにたいして剰余金（有価証券報告書では「その他の剰余金」とよばれている）は、企業の自由意思によって毎決算期の利益のうちから積立てられた様々な積立金と未処分利益とからなっています。さきにみた別途積立金はその一種で、使途が別段定められていないところから別途と名付けられています。このほか企業によっては「事業拡張積立金」、「配当積立金」、「退職積立金」などさまざまな使途を予定した名前のつけられた積立金を設けているところがありますが、名目のあるなしにかかわらず、企業が自由に取り崩すことのできるものであるところから、任意積立金と総称されています。

　　ただ、当期未処分利益については、配当などのかたちで流出していく部分もふくまれているので、その全部が内部留保とはいえないという議論もでてくるかと思いますが、それは株主総会で処分が決定した段階で

のことで、決算日現在においてはまだ処分が未定でもあるので、かりにその金額を内部留保と見なしても、毎期同じように同一の基準によってみていくならば差支えないといえます。(角瀬 [1979] 66頁)

　この利益準備金やその他の剰余金について、「会社の経営者も内部留保と認め、公表しているもので、労使の間に争いの生まれる余地はないものです」とした上で、「しかしこれはミニマムの内部留保であって、そのほかにも隠し利益といわれる様々な準備金、引当金といったかたちでの内部留保が存在していて、実質の内部留保の大きさを知るためには、それらをすべて集めてみることが必要になります」(同上、66-68頁) と述べ、広義の内部留保を実質内部留保と規定している。
　実質内部留保の項目としては資本準備金、特定引当金、退職給与引当金、貸倒引当金などをあげているが、まず資本準備金を見てみよう。

　その代表的なものが株式のプレミアムで、会社が株式を額面以上の価格で発行したとき、企業が手に入れるものです。たとえば、一株額面50円の株式を時価1000円で売り出した場合、その差額950円がプレミアムとなって企業に入ってきます。しかし会社が配当を支払わなければならないのは、額面の50円に対してだけですから、プレミアム分はタダで手に入れた資金で、丸儲けということになります。この資本準備金は、中小企業にもある利益準備金と違って、株式を証券市場で売買している大企業にのみみられるもので、しかも、高い利益をあげている企業ほど株価が値上がりしますから、プレミアムも大きくなり、プレミアム稼ぎができることになります。そこでよく企業は、人為的な株価操作によって株価を不当につり上げ、新株を売り出しては、不正な利得を手に入れようとします。後から資本準備金を資本金に組み入れ、株主に株式を無償で交付するなど株式への還元をおこなうこともありますが、それもごく一部分でしかなく、残りは税金が一銭もかからない内部留保となっているのが現実ですから、資本金と同じ株主の払い込んだ資本の一部というよりも、源泉は異なっても利益の内部留保と変わらないものと

みるべきものです。(同上、69-70頁)

つぎに「特定引当金」を見ると、以下のように述べている。

> これは貸借対照表の「負債の部」に小区分としてかかげられているものですが、通常の負債のように返済すべき債権者が存在しておらず、純然たる利益の内部留保というべきものです。これが特定引当金といわれるのは、商法287条の2の規定の「特定ノ支出又ハ損失ニ備フル為」という文言をよりどころにして設けられたものだからです。かつて高度成長期に企業は、ありとあらゆる名目を設けてこの特定引当金を積み、利益隠しの内部留保に狂奔しましたが、民主的な学者と世論の批判をうけた結果、社会的規制が強められることになり、その多くを取り崩さざるをえないという後退を余儀なくされました。そして現在では計上できるのは租税特別措置法において合法的と認められている各種の準備金に限定されています。しかし、価格変動準備金、特別償却準備金、海外投資等損失準備金などは大企業本位の特権的な減税政策の目的をもって作られたもので、その実体は利益の内部留保たる「剰余金」となんら変わりのないものと一般にも認められていますから、正しくは「剰余金」のなかに組み替えられるべきものといえます。(同上、70-71頁)

さらに退職給与引当金について、次のように述べている。

> 固定負債の退職給与引当金についてはそうすることはできません。金額的に引当金のなかで最も大きい(不二家の場合には資本金を上回っている)ばかりでなく、内容的にもいろいろ問題があるからです。この退職給与引当金は、労働協約や就業規則にもとづいて退職金規定が設けられている場合に認められるもので、労働者がやがて企業から退職するさいに支払われる退職金の準備となるものだから、企業の労働者にたいする債務であるとよくいわれます。税法上の引当基準をみると、全従業員が自己の都合により自発的に、一斉に退職するとした場合に必要となる退職金

の2分の1まで無税で積み立てることができるとなっています。そんなことは実際にありえないわけですが、最近、企業は高齢化社会になると「退職金倒産」になる恐れがあるとして、2分の1では不十分だ、全額積み立てる必要があると主張し、大企業では多くの企業が全額の積み立てを始めています。(同上、71-72頁)

そのほか「資産の部」の貸倒引当金についても論じている。「この貸倒引当金は、受取手形、売掛金、貸付金などの債権のうちから、あらかじめ貸倒になるだろうとの予想に基づいて一定の％を費用に落としてしまうものですが、債権を現実に放棄したわけではなく、税金がかからないという理由で税法上認められた比率だけ計上しているものです。実際に貸倒れが発生するのはこれまでの統計によれば引当額の数％にすぎませんから、その時に損失に落としても十分で、したがってそれだけ内部留保がため込まれたことになります」(同上、75頁)として貸倒引当金を内部留保に含めている。

これらの内部留保項目以外に含み資産（土地、有価証券等）や減価償却費の過大償却部分を実質内部留保部分に入れているのが角瀬の内部留保概念の特徴である。

3　内部留保概念の異同

各論者の見解を見てきたが、内部留保概念に対する考え方は、必ずしも同じではない。狭義の内部留保（公表内部留保）については、一般に社内留保概念とほぼ同じ概念であり、共通している。しかし広義の内部留保概念については、資本準備金、負債性引当金、特定引当金、評価性引当金（貸倒引当金、減価償却引当金）などがあり、論者によって異同がある。

ここでは、図表3-2に依拠しながら各論者の内部留保論について見ていこう。この内部留保概念の異同比較に関しては、角瀬［1995］170頁で詳述されている。

まず山口孝の内部留保論に関する多数の論文があるが、その代表作は

図表3-2 内部留保概念の異同比較(○印は算入、×印は非算入を示す)

科　　目	①労旬共著 旧版 1971	①労旬共著 新版 1975	②山口孝 企業分析 1977	③野村秀和 企業分析 1977	③野村秀和 現代の企業分析 1977	④角瀬保雄 経営分析入門 1979	⑤角瀬保雄 経営分析入門 1979	⑥横倉久夫 労組幹部のための経営分析 1981	⑥横倉久夫 労組幹部のための経営分析 1981
法定準備金									
・資本準備金	○	○	○	×	×	×	○	×	○
・利益準備金	○	○	○	○	○	○	○	○	○
その他の剰余金									
・諸積立金	○	○	○	○	○	○	○	○	○
・未処分利益	○	○	○	○	○	○	○	○	○
負債性引当金									
・流　　動	○	○	○	×	×	×	○	×	○
・固　　定	○	○	○	○	○	○	○	○	○
特定引当金									
・諸準備金	○	○	○	○	×	○	○	○	○
評価性引当金									
・貸倒引当金	○	○	○	○	○	×	○	×	○
・減価償却引当金	×	○	○	○	○	×	○	×	○
用　　語	蓄積	内部留保	内部蓄積	内部資金	公表利益留保	計算制度上の内部留保	公表内部留保	実質内部留保	狭義蓄積	広義蓄積

(出所) 角瀬[1995] 170頁。

1977年に出版された『企業分析——経済民主主義への基礎』である。実践的視点から、政治経済的背景に基づく内部留保分析論が展開されている。具体的に内部留保に含められる項目を見ると、「資本剰余金や資本準備金は、時価で発行した差額や企業を有利に買収した結果などであり、そこから得られた剰余であることは間違いありません」（山口[1977] 259頁）と述べ、それらを内部留保に含めている。

また山口の内部留保概念は、「任意積立金や利益準備金そして未処分利益」に加えて、隠蔽利益である価格変動準備金、海外市場開拓準備金など（以上、蓄積利益）や資本準備金（以上、剰余金合計）そして退職給与引当金、貸倒引当金などの負債性引当金や減価償却引当金（以上、引当金合計）まで含めるものとなっている（同上、261頁）。その点について「引当金は、事実よりも過大に計上されている場合が多くその部分は隠蔽である。これらの引当金はいずれも利益とはいいがたい部分を含んでいるが、少なくとも収益（売上）から控除

される内部資金として活用できる」（同上、261-262頁）としている。このように山口の内部留保は幅広い概念となっているのが特徴である。

次に角瀬保雄の内部留保論を見ると、1960年代の早い時期に大企業の資本蓄積を「蓄積分析」の視点から論じている。「現在の概念に通じた『内部留保』が角瀬先生の著書等に初めて登場したのは『内部留保とは』（角瀬［1975］）である。ただ、これは上述のように新たな概念というよりもむしろ、それまでの企業による蓄積について改めて概念化したものであった」[5]と指摘されているように、1975年にいち早く内部留保概念を用いたのが角瀬であった。

そこで角瀬の内部留保概念を見ると、既述のように狭義の内部留保（公表内部留保）と広義の内部留保（実質内部留保）に分けて論じている。公表内部留保とは、利益準備金とその他の剰余金を含む、会社の経営者も認めるミニマムな内部留保である。実質内部留保とは、前述の公表内部留保に「捕捉可能な秘密積立金」を加えたものである。

「補捉可能な秘密積立金」とは、資本準備金、特定引当金、固定負債性引当金、貸倒引当金である。これらの項目が、内部留保概念に含まれる。

さらに内部留保概念に、有価証券や土地などの含み益を含めている点が特徴である。有価証券や土地は、資産のなかでも含み益部分が大きくなるからである。

> 土地や株を沢山もっている大企業は、たとえ営業面で赤字であったとしても、遊休資産の一部を処分し、含み益を吐き出すことによって、何年も売り食いしていくことが可能です。（角瀬［1979］84頁）

また建物や機械設備のような減価償却の対象になる有形固定資産についても過大償却によって秘密積立金が形成されることを指摘している。

> 実際よりも資産の寿命である耐用年数は短く見積もられていますので、その分だけ減価償却費が過大に計上され利益が小さくされています。（中略）その分だけ内部留保は小さくならざるをえず、（中略）貸借対

照表の上には何ら示されない秘密積立金になります。(中略) 売却処分されたときはじめて含み利益が、売価と帳簿価額の差としての資産売却益というかたちで表面化してあらわれてきます。(同上、83頁)

内部留保に減価償却費を含めるとすると「過大償却部分だけにかぎらなくてはなりません」(同上、83頁) としている点が角瀬の内部留保論の特徴である。

つぎに野村秀和の内部留保論を見ていこう。

野村は『現代の企業分析』(1977年) の中で、「企業分析が科学的検証に耐えられるか否かは、理論的にいって、経済学的視点による会計知識の全面的な活用がどの程度まで成功しているのかにかかわっている」(野村 [1977] まえがき) とする分析視角が示されている。さらにこの分析視角は、「すでに十数年を経過する労働運動や消費者運動そして生協運動など、私自身のささやかな経験をつうじての多くのケース・スタディのなかから、手探りで創り上げてきたのが本書の分析方法論である」(同上) として、労働運動や生協運動などの実践的課題の中から形成された点を重視する。

野村は内部留保概念に関して、「留保」には企業内留保だけでなく企業外留保も含めている。この企業外留保を含めているのは、個別資本の蓄積運動の全体を見る視点から生じている。つまり個別資本 (個別企業概念と異なる) における子会社や関連会社の企業外留保や同族会社の個人留保を含めている。この点は、角瀬の「企業外蓄積」(角瀬 [1995] 162-163頁) と同様の概念と考えられる。

その上で野村は企業内蓄積を、公表利益留保と広義の内部留保に分けている。広義の内部留保を計算制度上の留保と規定する点に野村の大きな特徴がある。計算制度上の留保は、特定引当金、評価性引当金、固定負債引当金から構成される。評価性引当金は、貸倒引当金と減価償却引当金の二つである。とりわけ減価償却引当金は、有形固定資産の現実的現物更新による資金支出の時点まで企業内に留保される。これに見合う資産は、自己 (内部) 金融資金として活用可能な状態にあるとしている。

つぎに横倉久夫の内部留保分析論を見ていこう。横倉は1976年5月に『企業分析論序説』(高文堂出版社) を出版している。この「はしがき」では、「資

本の基本的な形態である生産関係つまり所有非所有の関係のもとにおける組織体を分析するという視角を、より明確にしたいと意図したからである」と「企業分析」の基本視角を明らかにした上で、「利益の過小計上」「利益の過大計上」に関して各勘定科目をもとに明らかにしている。また資本準備金についても、「営業活動にかかわる利益ではないにせよ、企業が配当を要するのは額面金額、資本への組み入れ額に対してのみであるから、資本市場を通じて獲得される利得（gain）であることは、事実上否定しえない」（横倉［1976］212頁）と資本準備金の利得性を指摘している。さらに特定引当金について「利益の留保額にほかならない」（同上、208頁）と述べている。

また1981年の『労組幹部のための経営分析』では、利益準備金をはじめその他の剰余金を内部留保に含め、資本準備金、負債性引当金（流動負債性、固定負債性引当金）、特定引当金、貸倒引当金および減価償却引当金を内部留保に含めるなど幅広い内部留保概念を提起している。

以上のような各論者の内部留保概念の特徴については図表3-2を参照されたい。

4　1980年代から90年代の内部留保論と分析論の展開

内部留保分析論が1970年代に様々な論者によって形成され確立したことは上記の通りである。1980年代から90年代にかけて、さらに内部留保分析論をより厳密化し、それを実証的に明らかにする方向での議論が坂口康と大橋英五によって展開される。

（1）▶ 坂口康『経営分析論』（法政大学通信教育部，1987年）

坂口康の内部留保概念について見ていこう。坂口は、角瀬と野村の内部留保を取り上げて次のように述べている。

> 角瀬と野村はともに内部留保を資本蓄積の指標として位置づける点では共通の視点にたっているが、角瀬が内部留保を「蓄積分析において、

その基軸にすえられるべき概念」とするのにたいして、野村は、「資本蓄積の実態を個別企業次元で計数的に測定しようとすれば、唯一の指標で、それを示すことはおよそ不可能」であり、「会計計数から蓄積指標を取り出す場合、少なくとも（中略）3指標（成長性指標、収益性指標、留保力指標——引用者）以下に単純化することは許されない」という。このような指標は、以上のごとき「蓄積」概念の位置づけの上になされているのである。（坂口［1987］304頁）

こうした蓄積概念の位置づけの上で内部留保について述べている。

> このようにみると、（Ⅰ）内部留保概念の理解としては、理論的には利潤の蓄積（＝再投資）としての内部留保を本来の意味における内部留保とし、その上で①現行の損益計算制度において利益とされる部分（＝すなわち、いわゆる公表利益）からの留保部分（狭義の内部留保、一般に社内留保といわれるもの）と②損益計算制度の上では費用とされるが実質的・理論的には利潤と見なすべき部分（いわゆる利潤の費用化部分）の留保部分を含む実質内部留保とに分け、（Ⅱ）さらに広義の概念として資金留保を措定し、企業レベルでの資本の蓄積過程をあらわす指標とすることがよいのではないかと考えるものである。（同上、304-305頁）

このような内部留保概念の理解のもとで、会計学上の内部留保を明らかにしている。

> この場合、（Ⅰ）の①の狭義の内部留保は、当期の利益（当期純利益または当期未処分利益金）のなかで社内に留保される部分（フロー）および利益準備金、その他の剰余金（任意積立金、当期未処分利益金）（以上ストック）である。（Ⅰ）の②の実質内部留保は以上のほかに費用として計上された実質上の利益部分を加えたものであるが、この計算には実際には各種の困難が伴うため、明確なものを除いてはなんらかの推定が必要である。そこで通常は理論上、計算技術上明確なもののみを加えることと

し、必要な場合にのみ推定値や特別の資料による計算を加えるのが実際的な扱いである。貸倒引当金繰入額のうち貸倒損失の実際発生高を除いた部分、減価償却費のうち特別償却分、税法限度額を超える部分、流動負債、固定負債中の引当金繰入れ額で、実際に目的使用された分を超える部分などである。固定負債中の退職給与引当金は議論が多いが、実際支払分以外を実質上の利益と考え、（Ⅰ）に含めて考える。株式プレミアムは内部留保には含めない。（Ⅱ）資金留保としてはその他に、減価償却費（または累計額）のうち、実質利益とした分を除いた部分などを加える。その他、含み資産や秘密積立金をも考慮する場合もある。（同上、305頁）

以上の坂口の内部留保概念をまとめるとつぎのようである。
　（Ⅰ）まず資本蓄積概念を位置づけた上で利潤の蓄積（再投資）としての内部留保を本来の意味の内部留保とし、具体的な科目で示している。
　　①損益計算制度において利益（公表利益）とされる部分からの留保部分（社内留保）および利益準備金、その他の剰余金。これらを公表内部留保とする。
　　②損益計算制度の上では費用とされるが、実質的・理論的には利潤部分と見なすべき部分（いわゆる利潤の費用化部分）の留保部分。これらを実質的内部留保とする。実質内部留保には理論上・計算技術上明確なもののみを加え、必要な場合にのみ推定値を加える。規定の対象となるのは、貸倒引当金繰入額のうち貸倒損失の実際発生高を除いた部分、減価償却費のうち特別償却分、税法限度額を超える部分、流動負債、固定負債中の引当金繰入額で、実際に目的使用された分を超える部分、退職給与引当金の内の実際支払分以外の分などである。株式プレミアムは内部留保に含めない。この株式プレミアムを含めない点は野村と同じである。
　（Ⅱ）さらに広義の概念として資金留保を指定し、企業レベルの資本の蓄積過程を表す指標とする。

上記のように、坂口は内部留保概念をより厳密にし、内部留保分析論を展

開しようとした点に特徴がある。

(2) 大橋英五『現代企業と経営分析』(大月書店, 1994年)『経営分析』(大月書店, 2005年)

　大橋英五は、内部留保分析に関して実証的に論じているのが特徴である[6]。大橋の内部留保の構成には、公表内部留保と隠し利益による内部留保とともに「原価主義による未実現利益の非計上による内部留保」が含まれている。公表内部留保は、各論者と同じく利益準備金とその他の剰余金（任意積立金、当期未処分利益）である。実質内部留保には、引当金（退職給与引当金、貸倒引当金、特定引当金）と資本準備金、減価償却累計額の過大償却部分が入る。過大償却分は費用の過大計上による内部留保として、資本準備金は利益の資本化による内部留保として捉えている。

　さらに「原価主義による未実現利益の非計上による内部留保」として有価証券や土地の資産の含み益をあげているのが特徴である。大橋のこうした内部留保の構成は、単に個別企業レベルのみでなく産業レベルでの分析にまで活用される。「内部留保の分析の視角からの独占企業の分析は、1970年代後半から批判的な会計学者によって展開されてきた」（大橋[2005] 199頁）が、それを発展させたのは大橋の大きな貢献である。

　大橋の内部留保論のいくつかの特徴を見ると、減価償却、資本準備金、含み益にあると考えられる。まず、減価償却については、「独占的な大企業の短期・加速度償却は一般的なものとなっており、償却額の20〜30％は適正な耐用年数に基づく定額法による償却を基礎に考えると過大な償却額と考えなければならない」（大橋[1994] 73頁）と指摘する。このように過大償却については、減価償却額の20〜30％を超過した部分を内部留保として実証的に捉えている。

　つぎに資本準備金について大橋は今日の独占的な大企業では、「財務、金融活動を通して実現した利益であり、内部留保に含めるべき性格のものである」（大橋[2005] 200頁）[7]という。つまり利益を資本化するもので利益留保に含めて分析すべきとする。ここでいう財務・金融活動による実現利益は、「株式による資本調達のうち10％が額面金額であり、90％が実質的には株主が

権利を行使することができない株式プレミアムから構成されている」（大橋［1994］99頁）ことから生じるもので、証券市場を通じて国民や中小企業から大企業が収奪した結果を表すものであるという。

さらに「含み益」についても大橋は内部留保に含めるべきとしている。株式や土地の時価評価による内部留保についても、本来の企業活動の結果ではなく、国民、中小企業を犠牲にした経済政策のもとで発生した含み資産である（同上、190頁）としている。

大橋は豊富な内部留保の実態分析を通じて、大企業による中企業、小企業からの収奪についても分析している。そして内部留保分析と資金分析を一体となって行うこと、資本蓄積構造の解明を進めなければならないとするのである。

(3) 草島和幸「内部留保論争てん末記──全労連vs日経連」（『労働運動』1993年）

1993年3月には草島和幸は、「内部留保論争てん末記──全労連VS日経連」[8]を著し、内部留保をめぐって財界と全労連（全国労働組合総連合）との「公開討論」が用意されたことについて証言している。当時の近藤鉄雄労働大臣が春闘大幅賃上げ論を発言したことに対する日経連（日本経営者団体連盟）の反論と近藤大臣の再度の反論へと発展したことが契機となったとしている。「この問題についての公開討論を呼びかけるなど政・財界論争へと発展した。この公開討論は、12月の内閣改造によって労働大臣が変わったことで実現しなかったが、この論争は、こんどは全労連と日経連の論争へと発展することになる」（同上、46頁）。

その論争の中で全労連は、「内部留保のわずか2.5％を取り崩すだけで35,000円の大幅賃上げが可能である」としたのに対して日経連の小川泰一専務理事は、「内部留保のなかの退職給与引当金まで取り崩せというのはタコが自分の足を食う様なものと反論した」（同上、46頁）。この日経連の主張に対して、全労連の主張は、「新日鉄やNHKで支払われる退職金は退職給与引当金の5〜6％にしかすぎない。だから、その一部は当然取り崩しても企業経営には何の影響も与えないものであるが、全労連の主張はその取崩し

は全く不要なものとし、内部留保の運用益をあてるだけで大幅賃上げが実現できる」(同上、47頁) というものであった。

5 2000年代の内部留保論および分析論のひろがり

　1990年代末から2000年代に入ると、会計ビッグバンが始まった。本格的には2001年3月期決算からであるが、1996年に金融ビッグバンが打ち出され、会計制度の国際標準化が、そのインフラとして必要とされたのである。「国際会計基準」は、各国間の差異を調整して国際的に統一化を図るためのものであった。こうした国際会計基準が導入されるなかで、角瀬保雄は、「ビクトリーマップと国際会計基準——内部留保の計算に関連して」[9]を著して、内部留保論の観点から国際会計基準の特徴を明らかにしている。

　その特徴の一つは「個別決算中心から連結決算中心への転換」によって企業グループ全体の連結内部留保の把握が可能であるとしている。二つには、「金融資産の時価評価」によって売買目的で保有する有価証券やデリバティブについて取得原価と時価との差額が毎年度損益として計上されるが、当然に内部留保の一部に算入されるべきものであるとしている。一方持ち合い株式については、その時価評価差額が損益計算書を経由せずに、貸借対照表の剰余金の増減として処理されるので、自己資本の増大として内部留保に算入すべきものとしている(同上、29～32頁)。三つには「退職給付債務のオンバランス化」では、「国際会計基準の強制によって企業内引当金の金額は増大し、灰色的性格はますます強まるといえます。したがって、退職給付引当金はこれまでの退職給与引当金のより一層発展したものとして、内部留保に算入する必要があるのです」(同上、34頁)としている。このように国際会計基準における金融資産の時価評価や退職給付引当金等を、内部留保算入項目としてどう位置づけるかについて論じている。

　さらに角瀬保雄は『2002年度版国民春闘新ビクトリーマップ』の中で、「有価証券報告書からみる連結内部留保——トヨタ自動車の事例を通して」[10]を著した。連結内部留保概念として、連結剰余金、資本準備金、退職給付引当

金、長期負債性引当金の4項目に加えて、その他有価証券評価差額金、為替換算調整勘定、不動産の評価損失の3項目を新たに加えている。さらに減損会計による事業用固定資産の時価評価により含み損失も表面化すると指摘している。

また労働組合の立場から国際会計基準を取り上げた著書として国際会計基準研究会編『労働組合と国際会計基準』(連合通信社、1999年10月)がある。ここでは、国際会計基準における連結決算、時価評価、子会社の整理や合理化、企業年金・退職金、401kをとりあげている。

谷江武士は、2005年8月の「大企業の内部留保と社会的責任」[11]という論稿の中で、第二次世界大戦の終結から60年の歳月を振り返り、日本の大企業の内部留保を分析している。ここでは、第二次世界大戦から1950年代末、1960年代の高度成長期、1970年から1980年における石油危機・減量経営・財テク期、1981年から80年代の情報・国際化・バブル期、1989年末のバブル崩壊から1990年末までの長期不況期における内部留保の実態を分析し、大規模な企業集団のリストラを行うことにより巨額の利益が内部留保され、これが金融資産にまわされていると指摘した。この上で、今日において大企業は内部留保を従業員や下請中小企業に還元することによって大企業が社会的責任を果たすべきことを論じている。

さらに2009年4月には、谷江武士の「大企業の内部留保の拡大と労働分配率」[12]では、内部留保の内容として公表内部留保と実質内部留保の概念について言及したのち、自動車メーカーと電気機器メーカーにおける内部留保を明らかにしている。その上で2001年から2008年3月期にかけて大企業の労働分配率と内部留保の推移を比べ、内部留保の増大にもかかわらず労働分配率が下落している点を指摘した。

2010年5月には、小栗崇資・谷江武士は『内部留保の経営分析』[13]を著した。この著書は、2000年代になって大企業がかつてない最高益を更新し続け、莫大な内部留保を溜め込む一方、巨額の内部留保を温存したまま雇用に一方的にしわ寄せを行うという新たな内部留保の段階を明らかにしようとしたものである。またこの著書では、これまでの内部留保研究の蓄積を踏まえた上で、新たな展開を試み、内部留保の活用可能性についても積極的に論じ

ている。この著書は2部構成で、第1部では会計の見方と経営分析について述べ、第2部では内部留保の定義と分析の仕方、内部留保の実態や活用について述べている。

ついで小栗崇資は、2012年3月の「内部留保分析の現代的展開——内部留保の実態と活用」[14]の中で、内部留保分析の方法、法人企業統計を用いた大企業の内部留保分析をしている。この上で労働者の犠牲による内部留保、配当や金融投資の大幅増および巨額な換金性資産の存在を指摘し、内部留保の活用は可能かについて検討している。

2012年9月には、雑誌『経済』で、「財界、大企業と内部留保」[15]の特集が組まれた。この特集の背景として2008年9月の世界的恐慌を引き起こしたリーマンショックがある。日本の大企業の内部留保は政界、財界、労働界からも広く取り上げられるようになっていった。財界、大企業、労働界とも不況期において内部留保還元論が注目された。こうした背景のもとで、「『内部留保』の膨張と21世紀日本資本主義」(大木一訓)、「内部留保論の現代的課題——その全体像と分析方法」(小栗崇資)、「内部留保とは何か、何に使っているか」(谷江武士)、「2011年度決算にみる内部留保の動向」(垣内亮)、「『新型経営』による「雇用・賃金破壊」と内部留保の急膨張」(藤田宏)、「税負担率の算定分析——法人税制と内部留保の拡大」(田中里美)、「大企業の内部留保をどう活用するか」(木地孝之)、「世界の巨大企業における内部留保の状況」(田村八十一)が発表された。

このように2000年代に入ると、労働運動における雇用や賃上げ要請、中小企業経営を守るための内部留保の蓄積・活用に至る理論の深化・拡大が図られていった。今日においては、内部留保論および内部留保分析論は新たな広がりを見せ、さらに議論を呼び起こすようになってきているのである。

【注】

1 経営分析論研究会編［1965］。
2 経営分析論研究会編［1969］。
3 角瀬［1971］。

4　角瀬・君塚・敷田・中山・山口・近藤［1975］。
5　松田真由美［2010］「角瀬保雄先生の内部留保論」「会計理論学会2009年度スタディ・グループ中間報告」19頁。
6　「大橋英五教授の略歴および業績」［2009］『立教経済学研究』第62巻第3号、209-212頁。
7　大橋［1993］103頁。
8　草島和幸［1993］「内部留保論争てん末記──全労連VS日経連」『労働運動』No.332。草島氏は、当時、全労連調査政策局長であった。
9　角瀬保雄「ビクトリーマップと国際会計基準──内部留保の計算に関連して」『国民春闘ビクトリーマップ』2000年11月。
10　角瀬保雄「有価証券報告書からみる連結内部留保──トヨタ自動車の事例を通して」『2002年度版国民春闘新ビクトリーマップ』2001年11月。
11　谷江武士「大企業の内部留保と社会的責任」『経済』2005年8月。
12　谷江武士「大企業の内部留保の拡大と労働分配率」『経済』2009年4月。
13　小栗崇資・谷江武士『内部留保の経営分析』学習の友社、2010年5月。
14　小栗崇資「内部留保分析の現代的展開」『商学論纂』第53巻5・6号、2012年3月。
15　『経済』新日本出版社、2012年9月、12-91頁。

【主要参考文献】

大橋英五［1993］「現代企業の蓄積構造」『立教経済学研究』（敷田禮二教授記念号）第46巻第3号。
────［1994］『現代企業と経営分析』大月書店。
────［2005］『経営分析』大月書店。
角瀬保雄［1979］『経営分析入門』労働旬報社。
────［1995］『現代会計基準論──批判から提言へ』大月書店。
角瀬保雄他［1971］『労働組合の経営分析』労働旬報社。
角瀬保雄・君塚芳郎・敷田禮二・中山金治・山口孝・近藤禎夫［1975］『経営分析と労働組合』労働旬報社。
経営分析論研究会編［1965］『経営分析論』世界書院。
────［1969］『入門経営分析』世界書院。
坂口康［1987］『経営分析論』法政大学通信教育部。
野村秀和［1977］『現代の企業分析』青木書店。
山口孝［1977］『企業分析──経済民主主義への基礎』新日本出版社。
横倉久夫［1976］『企業分析論序説』高文堂出版社。

第 4 章

内部留保論形成の前史

1 はじめに

　会計実務において内部留保が行われるようになったのは19世紀のことである。利益留保による資本蓄積に留まらず、現在でいう広義の意味での内部留保による資本蓄積が独占資本を中心に行われるようになった。最初はドイツで行われ、次第にそれは諸外国へ広がっていき、日本でも企業の蓄積手段として活用されるに至った。

　歴史的に見て、日本では第二次世界大戦を契機として内部留保が政策的・制度的に促進されることになるが、本章はそのような日本における利益留保による資本蓄積（狭義）および本来利益となるべきものが費用化されることなどにより形成される内部蓄積（広義）について、1970年代の内部留保概念の形成に至るまでの歴史を概観するものである。

2 ドイツにおける内部留保のはじまり

　ドイツでは、第一次世界大戦以前より、利益留保による資本蓄積は株式会社において一般的に広く行われていた。これは、貸借対照表上に公然と示されるため、公示積立金とも呼ばれた。一方で、外部に公表されることなく

意図的に内部に蓄積を行う広義の意での内部留保は主に「秘密積立金（準備金）」[1]と呼ばれた。

秘密積立金は、1879年「Deutsche Bankの頭取Geory Siemensが此の制度を同銀行に採用したるのみならず同氏はさらに自己の勢力圏内に在る他の会社をして此の制度を採用」（水口［1933］5頁）したことが端緒であったとされるが[2]、これは安定的な配当を意図して形成されたものである。

それまでは、利益を全額配当へと充てていたが、「秘密利益平準化」と呼ばれる秘密積立金の設定および取り崩しにより配当を行うことで、安定した配当性向を可能とした。それははじめに配当ありきで、貸借対照表、損益計算書の数字は望ましい結果を生みだすために調整されるものであった（津守［1964］）。「第一次世界大戦前の秘密積立金概念は商法解釈論として『過小評価、過大償却』の評価論のなかで展開され」（木下［1978］78頁）、その具体策として「一マルク勘定・百パーセント減価償却」と呼ばれるような、固定資産取得後にほぼまたは全部について減価償却を行う過大償却や、棚卸資産の過小評価あるいは不計上、有価証券の過小評価等を行うことで秘密積立金は形成されていた。そして第一次世界大戦後のインフレーションに乗じて減価償却が過小償却から過大償却へと大きく転換される中で、秘密積立金は実務的により一層普及してゆく。

このような背景には、1884年商法改正において資産評価の観点から秘密積立金が公然と許容されたことがあげられる。その後の新商法草案に関する連邦参議院の建議書でも、「秘密積立金の設定傾向を歓迎し、秘密積立金設定は広汎に普及した商慣習であり、この慣習は企業の経済的基礎の強化のためにのみ役立つのであって、法律規定によってこの慣習に反対する動機はまったく存在しないとまで主張」（中居［1966］44頁）しており、秘密積立金を正当化していたのである。つまりは、秘密積立金の経済的必要性が主張され、「必要は法律を生む」形で進められていった（高田［1934］）。

しかしその是非については商法学者の間で、減価償却等による操作性ある秘密積立金の形成およびその乱用に対する議論が展開され、当初は違法であるとの見解が示されていた。それが裁判を重ねていく中で法的解釈が変わり、次第に適法性を帯びていった（高田［1934］）。このような秘密積立金は、

イギリス、フランス、スイスをはじめとする諸外国に広がり、ドイツと同様に適法とみなされていく。

会計的にも、「定款があらかじめ秘密積立金の設定を規定している場合であっても、理性的な商人の判断によって会社の将来の生命力および抵抗力を確保するために必要であると認められるかぎりにおいてのみこれを設定することができる」(黒澤[1961]248頁)と認める主張や、本来公表されるべき会計数値を歪めているにすぎないという否定的見解など、賛否両論がありながら、実務的に一般化してゆく。この背景には債権者保護が強く影響していたとも指摘されている。

ドイツでは、その後資産不計上を禁止するなど、会計処理の変更を伴いながら長きにわたって1965年までは秘密準備金が法的、会計実務的に公然と認められていたのである。

3　日本における第二次世界大戦以前(戦前)の内部留保

(1) ▶ 秘密積立金(準備金)のはじまり

日本では、19世紀後半に株式会社が多数設立されながらも資本蓄積は十分でなかったとされる。それが20世紀初頭になると「従来は殆ど如何にして多くの利益を搾出すべき乎と云う事に就いて如のみ可成の苦心をしていた会社の当事者は、昨今如何にして此利益を潜在せしめようか苦心する」(小山[1918]44頁)ようになり、利益留保以外の方法により内部への蓄積を意図しようとした。

このような広義の内部留保の呼称については、ドイツと同様に「秘密積立金(準備金)」と呼ばれ、「準備金」と「積立金」について特に明確な区分がないまま混在して使用されていた。ただ、商法学者は「準備金」と呼ぶことが多く、戦前は秘密積立金について法的な是非を論ずる傾向にあったことから、「秘密準備金」が多用されていたといえる。

日本における秘密積立金とは、銀行、保険、鉄道、ガスなどの独占資本に

よって「普通の積立金とは異なりて貸借対照表に表示せられざる剰余金を謂うなり、即純資産が増加したるとき其増加せる部分を株主又は資本主に配当せずして秘密に保留する時に生ずるもの」(田尻[1915] 49頁)であり、利益留保以外で行われる内部蓄積を指していた。

　その目的は多岐にわたる。企業の財政基盤を強固にするため、配当の平準化、税負担の軽減、経営上の機密費を得ることが一般的であったが、中には競争の排除も挙げられている。これは巨額の利益を公表することで、他社がその産業に魅力を感じて参入してくること危惧し、その利益を隠蔽するために秘密積立金方式を活用するものである。そして秘密積立金を活用することで経営戦略は広がりを見せるが、時には投機目的に転用し、失敗したらまた秘密積立金により補填するなど悪用されてもいた。

　ただ、財政基盤を強固にすることや、配当の平準化については、利益留保によりその目的を充足できるであろう。しかし、当時は経営者自身が株主を兼ね、その経営者が私欲に走り、兼任役員が資本家の立場での利益処分を提案し(川本[2006])、一般的な株主の多くは、経営に無関心でありながら、配当金を多く望むような環境にあった。その結果、利益留保された積立金をも株主に分配することが要求されるなど、利益の大部分が配当として分配することとされ(水口[1933])[3]、利益留保できないばかりか、留保利益すらも取り崩す状況にあった。利益自体も、評価益などのような資金的な裏づけのないものが含まれており、配当原資がない場合には、借入金や社債によってそれを充当するという、まさに配当ありきで、企業の継続性を考慮しない短期志向の経営が行われることも多かった(青地[2005])。

　図表4-1は、戦前の日本企業による配当額とその配当性向を示したものである。配当性向は変動的であったが配当が安定的に行われ、それが株価の維持に貢献していた。1920年代には無秩序に配当を欲していた株主も、1930年代に入ると昭和恐慌等、企業の業績の悪化により必ずしも高い配当性向の維持が望ましいものではないとの考えに変わっていく(川本[2006])。また、昭和恐慌を脱し、企業の業績が好転してゆくことにより、配当性向を抑制しながらも配当額を増大させることができたことも要因であろう。

　日本ではこのような秘密積立金については、商法学者らにより「株主の利

図表4-1 戦前の日本企業の配当金、配当性向

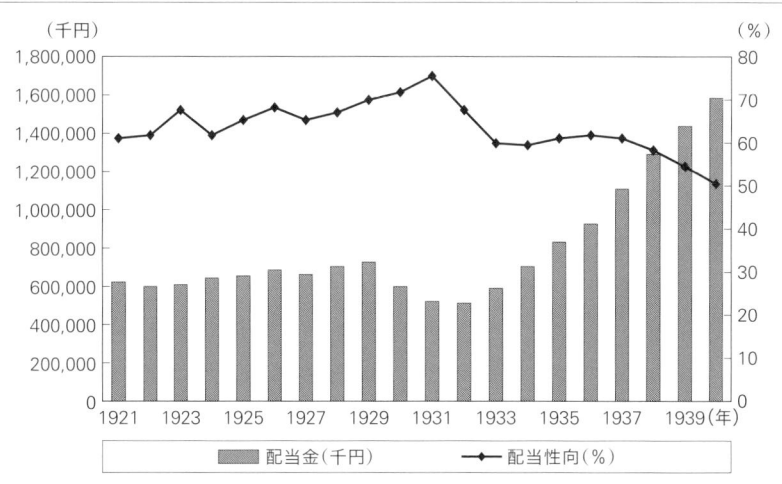

(出所) 川本［2006］86頁。

益配当請求権侵害の問題として、又貸借対照表真実の原則乃至株式会社に於ける公示主義の問題」（高田［1934］3頁）として批判がなされた。安定配当政策等のための秘密積立金の生成によりもたらされる利益額は本来の利益額とは異なる。その結果、受け取るべき配当額を減額させ、不当に株価を押し下げることになるため、株主の自益権を尊重したならば、秘密積立金は違法であるとの見解が優勢であった。

　それに対し、秘密積立金が適法であるという主張もあった。それは、会社財政の基礎の強化および利益配当の平準化など、「企業自体（Unternehmen an sich）」の思想に基づくものである。これは債権者保護、株主の利益、企業の健全な発展を目的とした場合、会計処理の方法が異なることが多い。そのためそれぞれの見解を調整できない場合には、企業の発展に主眼を置いた秘密積立金の設置は、その正当性が認められうるというものであった。また、配当の維持は株主保護であり、それを看過することはできないとの理由から、秘密積立金の必要性が主張された。

(2) ▶ 秘密積立金の会計的視点

　戦前の会計処理において、現在では「粉飾」と呼べる裁量が企業に認められていた。たとえば、1911 (明治44) 年より商法の資産評価基準として時価以下基準が採用され、時価を超えない程度で適当に評価替えする方法が許容され、秘密積立金の操作は容易であったといえる。理論上では、利益をすべて秘密積立金とすることも不可能ではないが、損失に備えるためにある程度の利益留保を準備金として計上した後、それ以外に配当の平準化等種々の理由のために活用できるような公表されない積立金がいわゆる秘密積立金になった (渡辺 [1918])、といわれている。秘密積立金は次のような方法により生み出されていた。

　　①固定資産の評価益の不計上[4]
　　②既存の資産の意図的な脱漏
　　③過大な減価償却[5]
　　④資本的支出の費用的支出計上
　　⑤債務の過大な見積り
　　⑥過大な引当金の設定[6]
　　⑦収益の不計上

　秘密積立金は、企業の業績が悪化した場合に秘密裏に損失補填として使うこともでき、信頼を損なうことがなく業績を立て直すことができる望ましい手法であるとされた。商法が定める会計処理を適用して形成された内部蓄積は秘密積立金ではないと企業は考えていたが、それは企業のみならず一部の会計学者も同様であった。

　期間計算や真実の表示の重要性を斟酌すれば、会計学的見地からこのような手段が正当化できるわけではない。しかし上述のように会計自体が人為的評価を必ずしも排除できるとはいえず、なおかつ保守的な会計処理を尊ぶ時代にあっては、秘密積立金の存在を経済的事実として認めざるを得ない中、結果的に秘密積立金の讃美論者が多く生じてきたとされる (長谷川 [1937])。ただ、商法上で評価替えが認められる以上、秘密積立金は容認されるが、それが過大になりすぎた時は会計的に適合するものではないとの指摘もあった

（原口［1928］)。

4 │ 戦中の内部留保

(1) ▶ 戦時体制のもとで

　このような秘密積立金に転機が訪れる。戦時体制に向けた統制令が契機となり、企業は私益ではなく公益を優先する精神を備えることが期待された。1937年「国家総動員法」、そしてこれに基づき「臨時資金調整法」が同年公布された。これは日中戦争が勃発したことで国家として戦時体制を整え、必要となる資金を調達するためのもので、同時に企業の資金調達などが制限された。

　1939年には「会社利益配当及資金融通令」がこれらに続いた。目的は配当制限であるが、厳格に統制するというよりも増配抑制を意図していた。戦時下は、臨時租税措置法施行規則の別表で掲げられた、「兵器及同部分品製造業」「製鉄業」をはじめとする30に及ぶ産業が時局産業として優遇され、配当率の上昇を抑えながらも、そうした企業は依然として高配当を維持できた。しかし、物価統制等により労働者に負担を強いる中で、株主が高配当を享受し続けることは不公平であるとされ、反対がありながらも、ドイツにならい企業への法的規制が公布された。しかしこれは当時の株価を5～10％程度下落させることになり、同様のことを行いながら株価への影響がなく、むしろその後に多少株価が上昇すらしたドイツとは異なる結果を招いたといえる（長谷川［1939］)。

　株価へ与える影響に配慮して高配当を行う企業はそれを既得権益として維持することが可能であり、また企業は配当制限を逃れるために報酬の増大を図るなどしたことにより、このような統制による影響をあまり受けなかったとされる（長谷川［1941］)。さらに、「賃金臨時措置令」「会社職員給与臨時措置令」により、給与の上昇を抑えようとしたが、表面的に給与自体は据え置かれたものの、福利施設費など別の費用を増大させることで、代替的に給与

増加の役割を果たすことになった。

一方で、来るべき「戦時下の生産力拡充のために、固定資産の減価償却によって内部留保を積極的に促進することも掲げられた」(久保田[2001]170頁)ことから、減価償却に特化することで秘密積立金が形成されてゆくことになる。

このような統制令は、経営者に対し新たな経営思想への転換を促す一方、その後の国家主体の経営思想統制の強化への不安を与えたといえる。しかし不備の多さも指摘されている。上述のような代替的な費用の増大のみならず、統制令から逃れるために、奔放な経営者らによる交際費、旅費などの浪費がなされ(長谷川[1939])、利益留保による資本蓄積は積極的に行われなかったのである。

(2) ▶ 会社経理統制令

戦時体制が推進・強化されてゆくなかで、1940年「会社経理統制令」が公布され、実施へと至った。これは一部を除く「会社利益配当令」と「会社職員給与臨時措置令」に改正を加えて統合し、国家総動員法に基づき戦時体制下における価格および利益を統制するためのものであった。そしてずさんな費用増大による利益の過小表示を是正することを促すものでもあった。中でも第2条で経理の適正化について、次のように定めている。

> 第1号「資金は之を最も有益に活用し苟も人的及物的資源の濫費に陥るが如きことは厳に之を避くること」(資源活用の適正化)
> 第2号「経費の支出及資産の償却を適正ならしむること」(費用と償却の適正化)
> 第3号「役員社員其の他従業員の給与及支給方法を適正ならしむること」(給与等の適正化)
> 第4号「利益の分配を適正ならしめ自己資金の貯蓄せしむること」(利益分配の適正化と資本蓄積の推奨)

これらは特に資本蓄積の推進を意図し、全体主義的な国益を重視する経営を求めるものではあるが、企業の利益追求を否定するものではなく、利益分配の制限を強調するものであった。

　第2号にあるように減価償却の適正化は重要な会計方針の一つといえる。ただ商法ではより厳しくとしながらも、償却期間および方法等は規定されていない。一方税法では裁量を与えるとしながらも、戦時体制を支える産業については、取得後3年間の特別償却が許され、耐用年数30年の固定資産を3年間に約60％も費用化することができた（沼田［1941］）[7]。このように、減価償却の適正化を求めながらも、企業の恣意性が介入する余地を残し、また産業に応じて過大償却を許容するなど、必ずしも統制令に掲げた減価償却の適正化が図られたとはいえず、むしろ減価償却が内部蓄積形成に貢献する結果となった。ただ、これを是認する会計学者らは、戦後来るべき経済不況への対応策の一環として重要であった旨を強調している。

　第3号では、ずさんな給与体系のみならず、利益処分として役員賞与も統制の対象となった。日本での役員賞与が諸外国に比べて高額であることが社会的非難の対象となったことから（久保田［2001］）、払込資本に応じて賞与率を定め、その範囲内で執行することで、過大な利益の外部流出に歯止めをかけ、利益留保を推奨した。

　第4号についても、利益の分配を適正化するために、配当抑制を推奨し、資本蓄積を軽んじた企業に対する措置も検討された。これは主務大臣による企業の配当への関与を可能とし、企業も配当についての変更が生じた場合、主務大臣の許可を要した。加えてそれまでと大きく異なる点は、配当額が払込資本から自己資本に応じて行われるようになったことである[8]。これにより自己資本の約8％および払込資本の1割を超えないように配当を求めたため[9]、配当を目的として秘密準備金を作りだすよりも、「明示積立金にした方が、会社にとって有利となり、次第に秘密積立金の設定及びその金額は減少」（青木［1942］134頁）していった[10]。

　このように統制令によって、戦時体制の中で資本蓄積を重視する資本主義が促進されていったのである。

図表4-2 資本蓄積状況(単位：億円)

	1950年下期 (643社)	1954年上期 (601社)	1954年下期 (601社)	1955年上期 (597社)	1955年下期 (597社)
自 己 資 本	3,709	16,272	17,575	18,137	18,601
資 本 金	1,028	4,023	4,653	5,077	5,405
資本準備金	—	55	60	60	57
再評価積立金	2,225	8,991	9,558	9,450	9,294
利益剰余金	456	3,203	3,304	3,550	3,845
減 価 償 却 費	150	741	810	902	997
引 当 金	370	1,575	1,750	1,940	2,500
合 計	4,229	18,588	20,135	20,979	22,098
使 用 総 資 本	12,085	41,848	44,218	46,305	48,832
蓄 積 資 本 比 率	35.0%	44.4%	45.5%	45.3%	45.3%

(出所) 嶋 [2004] 89頁。

5　戦後の内部蓄積に向けて

　戦後、日本は経済再建・安定化への模索が始まる。特に資本蓄積による自立が重視され、経済政策への体系化および会計としての制度化が図られていった。以下にあげる様々な要因によって、図表4-2のような資本蓄積が形成されてゆく。特に1954年以降は経済的背景もあり資本蓄積や内部蓄積が劇的に増大している。そして、これを支えたのが経済政策等であった。

(1) ▶ 資本蓄積を重視した政策

　1945年に日本は終戦を迎えた。戦中は政府による価格統制が行われていたが、戦後はハイパー・インフレーションに陥ってゆく。このような戦後のインフレーションを収縮させるために、1948年経済安定9原則が公表され、1949年その実現のためにドッジによって立案されたドッジ・ラインが実施に移された。また、シャウプ税制によって、この政策を補完し、日本経済の安定化を目指すこととなった。これは合理化政策のもと資本蓄積を促進するものであり、資金調達の奨励や法人税改正等がこれに資するとされた。その

ため1949年「産業合理化に関する件」が閣議決定されると、審議会が設置され、後述の租税特別措置法が実施されるとともに、企業自身に合理化に向けた取り組みを求めた。このような政策的変化に加え、1950年代はじめに借入金依存だった企業も、1950年代の朝鮮戦争による景気上昇を契機とする高度経済成長の中で資本蓄積や内部蓄積の構築を目指すようになる。そして1960年代にはこのような蓄積を維持しつつ、設備投資を増大させていくのである。

このような政策は、企業に対して安定、自立に向けた資本蓄積のための経営戦略を求める一方、企業の集中生産や合理化政策を迫ったことで失業率の悪化、賃金切り下げを招くこととなった。

(2) ▸ 会計制度

戦後、日本において会計の近代化を目指す「企業会計基準法」構想が進められたが、結果的に1949年に「企業会計原則」という形で公表された。それまで1934(昭和9)年に制定された「財務諸表準則」が企業に適用されてきたが、強制力をもたず、定形化されていない財務報告であった。そのため戦後、企業に対する統一的会計基準の適用は意義があったといえる。

ただ、「『企業会計原則』制定の現代的意義、即ちその歴史的役割は、いわゆる資本蓄積への理論的基礎たる一点」(木村[1954]104頁)であるとして会計学者らの批判も招いた。なぜなら、「企業経営の健全化という形で政策的配慮(利益の平準化)を容認し、企業が資本蓄積・内部留保を促進するための制度的役割を果たしている」(嶋[2004]97-98頁)ためであった。

企業会計原則は、自由経理や期間損益計算のもと企業の裁量を広く許容するものであり、将来損失および費用のための引当金が導入されるに至った。

そして「企業会計原則は、その『損益』論理を梃子として、いわゆる『資本剰余金』概念が創設され、『再評価法』にもとづく『再評価積立金』がみぎの『資本剰余金』として、あつかわれ、固定資産の『再評価』による減価償却がおこなわれた。『再評価』は、インフレによる名目利益を修正する方法であるという論理を用いることによって、二重、三重の重複減価償却を可

能にし、公表企業会計制度上の『企業利益』のいちじるしい縮小表示を可能ならしめた」（宮上［1970］22頁）のである。

　そして、昭和37年（1962年）旧商法改正も、「保守主義の原則を容認することによって、利益操作を容認し、真実性に反するという点で、会計理論上問題を含むものであった。昭和37年商法改正は、このような企業会計原則に接近し、これを摂取し、結局において企業会計原則の容認していた利益操作をはじめて法的に承認」（三枝［2005］221頁）するものとなった。具体的には財産法から損益法への移行が図られ、操作性の余地を残しながら引当金の導入や繰延資産の拡大がなされたのである。このように企業会計原則や旧商法によって広義・狭義の意味での内部留保を生み出す素地を作り上げていった。

(3) ▶ 資産の再評価

　戦後まもなくのインフレーションのためドッジ・ラインを受けて、任意であるが資産再評価が行われた。

　1950年に「資産再評価法（第一次再評価法）」が公布され、償却資産、土地、株式等の資産を任意で再評価できるようになる。図表4-3は再評価の対象となった土地の価値の上昇を示したものである。1936年を基準として地価がどの程度上がったのかその倍率を明らかにしたものであるが、終戦後の地価の上昇は顕著である。単純に計算したとしても、資産評価が行われた1950年は終戦時の1945年と比較すると、少なくとも30倍以上の価値になっている。この再評価額は再評価積立金として資本剰余金に組み入れることができ、このようなインフレによる資本蓄積は「名目利益」または「架空利益」とも呼ばれた。

　その後1951年第二次、1953年第三次資産再評価法、1954年資本充実法、1957年中小企業のための資産再評価の特例に関する法案と、次々に資産再評価法が制定、実施された。株式の再評価は第一次のみであったが、土地は第一次、第二次、第三次ともに対象となっている。

　図表4-4はニチボー（現ユニチカ）の第一次資産再評価のみの事例であるが、

図表4-3 地価の倍率

年	地価	年	地価
1936(昭和11)	1.00	1946(昭和21)	5.01
1937(昭和12)	1.02	1947(昭和22)	13.60
1938(昭和13)	1.09	1948(昭和23)	36.50
1939(昭和14)	1.14	1949(昭和24)	52.40
1940(昭和15)	1.23	1950(昭和25)	65.80
1941(昭和16)	1.29	1951(昭和26)	88.20
1942(昭和17)	1.35	1952(昭和27)	130.90
1943(昭和18)	1.55	1953(昭和28)	219.30
1944(昭和19)	1.63	1954(昭和29)	286.00
1945(昭和20)	2.10		

(出所)(財)日本不動産研究所『市街地価指数全国木造建築指数』より作成[11]。

図表4-4 ニチボー(ユニチカ)の第一次資産再評価額（単位：千円）

科　目	再評価の対象としない帳簿価額	再評価の対象とした帳簿価額	昭和25年1月1日現在の再評価額	再評価後の帳簿価額の再評価前帳簿価額に対する比率	再評価差額	再評価限度額
土　　地	5,613	3,676	130,170	14.6倍	126,493	189,389
建　　物	70,178	82,141	2,452,945	16.5倍	2,370,804	2,457,309
構　築　物	1,488	1,139	84,843	32.8倍	83,704	105,236
機　　械	204,026	360,529	2,388,477	4.6倍	2,027,948	2,605,840
工具器具備品	22,180	8,906	56,563	2.5倍	47,657	61,371
計	303,485	456,391	5,112,998	7.1倍	4,656,607	5,419,145

(出所)『ユニチカ百年史』1991年。

　再評価額は46億5,660万7,000円（ただし再評価税として約2億7,900万円課税）にのぼっている。その後第3次再評価法では、22億7,199万5,000円（再評価税1億3,600万円）を計上し、合計69億円以上が再評価積立金となり、固定資産は15倍以上に膨らんだ。また、三菱重工もこの資産再評価によって「財務上の諸計算の適正化、自己資本比率の是正などに一つの基礎を与えたばかりでなく、この結果計上された再評価積立金は、発足期の損失を補填し、しかも32年以降、5回にわたって抱き合わせ増資をおこないえた力になるとともに、企業の資本の実質的充実の面に大いに資するものとなった」（1967年、38頁）。このように、再評価積立金は企業の損失補填のみならず、資本蓄積に寄与し

たといえる。

ただし、1954年の資本充実法によって、再び評価が行われた後、資本金5,000万円または資本金3,000万円以上および再評価積立金1億円以上の企業はこの再評価積立金の多くを資本金として組み入れることが強制され、資本金が増大することになる。

(4) ▶ 租税特別措置法

戦後の混乱の中、法人税等が厳格に徴収されず、また徴収された場合においても徴税額が軽減されることにより資本蓄積の助長が図られる。一方で、インフレによる巨額の名目利益に対する課税により資本蓄積の減少も見られた（山中・長守［1958］）。

シャウプ勧告は公平な税制を目指すものであったが、「ドッジ・ラインを裏づけるものとしていわば間接に資本蓄積に役だつことをめざしているだけではない。それはまた、資本蓄積を直接推進することを目的」（山中・長守［1958］35頁）としており、これに基づき1952年「企業合理化促進法」による、設備資産への特別償却および免税措置がとられた。そして、特定産業に対しては特別償却が認められ、そして固定資産税が減額されている。さらに1950～53年には貸倒準備金、価格変動準備金、退職給与引当金等の準備金・引当金が創設されることによる免税措置の拡大が図られた。そしてこれによって約1割の税収減となっている（木村他［1956］）。

1957年租税特別措置法が改定されると、企業の優遇税制は恒久的なものとされた（嶋［2004］）。しかし、このような租税特別措置法は「『合法的』粉飾なるものが問題とされる場合、その代表的なものとしてあげられるものである」（岡部［1971b］29頁）と批判もされるほど、企業の利益の費用化を促進し、さらには減税により資本および内部蓄積へ大きく貢献したといえる。

(5) ▶ 団体の働きかけ

経団連・理財部では「法人課税軽減の要求――資本蓄積と健全投資のため

に」(『経済連合』1949年)において、資本蓄積を図るために法人税軽減を訴え、また経団連・事務局は「企業統計からみた資本蓄積の実情と問題点」(『経済連合』1950年11月)によって企業の資本蓄積に焦点を当て、その内部蓄積が改善されつつも、「戦争による直接間接の損失とインフレーションにもとづく仮装利益の課税による収奪が、如何に資本蓄積を阻害」し「租税政策は企業の資本蓄積に重大関連を有するので、これに対して一層の改善が望まれることを強調する」(18頁)と、再び法人税の軽減を訴えるとともに、繰り返し牽制が行われている[12]。

公認会計士協会によっても「会社内部留保の充実措置としての貸倒準備金、退職給与引当金、価格変動準備金制度の存廃又は改正に関する意見」(1956年10月)において「企業の内部留保の充実を図り、延いてはわが国の経済の発展に寄与せんことを目的としてこの意見を決定」したとしており、内部留保を構築するために引当金等の必要性を訴えている。

このような働きかけも資本および内部蓄積を促進させる制度作りの機運となったと考えられる。

6 内部留保概念に関する主要な見解

このように資本蓄積などは制度的な後ろ盾をもって進められていった。

昭和37 (1962) 年商法改正では、資産評価に時価以下基準から取得原価主義が適用されることになり、「秘密積立金が法的に禁じられた」と認識する学者も多い。しかし秘密積立金とは資産の時価以下基準のみにより形成されてきたものではない。そのため秘密積立金が法的に禁じられたというよりもむしろ、資産評価に関する会計処理の裁量の余地が狭まったと考えるのが妥当であろう。そして、当然ながらもその他要因によって秘密積立金が構築されているのである。

秘密積立金については、商法の許す範囲内であるならばと限定しながらも、「商法の精神に基き良心的に作成された結果として発生した秘密準備金はむしろ尊重すべき」(石渡[1950]52頁)であるというように、容認する会計

学者は多い。

　しかし批判的な学者も多く、それぞれの論者がそれぞれの論点で追求しているといえる。以下は、戦後における主要な見解である。

(1) ▶ 宮上一男による公表会計制度に関する見解

　秘密積立金が生み出される要因は会計制度にあるという主張をしてきたのは宮上である。宮上は「会計によって合理化せられようとしている経済過程に適合した会計表示がおこなわれ、その会計表示にたいして信頼性が付与されなければならない」(宮上［1959b］15-16頁) としながら、実際に行われる公表企業会計制度自体が経済過程からの要請であり、ゆえに秘密積立金自身も同様に経済過程から要請された上で作り上げられたものであると述べている。そして、戦後の秘密積立金は「いわゆる資本蓄積(巨大企業の拡張)のために、一国の経済政策として推進され(中略)積極的、原則的、総合的なもの」(同上、22頁) であり、そのため「自己金融の問題として、秘密積立金の問題が提起され(中略)、それはたんなる蓄積の問題ではなく拡大投資のための付加資本の問題」(同上、160頁) であると論じている。

　そして、「公表企業会計制度に措定された公表会計機能を(中略)はたすために、その目的に従属したものとして創りあげられた制度的概念」(同上、9頁) として、減価償却のような手段によって秘密積立金が生み出されており、それは経済から要請された公表企業会計制度の一環であることを強調している。

(2) ▶ 岡部利良による会計実践に関する見解

　岡部は、秘密積立金というよりもむしろ「『合法的』粉飾の資本蓄積」と捉え、非常に幅広く資本蓄積が起こりうる可能性を論じている。「会計理論(行うべき会計)」と「会計実践(行われている会計)」は異なるものであり、「会計の実際は、すでに多く問題とされているように、きわめて種々様々の操作・粉飾(虚偽・不正)をもって覆われているもの」(岡部［1957］86頁) であり、

その実際の会計が会計理論から乖離していると捉えている。また、利益の過小計上は資本家によって行われる利害関係者からの収奪であると批判している。

また、個別会計処理に広く言及している。利益の費用化についても「費用を不当に拡大せしめることを中心として、税法・商法等の法が（それゆえ、いいかえれば国家権力により）認め、あるいはむしろ促進せしめている」（岡部［1971b］22頁）と批判した。中でも特別償却、引当金・準備金は政策的に費用化を促進し、租税特別措置法がさらに資本蓄積を援助・促進していると論じている。そして費用等をはじめとする構成諸要素を吟味し、繰延資産の計上、広告費、寄付金などが費用の過大計上に貢献していると批判した。特徴的なのは交際費であり、「交際費なるものは、決して費用（損金）としての意味をもつものではない。これも、本来からいえば、利益（利潤）を費用としてとらえているもので、すなわち利益の費用化（利潤の費用化）を意味するものにほかならない」（同上、29頁）としている。

(3) ▶ 馬場克三による留保利潤に関する見解

減価償却および引当金については秘密積立金ではないと反論するのは、馬場である。「期間損益計算が算定利潤を打ち出す前の段階で、すでに『利潤』の『操作』を作為すること」は「算定利潤を実際よりも小さく表現させるための必要から出てくる」。「つまりそれは利潤の隠蔽が目的」（馬場［1968］39頁）であり、それが秘密積立金だとしている。図表4-5に見られるように企業には算定利潤があり、その中の分配可能利益は外部に流出するが、残りの諸利益積立金、引当金、準備金の過大部分が利潤から留保される。導き出される形は違うが、秘密積立金はこのような算定利潤とともに留保利潤となる。

引当金及び減価償却等は多くの論者において秘密積立金の構成要素であると主張されてきたが、馬場は、「減価償却の過大引当という形に転化され、その限りでは留保利潤は、もはや『秘密』積立金ではなく、引当金の中に含まれて顕在している」（同上、40頁）と指摘している。また秘密積立金は意図的に生み出されるのみならず、企業が意図せずとも生まれ、費用の過大計

図表4-5 留保利潤の構造

					算定利潤		
資本金	負債	引当金	準備金	諸剰余金	引当金・準備金の過大分	諸利益積立金	分配可能利益

秘密積立金（引当金・準備金の過大分の下、点線枠）

留保利潤（秘密積立金＋諸利益積立金＋分配可能利益）

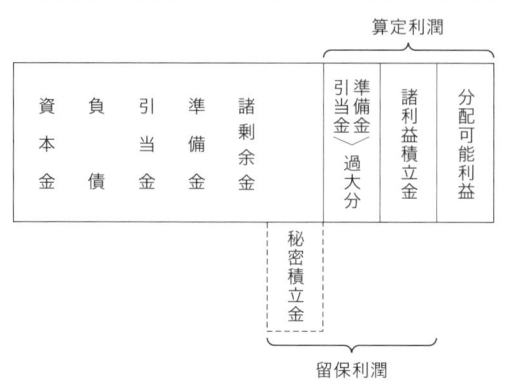

(出所) 馬場 [1968] 40頁。

上、資産の過小評価、負債の過大評価のみならず土地勘定が原価で評価された場合、その地価が上昇することは「不作為的にもしくは無意識に生ずる（中略）全く目的も理由もない利潤の留保」（同上、41頁）であり、その形成には意識の差異が介在することを指摘している。

(4) ▶ 津守常弘による資本構成是正論に関する見解

　津守は、異なる視点から述べている。「資本構成には実質的な資本構成と企業外部に公表される表向きの『資本構成』（公表資本構成）」（津守 [1967] 167頁）があり、資本蓄積を促すために、企業会計制度や「理論」が重要な手段であるとともに、虚構性を生み出すものであった。

　特に企業が「資本構成の悪化（総資本中の自己資本の割合の極端な低下）」を理由に、その抜本的改善策として減税等を求めるのが「資本構成是正」論である。しかし、これは虚構性をもった「理論」であると主張している。なぜなら貸借対照表の貸方項目は、公表することを目的としているのではなく、「利益」圧縮の要求に基づく制度的変化によって容易に変更されうるのであり、「『資本構成』は、つまるところ、公表利益の如何によって規定され、公表利益の消極的な結果としてのみ成立する」（同上、168頁）。引当金と

いった自己資本の他人資本化は公表利益を過小表示し、そのたびに膨大な利益が蓄積され、公表資本構成が「悪化」してゆくため、このような「資本構成是正」論こそが「資本構成」を「悪化」させ、実質資本構成と公表資本構成とを乖離させてゆくと批判している。

（5）▶ 遠藤孝らによる引当金に関する見解

　特に引当金が秘密積立金の構築に寄与する手段になったと指摘する学者は多い。

　たとえば、遠藤は企業の引当金が拡大し、それは費用合理化の限界と矛盾を露呈するとともに、本来企業会計や会計学で意図したものと異なる性格を示し始めたとしている。それは1950年代より存在する企業による引当金拡大要求の中で、1962年の改正が一つの契機となっている。この改正は法律関係者の間での解釈の統一が図られることなく行われたが、これにより引当金自身が法的に保護を受けたものとみなされ、企業による引当金の拡大を促す結果となったのである（遠藤［1968］）。このような引当金は「本来利益の留保として処理すべきものを、期間費用として処理することによって公表利益を隠蔽し、それによって脱税を行い、秘密積立金を作ることとなる」（遠藤［1967］107頁）としている。

　また飯野も、「特定の支出又は損失に備えるための引当金であれば、どのようなものでも負債の部に計上できるとすると、秘密積立金を計上するのと同様の結果が生ずる」（飯野［1969］29頁）ため、広く解釈された引当金によって生じる積立金については、負債の過大表示であり、実質的には秘密積立金とは異なるところはないが、貸借対照表に表示されているために「公示された秘密積立金」であると主張している。これは会計利用者不在の解釈であるといえ、「十全なる意味における会計とはいうことはできない」（同上、30頁）としている。

7　おわりに

　内部留保の歴史はドイツで始まり、日本においても1900年代初頭から法的および会計的に幅広く議論されてきた問題であった。特に秘密積立金のはじまりであるドイツの事例に関する研究は多く、日本の秘密積立金を議論する際に援用されている。

　戦前の日本企業は、自由な会計が認められ、経営者による多岐にわたる目的のために容易に秘密積立金を形成することができるような環境であったといえる。これについては特に商法学者らによって法的是非が問われた。しかし戦争による国益重視による全体主義への移行、そして敗戦は制度的な内部留保を可能とし、同時に企業の合理化の推進が労働環境の変化そして賃金形態への変化をもたらしていった。そのような中、会計的視点による内部留保について本質的な議論そして批判が行われてゆく。ここで概念等の統一は図らず、経済政策、および会計制度の問題を大局的に捉えるとともに、制度が生み出す固有および個別の問題に焦点を当てていたといえる。そして用語についても、利益留保については「資本蓄積」を主として用いられたのに対し、広義の意味では戦前からの「秘密準備金」「秘密積立金」をはじめとして、「不表現積立金」「隠匿準備金」「不明示準備金」など、多様な呼称が用いられた。ただ「準備金」および「剰余金」用語の混乱に対しては、「準備金、積立金は実質的に同じものを表しているのであって、二つの用語を用いなければならない必要が認められないのである。しかも準備金という用語は（中略）引当金と混乱していて適当ではない。（中略）ここに積立金という用語に統一が図られるべきものと考える」（遠藤［1967］109頁）と指摘されるなど、その混乱の収拾も一方で見られた。

　高度成長から低成長に向かう中、このような議論は続いたが、環境の変化の中で、批判会計学者らによる労働者の雇用を守るための経営分析が行われる過程において、内部留保概念が中核的議論に据えられた。そして本章での前史はそのような動きに向けた道筋となっていったといえる。

【注】

1　呼称は様々であるが、ここでは「秘密積立金」と呼び、引用箇所についてはそのままとする。
2　これには信用銀行が獲得した利益を損失補填および配当に充てるために秘密積立金を生み出していったという見解もある。
3　このような傾向は秘密積立金を生みだすのみならず、同時に資本蓄積をおざなりにする企業もあった。それは当時の会計では固定資産等の評価益などが架空利益を生みだし、これを配当可能利益として認めていた。そして配当に執着する経営者や株主は、架空利益についても配当を要求したため、財産の流出に結びついた。
4　土地をはじめとした営業用固定資産および棚卸資産を評価し、評価損益として示すことができた。ただこの会計処理はその当時でも適切な処理ではないとの批判がありつつも、実際に秘密積立金を生み出すために利用していたようである。
5　(1) 当時は、「内面償却」「表面償却」が行われていた。「固定資産額より償却は百六十七万円も多く減って居るわけで云う迄もなく内面償却が行われた結果である、しかも実際の生産設備は著しく拡張されて来て居る」(「中外商業新報」1937年5月17日付)とのことから、一般的な減価償却を表面償却、そして「損益計算書には表れないオフバランスのもの」(青地 [2005] 272頁) を内面償却と呼んでいた。また、耐用年数についても、上限が定められているのみで、それ以下であれば何年で償却しても問題ないとされていたが、償却を全く行っていない企業もあった (日本会計研究学会 [1941])。(2) 減価償却は秘密積立金を生みだす主な手法として多く論者が取り上げているが、税務当局が減価償却費を損金として認めることなく課税することもあったため、他の会計処理がより好まれていた (小山 [1918]) との指摘もある。また過大な減価償却は、秘密積立金形成を露呈させることになり、秘密裏に秘密積立金を形成するための手法としては適さないことから、秘密積立金の目的に応じて使い分けられていたことも想定される。
6　引当金が制度化される昭和37 (1962) 年商法改正以前には、引当金を不真正積立金 (準備金) または疑似準備金と呼び、秘密準備金 (積立金) とは区別する見解もあった (村上 [1943])。
7　減価償却を費用計上または利益の控除項目 (損金算入の認否) として認識されていた (小野 [2008])。後者については統制令の中で自己資本に算入することが明文化されていた (日本会計研究学会 [1941])。
8　ここでの自己資本とは、(1) 払込資本金、(2) 積立金、(3) 株式額面超過金、(4) 合併差益金又減資差益 (5) 主務大臣の命令による積立金をさす。
9　それまで1割以上の実績がある場合には、自己資本の8%を超えないかぎりにおいて、その配当率を継続することができるが、いったん減配することにより1割を切った場合には、もとの配当率に戻すことができなかった。そのため企業の中には、無理やりその実績を継続させる企業もあり、内部蓄積というよりも財産の流出にもつながる可能性があったと思われる。
10　1938 (昭和13) 年の配当額を自己資本の基準に照らし合わせてみるならば、約9.8%と

第4章　内部留保論形成の前史　｜　089

なり、配当抑制としてはそれほど改悪ではないとしている（日本会計研究学会［1941］）。
11　付表「戦前基準市街地指数」における「全国市街地価指数」の「全用途平均」により作成。1年に2回指数が公表されている場合、他年度と同様に9月の値を採用。
12　法人税については、学者からも「企業が資本を蓄積するとなれば結局利益剰余金を殖す外ない。ところが、その会社に於いても税金の負担は決して少なくない。（中略）資本家が利益を搾取するというようなことは殆んど会社の現状からみて当嵌まらないもののようである」（太田［1952］4-5頁）にあるように、利益剰余金という資本蓄積に焦点を当てて法人税軽減を求める声がある。

【主要参考文献】

青木茂男［1942］「自己金融に就いて」『早稲田商学』（1942年7月）。
青地正史［2005］「戦時期における日本企業のゴーイング・コンサーン化——非財閥系企業を中心に」『富山大学経済論集』（2005年3月）。
浅羽二郎［1962］「秘密積立金問題の現代的意義」『會計』（1962年6月）。
飯野利夫［1969］「引当金に関する会計学的一考察——商法および計算書類規則に関連して」『税務大学校論叢』（1969年7月）。
石渡績［1950］「期末資産評価と不表現積立金」『企業会計』（1959年6月）。
岩田巌［1941］「会社経理統制令と自己資金の蓄積」『一橋論叢』（1941年9月）。
遠藤孝［1967］「引当金と準備金・積立金の混乱——会計学的視点から」『駒沢大学商経学会研究論集』（1967年10月）。
────［1968］「引当金概念の拡大——その拡大傾向について」『會計』（1968年11月）。
太田哲三［1952］「資本蓄積の一課題」『企業会計』（1952年1月）。
岡部利良［1957］「書かれている会計と行われている会計——会計理論と会計実践」『企業会計』（1957年2月）。
────［1958］「企業利益計算の課題——費用概念を中心とする一論」『経済評論』（1958年10月）。
────［1971a］「会計の独占資本的性格（2）——独占企業会計論序説」『龍谷大学経済学論集』（1971年3月）。
────［1971b］「会計の独占資本的意義——『合法的』粉飾の資本蓄積機能」『龍谷大学経済学論集』（1971年9月）。
小野武美［2008］「株式会社の所有構造と減価償却行動——戦前期わが国企業の計量分析」『東京経大学会誌』（2008年3月）。
川本真哉［2006］「兼任役員と戦前日本企業（1）——非財閥系企業の実証分析」『経済論叢』（2006年2月）。
木下勝一［1978］「戦時利得課税と秘密積立金」『経済論集』（1978年5月）。
木村和三郎［1954］「『資本剰余金』の歴史的役割——その日本的適用」『會計』（1954年2月）。
木村和三郎・古林喜楽・佐々木吉郎・中村常次郎・馬場克三［1956］『現代経営会計講座——戦後日本の経営会計批判 財務会計編』東洋経済新報社。

京都大学会計学研究室編［1968］『企業利潤論』ミネルヴァ書房。
久保田秀樹［2001］「会社経理統制令と経理検査」『彦根論叢』（2001年2月）。
黒澤清［1961］「正規の簿記の諸原則と資産評価」山下勝治編『商法の論理・会計の論理』中央経済社。
小山強次［1918］「秘密利益金の計算に就いて」『會計』（1918年10月）。
三枝一雄［2005］「戦後商法史研究」『明治大学社会科学研究所紀要』（2005年3月）。
嶋和重［2001］「自由経済への復帰と企業会計制度整備──戦後日本の会計制度形成過程（その3）」『経営経理研究』（2001年3月）。
─────［2004］「合理化投資促進の制度・政策と企業会計制度──戦後日本の会計制度形成過程（その4）」『経営経理研究』（2004年3月）。
高田源清［1934］「株式会社に於ける秘密準備金」『法政研究』（1934年12月）。
田尻常雄［1915］「会社ノ秘密積立金ヲ論ズ」『経済学商学国民経済雑誌』（1915年8月）。
千葉準一［2010］「戦時統制経済期における会社経理統制（2）──大蔵省による一般会社経理統制の展開」『経済志林』（2010年3月）。
津守常弘［1963］「ドイツ静態論と秘密積立金──シュマーレンバッハ動態論の科学的評価の問題に関連して」『立命館経営学』（1963年11月）。
─────［1964］「ドイツ独占資本主義と秘密積立金政策」『立命館経営学』（1964年11月）。
─────［1967］「講座・日本の企業会計制度（5）──資本構成是正論の虚構性と役割」『経済評論』（1967年10月）。
中居文治［1966］「インフレ利益と秘密積立金──ドイツ・インフレーション（第一次）の会計的考察（2）」『經濟論叢』（1966年10月）。
日本会計研究学会［1941］「会社会計統制論」『會計』（1941年10月）。
沼田嘉穂［1941］「会社統制と減価償却」『會計』（1941年8月）。
長谷川安兵衛［1937］『統制的会計』東洋出版社。
─────［1939］「経理命令の発動を繞って」『銀行研究』第3号。
─────［1940］「経理統制の強化と利益の適正配分」『銀行研究』第4号。
─────［1941］「経理統制の全貌」『早稲田商学』（1941年1月）。
馬場克三［1968］「留保利潤論」京都大学経済学部会計学研究室編『企業利潤論』ミネルヴァ書房。
原口亮平［1928］「秘密積立金を論ず」『国民経済雑誌』（1928年2月）。
松本剛［1987］「秘密積立金規定と不確定の法概念」『會計』第131巻第5号。
松本穣［1999］「資産再評価について」『明大商学論叢』（1999年3月）。
水口吉蔵［1933］「株式会社の秘密積立金に就て（1）」『法律論叢』（1933年1月）。
三菱重工［1967］「新三菱重工業株式会社史」（1967年6月）。
宮上一男［1959a］『企業会計制度の構造』森山書店。
─────［1959b］「原価の期間配分と秘密自己金融──原価発生の巨大硬直化とその配分の早期拡大化にあらわれた蓄積の進行と秘密自己金融」『會計』（1959年2月）。
─────［1967］「減価償却概念の会計的性質」『企業会計』（1967年3月）。
─────［1968］「企業会計の公表性と信頼性──会計論理成立の法則性」『會計』（1968年

5月）。
――――[1970]「序章」『日本の企業会計』日本評論社。
村上秀三郎[1943]「不真正積立金（準備金）及秘密積立金を論ず」『法学志林』（1943年7
　　月）。
山中篤太郎・長守善編[1958]『戦後日本経済政策の分析』勁草書房。
渡辺和夫[1998]「剰余金概念の再検討」『商学討究』（1998年3月）。
渡辺鐡蔵[1918]「秘密積立金の推算」『国家学会雑誌』（1918年6月）。

第 5 章

法人税制と内部留保

1 はじめに――分析の視点

　企業に対する税金の優遇措置により、特に大企業が内部留保を拡大することが可能となる仕組みや実態について検討する。国税庁が提供している会社標本調査結果『税務統計から見た法人企業の実態[1]』(以下、税務統計)をデータとして使用し、データから読み取れる法人税負担率と内部留保率等を計算し、資本金規模の大きい企業ほど税負担率が低く、内部留保がなされている状況を考察する。

　さらに、2007年・2011年税制改正における減価償却費の計算で、早期に損金化できる加速的な償却について考察し、減価償却によってさらに内部留保が拡大できる制度について分析する。

2 法人税負担率と内部留保

　わが国の法人税制に従って、企業会計上の利益に対する企業が支払った税金の割合を計算すると、資本金規模の大きい企業ほど税負担率が低くなるという状況にある。これまで、法人税率は30%（2014〔平成24〕年4月1日以後開始する事業年度の法人税率は、25.5%へと引き下げられた）であった。しかし、税負担

図表5-1 2011年度における調整前税負担率

資本金規模	申告所得金額(百万円) A	算出税額(百万円) B	調整前税負担率(%) B/A
100万円未満	259,271	61,168	23.59%
100万円以上200万円未満	47,094	11,338	24.08%
200万円以上500万円未満	1,397,252	329,356	23.57%
500万円以上1,000万円未満	2,923,600	772,736	26.43%
1,000万円以上2,000万円未満	1,285,411	351,212	27.32%
2,000万円以上5,000万円未満	2,982,059	851,862	28.57%
5,000万円以上1億円未満	2,520,671	740,480	29.38%
1億円以上5億円未満	2,900,689	869,367	29.97%
5億円以上10億円未満	1,380,860	413,951	29.98%
10億円以上50億円未満	3,269,113	979,935	29.98%
50億円以上100億円未満	1,787,055	536,115	30.00%
100億円以上	10,163,286	3,045,819	29.97%

(出所) 国税庁HP会社標本調査結果『税務統計から見た法人企業の実態』第1表総括表より筆者作成。

率を企業会計上の利益に対する企業が支払った税金の割合として、調整を加えて算定すると、すべての企業において30%を下回る税負担率となる。

ここでは、税務統計から推計した資本金規模別の税負担率の算定を行うことで、資本金規模の大きい企業ほど租税特別措置などの税金の優遇措置により、税負担率が低くなっている状況を分析する。

(1) ▸ 調整前の税負担率

税務統計のデータをもとに、何の調整も加えず単に「申告所得金額[2]」に対する「算出税額[3]」の割合を2011年度のデータに基づいて計算すると、図表5-1のようになる。ここでは「申告所得金額」に対する「算出税額」の割合を「調整前税負担率」と呼ぶ。「調整前税負担率」は、税務統計がサンプルを抽出してデータを作成するという性質から若干の誤差が出ているが、小規模企業以外において、どの資本金規模の企業も約30%となっている。「調整前税負担率」は法人税率の30%と合致する。小規模企業において「調整前税負担率」が低下するのは、軽減税率(資本金1億円以下の企業の所得金額のう

ち年800万円を対象とする軽減税率）が適用されている関係であろう。

（2）▶ 調整後の税負担率（実質税負担率）

（1）で見た「申告所得金額」は、企業会計上の利益を表すものではない。「申告所得金額」は企業会計上の利益から租税特別措置法上の準備金の積立額や減価償却費、受取配当益金不算入額等が減算され、寄付金や交際費の損金不算入額等が加算されたものである。同様に「算出税額」には留保金課税による留保税額や税額控除の額が考慮されていない。これらの調整を加えた上で、企業会計上の利益に対する企業が支払った税金の割合を実質税負担率として算定し、分析する。

①実質税負担率[4]の算定分析

実質税負担率とは、「推定企業利益」に対する「法人税額」の割合をいう。つまり、企業会計上の利益に対する企業が実際に納付する税金の金額の割合である。実質税負担率を資本金規模別に推計するに当たり、分析対象年度である2011年に施行されている税法に合わせて算定する。算定式の中の項目は、税務統計の項目を使用する。

【実質税負担率の算定式】

$$実質税負担率 = \frac{法人税額}{推定企業利益}$$

【推定企業利益の算定】
「推定企業利益」とは、「申告所得金額」から企業利益を推定したものであり、次のように求める。
1) 「推定企業利益」＝「申告所得金額」＋「加算項目」－「減算項目」
2) 「加算項目」および「減算項目」は、以下の通りである。
　（a）「加算項目」
　　（イ）控除許容損金
　　　● 準備金（租税特別措置法による）
　　　　「海外投資等損失準備金」「探鉱・海外探鉱準備金」「特別償却準備金」
　　　● 繰越欠損金

（ロ）課税除外益金
　　　　・「受取配当益金不算入額」
　　　　・「外国子会社から受け取る受取配当益金不算入額」
　　（ｂ）「減算項目」
　　　（イ）非控除損金
　　　　・寄付金の損金不算入額
　　　　・交際費の損金不算入額
　通常は企業会計上の利益に税務上の項目を加算・減算して課税所得を計算するが、「推定企業利益」の算定はその逆であり、所得金額から企業利益を推定する方式で求める。したがって、実務上、企業会計上の利益から減算される項目が、ここでいう「加算項目」となり、企業会計上の利益に加算される項目がここでいう「減算項目」となる。わが国では確定決算主義を採用しているため、基本的に所得金額の計算は企業会計を尊重して算定される。そのため、この調整項目の主たるものは税法特有の優遇措置や租税特別措置によるものである。調整項目が多いほど企業会計上の利益と課税所得が乖離していることになる。
【法人税額の算定】
　「法人税額」は、「算出税額」＋「留保税額」－「税額控除等」で計算する。
　法人が実際に支払う税金は、課税所得に税率を乗じて計算された税額から税額控除を差し引いて計算される。税額控除の多くは、租税特別措置によって規定されており、税額そのものを免除する効果がある。他に留保金課税によって支払うべき税金があればその額を考慮する。

(出所) 富岡[2003] 1488頁を参考に筆者作成。

　富岡幸雄が「真実実効税率」（富岡［2003］1481-1498頁）の算定分析を行っているが、実質税負担率はこの計算式にさらに調整を加えて税負担率の計算を試みる。まず、「推定企業利益」を算定するに当たっての加算項目に繰越欠損金を加える。繰越欠損金を所得から減算できる仕組みは税制特有のものであるため、繰越欠損金によって小さくなっている申告所得金額に繰越欠損金を足し戻すことで「推定企業利益」を算定する。つぎに法人が支払った税金については、第1表総括表から「法人税額」を算定し、資本金規模別の税負担率を算定する。これをここでは、「実質税負担率」と呼ぶ。

② 実質税負担率の調査結果
　先ほど見た実質税負担率の算定方法に基づき、2011年度の数値を計算すると次の図表5-2のようになる。最も高い実質税負担率は、資本金規模1億円以上5億円未満の企業の25.64％である。次いで高いのは、資本金規模5

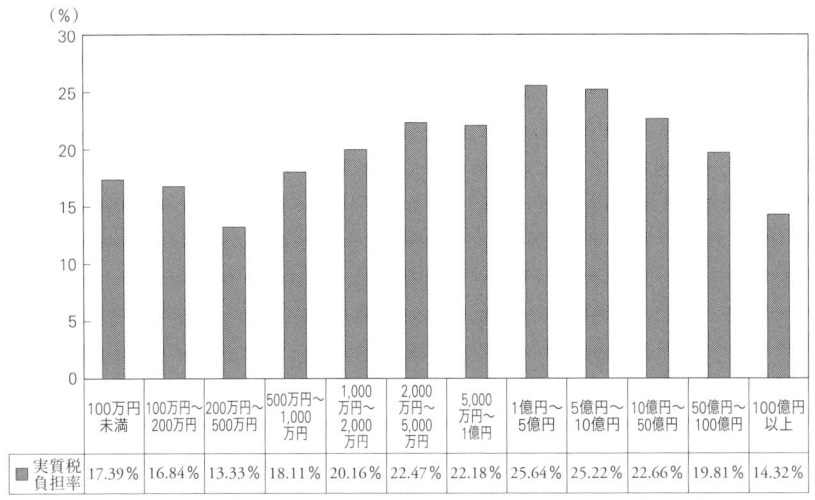

図表5-2 資本金規模別「実質税負担率」(2011年)

	100万円未満	100万円〜200万円	200万円〜500万円	500万円〜1,000万円	1,000万円〜2,000万円	2,000万円〜5,000万円	5,000万円〜1億円	1億円〜5億円	5億円〜10億円	10億円〜50億円	50億円〜100億円	100億円以上
実質税負担率	17.39%	16.84%	13.33%	18.11%	20.16%	22.47%	22.18%	25.64%	25.22%	22.66%	19.81%	14.32%

(出所)国税庁HP会社標本調査結果『税務統計から見た法人企業の実態』第1表総括表より筆者作成。

億円以上10億円未満の企業の25.22%である。資本金規模50億円以上100億円未満の企業は19.81%である。資本金規模100億円以上の企業は14.32%と非常に低い。

図表5-3は調整前税負担率と実質税負担率の差を表したものである。資本金規模の大きい企業に着目すると、調整前税負担率と実質税負担率の差が大きい。資本金規模100億円以上の企業は、15.65%にもなる。この差が大きいということは、調整項目が多いということである。調整項目については、図表5-4と図表5-5から明らかとなる。

図表5-4は、「実質税負担率」の算定根拠となった「推定企業利益」の数値をしめした表である。図表5-5は「法人税額」の数値を示した表である。

③大企業の税負担率の低さの要因分析

大企業の「実質税負担率」を引き下げている要因を、算定根拠となっている「推定企業利益」(図表5-4)と「法人税額」(図表5-5)の内訳から分析する。

推定企業利益の算定項目から見ると、「海外投資等損失準備金」「探鉱・海外探鉱準備金」「受取配当益金不算入額」「外国子会社からの受取配当益金不

図表5-3 調整前税負担率と実質税負担率の差

資本金規模	調整前税負担率 A	（調整後）実質税負担率 B	差 C
100万円未満	23.59%	17.39%	6.20%
100万円以上200万円未満	24.08%	16.84%	7.24%
200万円以上500万円未満	23.57%	13.33%	10.24%
500万円以上1,000万円未満	26.43%	18.11%	8.32%
1,000万円以上2,000万円未満	27.32%	20.16%	7.16%
2,000万円以上5,000万円未満	28.57%	22.47%	6.10%
5,000万円以上1億円未満	29.38%	22.18%	7.20%
1億円以上5億円未満	29.97%	25.64%	4.33%
5億円以上10億円未満	29.98%	25.22%	4.76%
10億円以上50億円未満	29.98%	22.66%	7.32%
50億円以上100億円未満	30.00%	19.81%	10.19%
100億円以上	29.97%	14.32%	15.65%

（出所）国税庁HP会社標本調査結果『税務統計から見た法人企業の実態』第1表総括表より筆者作成。

算入額」の推定企業利益に対する割合が大企業ほど高い。

「海外投資等損失準備金」と「探鉱・海外探鉱準備金」は、資本金規模10億円以上の企業で使用している割合が高い。他の規模の企業はほとんど使用していない。「受取配当益金不算入額」は、資本金規模の大きい企業ほど推定企業利益に対して益金不算入となる割合が高い。資本金規模100億円以上の企業は、推定企業利益に対する「受取配当益金不算入額」の割合が16%と、他の資本金規模の企業よりも目立って高い割合となっている。「外国子会社から受け取る受取配当益金不算入額」も同様に8.4%と大企業ほど推定企業利益に対する割合が高い。

法人税額の算定項目から見ると、大企業は「税額控除」の「算出税額」に対する割合が高いことがわかる。資本金規模50億円以上100億円未満の資本金の企業は11%で、資本金規模100億円以上の企業は22.8%である。一方、資本金規模1億円未満の中小企業は最大でも3.7%である。

これらの項目は、大企業における使用額と使用割合が著しく多いために大企業の税負担率を軽くしている。税法特有の優遇措置や租税特別措置などの税金の優遇措置により、大企業ほどこれらの税制を有効に活用することで税

図表5-4 資本金規模別企業の推定企業利益の算定（2011年）（単位：百万円）

区分 (資本金規模)	申告 所得金額 A	A/D	繰越 欠損金	D比	加算項目					
					海外投資等 損失準備金	D比	準備金			
							深鉱・海外 深鉱準備金	D比	特別償却 準備金	D比
100万円未満	259,271	134.4%	92,218	26.5%	—	0.0%	—	0.0%	23	0.0%
100万円以上	47,094	141.7%	20,415	30.6%	—	0.0%	—	0.0%	44	0.1%
200万円以上	1,397,252	174.6%	1,064,249	43.6%	—	0.0%	—	0.0%	2,141	0.1%
500万円以上	2,923,600	143.3%	1,290,387	30.8%	—	0.0%	—	0.0%	10,031	0.2%
1,000万円以上	1,285,411	131.9%	413,086	24.4%	—	0.0%	—	0.0%	6,156	0.4%
2,000万円以上	2,985,059	123.9%	697,341	18.9%	—	0.0%	645	0.0%	23,900	0.6%
5,000万円以上	2,520,671	127.5%	620,730	19.3%	—	0.0%	372	0.0%	33,995	1.1%
1億円以上	2,900,689	115.5%	406,772	12.1%	—	0.0%	529	0.0%	8,574	0.3%
5億円以上	1,380,860	115.6%	169,813	10.6%	—	0.0%	—	0.0%	7,114	0.4%
10億円以上	3,269,113	122.0%	478,212	12.0%	16	0.0%	21,970	0.6%	11,094	0.3%
50億円以上	1,787,055	135.5%	389,097	16.1%	3,396	0.1%	6,467	0.3%	6,569	0.3%
100億円以上	10,163,286	161.7%	2,248,885	13.7%	56,001	0.3%	132,999	0.8%	122,352	0.7%

区分 (資本金規模)	加算項目					
	受取配当益金 不算入額	D比	外国子会社から受け取 る配当益金不算入額	D比	小計 B	D比
100万円未満	11,555	3.3%	163	0.0%	103,959	29.8%
100万円以上	1,394	2.1%	—	0.0%	21,853	32.7%
200万円以上	54,292	2.2%	164	0.0%	1,120,846	45.9%
500万円以上	96,617	2.3%	4,510	0.1%	1,401,545	33.5%
1,000万円以上	33,034	1.9%	5,978	0.4%	458,254	27.0%
2,000万円以上	77,396	2.1%	15,763	0.4%	815,045	22.1%
5,000万円以上	93,402	2.9%	32,096	1.0%	780,595	24.3%
1億円以上	107,061	3.2%	84,335	2.5%	607,271	18.1%
5億円以上	69,577	4.4%	16,410	1.0%	262,914	16.5%
10億円以上	200,313	5.0%	139,455	3.5%	851,060	21.3%
50億円以上	159,874	6.6%	133,516	5.5%	698,919	28.9%
100億円以上	2,634,456	16.0%	1,387,915	8.4%	6,582,608	40.1%

区分 (資本金規模)	減産項目						推定企業利益 A＋B－C＝D
	寄付金の損 金不算入額	D比	交際費の損 金不算入額	D比	小計 C	D比	
100万円未満	2,784	0.8%	12,089	3.5%	14,873	4.3%	348,357
100万円以上	235	0.4%	1,975	3.0%	2,210	3.3%	66,737
200万円以上	10,261	0.4%	68,327	2.8%	78,588	3.2%	2,439,510
500万円以上	33,261	0.8%	102,477	2.4%	135,738	3.2%	4,189,407
1,000万円以上	8,178	0.5%	39,570	2.3%	47,748	2.8%	1,695,917
2,000万円以上	20,601	0.6%	82,067	2.2%	102,668	2.8%	3,694,436
5,000万円以上	16,462	0.5%	70,358	2.2%	86,820	2.7%	3,214,446
1億円以上	28,873	0.9%	129,091	3.9%	157,964	4.7%	3,349,996
5億円以上	2,776	0.2%	44,564	2.8%	47,340	3.0%	1,596,434
10億円以上	23,099	0.6%	107,224	2.7%	130,323	3.3%	3,989,850
50億円以上	11,407	0.5%	53,876	2.2%	65,283	2.7%	2,420,691
100億円以上	49,485	0.3%	265,953	1.6%	315,438	1.9%	16,430,456

(出所) 国税庁HP会社標本調査結果『税務統計から見た法人企業の実態』第1表総括表より筆者作成。

第5章　法人税制と内部留保

図表5-5 資本金規模別企業の法人税額(2011年)（単位：百万円）

資本金規模	算出税額(E)	留保税額(F)	税額控除等(G)	G/E	法人税額(H)
100万円以下	61,168	—	583	1.0%	60,585
100万円超	11,338	—	98	0.9%	11,240
200万円超	329,356	—	4,162	1.3%	325,194
500万円超	772,736	—	14,232	1.8%	758,504
1,000万円超	351,212	—	9,305	2.6%	341,907
2,000万円超	851,862	—	21,891	2.6%	829,971
5,000万円超	740,480	11	27,485	3.7%	713,006
1億円超	869,367	22,818	33,204	3.8%	858,981
5億円超	413,951	6,339	17,622	4.3%	402,668
10億円超	979,935	9,245	85,002	8.7%	904,178
50億円超	536,115	2,326	58,917	11.0%	479,524
100億円超	3,045,819	973	694,681	22.8%	2,352,111

(注) 法人税額は、「算出税額」＋「留保税額」－「税額控除等」で算定されたものである。
(出所) 国税庁HP会社標本調査結果『税務統計から見た法人企業の実態』第1表総括表より筆者作成。

金が免除されている状況がわかる。利益を計上しているのに税金が免除されれば、企業利益の中で免除された税金分を内部留保にまわし、内部留保の拡大が可能となる。

④わが国の法人構成と一社当たりの「推定企業利益」

　税務統計(2011年)により、法人企業の資本金規模別の法人数とその構成比率を表にすると図表5-6となる。

　1社当たりの「推定企業利益」を算定すると、資本金規模が大きくなるほど1社当たりの「推定企業利益」が増加していることが図表5-6からわかる。しかし、「実質税負担率」は、資本金規模1億円以上5億円未満の企業の「実質税負担率」25.64％を頂点にして資本金規模が大きくなるほど徐々に「実質税負担率」が低下している状況が読み取れる。先にも見たが、資本金規模100億円以上の企業については「実質税負担率」が14.32％と非常に低い値となっている。

　企業利益が大きくなるほど、「実質税負担率」が低くなるという状況になっている。

図表5-6 1社当たりの「推定企業利益」と1社当たりの「法人税額」(2011年)

資本金規模	法人数(社)	法人数構成比率(%)	1社当たりの「推定企業利益」(百万円)	1社当たりの「法人税額」(百万円)	「実質税負担率」(%)
100万円未満	187,603	7.30	1.857	0.323	17.39
100万円以上200万円未満	32,782	1.28	2.036	0.343	16.84
200万円以上500万円未満	1,196,388	46.56	2.039	0.272	13.33
500万円以上1,000万円未満	763,447	29.71	5.487	0.994	18.11
1,000万円以上2,000万円未満	167,646	6.52	10.116	2.039	20.16
2,000万円以上5,000万円未満	154,361	6.01	23.934	5.377	22.47
5,000万円以上1億円未満	44,074	1.72	72.933	16.177	22.18
1億円以上5億円未満	15,589	0.61	214.895	55.102	25.64
5億円以上10億円未満	1,986	0.08	803.844	202.753	25.22
10億円以上50億円未満	3,528	0.14	1,130.910	256.286	22.66
50億円以上100億円未満	833	0.03	2,905.992	575.659	19.81
100億円以上	1,167	0.05	14,079.225	2,015.519	14.32

(出所) 国税庁HP会社標本調査結果『税務統計から見た法人企業の実態』第1表総括表より筆者作成。

3 フローベースでの各種比率の分析

　税務統計では、フローベースの社内留保のデータをとることができる。益金処分の総額のうち、内部留保にあてた額とその割合、配当の支払いにあてた額とその割合、税金の支払いにあてた額とその割合を分析することができる。

(1) ▶「内部留保率(フロー)」の算定

　「内部留保率(フロー)」とは、益金処分の総額に対する「社内留保」(正と負を合算した金額)の割合とし、次の式で算定したものとする。

$$「内部留保率(フロー)」 = \frac{社内留保}{利益処分総額}$$

資本金規模別に「内部留保率（フロー）」を算定したものが図表5-7である。「社内留保」が負の数になる場合は、「内部留保率（フロー）」を0％として表示している。

　リーマンショックにより2008年以降は全体的に「内部留保率（フロー）」が低下しているが、2004年から2007年までは全体的に「内部留保率（フロー）」が高く、2008年と2009年に落ち込むが、2010年に回復をしている。2004年から2007年までは、資本金規模1億円以上の企業は、平均して30％程度の「内部留保率（フロー）」があり、2010年に37％、2011年に21％となっている。資本金規模1億円未満の企業は、2006年に34％程度の「内部留保率（フロー）」、2011年に32％程度の「内部留保率（フロー）」となっているが、他の年度は20％前後で、資本金規模1億円以上の企業の「内部留保率（フロー）」と比較すると低い値となっている（図表5-7）。

　図表5-7の内訳を示したグラフと表が図表5-7-①と図表5-7-②と図表5-7-③である。

　資本金規模1億円以上の企業の「内部留保率（フロー）」はリーマンショックの影響を受ける時期を除けば、比較的30％前後に安定していることがわかる（図表5-7-①）。資本金規模1億円未満の企業は、資本金規模や時期にばらつきがあり、「内部留保率（フロー）」が安定していないことがわかる（図表5-7-②）。資本金規模の大きい企業ほど、安定した「内部留保率（フロー）」を維持している状況が分析できる。

(2) ▶ 益金処分総額に対する法人税額

　「内部留保率（フロー）」と同じデータを使用して、益金処分総額に対する法人税額の比率を計算する。これをここでは「益金処分総額に対する法人税額」と呼ぶ。

$$\text{「益金処分総額に対する法人税額」} = \frac{\text{法人税額}}{\text{利益処分総額}}$$

　図表5-8は「益金処分総額に対する法人税額」の比率の推移を示したもの

図表5-7 内部留保率(フロー)(2004～2011年)

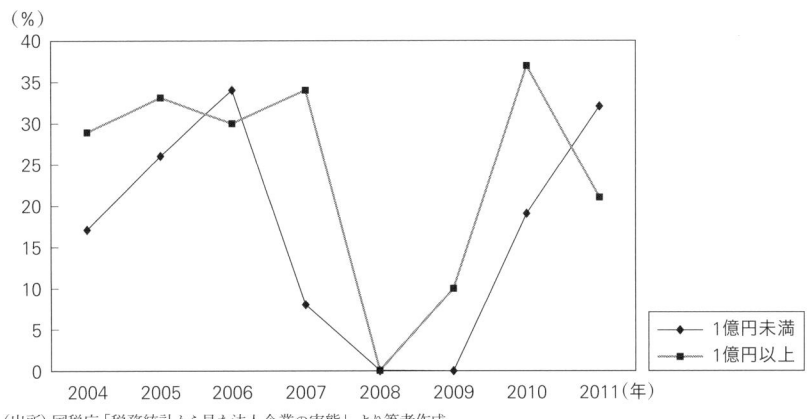

(出所) 国税庁「税務統計から見た法人企業の実態」より筆者作成。

図表5-7-① 内部留保率(フロー)(大企業:図表5-7の内訳)

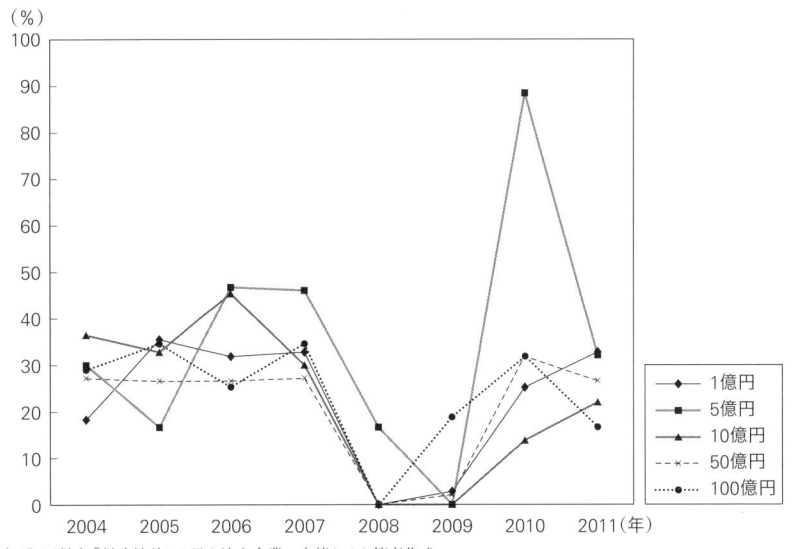

(出所) 国税庁「税務統計から見た法人企業の実態」より筆者作成。

図表5-7-②　内部留保率（フロー）（中小企業：図表5-7の内訳）

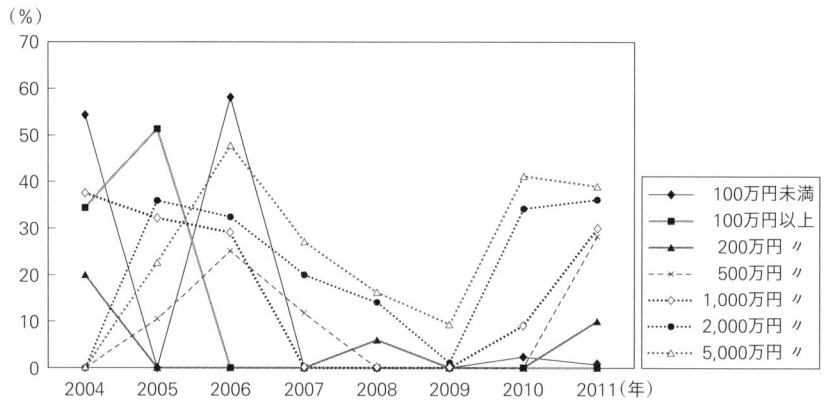

(出所) 国税庁「税務統計から見た法人企業の実態」より筆者作成。

図表5-7-③　内部留保率（フロー）内訳表

資本金規模	2004年	2005年	2006年	2007年	2008年	2009年	2010年	2011年
100万円以下	54%	0%	58%	0%	0%	0%	1%	0%
100万円以上	34%	52%	0%	0%	0%	0%	0%	0%
200万円以上	20%	0%	0%	0%	6%	0%	0%	10%
500万円以上	0%	11%	26%	12%	0%	0%	0%	28%
1,000万円以上	38%	32%	29%	0%	0%	0%	9%	30%
2,000万円以上	0%	36%	33%	20%	14%	1%	35%	36%
5,000万円以上	0%	23%	48%	27%	16%	9%	41%	39%
1億円未満合計	17%	26%	34%	8%	0%	0%	19%	32%
資本金規模	2004年	2005年	2006年	2007年	2008年	2009年	2010年	2011年
1億円以上	19%	35%	31%	32%	0%	2%	25%	33%
5億円以上	30%	17%	46%	47%	17%	0%	89%	32%
10億円以上	37%	34%	46%	31%	0%	0%	14%	22%
50億円以上	27%	27%	26%	27%	0%	0%	32%	27%
100億円以上	29%	35%	25%	35%	0%	19%	32%	16%
1億円以上合計	29%	33%	30%	34%	0%	10%	37%	21%

(出所) 国税庁「税務統計から見た法人企業の実態」より筆者作成。

である。資本金規模1億円以上の企業は、20％から30％の間を推移している。資本金規模1億円未満の企業は、40％前後を推移しているが、リーマンショックの影響からか90％にもなっている。資本金規模の小さい企業の方が「益金処分総額に対する法人税額」の割合が高い傾向にあることがわかる。

「益金処分総額に対する法人税額」の詳細な資本金規模別の推移を示したグラフが図表5-8-①と図表5-8-②と図表5-8-③である。図表5-8-①を見ると、資本金規模100億円以上の巨大企業の「益金処分総額に対する法人税額」の割合が20％程度であり、他の資本金規模の企業と比較しても非常に低いことがわかる。また、資本金規模1億円以上の企業は、どの資本金規模の企業も30％前後であり、比較的安定した「益金処分総額に対する法人税額」の割合であることがわかる。図表5-8-②を見ると資本金規模1億円未満の企業の「益金処分総額に対する法人税額」の割合は、100％の場合もあり、高めの傾向にあることがわかる。さらに数値が安定していない。中小法人の場合、利益（益金）が計上されたとしてもそのほとんどが税金の支払いにまわっている状況がわかる。

(3) ▶ 益金処分総額に対する配当額

「内部留保率（フロー）」と同じデータを使用して、「益金処分総額に対する配当額」の比率を計算する。これをここでは「益金処分総額に対する配当額」と呼ぶ。

$$\text{「益金処分総額に対する配当額」} = \frac{\text{配当額}}{\text{利益処分総額}}$$

図表5-9は「益金処分総額に対する配当額」の比率の推移を示したものである。資本金規模1億円以上の企業は、30％前後から高い時には60％程度を推移している。資本金規模1億円未満の企業は、10％前後を推移しているが、高い時でも20％程度となっている。資本金規模の大きい企業の方が「益金処分総額に対する配当額」の割合が高い傾向にあることがわかる。

「益金処分総額に対する配当額」の詳細な資本金規模別の推移を示したグ

図表5-8 益金処分総額に対する法人税額の推移

(出所) 国税庁「税務統計から見た法人企業の実態」より筆者作成。

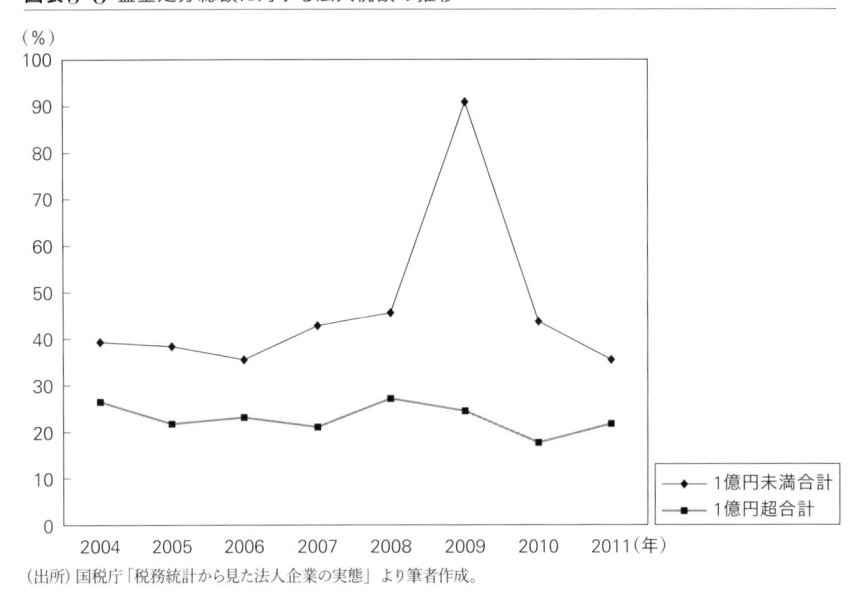

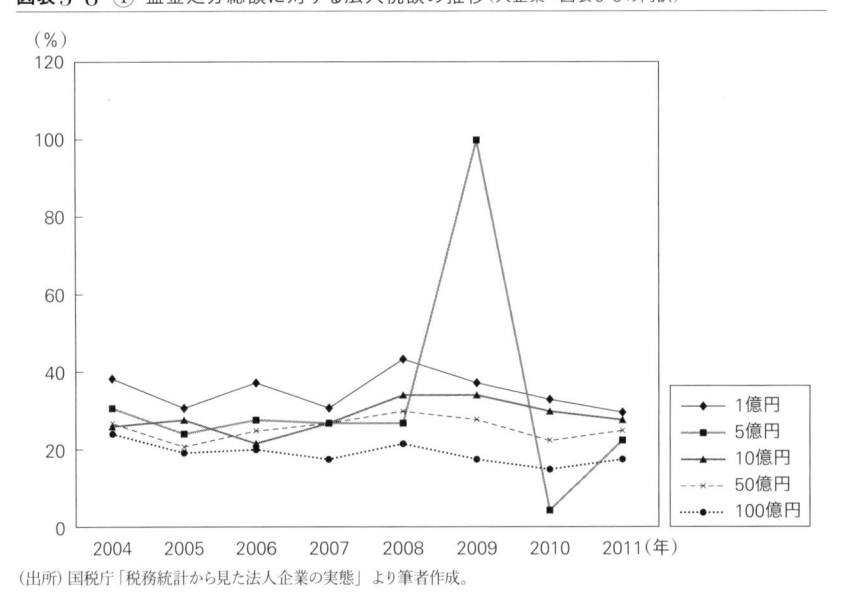

図表5-8-① 益金処分総額に対する法人税額の推移(大企業:図表5-8の内訳)

(出所) 国税庁「税務統計から見た法人企業の実態」より筆者作成。

図表5-8-② 益金処分総額に対する法人税額の推移(中小企業：図表5-8の内訳)

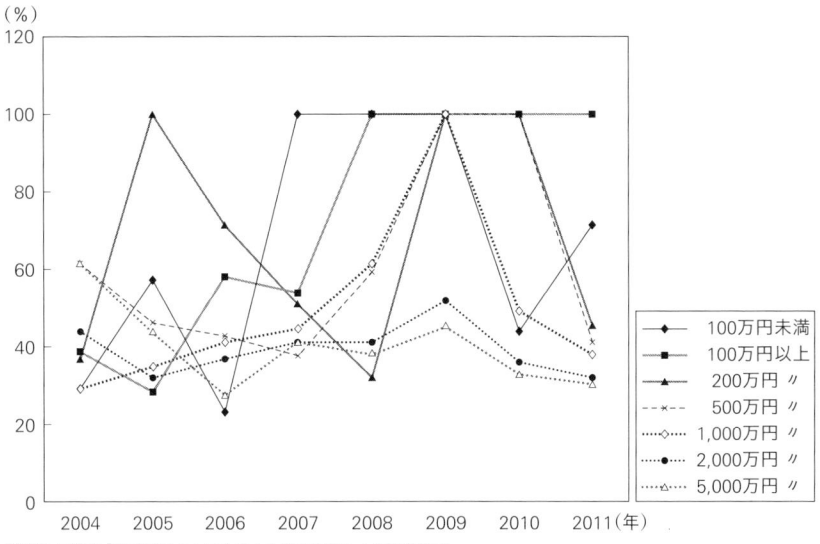

(出所) 国税庁「税務統計から見た法人企業の実態」より筆者作成。

図表5-8-③ 益金処分総額に対する法人税額の推移内訳表

資本金規模	2004年	2005年	2006年	2007年	2008年	2009年	2010年	2011年
100万円以下	29%	57%	23%	100%	100%	100%	44%	71%
100万円以上	38%	28%	57%	54%	100%	100%	100%	100%
200万円以上	37%	100%	72%	51%	32%	100%	100%	46%
500万円以上	61%	46%	43%	37%	59%	100%	100%	40%
1,000万円以上	29%	35%	41%	44%	61%	100%	49%	37%
2,000万円以上	44%	31%	37%	41%	41%	52%	35%	32%
5,000万円以上	62%	43%	27%	42%	38%	45%	32%	30%
1億円未満合計	39%	38%	35%	43%	45%	91%	43%	36%
資本金規模	2004年	2005年	2006年	2007年	2008年	2009年	2010年	2011年
1億円以上	38%	30%	37%	31%	43%	37%	32%	30%
5億円以上	31%	24%	27%	27%	28%	100%	5%	22%
10億円以上	27%	28%	22%	27%	34%	34%	30%	27%
50億円以上	27%	21%	25%	27%	30%	28%	22%	25%
100億円以上	24%	19%	21%	17%	21%	18%	15%	18%
1億円超合計	27%	22%	23%	21%	27%	24%	18%	21%

(出所) 国税庁「税務統計から見た法人企業の実態」より筆者作成。

ラフが図表5-9-①と図表5-9-②と図表5-9-③である。図表5-9-①を見ると、資本金規模50億円以上や資本金規模100億円以上の企業の「益金処分総額に対する配当額」の割合が最も高いことがわかる。2008年から2009年にかけて、資本金規模の大きい企業の「益金処分総額に対する配当額」の割合が比較的高いが、これはリーマンショックの影響により、計上された利益（益金）が内部留保できず、配当にまわっている状況が読み取れる。図表5-9-②を見ると、資本規模の小さい中小企業は、ほとんど配当がなされておらず「益金処分総額に対する配当額」の割合は20％未満である企業が多いことがわかる。

　上場している大企業の方が配当を支払っているとの見方もあるが、利益（益金）が計上されなければ配当が不可能であるし、内部留保もできない。まとめると、大企業ほど税負担率が低いが、内部留保率や配当率が高い傾向にあり、中小企業は税負担率が高く、内部留保率や配当率が低い傾向にあることが明らかとなった。

4　2007年・2011年税制改正減価償却制度

　次に、内部留保をより拡大できる2007年・2011年税制改正減価償却制度について考察する。減価償却費は租税特別措置法上の特別償却により加速的な償却を実現できるが、2007年税制改正でさらに加速的な減価償却が可能となった。

（1）▶ 2007年・2011年税制改正における減価償却制度

　「平成19年度の税制改正に関する答申――経済活性化を目指して」では「減価償却制度は、償却資産の使用期間にわたって費用と収益を対応させるものであるが、国際的な競争条件を揃え、競走上のハンディキャップをなくすことが重要である」[5]とし、平成19年税制改正大綱では「わが国経済の持続的成長を実現するためには、設備投資を促進し、生産手段の新陳代謝を加速す

図表5-9 益金処分総額に対する配当額の推移

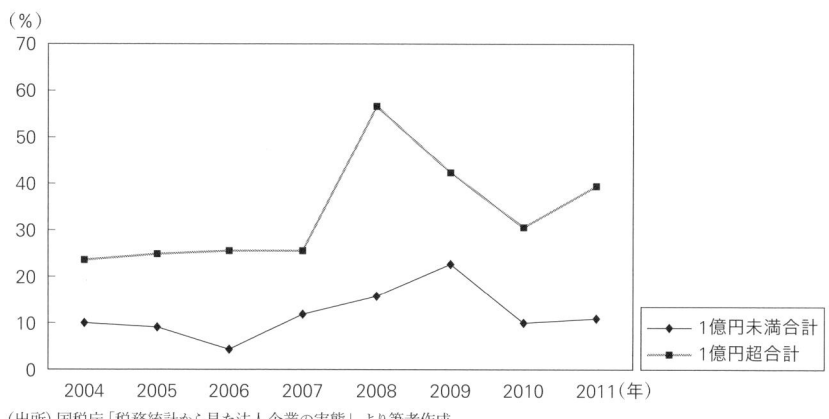

(出所) 国税庁「税務統計から見た法人企業の実態」より筆者作成。

図表5-9-① 益金処分総額に対する配当額の推移(大企業：図表5-9の内訳)

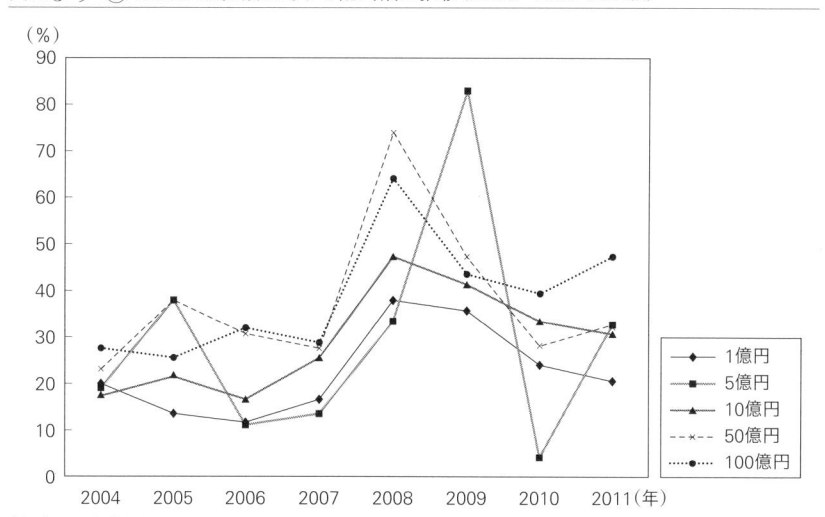

(出所) 国税庁「税務統計から見た法人企業の実態」より筆者作成。

図表5-9-②　益金処分総額に対する配当額の推移（中小企業：図表5-9の内訳）

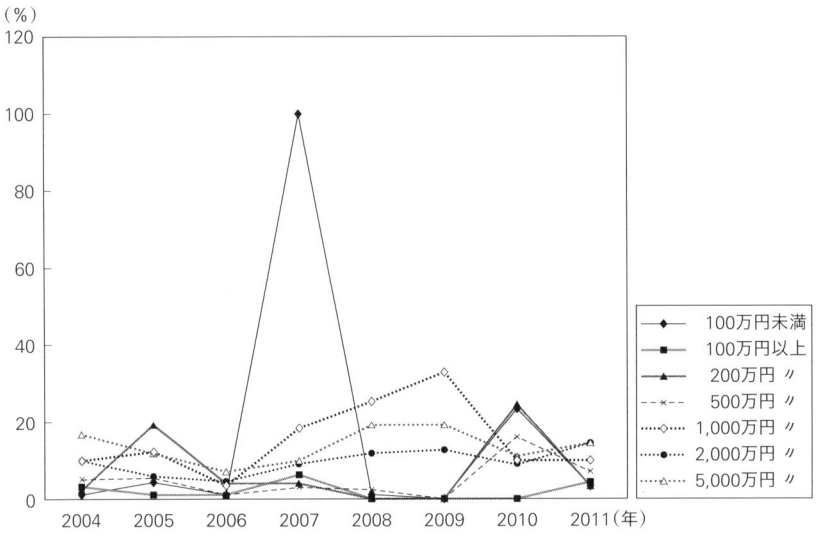

凡例：100万円未満／100万円以上／200万円〃／500万円〃／1,000万円〃／2,000万円〃／5,000万円〃

（出所）国税庁「税務統計から見た法人企業の実態」より筆者作成。

図表5-9-③　益金処分総額に対する配当額の推移内訳表

資本金規模	2004年	2005年	2006年	2007年	2008年	2009年	2010年	2011年
100万円以下	1%	4%	0%	100%	0%	0%	24%	3%
100万円以上	4%	1%	1%	6%	0%	0%	0%	4%
200万円以上	3%	19%	3%	3%	1%	0%	25%	3%
500万円以上	5%	5%	1%	3%	2%	0%	16%	7%
1,000万円以上	9%	12%	3%	18%	26%	33%	10%	9%
2,000万円以上	10%	6%	4%	9%	12%	13%	9%	14%
5,000万円以上	16%	11%	6%	10%	19%	18%	10%	15%
1億円未満合計	10%	9%	5%	12%	15%	23%	10%	11%
資本金規模	2004年	2005年	2006年	2007年	2008年	2009年	2010年	2011年
1億円以上	19%	13%	12%	16%	37%	36%	23%	20%
5億円以上	18%	38%	11%	13%	33%	83%	4%	33%
10億円以上	18%	22%	16%	25%	47%	42%	33%	31%
50億円以上	23%	37%	31%	27%	74%	46%	28%	32%
100億円以上	27%	25%	32%	28%	65%	43%	39%	47%
1億円超合計	24%	25%	26%	26%	57%	43%	31%	39%

（出所）国税庁「税務統計から見た法人企業の実態」より筆者作成。

図表5-10 250倍定率法と、200倍定率法の償却率

耐用年数	定額法の償却率	従来の定率法の償却率	改正後の250倍定率法	改正後の200倍定率法
2年	0.500	0.684	1.000	1.000
3年	0.333	0.536	0.832	0.666
4年	0.250	0.438	0.625	0.500
5年	0.200	0.369	0.500	0.400
6年	0.166	0.319	0.415	0.332
7年	0.142	0.280	0.355	0.284
8年	0.125	0.250	0.312	0.250
9年	0.111	0.226	0.277	0.222
10年	0.100	0.206	0.250	0.200

(注) 耐用年数2年の場合改正後の定率法の償却率は1を超えてしまうので1とした。小数点下3桁になるが、4桁を切り捨てている。実際には0.001ずれる可能性がある。
(出所) 筆者作成。

ることにより、国際競争力の強化を図る必要がある」[6]とし、減価償却制度の抜本的な見直しが行われた。

　2007年の税制改正による減価償却制度の改正は次の点である。第一に2007年4月1日以後に取得する減価償却資産については償却可能限度額（取得価格の100分の95相当額）及び残存価額を廃止し、耐用年数経過時点に1円（備忘価額）まで償却できるとされた点である。第二にこの場合の定率法の償却率は、定額法の償却率（1／耐用年数）を2.5倍した数とし、定率法により計算した減価償却費が一定の金額を下回ることとなったときに、帳簿価額を均等償却する。この一定の金額とは、耐用年数から経過年数を控除した期間内に、その時の帳簿価格を均等償却すると仮定して計算した金額である。そして2011年税制改正では250倍が200倍に変更となる。

　250倍定率法と200倍定率法の償却率は図表5-10の通りである。

　250倍定率法の償却率は、残存価額を考慮しない場合の定額法の償却率（1／耐用年数）を2.5倍した値となる。200倍定率法は、2倍した値となる。したがって「定額法の償却率」を2.5倍ないし2倍すると「改正後の定率法の償却率」となる。たとえば「耐用年数」5年を見てみると、定額法の償却率は0.2であり、250倍定率法は2.5を乗じて0.5、200倍定率法は2を乗じて0.4となる。

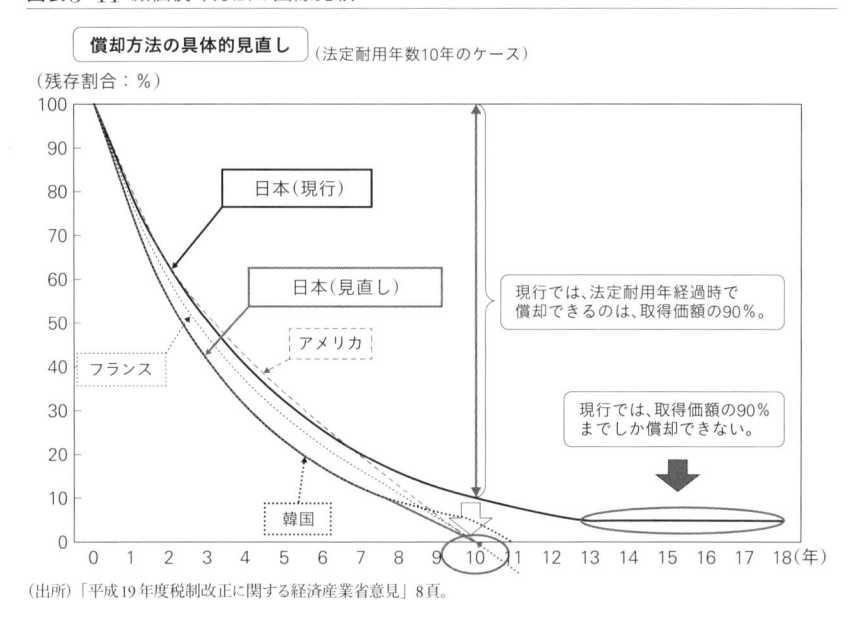

図表5-11 減価償却方法の国際比較

償却方法の具体的見直し（法定耐用年数10年のケース）

（残存割合：％）

- 日本（現行）
- 日本（見直し）
- アメリカ
- フランス
- 韓国

現行では、法定耐用年経過時で償却できるのは、取得価額の90％。

現行では、取得価額の90％までしか償却できない。

（出所）「平成19年度税制改正に関する経済産業省意見」8頁。

2007年度の250倍定率法は、従来の定率法と比較してさらに加速的な減価償却が可能となった。2007年税制改正における残存価額の撤廃と250倍定率法の導入により、国際的に見ても最も加速的な償却のできる制度であった（図表5-11参照）。

(2) ▶ 2007年・2011年税制改正による減価償却の効果

2011年の税制改正で250倍から200倍に変更となったものの、2007年・2011年税制改正後の定率法は1年目の償却費が従来の方法と比較して多額であり加速的な償却を促進する。加速的な償却は、償却の初期に費用を拡大し、課税を延期する。この効果は、資産がたえず更新・拡張されると、実質上、恒久化することになる。設備資産が増加・維持されるという条件のもとでは、償却累計額は加速的な償却を行うことによって相対的に大きなものとなり、またはその大きさが維持される。その効果は、高い利益を上げ、投資

を継続し、償却費の増加を損金化できる企業に限ってキャッシュフローを増やし、投資資金を充実させて、「強い企業」がより「強くなる」企業体質をつくる結果につながる。

　企業の実態等から判断しても、減価償却費は過大であり、その2～3割は内部留保であると考えられる（大橋［1994］186-187頁）。特に今後の大企業の内部留保分析においてはこの割合を高く捉えていく必要があろう。

5　おわりに

　「税務統計から見た法人企業の実態」（国税庁）をデータとして使用し、資本金規模別の「実質税負担率」と「内部留保率（フロー）」等を算定した。「実質税負担率」は資本金規模の大きい50億円以上の企業が低くなり、特に100億円以上の企業の税負担率が極端に低下することが分析できた。また、益金総額がどのように処分されたのかを資本金規模別に分析すると、資本金規模の大きい企業ほど、配当や内部留保になり、税金の支払いに占める割合が低いことが明らかとなった。したがって、資本金規模の大きい企業ほど税負担率を軽くし、内部留保を拡大できているといえる。

　内部留保項目の一つであると考えられる減価償却費（減価償却累計額）は2007・2011年税制改正でより加速的な償却ができる制度となったため、今後も減価償却費の過大部分を内部留保として捉えていくことが妥当といえる。

【注】

1　国税庁HP会社標本調査結果『税務統計から見た法人企業の実態』〈http://www.nta.go.jp/kohyo/tokei/kokuzeicho/tokei.htm：アクセス2012年6月17日〉。
2　本章で扱っている「申告所得金額」とは、法人が税務署に提出した法人税の確定申告書に記載された所得金額を指す。同上HPより。
3　「算出税額」とは「申告所得金額」に所定の税率を乗じて算出した税額をいう。同上HPより。

4　実質税負担率の算定は、富岡が提唱した「真実実効税率」の計算過程を参考にしている（富岡［2003］1481-1498頁）。
5　政府税制調査会、「平成19年度の税制改正に関する答申――経済活性化を目指して」。
6　自由民主党［2006］「平成19年税制改正大綱」〈http://www.jimin.jp/jimin/seisaku/2006/pdf/seisaku-030a.pdf：アクセス2009年8月2日〉。

【主要参考文献】

浦野晴夫［1996］『会計原則と確定決算基準主義――減価償却・国際会計基準・棚卸資産評価・逆基準性』森山書店。
大橋英五［1994］『現代企業と経営分析』大月書店。
―――［1997］「財政危機下で進む大企業の強蓄積」『日本の科学者』Vol.32, No.6。
―――［2005］『経営分析』大月書店。
小栗崇資・谷江武士編著［2010］『内部留保の経営分析――過剰蓄積の実態と活用』学習の友社。
北野弘久［2003］『税法学原論〔第5版〕』青林書院。
田中里美［2007］「法人税制の実態と応能負担原則――「真実実効税率」をめぐって」明治大学大学院『商学研究論集』第27号。
―――［2010］『会計制度と法人税制――課税の公平から見た会計の役割についての研究』（明治大学大学院博士学位論文）。
富岡幸雄［2003］『税務会計学原理』中央大学出版部。
―――［2012a］「不況期の増税で国を滅ぼすな――経済活性化と欠陥税制の是正が急務（上）」『税経通信』Vol.67, No.1。
―――［2012b］「税金を払っていない大企業リスト――隠された大企業優遇税制のからくり」『文藝春秋』第90巻第8号。
富山泰一［2006］「応能負担論から企業活性化論への公平論の変質化――不公平税体系の深刻化と是正のための財源試算」『政経研究』第87号。
八代司［2007］「大企業優遇税制について考える」『国公労連調査時報』No.529。
山内進［1999］『租税特別措置と産業成長――租税特別措置の効果分析』税務経理協会。
山口孝［2007］「企業会計からみた大企業減税のしくみ」『経済』No.139。
山本守之［2005］『体系法人税法』税務経理協会。
和田八束［1992］『租税特別措置――歴史と構造』有斐閣。

第2部
各　論
内部留保項目の分析

第 6 章

引当金

1 はじめに

　経営分析論において内部留保額を算出する際に、引当金は主要な構成要素の一つである。期間損益計算を財務会計の主要目的とする収益費用中心観の中で、引当金繰入の当期費用としての妥当性が問われてきた。遠藤は、「会計理論では引当金は一般に、期間損益計算目的に立ち当期期間費用を発生主義、費用収益対応の原則によって見積計上する貸方勘定であると説明されてきている」(遠藤［1998］161頁)と述べている。このように期間損益計算を主題とした中において引当金は、長らく収益に対応する費用としての妥当性、見積計算の適切性が問題とされてきた。そのため、引当金の計上については、「損益法においてのみ妥当性をもつものである。(中略)財産の増減をもって期間損益とする財産法のもとにおいては、引当金は貸借対照表能力は認められない」(藤原［1968］128頁)というように、財産法すなわち資産負債アプローチでは、引当金の貸借対照表計上は不適切とする見解もある。しかし国際財務報告基準(International Financial Standards：IFRS)では、資産負債アプローチが採用されており、その中で引当金は費用ではなく負債としての意味が問われることとなっている。

　本章の目的は、このように立脚点が転換してきた中で、引当金はどのような特性を持つものであるのかを明らかにし、内部留保との関連を改めて検討

することである。ここでは、引当金が設定された経緯、また日本の経営分析論における取り扱いと議論を整理し、IFRSにおける動向を確認した上で、実際の適用について検討し、現下での引当金の利益留保性の問題を考えていきたい。

2 イギリスにおける変遷

　イギリスでは第一次企業合同運動が行われた19世紀末から保守主義的会計慣行として、いざという時に引き当てられる原資として準備金的性格を持つリザーブ勘定（reserve account）が用いられていた。しかし実務においては、そのリザーブ勘定について利益留保性と費用性の区別が曖昧であり、そのために会計原則設定における一つの課題となった。実際に、利益留保金と引当金が区別され、それぞれが定義されるまでには、1948年の改正会社法の規定を待たねばならなかった。1929年の会社法では、貸借対照表の内容は規定化されていたが、原則的には企業の経理自由ということが前提になっていたのである。

　第一次と第二次世界大戦の戦間期では、会社にかけられる税金について毎年のように変動があった。軍事費調達という国家を挙げての目的により、新税の設定があり、税率の改訂も行われた。さらには基準として設定された利潤金額を超えた金額について特別の税金が課せられる超過利潤税が設定された。しかし、算定の基礎となる基準利潤がどのレベルになるのかが不確定だった時期があった。会社経理にとって最も問題だったのは、課税の年度と会社の会計期間が合っていなかったことである。すなわち、期末に確定した当期利益に対しての課税は、翌期にならないと決定されなかったのである。そのような背景において、利益からその支払準備の資金を取り置いておく（set aside）ことが保守主義的会計慣行に適っていた。これがリザーブ勘定であった。

　1931年のロイヤルメール事件では、配当財源の捻出で引当金超過額等を特別項目として損益計算書上に貸方計上しており、また広く行われていた

留保秘匿金会計も問題視された。このような事件を契機として、会計専門家間で引当金と留保金の会計実務について明確に認識されるようになった（Arnold and Collier［2007］pp.14-16, 2-4）。

　1942年からICAEW（Institute of Chartered Accountants in England and Wales）より会計の原則について勧告書が発表されるようになった。それまでの実務上では、"引当金"と"留保金"は代替的に用いられていたが、1943年に発行された勧告書第6号で初めて留保金と引当金の区分が示された。そこでの引当金の定義は、（ⅰ）それについてかなり正確に見積ることができる特定の要求、および（ⅱ）貸借対照表日において存在する特定の義務、認められる偶発損失、資産価値の減損で、かなりの正確性をもって決定しえないもの、とされている。

　このICAEWの勧告書は、当初から法制定に影響を与えようという意図を持つものであったということも指摘されているが（Noguchi and Edwards［2004］）、1948年に改訂された会社法では確かにそこでの意見が取り入れられている。有限責任会社のP／L、B／Sについての監査と開示の義務づけ、減価償却累計額の開示、それまで様々な業界で横行していた留保秘匿金実務の非合法化（銀行業、保険業、海運業を除く）等と並んで、留保金と引当金の定義と区別が示されている。そこでは利益の過剰な引当による害を排除するために留保金と引当金の会計が規定され、また、利益留保金と配当財源にはならない資本留保金とが区分されている。

　イギリスにおいて引当金会計が行われるようになった経緯を見ていくと、支払準備金をリザーブ勘定として利益より取り置いておくという、利益留保性を持って会計実務に登場しており、当初から留保金との区分が問題であったことがわかる。実務上の混乱が問題となって1948年の会社法の規定に繋がるわけだが、その頃までに実際に計上されていたのは、ほとんどが減価償却、または未払税のための引当金であった。1948年における製造業大手100社の中から21社を調査した研究によれば、規定が示された後の1950年まで、その他の引当金の計上額は、資産総額の5％以下となっている（Arnold and Collier［2007］p.54）。また、ICAEWの勧告書第6号の引当金の定義は、費用を決定して、それに対応する負債を計上するという費用―負債ではなく、

最初に負債を決定して、それに対応する費用を計上するという負債―費用概念になっている。これらのことは、実際に支払義務を負っているが、金額が不明なものに対する保守的な会計慣行による計上だったことを示している。つまり、利益を企業内に留保する目的があって引当金を設定しているのではなく、金額は未決定だが債務は発生しているものについて引当金を設定している。したがってこの時代の引当金は、利益を企業内に留保するという恣意的な利益の費用化とは言い難い。

3 アメリカにおける変遷

アメリカでは、19世紀末にイギリスからリザーブ会計の慣行が輸入され採用されていたが、イギリスの場合と比べて引当金会計の範囲は拡大されていった。会社の判断により、引当金が自由に設定される中で、それが問題となり企業会計原則の確立過程で取り上げられていったのである（望月［2002］207頁）。以下では、公表された会計原則における、引当金に関する規定の変遷を整理する。

1938年に公表されたSHM会計原則は、実証的で統計的な研究調査に基づいたアメリカの会計慣行、会計実務を集約したものであり、体系化された原則であった。その中で、リザーブ勘定については、引当金と積立金とを意味する場合があるとされ、4種に分類されている。

1　資産からの控除を意味する評価性引当金――減価償却引当金、貸倒引当金
2　未払費用の性質をもつが、その価値が確定せず見積りにより計上されている流動性負債――納税引当金等
3　剰余金の処分または特定の目的のための留保
4　評価性または負債性をもつもの、資本性または利益留保性をもつものの混合

ここでは、実務上でリザーブ勘定の範囲が拡大されて計上されていたことが、そのまま現れている。

このような多義性に対して、1953年のAICPA「会計用語公報」ATB（Accounting Terminology Bulletin）No.1でリザーブ項目は、SHM会計原則における3番目の分類、すなわち留保された準備金、あるいは積立金の意味に解釈できるものとして限定された。これによって、リザーブ項目と費用性を有する評価性引当金、負債性引当金が、明確に区別されたことになる。
　さらに1953年のAICPA「会計研究公報」ARB（Accounting Research Bulletin）No.43では、引当金の計上要件について、以下の三つが示されている。
　　1　将来発生すると予想される費用または損失
　　2　当期の収益に対応
　　3　合理的に見積り、測定できるもの
　引当金は、適正に費用を配分することによる利益計算、すなわち適正な期間損益計算を行うために計上されることが明らかにされたのである。
　しかし、ARB No.43では不確実性の程度が不明確だった。そのため、1958年のARB No.50では、偶発事象を規定している。

　　　偶発事象とは、その発生が相当程度不確実な、現存する条件、状況、または一群の事情であって、関連ある将来の出来事を契機として、資産の獲得または喪失、もしくは負債の発生または解消をもたらす――通常、利得または損失をともなう――ものをいう。

　またその表示は、財務諸表または脚注で行われることとされた。
　その後、1975年のFAS No.5 Accounting for Contingenciesの公表により、ARB No.43、No.50は廃止された。ここでは、偶発事象は、Probable、Reasonably possible、Remoteの三つの範囲に規定されている。計上要件として、以下の二つを満たせば利益に賦課させなければならないとされている。
　　1　財務諸表公表に先立って、財務諸表作成日現在の情報に照らして、資産の減損または負債の発生の蓋然性が高い（Probable）ことがわかっており、1以上の将来事象により損失が引き起こされる蓋然性が高い（Probable）場合。
　　2　損失金額が合理的に見積可能。

条件の一方が欠けているが、発生の可能性がある（Reasonably possible）場合には、注記に開示されるとしている。

当初の実務上の混乱からみると、アメリカでもイギリスと同様に、引当金会計は留保金との区分の問題であったといえる。引当金の計上には、歴史的に利益留保の要素が含まれていたのである。その後の引当金の計上要件規定の変遷を見ていくと、拡大解釈されがちなその範囲をいかに限定していくのかに腐心してきたことがわかる。結果的には引当金の費用性を明確に定義し、計上範囲を限定するまでに至らなかった。FAS No.5については、その計上要件から、「収益費用中心観的な思考を残しつつも、偶発事象会計に資産負債中心観的な思考を取り込んだ最初の基準として重要な意味がある」（山下［2007］19頁）と指摘されている。

4 日本における変遷と議論

国際会計基準の影響により、資産負債中心観が支配的になるまでは、引当金の問題は将来発生費用の妥当性にあった。「しかも引当金の設定額、残高は期間の長短はあっても企業の内部資金として、個々の引当金で違いはあっても引当金総体としては自己資本として機能する」（遠藤［1998］1頁）ことから、これまでの内部留保論では引当金は、重要な構成項目の一つであった。内部留保論で引当金がどのような視点で捉えられ、内部留保利益算出における算入不算入の判断がなされてきたのか。

これまでの経営分析論で問題とされてきた日本における引当金制度は、三つの時期に区分される。高度成長期の中での制定、高度成長期の終焉を迎えての改正、そして国際会計基準の影響による新会計基準の導入以降である。ここでは、それぞれの時期での実質内部留保の算出における引当金の算入・不算入の視点を確認し、その判断基準を整理する。

（1）▸ 高度成長期における視点

　ここでは、角瀬［1979］、野村［1977］、山口［1977］、横倉［1981］における視点を検討したい。

　この時期の引当金は商法での規定により、評価性引当金、負債性引当金、特定引当金に分類されていた。

　各論者は評価性引当金の項目として貸倒引当金を取り上げている。この時期、税法上では損金として容認された貸倒率で計上することが一般的な慣行であった。各論者から指摘されている点は、債権を現実に放棄したわけではなく未発生の予想計上額であること、また特に大企業では税法で設定されている率が実際の発生と比較すると過大であるということにある。内部留保に算入することに各論者間での異論は見られない。

　負債性引当金については、流動負債である賞与引当金、景品費引当金、主な固定負債である退職給与引当金に言及している[1]。流動性引当金については、短期間に支出されること、見積りの誤差は無視できる程度であり、内部留保には算入しないという判断があった。

　特定引当金については、評価性引当金、負債性引当金とは異なり、その実態は剰余金であるため会計上で引当金と認められないこと、商法の拡大解釈により利益隠蔽性を持つことが指摘されており、内部留保に算入することに各論者間での異論はない。

　内部留保論において引当金は、費用性と利益留保性の境界を明確にすることが困難であることから、その費用性への疑義により、「利益の費用化」が一般には問題にされてきた。しかし、費用性が認められるとしても「その実際の支出時点までは活用可能な資金である」（野村［1977］178頁）という言及には、内部留保から見た引当金の問題は二つの側面があることが包含されている。「利益の費用化」、すなわち利益の内部留保性と「資金としての流用可能性」、つまり資金の内部留保性である。さらに流動負債についての支出までの期間の短期性と金額の少額性により無視できるという判断からは、資金の内部留保性は、支出までの期間の長期性と金額の多額性により決められることが示唆されている。これは当時の経済社会、企業のあり方、制度構築が

背景となり、内部留保を考える際の焦点の一つが、内部資金としてその期間、金額から測られる活用可能度合であったためと考えられる。

　日本では、1950年代からの高度成長、開放経済への移行により、企業資本蓄積、国際競争力強化——工業製品の輸出力増強——のための諸政策が実施された。その当時の市場経済における中心的企業はいうまでもなくプロダクト型であり、そこでは物的資産の維持・増強、すなわち長期的資産への投資が課題であった。また間接金融が主体であり、特に大企業では株式持合いが形成されており、いわゆる「物言わぬ株主」が多勢であった。このような経済社会状況下における内部留保は、企業における蓄積に焦点をあて、企業の内部資金として捉えることが適切であり、資金の内部留保性に重点が置かれ、その度合を測る判断基準は期間の長期性と金額の多額性の2点であった。

(2) ▸ 1980年代設定制度以降における視点

　ここでは、大橋［1994］、藤井［1990］における視点を検討したい。

　この時期の引当金は、1981年の商法改正、1982年の企業会計原則修正により、評価性引当金、負債性引当金に分類されている。

　評価性引当金の項目である貸倒引当金は、実際の貸倒より高水準であり、内部留保に含めることに両論者間で異論はない。資産評価損項目については、「資産評価損は一般に少額で重要性にとぼしいので、ここではこれを制度的留保から除外して考えることにしました。金額が無視できないほど大きい場合には当然、資産評価損も含めた制度的留保を計算しなくてはなりません（藤井［1990］115頁）」という判断が示されている。

　また、流動負債性引当金については、両論者とも短期間に使用されるため、内部留保から除外するとしている。

　ここでも資産評価損、流動負債性引当金への言及から、やはり期間、金額から測る活用可能度合が参入基準の一つであったことが伺える。前出の資産評価損の判断、また流動負債性引当金の1項目である賞与引当金について「賞与引当金は退職給与引当金、貸倒引当金とならんで大きな額となってい

る」が、しかし「引当額は短期間に大部分が賞与支払のために目的使用されるため利益留保としての性格は小さい（大橋［1994］91頁）」という指摘、「実際の支出までの時間がきわめて短いために、流用可能な期間もかぎられて（藤井［1990］123頁）」いるため内部留保から除外という判断から、資金の内部留保については、金額の多額性と期間の長期性が内部留保に算入するための両立条件であるであることがさらに明白に示されている。

　この時期、高度成長期の終焉による経済の低成長に伴い、企業の収益性が低下する中、大企業の多国籍企業化が促進されていった結果、経営環境としては不確実性が上昇していった。企業のリスクへの対応策として、さらなる資本蓄積が促進された。

　大企業では多国籍化による経営活動が拡大され、それに伴ってカントリーリスク、為替リスク等のリスクが増大した。そのような状況下で内部留保は、将来リスクのバッファーとして認識され、期間の長期性、金額の多額性の両立条件が算入の判断基準となったのである。

（3）▶ 現代的課題

　これまでの内部留保論では、引当金による資本蓄積について二つの側面から捉えられていたことが確認された。一つはどこまでが将来に現実化される費用であるのかということに対する疑義である利益の留保の点にある。主に期間損益を指向してきた中では、収益費用対応概念と過度な保守主義により、引当金の負債性の欠如部分である余分な計上が常に問題となってきた。一方、将来確実に実現する費用だとしても、現実的な支出の時点までの期間では余剰な資金として活用可能性を有している、資金の留保の問題である。これについては、金額の多額性と期間の長期性という両立条件が内部留保算入の判断基準となっていたことが認められた。

　それでは現下の資産負債中心観において、引当金の内部留保性はどう判断するべきなのか、以下で検討する。

5 国際会計基準の動向

　日本だけにとどまらず、多くの国で引当金の会計実務は恣意的な解釈による拡大が見られ、利益操作の手段の一つとなってきた。そのため会計基準において、それまでの費用性に根拠をおく引当金ではなく、負債性に根拠をおく引当金への転換が、会計観の収益費用中心観から資産負債中心観への変化に伴って支配的になってきている。今後、負債性の厳密な定義により、引当金の実務がかなり変化することが予測される。

　IFRSの基準において、貸倒引当金と負債性引当金は別に扱われている。貸倒引当金については、IAS第32号「金融商品：表示」、IAS第39号「金融商品：認識及び測定」、IFRS第7号「金融商品：開示」で扱われてきた。その後、IFRS第9号「金融商品」がIAS第39号の規定内容を簡素化する目的のプロジェクトの第一フェーズとして公表されている。また、負債性引当金については、IAS第37号「引当金、偶発負債および偶発資産」で規定されていたが、2005年にIAS第37号「引当金、偶発負債および偶発資産」が改訂公開草案として公表され、またそのフィードバックを受けて、2010年に草案IFRS［X］「負債」が公表されている。

(1) ▶ 貸倒引当金

　IAS第39号では、金融資産、金融負債、非金融商品項目の売買契約の一部について、その認識と測定に関する原則が規定されている。ここでは貸倒引当金に関する規定について主に整理する。金融資産、または金融負債については、当初の認識時点では公正価値で測定される。その後は、金融資産は四つに分類され、それぞれ測定方法が規定されている。①公正価値の変動が損益として認識される金融資産、②満期保有投資、③貸付金および債権、④売却可能金融資産である。貸倒引当金の評価に係わる、③貸付金および債権については、実効金利法を用いた償却原価で測定され、償却過程での損益は当期損益計算に含む。貸借対照表日ごとに減損の客観的な証拠があるのか調

べ、それがある場合には減損損失として認識する。測定は、当該金融資産の帳簿価額と将来キャッシュフローを当初認識時の実効金利で割り引いた現在価値との差額による。減損損失を計上し、その後回復した場合は、戻し入れが行われる。

　2009年に公表されたIFRS第9号は、金融資産の分類及び測定に関する新しい要求を規定するもので、公表された範囲は金融資産のみに限定されている。企業はその金融資産を運用する事業モデル、また金融資産の契約上のキャッシュフローの特徴により、当初認識後の測定を償却原価で行うものと公正価値で行うものとに分類しなければならない。(a) 企業の事業モデルが契約上のキャッシュフローを回収するためにその資産を保持している場合、(b) その金融資産の契約条件が特定の日にキャッシュフローが生じ、それが元本と元本の利子の支払いのみからなること、という2要件が満たされていれば、償却原価で測定されることになる。貸倒引当金に係わる債権はこれに該当する。償却原価で測定されるものについての減損はIAS第39号が適用される。

　貸倒引当金の評価の認識と測定について、貸借対照表日ごとの減損調査によることは、IFRS第9号でも変わりない。ここでは、収益費用中心観で規定されてきた将来費用の見積りにより引当金が計上されるのではなく、債権の回収可能性を個別に評価し差額を計上する手続きになる。関連する債権を継続的に再評価することになるため、貸倒率を一律に適用していた場合と比べれば、実際の発生額より過大になるとはいえないだろう。しかし、将来流出額と時期が確定している契約上の債務ではないため、未発生の予想計上額であることは同様である。また、計上、戻し入れとも損益計算を通すことになっている。多寡の差はあるが、利益の留保、資金の留保の双方の性格を有するままであり、内部留保の構成要素と考えられる。

(2) ▶ 負債性引当金

　負債性引当金の定義については、IAS第37号の改訂を意図した2005年の改訂公開草案では大きく転換している。定義、認識要件、測定の主な差異を

図表6-1　IAS第37号　負債性引当金改訂の変遷

	IAS第37号	2005年 改訂公開草案	2010年 草案
定義	引当金は負債のうち時期または金額が不確実なもの。 負債要件： ①過去の事象に起因する義務 ②企業の現在の義務であること ③決済のために経済的便益を有する資源の流出が予想される 偶発負債は ①義務決済のために経済的便益をもつ資源の流出が必要となる可能性が高くない ②義務の金額が十分な信頼性をもって測定できない⇒注記開示 偶発資産は計画外、予想外の事象から発生して企業に経済的便益の流入の可能性をもたらすもの⇒注記開示。	引当金という用語に替えてIAS第32号に定義されている金融負債とそれ以外の非金融負債に区分。 偶発負債、偶発資産の用語は削除。 非金融負債は現在の義務を有し、その決済に必要とされる金額が偶発的(または条件付)である。	同左
認識要件	引当金について以下の条件を全て満たすこと。 ①企業が過去の事象の結果として現在の義務を有する ②その義務決済のために経済的便益をもつ資源の流出が必要となる可能性が高い ③義務の金額について信頼性の高い見積りができる	以下の二つの条件を満たした場合、負債を認識。 (a) 負債の定義に合致し、 (b) その負債を信頼性をもって測定できる	同左
測定	引当金として認識される金額は報告期末における現在の義務を決済するために要する支出の最善の見積り。 最善の見積りとは、報告期末義務決済のために、あるいは義務を第三者に移転するために、企業が合理的に支払う金額。	非金融負債の測定値は、貸借対照表日に現在の義務を解消するために合理的に支払われるか、第三者に移転される金額。 測定の際に、リスクと不確実性を含める。 多くの非金融資産は複数のキャッシュフローの可能性を加重平均した期待キャッシュフローアプローチにより見積られる。	負債は報告期間末日に現在の義務を解消するために合理的に支払われる額で測定。 合理的に支払われる額とは以下の中で最も低い金額。 (a) 義務を満たすために要求される資源の現在価値 (b) 義務を撤回するために支払われる額 (c) 義務を移転するために第三者に支払われる金額 その後の測定として、期末日ごとに現在の義務を解消するために合理的に支払われる金額に調整。

図表6-1にまとめた。

主な改訂点について、まずIAS第37号の定義では、その蓋然性によって引当金と偶発負債に分類されていたが、改訂案では偶発負債は負債の定義に合致しない、として定義から除かれている。また、引当金という用語は使われず、非金融負債として定義されている。

また、IAS第37号の定義では、認識規準に「経済的便益をもつ資源の流出が必要となる可能性が高い」という発生可能性の要件があったが、改訂案ではこの蓋然性が除かれている。測定ができれば認識され、測定できなければ注記事項での開示になるため、測定可能性が認識の判断基準となっている。

2005年改訂公開草案における要求事項が曖昧という指摘に応えて公表された、2010年草案では、債務の履行に必要な資源の現在価値について、付則Bで詳細に説明されている。2005年改訂公開草案と、定義、認識は同様であるが、「測定手続きのマニュアル化にED10 (2010年草案) の最大の特徴を見出すことができる」（松本［2010］32頁）、「[草案] IFRS (2010年草案) は、認識および測定基準についてIAS第37号改訂案（2005年改訂公開草案）とほぼ同様であるが、事例について訴訟による損害賠償金の認識、製品など保証に係る事例の削除など相違がみられる」（山下［2011］26-27頁）と、指摘されている。

改訂の論点として、まず条件付義務と無条件の義務が挙げられる。将来の事象の惹起を条件とする条件付債務でも、現在その履行の準備のため、無条件債務を負担しているとして、これを認識するとされている。つまり、従前では蓋然性が低く、偶発債務として注記事項への開示に留まっていた事項が財務諸表へ計上されることになる。このような負債の定義と認識について、「IASBの概念フレームワークでは、負債の定義自体に一定の蓋然性が含まれていないので、改めて認識要件の一つとして一定の蓋然性が要求されている。今般のIASB公開草案は、蓋然性の程度を問わずにすべての非金融負債を認識することを提案していることから、負債の定義の方向に負債の認識を近づけていこうとする試みであると捉えることもできる」（川村［2007］45頁）という言及がある。

また、上記の通り改訂案では認識要件から蓋然性が除かれていることが大

きな問題となる。認識要件では蓋然性が削除され、代わりに計算可能性が認識要件に入っている。これに関してASBJによる2010年草案に対するコメントレターの4では、「(1で「蓋然性要件を削除して期待値による測定のみを要求することに反対する」と主張していることに関連して)仮に、起こり得る結果とその確率が既知であるとしても、期待値が最頻値よりも有用であるとは考えにくい場合がある。たとえば、非常に高い確率(たとえば95%)で一定の流出(たとえば100)が予想される一方、可能性は非常に低い(たとえば5%)が当該金額よりはるかに大きな流出(たとえば100,000)も起こり得ると経営者が判断している場合、最頻値であれば最も起こり得る流出額100で測定されるのに対し、期待値では5,095と測定される。現実のシナリオとしては、100の流出が生じると考えられるにもかかわらず、それとはかけ離れた5,095を財務情報として提供(中略)」と集約されている。ここで例示されている通り、蓋然性を測定に反映させたことで実際の予測値からかけ離れた数値が計上されることがありえるのである。たとえば、通常の経済状況では発生する可能性が低い、保証債務も期待値で測定され、計上されることになる。

　以上の論点について見ていくと、従来の引当金の認識、計上と比較すると、認識要件から蓋然性を削除したことで、むしろ過大計上になる可能性がある。測定で期待値を用いることについても、恣意性が介在することがありえる。ここでは負債の認識に焦点が当てられており、貸倒引当金についての規定と相違して、借方項目への言及が特に見られない。そのため、純利益への影響項目になるのか、包括利益への影響項目になるのかを見極める必要はあるが、利益の留保、資金の留保の双方の性格が認められ、内部留保の構成要素とみなされる。

6　引当金のケーススタディ

　ここでは、有価証券報告書の開示から、引当金は実際にどの程度留保されているのかを検討していく。

（1） ▶ 自動車産業の製品保証引当金

　製造業で特有の引当金に製品保証引当金がある。これは製品等を販売した後に無償保証契約になっている場合、また製品等の瑕疵担保責任に備える目的で設定されている。通常は、過去の製品等のアフターサービス費用の売上に対する実績率等を考慮の上、将来の見積保証額である製品保証等の引当金を算定する。売上に連動して計上されるため、金額が比較的大きい。

　製造業の中、自動車産業ではリコールの発生にも配慮する必要がある。リコールとは、設計・製造上の問題により安全確保のため、自動車メーカー等が自動車の回収・修理を行うことであり、規模が広範囲にわたり、金額的にも影響が大きくなる可能性がある。三菱自動車のパジェロのリコール問題は、記憶に新しい。日本を代表する自動車産業であるトヨタ自動車では、2009年から2010年にかけて、北米、日本などで大規模なリコールが行われた。アメリカ合衆国でトヨタ車を運転中に発生した急加速事故について、その事故の原因がトヨタ車にあると主張され、トヨタは大規模リコールを実施している。

　ここでは、大規模リコールが行われた年度を含む最近の10年間のトヨタ自動車の製品保証引当金の計上、取り崩しの実態を見ていく。なお、トヨタ自動車は2003年度の連結財務諸表より、「連結財務諸表の用語、様式および作成方法に関する規則」第87条の規定を適用し、米国預託証券の発行等に関して要請されている用語、様式および作成方法、即ち、米国において一般に公正妥当と認められる会計原則に基づき作成したものを有価証券報告書において開示している。リコールの影響の有無、また米国会計基準への準拠による影響を見るため、近年大規模なリコールがなく、日本の会計基準に準拠している日産自動車と比較する。

　ここでの検討によって、製品保証引当金による留保状況を明らかにしようとするものである。

　一般的に製品保証引当金の計上は、売上高に対して過去の発生状況を基礎にした見積りを行う。当期の製品売上高に対して"製品保証引当金"として、貸借対照表の負債の部に計上される。実際に製品保証に関する支払いが行わ

図表6-2 トヨタ自動車の財務諸表注記1（単位：百万円）

	3月31日に終了した1年間	
	平成23年	平成24年
品質保証にかかる債務の期首残高	680,408	764,369
当期支払額	△476,771	△348,214
繰入額	588,224	436,891
既存の品質保証にかかる変動額	△1,701	△7,827
その他	△25,791	△5,385
品質保証にかかる債務の期末残高	764,369	839,834

(出所) トヨタ自動車「平成24年3月期 有価証券報告書」。

れた場合、当該科目残高から取り崩されていく。期末に取り崩されなかった残高がある場合、期末要計上額と残高の差額が"製品保証引当金繰入額"として、損益計算書の販売費及び一般管理費に計上される。

　トヨタ自動車では、これらの勘定科目について財務諸表では明示しておらず、"連結財務諸表注記"において図表6-2の開示が行われている。

　2010年度までの開示では、"トヨタはこれらの活動に伴い発生する費用に対しても、マネジメントの見積りに基づいて引当を行っているが、この費用の内訳は上記の調整表には含まれていない。"としていた。つまりリコールに関する部分の引当については、金額等の情報は一切開示されていなかった。しかし、大規模なリコールが行われた2010年度の開示では、上記の表において"製品保証にかかる債務およびリコール等の市場処置にかかる債務を合算して品質保証にかかる債務として表記しています。"とされている。そのため、前年度である2009年度の開示について、上記の表の金額がリコール等を含むものに訂正されており、増額している。また2010年度からは、図表6-2に加えてリコール等の市場処置にかかる債務の内訳を図表6-3で示している。

　日産自動車では、"製品保証引当金"を貸借対照表の負債の部で、また"製品保証引当金繰入額"を損益計算書の販売費及び一般管理費で開示している。2003年度までは、負債の部の固定負債の分類で表示されていたが、2004年度からは"1年内の使用額を算定することが可能となったため"として、流動負債と固定負債にそれぞれ分類して表示するように変更されてい

図表6-3 トヨタ自動車の財務諸表注記2（単位：百万円）

	3月31日に終了した1年間	
	平成23年	平成24年
リコール等の市場処置にかかる債務の期首残高	301,422	389,499
当期支払額	△263,096	△159,344
繰入額	356,749	237,907
その他	△5,576	635
リコール等の市場処置にかかる債務の期末残高	389,499	468,697

(出所) トヨタ自動車「平成24年3月期　有価証券報告書」。

る。しかし、流動負債への計上と固定負債への計上が具体的にどのような内容であるのかについては触れられていないため、見積方法、目的の相違などは不明である。

【売上高・製品保証引当率】

　自動車産業の場合、製品保証引当は自動車の売上に相関する。トヨタ自動車は、自動車事業の他に金融事業、住宅等の事業を、日産自動車は自動車事業の他に販売金融事業を営んでいる。ここでは自動車製品の売上高に対しての見積率がどの程度となっているのか見るために、セグメント情報中の自動車事業の売上高を取り上げ、期末の製品保証引当金が当該売上高に対してどの程度の割合で見積られているのかを (期末製品保証引当金÷自動車事業セグメント売上高) の計算により図表6-4で見ていく。

　トヨタ自動車では、自動車事業の売上高に対して1.7〜2.3％を計上していたが、2009年度まではリコールに対する引当金は含まれておらず低めになっている。リコールに対する見積りを含んだ引当金が開示された2010年度からは、4.4〜5.0％となっている。前述の通り、2009、2010年に大規模なリコールが発生しており、2010年度の有価証券報告書中の事業の概況において、"将来のリコール等の市場処置に関する費用について、従来の個別に見積る方法に加え、製品販売時点において包括的に見積る方法を併用していますが、自動車事業の業績には、この見積変更による影響が含まれています。"と表示されており、当該年度に発生したリコールに伴って見積方法が変更さ

図表6-4 トヨタ自動車　売上高・製品保証引当率の推移

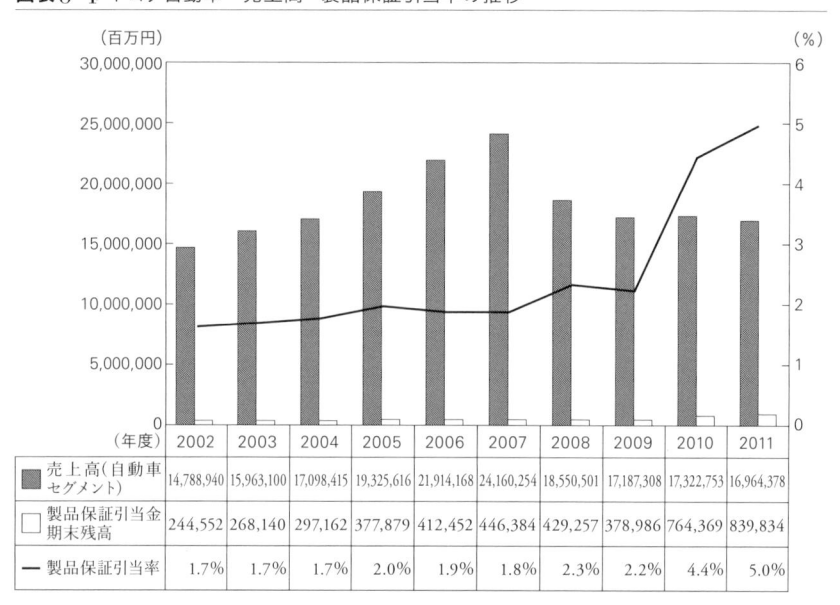

(年度)	2002	2003	2004	2005	2006	2007	2008	2009	2010	2011
売上高(自動車セグメント)	14,788,940	15,963,100	17,098,415	19,325,616	21,914,168	24,160,254	18,550,501	17,187,308	17,322,753	16,964,378
製品保証引当金期末残高	244,552	268,140	297,162	377,879	412,452	446,384	429,257	378,986	764,369	839,834
製品保証引当率	1.7%	1.7%	1.7%	2.0%	1.9%	1.8%	2.3%	2.2%	4.4%	5.0%

図表6-5 日産自動車　売上高・製品保証引当率の推移

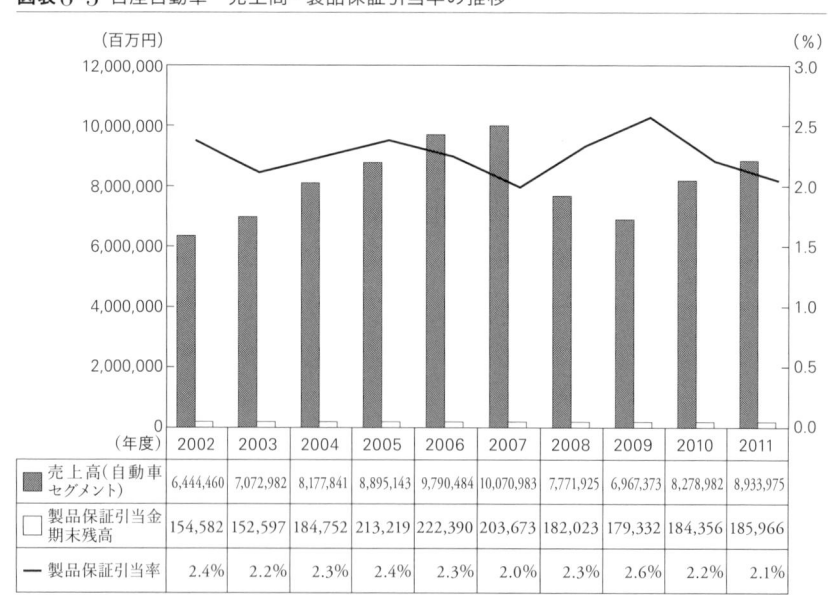

(年度)	2002	2003	2004	2005	2006	2007	2008	2009	2010	2011
売上高(自動車セグメント)	6,444,460	7,072,982	8,177,841	8,895,143	9,790,484	10,070,983	7,771,925	6,967,373	8,278,982	8,933,975
製品保証引当金期末残高	154,582	152,597	184,752	213,219	222,390	203,673	182,023	179,332	184,356	185,966
製品保証引当率	2.4%	2.2%	2.3%	2.4%	2.3%	2.0%	2.3%	2.6%	2.2%	2.1%

れたことが示唆されているが、前年度までの引当率ではリコール分が含まれていないため、引当率の引き上げの有無、それがどの程度のレベルなのかは不明である。

　日産自動車では、図表6-5の通りこの10年間で自動車事業の売上高に対して2.1～2.6％の製品保証引当金が計上されている。2003年度からは、製品保証引当金は1年以内の使用額である流動負債と固定負債に分類されているが、ここでは合算した額を期末残高として計算している。因みに、流動負債に計上されている製品保証引当金は、当該年度の売上高に対して0.6～1.1％となっている。

　トヨタ自動車では、2009年度まではリコール等の見積りを除いた数値となっているため、正確には算出できないが、日産自動車で見ると毎期の"製品保証引当金繰入額"は、販売費及び一般管理費の概ね6％～7％を占めており、主要な費用の一つとなっている。

　このように見積られた引当金は、実際にどの程度取り崩されているのか、次に見ていきたい。

【取崩率】
　トヨタ自動車では、前掲の注記中の図表6-2、6-3の中で、"当期支払額"が開示されており、これが製品保証引当金からの取崩額であるといえる。日産自動車では、特に取崩額の表示はないため、(期首製品保証引当金＋製品保証引当金繰入額－期末製品保証引当金)で算出する。

　毎期どの程度取崩されているのかについて、(当期取崩額の絶対値÷期首製品保証引当金)で算出される比率により見ていく。

　図表6-6に示すトヨタ自動車では、大規模リコールが行われ、見積りが変わったとされている2010、2011年度では取崩率は低下しているが、約70％と約45％でかなりの差があり、この2期分のみでは判断できない。しかしその前年度までは、期首残高に対する取崩率は概ね75～80％を安定的に推移している。

　図表6-7に示す日産自動車では、検討対象としている2002年度から2011年度まで、有価証券報告書中の事業の状況において当該科目に大きく影響

図表6-6 トヨタ自動車　製品保証引当金・取崩率の推移

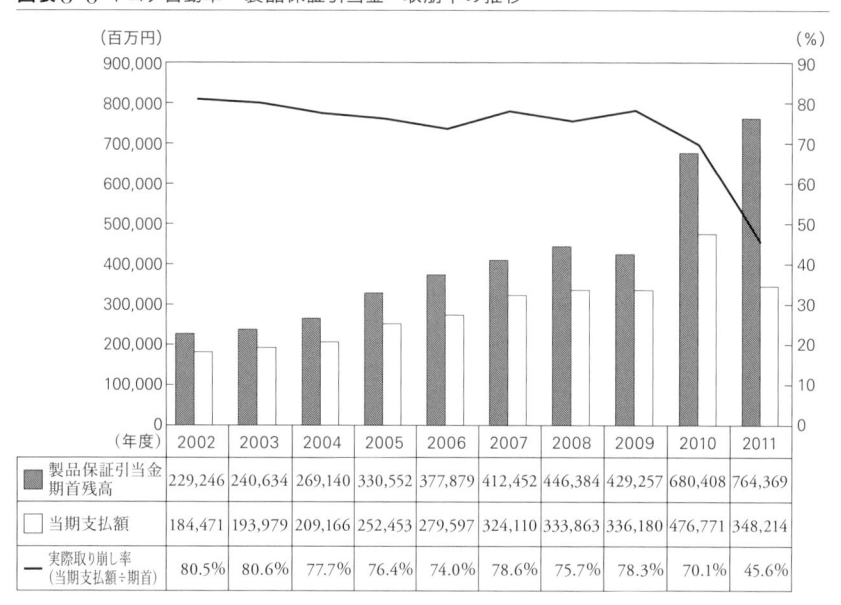

(年度)	2002	2003	2004	2005	2006	2007	2008	2009	2010	2011
製品保証引当金期首残高	229,246	240,634	269,140	330,552	377,879	412,452	446,384	429,257	680,408	764,369
当期支払額	184,471	193,979	209,166	252,453	279,597	324,110	333,863	336,180	476,771	348,214
実際取り崩し率（当期支払額÷期首）	80.5%	80.6%	77.7%	76.4%	74.0%	78.6%	75.7%	78.3%	70.1%	45.6%

図表6-7 日産自動車　製品保証引当金・取崩率の推移

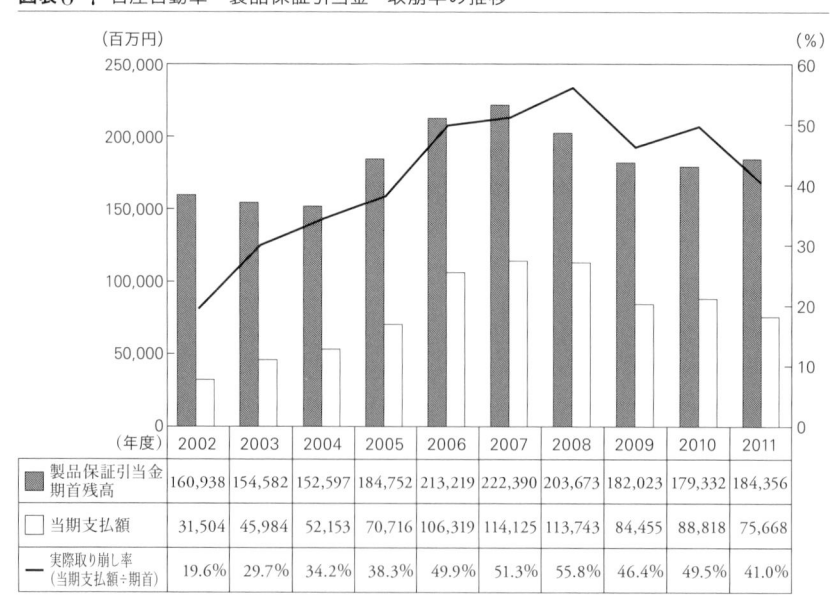

(年度)	2002	2003	2004	2005	2006	2007	2008	2009	2010	2011
製品保証引当金期首残高	160,938	154,582	152,597	184,752	213,219	222,390	203,673	182,023	179,332	184,356
当期支払額	31,504	45,984	52,153	70,716	106,319	114,125	113,743	84,455	88,818	75,668
実際取り崩し率（当期支払額÷期首）	19.6%	29.7%	34.2%	38.3%	49.9%	51.3%	55.8%	46.4%	49.5%	41.0%

する事象は、特に見当たらない。しかし、期首残高に対する取崩率は20〜55％までの推移となっており、相当なぶれがある。

　両社の取崩率を見るかぎり、かなり余裕をもって引当金を設定していることがわかる。トヨタ自動車で、取崩率が概ね安定的に推移しているということは、それだけ引当率を正確に見積っているといえる。その上で、常に20％は残高が残るように運用していると考えられる。また日産自動車では、開示されている数値から算出するかぎりでは、見積りの確度は低いが、その分相当な余裕をもった見積りを行っているといえる。

【実際留保額】

　最後に、毎年の留保額はどの程度になっているのか、その大きさを総資産額との比率、未取崩額・総資産額比率（期首製品保証引当金の期末までの未取崩額÷総資産額）の計算により見ていく。期首製品保証引当金の期末までの未取崩額は、（期首製品保証引当金残高×（1－取崩率））により算出する。

　図表6-8に示すトヨタ自動車の未取崩額・総資産額比率では、リコールの見積りが含まれていない2008年までは低く、約0.2〜0.4％を推移しているが、リコールの見積りも含まれている直近の2期では、0.68％、1.36％となっている。図表6-9に示す日産自動車では、2002年度は1.8％と高くなっていたが、概ね1.0％前後となっている。直近の総資産額は、トヨタ自動車で約30兆円であり、日産自動車では11兆円である。すなわち、取崩率が高い年度においても、留保される金額は相当な額に上ることが明らかなのである。両社の10年間の推移を見ると、取り崩し率が最高であった年度における引当金の期末残高を基底的残高と考えれば、実質的には積立金と同様の役割を果たしている。また、実際に取り崩されている額でも、計上時からその支出の時点までは利益の留保であり、また資金の留保でもある。

　国際会計基準では計算可能性に焦点が当てられる動向となっており、製品保証引当金はその認識要件を満たすものであることに変わりはない。

　ここでの検討から、製品保証引当金は、明らかに内部留保の重要な構成要素であるといえる。

図表6-8 トヨタ自動車　製品保証引当金未取崩額・総資産額比率の推移

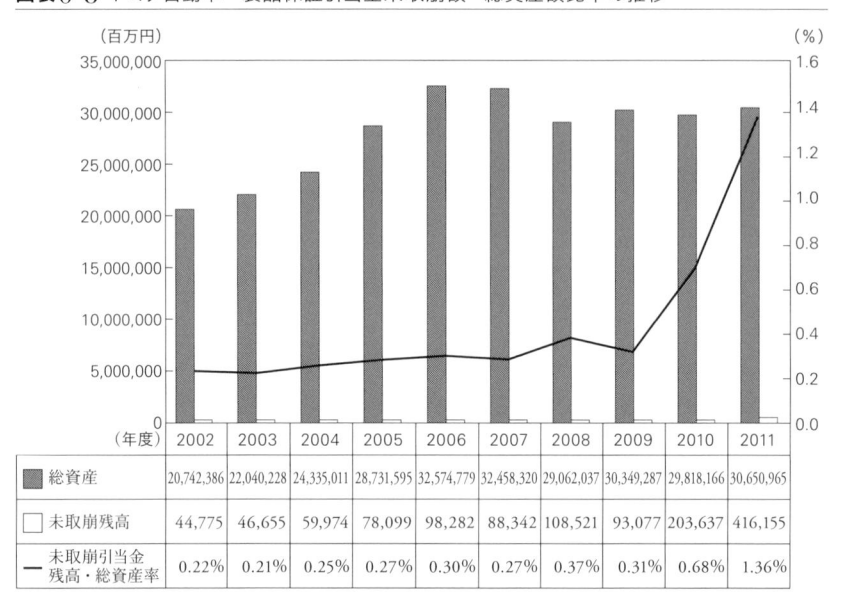

(年度)	2002	2003	2004	2005	2006	2007	2008	2009	2010	2011
総資産	20,742,386	22,040,228	24,335,011	28,731,595	32,574,779	32,458,320	29,062,037	30,349,287	29,818,166	30,650,965
未取崩残高	44,775	46,655	59,974	78,099	98,282	88,342	108,521	93,077	203,637	416,155
未取崩引当金残高・総資産率	0.22%	0.21%	0.25%	0.27%	0.30%	0.27%	0.37%	0.31%	0.68%	1.36%

図表6-9 日産自動車　製品保証引当金未取崩額・総資産額比率の推移

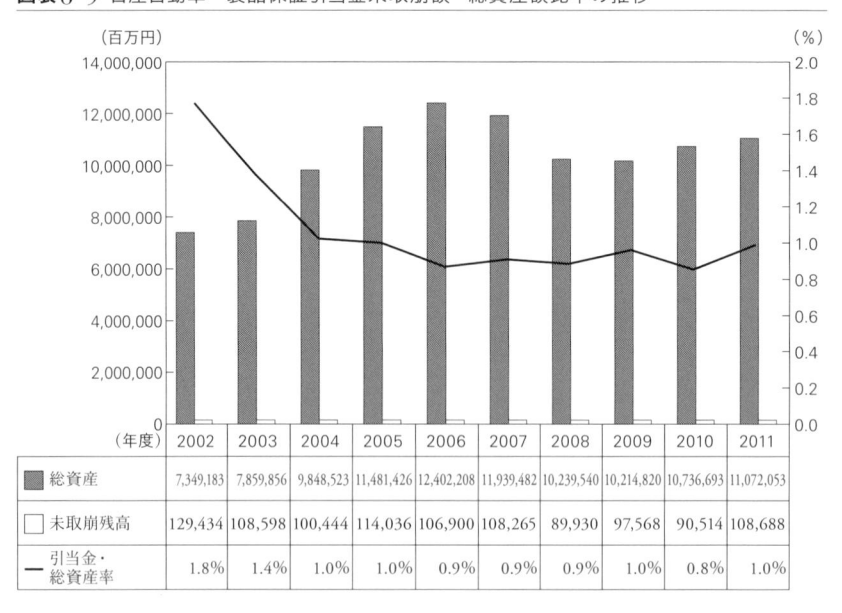

(年度)	2002	2003	2004	2005	2006	2007	2008	2009	2010	2011
総資産	7,349,183	7,859,856	9,848,523	11,481,426	12,402,208	11,939,482	10,239,540	10,214,820	10,736,693	11,072,053
未取崩残高	129,434	108,598	100,444	114,036	106,900	108,265	89,930	97,568	90,514	108,688
引当金・総資産率	1.8%	1.4%	1.0%	1.0%	0.9%	0.9%	0.9%	1.0%	0.8%	1.0%

(2) ▶ IFRS適用企業の事例

　2012年度3月期決算までに、日本企業でIFRSを適用した企業は、日本電波工業、HOYA、住友商事、日本板硝子、日本たばこ産業の5社となっている。ここでは、精密機器産業であるHOYA、ガラス・土石製品産業である日本板硝子を取り上げて、IFRSを適用する前後での引当金の内容の変化について見ていく。電気機器産業である日本電波工業、また食品産業である日本たばこ産業については、負債性引当金について、製造業で検討対象となる製品保証引当金等が計上されておらず、賞与引当金及び売上割戻引当金等の引当期間が限定的なものになっていたことから対象としていない。

　HOYAは、IFRS移行日を2008年4月1日からとし、第73期の平成22 (2010) 年度からIFRSに基づいた開示、前年度の平成21 (2009) 年度はIFRS適用前と適用後の2種類の財務諸表が開示されている。日本板硝子は移行日2010年4月1日、第146期の平成23 (2011) 年度からIFRSに基づいた開示、前年度の平成22 (2010) 年度はIFRS適用前・適用後2種類の財務諸表の開示となっている。

　ここではまず、資産の部の評価性引当金の変化、次いで負債の部の負債性引当金の変化をそれぞれ見ていく。

①評価性引当金

　資産の部の評価性引当金の代表は、貸倒引当金である。有価証券報告書における現在の一般的な開示では、売上債権等の貸倒実績率によって見込みで計上される。それに対してIFRSでは前記の通り、資産負債中心観に基づいて、債権の回収可能性を個別に評価し差額を計上する処理となっている。この規定によれば、貸倒引当金の残高は実際の貸倒発生額により近似すると考えられる。その実態はどうであるのか、2社のデータから検討する。

　HOYAのIFRS適用前の貸借対照表の注記によれば、"一般債権については貸倒実績率法により、貸倒懸念債権及び破産更生債権等については財務内容評価法により計上"、一方の日本板硝子は "一般債権については貸倒実績率により、貸倒懸念債権等特定の債権については個別に回収の可能性を勘案

図表6-10 HOYA株式会社の注記（単位：百万円）

当連結 会計年度 （平成23年 3月31日）	合計	期日 経過前	期日経過額				
			30日以内	31日以上 60日以内	61日以上 90日以内	91日以上 120日以内	120日超
売上債権及びその 他の債権（総額）	88,449	80,294	3,216	1,495	538	566	2,340
貸倒引当額	△1,995	△396	△24	△45	△62	△207	△1,261
売上債権及びその 他の債権（純額）	86,454	79,898	3,191	1,451	477	359	1,078
その他の 金融資産（総額）	42,909	42,575	2	—	1	—	331
貸倒引当額	△493	△165	—	—	△1	—	△327
その他の 金融資産（純額）	42,416	42,411	2	—	—	—	4

（出所）HOYA株式会社「第73期有価証券報告書」。

し、回収不能見込み額を計上"、となっている。ここでいう貸倒実績率による計上とは、過去3年間の「貸倒損失額の年平均額」を過去3年間の「一括評価金銭債権（売掛金等の売上債権・貸付金等）の帳簿価額の年平均額」で除して求められる「貸倒実績率」に「期末一般債権等の帳簿価額の合計額」を乗じて当期の繰入額を算出するものであり、法人税法上での貸倒引当金の繰入限度額となっている。IFRS適用前では、債権のほとんどを占める一般債権について、両社とも貸倒実績率により引当金を見込計上していたことがわかる。

IFRS適用後の両社の有価証券報告書では、まず金融資産における分類を示した上で、HOYAでは財務諸表注記の"金融資産"の"信用リスク管理"の一項目"期日が経過又は減損している金融資産"として、日本板硝子では"売上債権及びその他の債権"項目でそれぞれ図表6-10、6-11の通り開示されている。

日本板硝子の開示では、表が2枚に分かれているが、両社とも貸倒引当金について、売上債権が回収不能と判断される場合に設定される、としている。表にある通り、期日経過を詳細に分類しているが、期日を経過していても回収不能と判断されない場合には設定しないことも記載している。

図表6-11 日本板硝子株式会社の注記(単位：百万円)

	注記	当連結会計年度末 2012年3月31日	前連結会計年度末 2011年3月31日	前連結会計年度期首 2010年4月1日
外部顧客に対する売上債権		93,748	95,013	98,465
貸倒引当金		△4,975	△5,924	△6,115
貸倒引当金控除後外部顧客に対する売上債権		88,773	89,089	92,350
工事未収入金	(26)	1,593	1,682	1,407
関連当事者に対する売上債権	(44)	1,742	1,388	808
関連当事者に対する貸付金	(44)	4,080	2,926	5,284
その他の債権		13,530	16,073	20,155
前払金及び未収収益		6,451	8,345	6,052
		116,169	119,503	126,056
非流動		6,676	11,518	8,791
流動		109,493	107,985	117,265
		116,169	119,503	126,056

	合計	期日未経過かつ減損していないもの	期日は経過しているが、減損していないもの			
			期日経過後3ヶ月未満	期日経過後3〜6ヶ月	期日経過後6〜12ヶ月	期日経過後12ヶ月超
当連結会計年度末（2012年3月31日）	103,729	92,647	6,152	1,147	3,315	468
前連結会計年度末（2011年3月31日）	101,705	92,942	5,733	2,282	151	597
前連結会計年度期首（2010年4月1日）	114,133	106,445	4,988	1,174	391	1,135

(出所) 日本板硝子株式会社「第146期有価証券報告書」。

【売上債権・貸倒引当金比率】

　以下の図表6-12、6-13で貸倒引当金の設定は、IFRS導入によってどのように変化したのかを見ていく。ここでは、期末の貸倒引当金残高が期末の売上債権残高に対してどの程度の割合なのかをIFRS導入前後で以下の通りみていく。

　(1)　IFRS導入前は、連結貸借対照表の"流動資産"に分類される売上債権（受取手形及び売掛金）残高に対する、"流動資産"に分類される"貸倒引当金"残高の割合。"固定負債"中、"投資その他の資産"に分類される"貸倒引当金"もあるが、これが何に対して引き当てられてい

図表6-12 HOYA　売上債権残高・貸倒引当率の推移

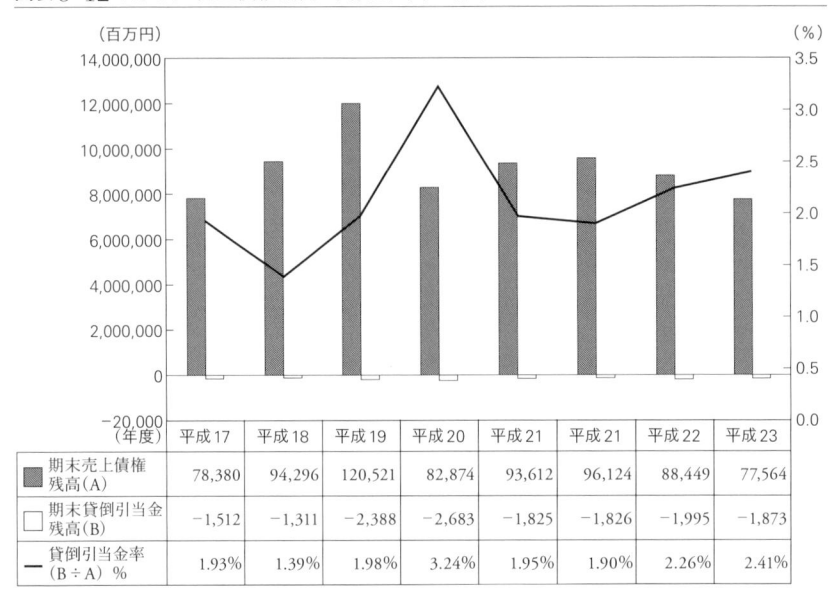

(年度)	平成17	平成18	平成19	平成20	平成21	平成21	平成22	平成23
期末売上債権残高(A)	78,380	94,296	120,521	82,874	93,612	96,124	88,449	77,564
期末貸倒引当金残高(B)	−1,512	−1,311	−2,388	−2,683	−1,825	−1,826	−1,995	−1,873
貸倒引当金率(B÷A)％	1.93%	1.39%	1.98%	3.24%	1.95%	1.90%	2.26%	2.41%

図表6-13 日本板硝子　売上債権残高・貸倒引当率の推移

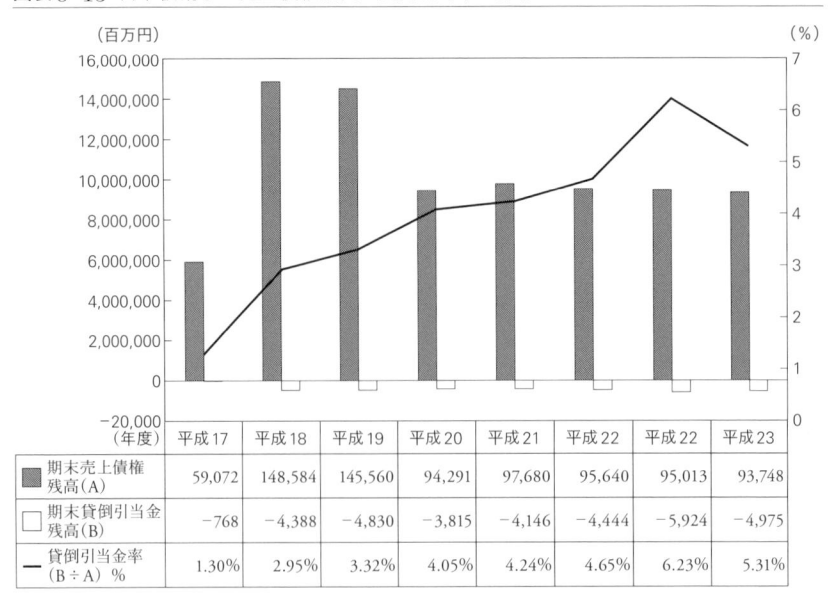

(年度)	平成17	平成18	平成19	平成20	平成21	平成22	平成22	平成23
期末売上債権残高(A)	59,072	148,584	145,560	94,291	97,680	95,640	95,013	93,748
期末貸倒引当金残高(B)	−768	−4,388	−4,830	−3,815	−4,146	−4,444	−5,924	−4,975
貸倒引当金率(B÷A)％	1.30%	2.95%	3.32%	4.05%	4.24%	4.65%	6.23%	5.31%

るのか開示からは不明であるため、除いている。
(2) IFRS導入後は、連結貸借対照表に当たる、連結財政状態計算書の数値を用いている。この中で資産は"非流動資産"と"流動資産"に分類されており、"流動資産"中の"売上債権及びその他の債権"の残高は貸倒引当金を差し引いた純額表示となっている。前出した、注記に掲げられる表では両社とも、売上債権の総額、貸倒引当金を表示しており、これを用いて割合を見ていく。ただし、日本板硝子の場合は外部顧客に対する売上債権から貸倒引当金を差し引き、これにその他の債権を加えた上で流動資産と非流動資産に分類しているため、流動資産に分類される売上債権に対する貸倒引当金は厳密には不明であるため、若干の誤差がある。しかし、非流動資産に分類される債権は全体の約6%であり、それほどの乖離はないと思われる。

IFRS導入の前年度表示は、IFRS導入前と導入後と2種類表示され、数値が相違しているため、図表6-12、6-13のグラフ上で重複して表示している。HOYAでは平成21 (2009) 年度、日本板硝子では平成22 (2010) 年度分が重複表示となっている。

HOYAはリーマンショックの影響を受けたと思われる平成20 (2008) 年度以外の年度では、概ね1.4〜2.5%を推移しており、IFRS導入後に引当率を若干高めている。日本板硝子は年度をおって引当率は上昇してきており、IFRS導入後に特に上昇率を高めている。

【貸倒引当金取崩率】

それでは、IFRS導入による引当金の設定が実態と比してどの程度なのか、次に設定された引当金に対する取崩について見ていく。売上債権、それに対する貸倒引当金は流動資産として分類されている。したがって、期末残高から翌期にどの程度取崩されているのかを期末残高に対する取崩率として見ていく。両社ともIFRS導入後は、当期取崩額について注記で示してある ("期中減少額 (目的使用)" として)。導入前では、取崩額は示されていないので、(期首貸倒引当金＋貸倒引当金繰入額−期末貸倒引当金) で算出する。

図表6-14の通りHOYAでは、年度ごとにばらつきがあり、ここからは一

図表6-14 HOYA　前期末貸倒引当金残高取崩額比率の推移

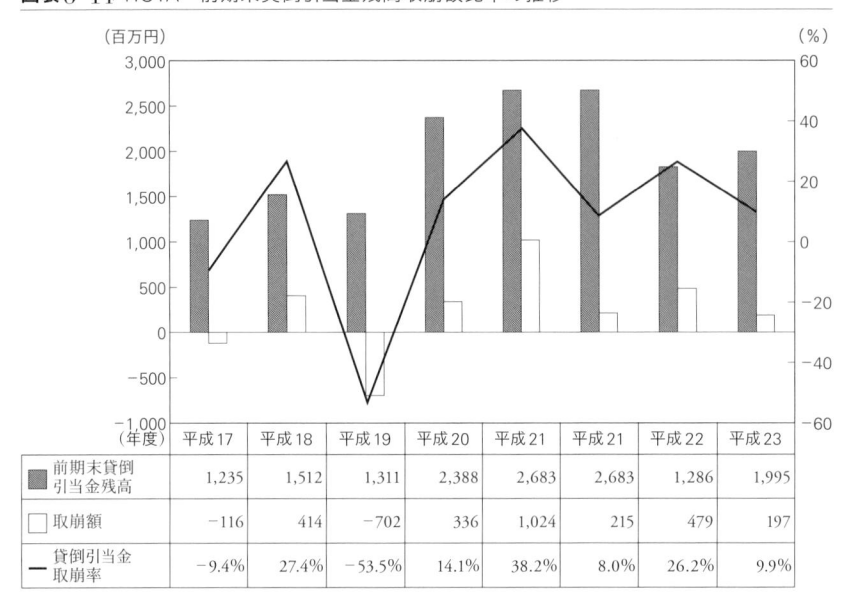

(年度)	平成17	平成18	平成19	平成20	平成21	平成21	平成22	平成23
前期末貸倒引当金残高	1,235	1,512	1,311	2,388	2,683	2,683	1,286	1,995
取崩額	−116	414	−702	336	1,024	215	479	197
貸倒引当金取崩率	−9.4%	27.4%	−53.5%	14.1%	38.2%	8.0%	26.2%	9.9%

図表6-15 日本板硝子　前期末貸倒引当金残高取崩額比率の推移

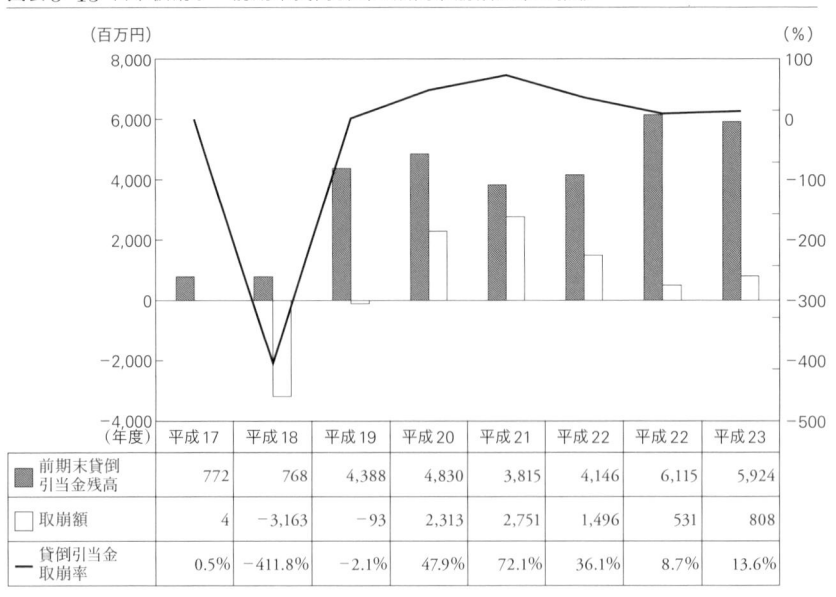

(年度)	平成17	平成18	平成19	平成20	平成21	平成22	平成22	平成23
前期末貸倒引当金残高	772	768	4,388	4,830	3,815	4,146	6,115	5,924
取崩額	4	−3,163	−93	2,313	2,751	1,496	531	808
貸倒引当金取崩率	0.5%	−411.8%	−2.1%	47.9%	72.1%	36.1%	8.7%	13.6%

定の傾向は読み取れない。図表6-15に示す日本板硝子でも同様に年度ごとにばらつきがあるが、IFRS導入後の方が前期末残高に対する取崩率は低くなっていることがわかる。

　ここまで評価性引当金である貸倒引当金の変化を見てきたが、IFRS導入から2～3年程度のデータのみで、また対象企業が2社であり、ここからは一般的な結論は引き出せない。しかし、少なくとも債権を個別に評価するという規定から推測される、過大な計上は回避され実際の貸倒発生額により近似する、ということが一概にはいえないことは明らかである。注記で見られる通り、IFRS導入により特に注記項目の内容は充実してきている。しかし、両社の注記からわかるように、実際にどのように個別債権を評価しているのかは不明なのである。IFRS導入前に両社が適用していた貸倒実績率による計上では、景気拡大局面で貸倒引当金残高は過大になる傾向があり、逆に景気後退局面で貸倒引当金残高は過小になる傾向がある。しかし、その変動の大きさ、テンポが緩やかであれば、乖離の幅も小さい。それは開示されているデータからある程度読み取ることは可能である。それに対して、IFRSを適用している場合には、実際の貸倒発生額と乖離が見られる場合に、個別債権の評価方法が開示されないかぎりその原因の推測は不可能なのである。

②**負債性引当金**
　負債性引当金について二社は以下の項目を計上している。前述した通り、IFRS導入の前年度表示は、IFRS導入前と導入後の2種類の表示となっているため、HOYAでは平成21年度、日本板硝子では平成22年度分が重複表示となっている。また、IFRS導入後の財務諸表では、負債に分類される退職給付引当金以外の引当金については"流動負債""非流動負債"両方に表示されている。HOYAは"その他の引当金"、日本板硝子は"引当金"と表記され、注記事項中にその内訳項目、総額、流動・非流動それぞれの額が示されている。HOYAの"その他の引当金"の内訳は、"製品保証引当金"、"資産除去債務引当金"となっており、"製品保証引当金"は「流出が予測される時期は、各連結会計年度末日より一年以内」、"資産除去債務引当金"は「流出が予測

図表 6-16 HOYA 株式会社の設定

	（年度）	平成17	平成18	平成19	平成20	平成21	平成21	平成22	平成23
流動負債	賞与引当金	○	○	○	○	○			
	役員賞与引当金		○	○	○				
	製品保証等引当金			○	○	○	○	○	○
固定負債	特別修繕引当金	○		○	○	○			
	退職給与引当金			○	○		○	○	○
	資産除去債務引当金							○	○

図表 6-17 日本板硝子株式会社の設定

	（年度）	平成17	平成18	平成19	平成20	平成21	平成22	平成22	平成23
流動負債	賞与引当金	○	○	○	○	○	○		
	役員賞与引当金	○	○	○	○	○	○		
	早期退職者優遇措置関連引当金			○	○				
	EU独禁法関連引当金		○	○					
	事業構造改善引当金				○	○			
	ドイツ少数株主対応引当金				○	○			
	オランダ独禁法関連引当金			○	○				
	災害損失引当金					○			
	製品保証等引当金			○	○				
	製品保証及び訴訟／その他／リストラクチャリング							○	○
固定負債	退職給付引当金	○	○	○	○	○			○
	役員退職慰労引当金	○	○	○					
	修繕引当金	○	○	○	○	○			
	環境対策引当金		○	○	○				

される時期は、主に各連結会計年度末日より一年を経過した後の時期」とされているため、以下の表ではそれぞれ流動負債、固定負債に分類してある。日本板硝子の"引当金"の内訳は、"製品保証及び訴訟"、"リストラクチャリング"、"その他"となっており、3項目全て流動負債と非流動負債の金額が示されているため、以下の表では流動負債、固定負債にわたった表示にしてある。

図表6-16、6-17で見られる通り、IFRS導入により引当金の認識が変わったことが両社の設定に明確に反映している。認識の要件はまず現在の債務であることとされ、貸借対照表日では必ずしも債務であるとはいえない、賞与引当金、修繕引当金等が全て除外されている。日本板硝子の"リストラクチャリング"引当金は、IFRS導入前まで設定されていた"事業構造改善引当金"と重なる部分はあるが、「リストラクチャリング計画の影響を受ける従業員の人数とその雇用終了にかかる費用に関する固有のデータに基づき金額の見積が行われ」と注記に示され、債務要件が満たされている部分の金額のみ認識されている。同じく導入前にも設定され、"その他"引当金に含まれている"オランダ独禁法関連"、"環境対策"、"ドイツ少数株主対策"等も債務要件が満たされている部分について計上されている。

　両社でIFRS導入前、導入後に同様に「過年度の実績を基礎」として認識、算定されているのが"製品保証引当金"である。販売の事実に伴った品質保証は、債務要件として認識されていることになる。しかし、その算定根拠は明確に示されていない。IFRS導入前と導入後に何らかの相違が見られるのか、売上高に対する設定、その取崩を以下で見ていきたい。

【売上高・製品保証引当率】
　製品保証引当金に関して特定の製品の保証についての設定であるのか、両社とも明記していないため、ここでは売上高の総額を取り上げ、期末の製品保証引当金がどの程度の割合で見積られているのかを（期末製品保証引当金÷売上高）により見ていく。
　図表6-19で示す日本板硝子では、IFRS導入前期の重複表示でも明らかな通り、算定の変化は認められない。売上高に対して0.6～1.2%前後であり、概ね平準化された設定で推移している。図表6-18で示すHOYAは、IFRS導入前後数年で見るかぎり、算定が変化していると思われる。IFRS導入前には売上高の5%前後であったが、導入後は0.2%前後に低減している。

【取崩率】
　IFRS導入前の製品保証引当金の取崩額（目的使用）は明記されておらず、ま

図表6-18 HOYA　売上高・製品保証引当率の推移

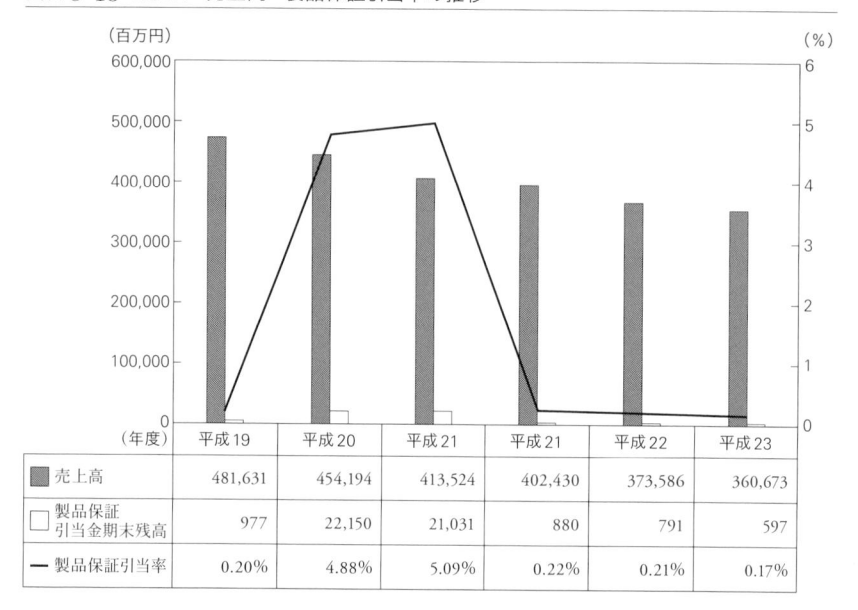

(年度)	平成19	平成20	平成21	平成21	平成22	平成23
売上高	481,631	454,194	413,524	402,430	373,586	360,673
製品保証引当金期末残高	977	22,150	21,031	880	791	597
製品保証引当率	0.20%	4.88%	5.09%	0.22%	0.21%	0.17%

図表6-19 日本板硝子　売上高・製品保証引当率の推移

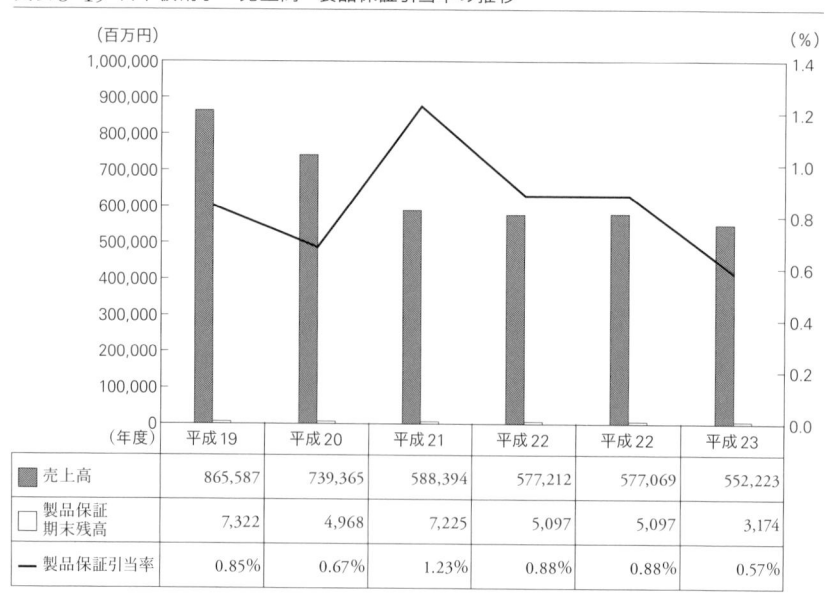

(年度)	平成19	平成20	平成21	平成22	平成22	平成23
売上高	865,587	739,365	588,394	577,212	577,069	552,223
製品保証期末残高	7,322	4,968	7,225	5,097	5,097	3,174
製品保証引当率	0.85%	0.67%	1.23%	0.88%	0.88%	0.57%

第2部　各論　内部留保項目の分析

図表6-20 HOYA(単位：百万円)

	平成22年度	平成23年度
前期末製品保証引当金残高	880	791
取崩額	880	666
未使用分の戻入	—	—
引当金取崩率	100.0%	84.2%

図表6-21 日本板硝子(単位：百万円)

	平成22年度	平成23年度
前期末製品保証引当金残高	7,225	5,097
取崩額	1,046	1,459
未使用分の戻入	1,280	383
引当金取崩率	14.5%	28.6%

た毎期の期末残高の設定について、当該期の繰入額等の取崩額を推定できるデータも開示されていない。そのためここでは、IFRS導入後の両社の取崩額（目的使用）の前期末残高に対する割合を見ていく。

　図表6-20、6-21の通り、2年分のデータのみであり、また2社の取崩率はかなりのばらつきがあるため、評価は限られる。ここからは、取り扱う製品の内容、過去の実績水準をどのように設定するのかで、算定された債務の履行の確率は著しく異なるといえる。

　ここまで、IFRS導入後の負債性引当金の変化について見てきたが、現在の債務であることが第一要件となるため、これまでの設定と比較するとかなり絞られる。しかし、債務性により認識、計上された製品保証引当金に見られる通り、算定額の正確性には疑問が残る。ここでも評価性引当金と同様に、実際の算定方法が不明なため、目的使用額と乖離がある場合に原因の推測が不可能であり、すなわち期末に設定された引当金が的確であるのか判断ができないのである。

　ここでの検討からは、引当金について債務性の有無を問題にしているIFRSを導入しても、引当金は利益留保性を有しており、したがって内部留

保の構成要素であることに変わりはないといえる。

7 引当金の利益留保性

　IFRSの基礎概念である資産負債中心観において引当金は、評価性引当金である貸倒引当金の評価を含む金融資産の基準と、負債性引当金に当たる非金融負債の基準において規定されている。負債性引当金では、条件付債務でも履行準備として無条件の義務を負うと定義され、認識されているが、その"条件"が満たされる確率が100％以下であれば、(1) 金額の蓋然性、(2) 現実的な支出の時点までの期間の蓋然性、という二つの不確実性を伴う。留保利益の観点からは、"引当金""非金融負債"どちらの用語を用いるのかに関わりなく、実務上で認識され始めた時点から現在まで、偶発事象に対してある金額を取り置く (set aside) という性格は変わっていない。その論点は、金額の多寡、現実の決済までの期間の長短という二つの不確実性の程度である。

　そのため、収益費用中心観 (まず費用を決定し、その対応項目として負債計上する費用－負債) でも、資産負債中心観 (最初に負債を決定し、その対応項目として費用計上する負債－費用) でも、その計上額は利益の留保と資金の留保の面を有し、留保利益を構成する要素であることに変わりはない。周知の通りIFRSにおける資産負債中心観への移行は、期間損益計算重視の中での費用収益対応の原則による費用計上の恣意性の問題回避の面があり、IFRSの引当金計上要件で、その債務性を厳密に問うことにより解消されるかのような認識がある。しかし、その債務の履行は将来事象であり、時期、金額を過不足なく設定することは困難である。今回取り上げた事例によれば、引当金残高を超える取崩しは認められなかった。つまり、企業側では、常に十分に将来の資源流出の可能性を計上しているのであり、利益 (留保) のバッファーとなっているのである。引当金について木村 [1972] は、貸借対照表の貸方項目として、準備金、剰余金と同列に借方項目に対するクッション項目とみなし、「毎期の決算報告において貸借対照表上の諸項目の評価を正確に行わなくても、

クッション項目の合計額の範囲内において安全圏を示す点と、毎期借方諸項目の評価を正確なものに評価修正せずとも、この安全圏の範囲内においては評価にゆとりを与え、同時に、会社の経営責任者層（取締役）の側において責任の回避とVerschleierung[2]を可能とする点にある」（386頁）と、その会計機能を喝破している。これは資産負債中心観においても、引当金が利益留保性を有するということの一つの観点である。

現基準で設定される非金融負債（引当金）の項目群、また測定規定は標準的に設定されるとは言い難い。当該企業の事業モデル、現下のプロジェクトベース、また企業の置かれた経営環境等により多岐にわたる項目の設定がありえる。またその計上額も、仮定条件の設定によってその多寡が左右される。それは前述したケーススタディでも明らかである。そのことを考慮した場合、全ての引当金は無条件に留保利益の構成要素として算入されるべきである。

グローバル経済の飛躍的な展開の結果、一国の経済問題が直ちに世界を巻き込む構造となっている現下の不安定な経済状況においては、利益の内部留保は、期間の長期性、金額の多額性に関わりなく、顕在化し得るリスクに対するバッファーなのである。

【注】

1　退職給与引当金については、別項で検討されているので、ここでは取り上げない。
2　隠蔽工作。

【主要参考文献】

Arnold, T. and P. Collier［2007］, *The Evolution of Reserve and Provision Accounting in the UK, 1938-50*, (Edinburgh: Institute of Chartered Accountants of Scotland).
IASB［1998］, IAS 37, *Provisions Contingent Liabilities and Contingent Asset.*
────［2003］, IAS 32, *Financial Instruments: Disclosure and Presentation.*
────［2009］, IAS 39, *Financial Instruments: Recognition and Measurement.*
────［2005］, *Exposure Draft, Amendments to IAS 37 Provisions, Contingent Liabilities and Contingent Assets and IAS 19 Employee Benefits.*

———[2010], *Draft, IFRS [X] Liabilities*.

Noguchi, M. and J. R. Edwards [2004], Corporatism and unavoidable imperatives: Recommendations on Accounting Principles and the ICAEW Memorandum to the Cohen Committee, *Accounting Historians Journal*, Vol.31, No.2.

遠藤孝［1998］『引当金会計制度の展開』森山書店。

川村義則［2007］「非金融負債をめぐる会計問題」『金融研究』第26巻第3号。

企業会計基準委員会［2010］「IASB公開草案『IAS第37号における負債の測定』に対するコメント」5月19日。

木村和三郎［1972］『科学としての会計学（上）』有斐閣。

黒澤清［1975］「貸借対照表能力問題としての引当金（1）（2）（3）」『會計』第107巻第6号、第108巻第1号、第108巻第3号。

徳賀芳弘［2003］「引当金の認識と評価に関する一考察」『IMESディスカッションペーパーシリーズ』No.2003-J-17、日本銀行金融研究所。

平松一夫監修［2009］『IFRSと引当金会計』清文社。

藤原雄三［1968］「引当金（1）（2）」『北大法学論集』第19巻（1）、第19号（2）。

松本敏史［1987］「引当金と負債概念」『會計』第132巻第2号。

———［2010］「IAS37号を巡る動きと計算構造の変化」『企業会計』第62巻第9号。

望月香苗［2002］「引当金規定の変遷――アメリカ会計原則のreserve上の引当金について」『国際研究論叢』第16巻（1）。

山下壽文編著［2007］『偶発事象会計の展開――引当金会計から非金融負債会計へ』創成社。

山下壽文［2011］「最近のIASBにおける引当金会計基準化の動向」『會計』第180巻第1号。

第 **7** 章

減価償却

1 減価償却の本質

(1) ▶ 減価償却が内包する問題

　減価償却とは、適正な期間損益計算を目的として、固定資産の取得原価から残存価額を控除した金額を耐用年数で配分する処理である。しかし、今日の企業において、「減価償却は極めて弾力的、政策的であり、それを固定資産の原価に基づく費用配分計算として認識することはできないほど」（大橋［1985］1頁）であり、また、「企業の財務政策に規定された恣意的な減価償却実務が支配的となっているのが現実である」（角瀬［1986］164頁）。

　減価償却の手続きを用いた恣意的な期間損益計算の操作については、一般的に、減価償却における定額法、定率法の恣意的な選択による問題としてしばしば取り上げられる。定額法・定率法における費用額の著しい差異については、「定額法と定率法とでは90対206（耐用年数10年の場合の初年度）となり、定率法による費用計上は、定額法による費用計上の200％を超える。このような費用の著しい相違を生じる計算は、減価償却以外については見ることはできない」（沼田［1982］30頁）とされ、この問題点は繰り返し指摘されている。アメリカにおいても、「1960年代末に顕著だったと言われている　減価償却方法の変更によって報告利益を増大させるような利益操作」（浦野「1988」48頁）

が一般に存在していた。しかし、この場合、利益操作といっても、取得原価という枠組みが制約的に作用している。取得原価以上の費用を過大に計上するわけではなく、タイミングとしての過大計上と操作性の問題である。取得原価からスタートする減価償却という処理は、言い換えるなら取得原価という過去の客観的事実に基づくストッパーを持つ。

　内部留保分析との関係において、減価償却、とりわけ過大償却による費用の過大計上が長く問題とされてきた[1]。費用が不当に拡大された分だけ利益は不当に圧縮され、それによって利益が留保される。本来利益となっていたはずの金額が、利益として表面化する前に費用にすり替えられ不可視化されるのである。このことから過大償却は利益留保をもたらすとする見方が生まれるのである。

　こうした利益の過小計上は、取得原価という一定の枠、制約から見れば、償却される総額が結果的に等しいことから、それは単なる費用計上のタイミング操作による問題に過ぎないとも考えられる。収益が一定としたら、費用のタイミング操作が行われたとしても、結果として利益総額は同じである。取得原価下の従来の枠組みでは、資産（費用）が取得原価の枠を超えて拡大（または縮小）することはない。あくまで問題となるのは、償却後に費用が不可視化されたまま、なおもその固定資産を利用することで収益が獲得されることである。資産を構成する取得原価はすべて（過大償却にせよ）費用化したのであるから、それを上回る収益は利益であるという考えが従来の枠組みを支えている。

　しかし、問題と考えられるのは、資産を収益性の観点から見た費用の妥当性である。従来の様に取得原価を上限とし、将来の費用という視点でのみ資産を見るのではなく、将来の収益性が資産価額に影響すると見る場合、この収益性の向上や低下の影響分が資産価値に影響し、結果として償却総額の伸縮を可能にするその伸縮分が費用に減算または加算される。資産の価値増加により、費用が取得原価の制約を超えて多額に計上されること（またはその逆）も許容されることになる。従来は、費用化がすでに終了しながらも利用され続ける不可視化された費用、または認識タイミングが問題となった。しかし現代の問題は、時価評価のもと取得原価の制約を超えて、無制限に拡大

縮小する費用の妥当性である。費用が不可視化されるという問題ではなく、不当な額の費用が正当性を持って計上される可能性が生じるという問題である。固定資産に時価評価を持ち込むことにより、費用額の操作性が高まり、かつ時価評価問題の中に埋没する。この視点にかかわるのは、現代的な会計の志向する資産、すなわち、将来の収益獲得能力、将来の収益性の塊としての資産という志向かもしれない。

　また、減価償却の耐用年数どおりに機械が使用不能になり、補充の固定資産が購入されるということはまずない。つまり償却が終了したとしても、いまだ当該設備は稼働し続け、収益を生むとする。その際、取得原価の費用化が終わった時点で費用化は終わりとするのか、取得原価を上回る「価値」を追加的に費用化すると考えるのか。現代の会計においては様々なアプローチが可能であろう。

　従来からの思考においては、当該固定資産の補充のタイミングまでに、段階的に回収された資金は、蓄積されると考えられる。また、この段階的な回収をさらに恣意性を持って（加速度償却などの様に）政策的にコントロールすることもできる。「商品の実現と歩調を同じくして貨幣に転形された固定資産の価値部分は、貨幣から現物形態への再転形の時期まで、さしあたっては貨幣準備金の形態で蓄積される」（高山［1983］77頁）のである。加速度償却を行えば、さらに多額の回収金額を、再転形までの期間が長期化するため、さらに長期にわたり蓄積することができる[2]。すでに回収した資金を再投資するまでの期間が長ければ長いほど、長期にわたり資金は蓄積されていき、資金は留保されていく。

　明治時代、わが国における減価償却は、第一に船舶事業拡大という国家政策から、第二に、損金算入の是非という税務的視点から導入されている[3]。そもそも、企業の節税という観点から制度化されたという背景を持っている。すなわち、企業の意向を国家が制度ならびに税制面から支えるものであり、言い換えるなら、大企業ならびに特定産業の優遇、経営者の意思決定要素が深く影響する性質を本質的に有している。一定の制約が課されはするが、減価償却は、実態ではなく、経営サイドの意向（政策）が強く反映するツールとしての性質を本質的に有しているのである。

(2) ▶ 減価要因の正当性

　耐用年数の延長による過小な償却は資産の過大評価をもたらし、耐用年数の短期化による過大償却は、資産の過小評価をもたらす。いずれも、実態とは乖離するが、とりわけ大企業における過大償却は問題となる。「帳簿上償却済みであるにもかかわらず、固定資産が現に稼働している状況は、特に独占的な大企業では一般的である。こうした状況の下では、長期間にわたって帳簿に表れない簿外資産（含み資産）が形成される」（大橋［1985］6頁）のである。過大償却の正当性は何を論拠とするのか。これについては、陳腐化が減価原因として認められるに至ったことにより、物理的には使用できる資産を企業の観点から、早期にそして過大に償却することに正当性が与えられたと考えられる。

　減価償却に当たっては、会計上の処理であると同時に、その本質には、経済学的な基礎を見出すことができる。すなわち、「減価償却という会計手続きの基礎に、経済現象としての固定資本価値の減価の存在を否定することはできない」（角瀬［1986］162頁）のである。しかし、「同時に会計上の減価償却と経済上の価値移転とが、概念的にも実質的にも同一のものでないことにも注意が払われる必要がある」（角瀬［1986］164頁）。そして、「現実の企業会計制度上の減価償却は、いうまでもなく、前述した減価償却の客観的経済的基礎をそのまま反映したものではない」（高山［1983］6頁）。最も基本的な減価は、生産的使用によるものであり、経済過程としての価値移転的減価である。そして、会計現象としての減価償却の問題は、陳腐化など、使用による磨耗以外の減価原因の正当性が強調され、それに伴い、耐用年数の不当な短縮化等の手段による過大償却が正当化されることにある。

　このような、陳腐化を減価原因と認めるか否かという問題は、古くから大きな論点となっている。ドイツ税法においても、1930年代に入り、陳腐化を減価原因と認める傾向に至ったのであり、それまでは、使用による磨滅（減価）以外は、減価償却の原因として認めない傾向にあった。すなわち、当該資産が本当の意味で、物理的に用をなさなくなることを意味する物理的耐用年数から、陳腐化を正当な理由として掲げた経済的耐用年数という思考

への転換が、過大償却の土壌となった可能性が高い。1928年Schmalenbach-Kommission（シュマーレンバッハ委員会）Schmalenbach-Gutachten（鑑定書）が、企業の減価償却が過小であると強く主張し、その根拠として、使用による摩耗以外の減価の原因の正当性を主張したのである[4]。

陳腐化と生産性の関係性は深い。陳腐化は収益獲得能力を低下させる。陳腐化を容認することは過大計上の正当化を導いた。費用と収益との関係でこの陳腐化の正当性を考えると、陳腐化による費用の過大計上は、その時の技術を前提とした生産性低下による利益計算の調整とも考えられる。過大な費用が収益低下部分を相殺する（補完する）という思考である。現代の技術（市場）を前提とした、収益性の低下を測定するという思考は現代的思考でもある。陳腐化が問題となるのが、これが真の収益性・生産性という視点による調整ではなく、制度や政策を伴った、企業の操作の場合である。

横倉久夫は、この減価原因の問題について、以下の整理を行っている。まず、経済的減価について、物質的摩損と道徳的摩損について指摘した上で、伝統的会計上の減価原因として、使用減価・年令減価・陳腐化の三つの減価を指摘する。「使用減価と年令減価がマルクスのいう『物質的減価』に、陳腐化が『無形の摩損』＝道徳的摩損に、それぞれ照応するもの」（横倉［1977］170頁）としている。また企業の視点から、各種の償却方法が容認され、企業が（主観的に）合理的と認めた方法が制度として認められる点に減価償却の問題があるとする。

2 減価償却の史的展開

（1） ▶ わが国における減価償却の史的展開（戦前）

適正な期間損益計算の名の下に正当化される減価償却であるが、たとえば、かつて、商法上の「相当ノ償却」の意図的な拡大解釈から、恣意性の高い特別償却をも含ませる事態が生じた。すなわち「商法上の相当ノ償却の法解釈が『その企業からみて合理的な方法であればよい』とされたばかりでな

く、経団連はさらに国による政策的特別償却をも『相当ノ償却』の中に含まれるものとしたのである」(角瀬 [1986] 157頁)。では、そもそも減価償却という処理は、わが国においては、第一に、会計政策上の動機(恣意性の隠れ蓑)として、第二に、税務上の動機、言い換えるなら損金算入による効果、いずれに端を発するのであろうか。1890(明治23)年、わが国初の商法典が公布されたのは周知のことであるが、その後、1899(明治32)年新たに商法典が制定された。この1899年商法(明治32年)(のちに、1911年：明治44年に商法改正)もドイツ商法典(1861年商法典)をモデルとしたものである。そして、この当時、資産については財産目録における時価以下主義による評価が行われる。すなわち、有形固定資産ならびに無形固定資産の評価に際して、「取得原価－減価償却費＝帳簿価額」の枠組みが明確になってくるのは、昭和に入った1936(昭和11)年商工省による「財産評価準則」においてである。企業に対する、この「財産評価準則」の拘束性は弱い。その2年後、1938(昭和13)年再び商法改正が施行され、固定資産に関する時価以下主義から、取得原価による資産評価が強制されることになる[5]。すなわち、取得原価による固定資産評価と減価償却という枠組みが、昭和10年代前半に定着していることがわかる。

　次に、税務上は、どうであろうか。企業が減価償却費の損金算入承認を主張し、すでに明治期において、訴訟という形で表面化しているのである。1899(明治32)年法人税の徴収が開始された翌年の1900(明治33)年の日本紡績株式会社訴訟である。「これが減価償却の認識について我が国最初のものとみられる。すなわち、会社が機械・建物の消去金を所得の計算上損金として認めることを要求した訴訟で、これについての判決は『機械建物消去金は、現実に事業年度内において消費したものにあらずして、原告会社が将来の用途を予想し、これがために会社の利益金の中より積立てたる金額に他ならず』といい、よって損失とは認めないというものであった」(沼田 [1982] 217頁)。この時点においては、減価償却ではなく「消去金」という表現が用いられ、また「現実の費消」がない、「利益金の中の積立」の方便にすぎないという、判断が下されていることがわかる。単なる「費消」ではなく、「現実の費消」とは、費用化を意味するのか、支出を伴う費用を意味するのか、

不明である。「将来の用途の予想」であり、承認できないという主張であるから、その減価償却の本質である仮定性を否定している。

　減価償却と国策が結びつく重要なきっかけは、海運業における船舶に関する減価償却の導入である。国家の政策的保護の下、1885（明治18）年に特殊会社として設立された日本郵船などの海運業においては、1877（明治10）年という早い時期から、減価償却が導入されていた。企業の訴訟として減価償却問題が表面化したのは、1903（明治36）年東洋汽船株式会社訴訟における船舶償却の判決である。商法における資産評価の若干の経緯については、すでに述べたが、この当時は、毎期の財産目録調整が存在する。そして、この訴訟時点1903（明治36）年においては、商法典は時価以下主義ではなく、時価主義を採用している。そののち、1911（明治44）年から時価以下主義が採用される[6]。営業用固定資産に対する取得原価主義が適用されるのは、商工省臨時産業合理局財務管理委員会「財産評価準則」では1936（昭和11）年、商法では1938（昭和13）年改正である。この、償却をめぐる東洋汽船株式会社訴訟における判決は「『しかるに船舶はその時価を知る事難きものなれば、原告が船舶の価格を船齢に割り当て損失を算定するのは不当なりというべからず』とし（沼田［1982］218頁）」、財産目録における財産評価の適正性という側面から判決が述べられている。すなわち、適正な損益計算に基づく費用の側面でも、「消去の側面」でもなく、あくまで財産目録における財産の時価評価（調整）という視点が採用されているのである。この、財産の時価評価調整という視点は、のちに触れる現代のIAS16の再評価モデルにも通じるものがあるとはいえまいか。

　この経緯を概観すると、わが国における減価償却の萌芽期においては、企業から規制当局への税務上の動機による強い訴えかけが、その発端となっていることがうかがえる。また、当初は明治期においても、内部留保論議につながる減価償却を通じた恣意的な積立、という性質が、判決においても論点として指摘されている点が、重要である。これにより、財産の時価評価（評価減）という側面からしか、償却が容認されなかった事実が浮かび上がる。すなわち、控除ではなく、財産評価を意味しているのである。また、1937（昭和12）年ごろから終戦の1945（昭和20）年にかけては、年々、軍部主導の

政策が色濃くなる。よって、1899 (明治32) 年の法人税徴収開始から1938 (昭和13) 年商法改正ならびに支那事変特別税法 (昭和13年法律第51号) 実施までの期間における減価償却の変遷が、わが国における減価償却の萌芽期としての重要な期間と見ることができる。

(2) ▶ ドイツにおける減価償却の史的展開

　1861年ドイツ商法典が、わが国の当時の商法典のモデルの一つであることは周知のことだが、この当時のドイツには、1851年5月1日プロイセン階級税・所得税法 (以下、1851年プロイセン税法とする) が存在している。この1851年プロイセン税法の施行に関する通達が「階級税・階級別所得税の課税利益決定に関する1877年1月3日通達」である。1851年プロイセン税法は、商事貸借対照表への基準性を重視し、税法独自の税務貸借対照表規定を持たない。減価償却という固定資産を更新するための商人の慣習を、税法上の課税計算において、どのように扱うかが問題となった。1851年プロイセン税法はあくまで「『企業の保障と健全な発展』のために尊守すべき原則のみが定められるにとどまった」(松本 [1980] 8頁) ため、この税法においては、この「企業の保障と健全な発展」という視点から、減価償却が位置づけられている。1851年プロイセン税法第30条第2項において、「この場合 (1851年プロイセン税法における被控除数字－控除数字＝課税所得という計算式において：引用者) 支出として控除することを認められるのは、建物および備品の年間の減耗についての慣行の控除のほかは、商業経営あるいは事業経営等の継続のためのこれまでの金額で行われる支出だけである」(松本 [1980] 3頁) と規定されている。「慣行の控除 (übliche Absetzung)」とは、当時すでに商人の慣行として存在していた減価償却のことを意味する。さらに、この商人の慣行は、さらにさかのぼれば、1794年プロイセン普通国法第566条「商人的方法に従って記帳されなければならない」との規定にたどり着く。松本剛は「この第566条の商人的方法という用語は簿記についての一般的方法を指すのみならず、Franzmeierは、この商人的方法という用語によって、減価償却記帳という方法も意味されていると理解している。すなわち、1851年プロイセン

税法は、この1794年普通国法が商人的方法という用語によって包括的に承認した減価償却を慣行という論理によって承認した」(松本［1980］5頁)と指摘している。

　わが国の商法典のモデルの一つとなった当時のドイツ商法典ならびに当時の税法は、「控除能力」の承認[7]というわが国とは異なる視点から、減価償却を承認している。「1851年税法は、この問題について減価償却費の控除能力を承認するということで決定を下した」(松本［1980］4頁) なぜ、控除するのかといえば、企業の存続のための固定資産更新ならびに取換のためである。控除能力はAbzugsfahigkeit、税法上の減価償却がAbsetzung (控除すること)を意味している。まさに、課税が始まった途端、控除か課税か、企業にとっては、控除が関心の的となる。この用語は、控除という考えの始まりと、減価償却が密接な関係にあることをうかがわせる。わが国においては、当初、企業の損金算入、言い換えれば控除能力を論拠とし、当局は財産時価評価から承認した。一方、ドイツにおいては、商人の慣行である減価償却を「専門家の判断」に基づいた「所得の控除能力の承認」とし承認したのである。

(3) ▶ 減価償却の本質と資産の拡大(動態論の形成)

　減価償却の本質は、資金回収か価値移転かという論点がある。前者は、減価償却という処理を通じて、固定資産として比較的長期にわたり企業に拘束される資金が、(表面化されない形で、内在的に)回収、リリースされると同時に留保されるという思考である。このように「減価償却が投下資本の価値回収として把握されると、その実務上の実践の際に概念の内容と計算方法の多くの可能性から広範な融通性と自由操作の余地を開くことになる。(中略)さらに転化して、一時に多額に支出された費用の繰延計算も減価償却の中に包摂するにいたる」(高山［1983］7頁)。

　この思考は、無節操な資産の拡大をも引き起こし、また同時に費用の計上操作をも引き起こす。このような資産の拡大の本質は、本来的に財産の性質を有せず、いわば支出の費用計上のタイミングに恣意性を持たせる。すなわち、このような資産の拡大思考は、減価償却における費用計上の恣意性と本

質的に類似した性質を持つのである。いわゆる繰延資産と呼ばれる会計的資産は、適正な期間損益計算という表面的な名目を持ちながら、その実、会計的な恣意性資産ともなりうるのである。動態論的な主張が正当性を持つ経緯の中で、これを大義とした費用計上の恣意性が正当性を持ち、会計政策の温床となっていったとも考えられる。適正な損益計算のための会計が、恣意的な損益計算のための会計に利用されるというパラドックスが生じるのである。

1938（昭和13）年商法改正により、創立費・社債発行費・建設利益の三つの繰延資産（擬制資産）が資産として認められた。このようなわが国における資産の拡大は、当然、動態論の形成と関係している。シュマーレンバッハの論文『減価償却』が商学研究雑誌に記載されたのが1908年、『動的貸借対照表論の原理』の発表が1919年であり、その後『動的貸借対照表論』が発表される。1923（大正12）年には、中西寅雄教授によりシュマーレンバッハの『動的貸借対照表論の原理』が、わが国に紹介されている[8]。ここから減価償却が資産の核心となり、資産性を正当化する思考が生まれる。極論すれば減価償却の対象とならないものは、資産ではないという排除の思考が生まれるのである。減価償却が資産の認識、資産評価を支配するようになる。これがいわゆるNeutralisierung（中和化）である。

資産の中和化とは、突き詰めれば損益計算に関係のある項目こそ資産であり、貸借対照表に記載すべきものという発想になる。極論すれば、費用化しない資産は排除するという思考に至る。償却費用化することこそ、貸借対照表能力の本質という思考が生まれるのである。「損益計算に無縁であるという意味で、貸借対照表能力を否定し、これを貸借対照表から排除せよという極めて動態論的意見が出てくるわけである。このようなネガティブな原則にこそ、動態論の虚構性が存在する」（高木［2000］275頁）のである。

減価償却をめぐっては、その恣意性と政策性から見て問題点も多い。明治期、わが国における減価償却導入は、海運業における国家政策的導入と法人税導入をきっかけとする損金算入をめぐる承認訴訟に端を発している。当時のわが国の商法典のモデルといわれるドイツ商法典をたどると、1861年ドイツ商法典ならびに当時のドイツ税法、1851年5月1日プロイセン階級税・

所得税法に突き当たる。わが国においては、当初、企業が損金算入、言い換えれば控除能力を主張したのに対し、当局は財産時価評価からこれを承認した。一方、ドイツにおいては、当時すでに商人の慣行であった減価償却を「専門家の判断」に基づいた「所得の控除能力の承認」とし承認したのである。この商人の慣行は、1794年プロイセン普通国法第566条「商人的方法に従って記帳されなければならない」との規定にたどり着く。また、動態論の形成と発展の中で、無節操な資産概念の拡大と減価償却に代表される費用計上の恣意性が正当性を持ち、会計政策の温床となっていったとも考えられる。適正な損益計算のための処理が、恣意的な損益計算のために利用されるというパラドックスが生じたのである。会計の枠組みが大きく揺らぐ中で、減価償却という処理が本質的に内包する種々の問題について、再検討する必要がある。

3　内部留保と減価償却

　内部留保を構成する要素として、減価償却は重要な地位を占めている。減価償却についての主要論点は、過大償却の不当性（定額法と定率法・物理的耐用年数と経済的耐用年数）、減価償却の内部留保算入が挙げられる。まず5人の論者における主要な著書における指摘を示し、次に筆者の見解を論ずる。

(1) ▶ 代表的な論者の見解

①野村秀和『現代の企業分析』(青木書店，1977年)

　野村秀和著『現代の企業分析』(青木書店、1977年)においては、留保力指標の要素として減価償却引当金(減価償却累計額の当時の名称)について取り上げられている。「減価償却引当金は、もともと有形固定資産の更新のための費用配分を企業内には回収・留保したものである。理論的には、毎期計上される減価償却費が正しいのかどうか、特に過大償却による利益償却(圧縮)が問題となるが、どこまでが正当な減価償却費であるかを金額的に確定するこ

とは不可能であるといわざるを得ない。したがって理論的には、過大計上額は利益留保の性格を持つのであるが、計算確実性の面から、これを決定できないという事実が実務の面で発生する」（野村［1977］177頁）とし、具体的金額については確定できないが、過大償却部分は利益留保であるとしている。「理論的に過大償却も含めて、減価償却は、当該有形固定資産の現実的現物更新による資金支出の時点までは、減価償却引当金として企業内に留保されることになり、これに見合う流動資産は自己（内部）資金として活用可能」（野村［1977］177頁）と指摘している。また、減価償却計算が当期業績に与える影響の大きさについて指摘し、定額法と定率法の問題について、電力会社に事例を挙げ、「定率法は定額法によるよりも、約1.6倍から1.8倍ぐらいの金額に達する」（野村［1977］212頁）とし、減価償却の方法を定額法から定率法に変更することで「減価償却額の少なくとも三分の一強が減少するとみられる」（野村［1977］213頁）と指摘している。

②角瀬保雄『経営分析入門』（労働旬報社，1979年）

　角瀬保雄著『経営分析入門』（労働旬報社、1979年）においては、第2話「企業収益の見方」、ならびに第3話「内部留保の求め方」の中で、減価償却の適正性、減価償却と内部留保の関係性について指摘されている。第2話では、大企業における過大償却のみならず中小企業が銀行対策として、益出しをやりくりし、適切な償却をも計上することができず倒産に至る点、また過大償却か過小償却かの判断の手がかりとして減価償却進捗率の活用を指摘している。「設備の使用実態と照らし合わせることによって、これまでの償却のあり方全体を検討する手掛りをうることができる」（角瀬［1979］59頁）としている。第3話では、「減価償却の計算が適正なものという前提でこれまでの内部留保の計算をおこなってきました。ところが実際よりも資産の寿命である耐用年数は短く見積もられていますので、その分だけ費用が過大に計上され、利益が小さくされています。そうなるとその分だけ内部留保は小さくならざるを得ず、しかもそれは貸借対照表上には何ら示されない秘密積立金になります。（中略）償却済みとなって帳簿上はほとんどゼロになっても立派に稼働していて、売れば高く売れるものがよくあります」（角瀬［1979］83頁）

とし、実際の物理的な資産の使用期間より短く設定された耐用年数の問題、また、内部留保計算に含めるのは全額ではなく過大償却部分のみに限られる点を指摘している。

③角瀬保雄『現代会計基準論——批判から提言へ』(大月書店, 1995年)

角瀬保雄著『現代会計基準論——批判から提言へ』(大月書店、1995年) においては、第9章「大企業の内部留保の構造」の中で、過大償却について指摘している。租税特別措置法により特定産業企業に与えられる優遇措置はもちろんのこと、「すべての企業に適用される税法上の普通償却についても、耐用年数が短縮されれば過大償却になる。また償却方法についても、定額法と定率法の選択適用が認められるので、毎期平均的に費用化される定額法に比べ、初期に多額の償却費を計上することになる定率法を使う場合にはそれにおうじて含み資産が形成される」(角瀬[1995]160頁)としている。このような過大償却の結果、損益計算においては費用の過大計上、利益の圧縮、公表内部留保が過小となる。貸借対照表上は、含み資産が形成され、簿外蓄積を促進する。このような資産を払い下げなど、売却することにより、利益として表面化する。「そして、これが内部留保として処分されるならば、それまで簿外蓄積として秘密内部留保化されていたものが、公表内部留保として水面上に姿をあらわす」(角瀬[1995]161頁)としている。さらに、おおまかな判断として、「普通償却の30％を過大としてみることができるのではないか」(角瀬[1995]162頁)としている。

④山口孝『企業分析——経済民主主義への基礎』(新日本出版社, 1977年)

山口孝著『企業分析——経済民主主義への基礎』(新日本出版社、1977年) においては、負債性引当金と並んで減価償却引当金について指摘がなされ、「これらの引当金は過大に計上されている場合が多く、その部分は利益の隠ぺい」(山口[1977]261頁)であり、内部蓄積として減価償却引当金を加算するべきとしている。また、大企業が最も多く用いる費用の水増し手法として、減価償却費の早期過大化が指摘され、結果としてこれが内部留保の促進につながるとしている。また、その具体的手法としては、「①耐用年数の短

縮、②定率法の採用もしくは定額法から定率法への切りかえ、③租税特別措置法にもとづく有償償却の実施」(山口 [1977] 145頁) が挙げられている。

⑤山口孝・山口不二夫・山口由二『企業分析〔増補版〕』(白桃書房，2001年)

山口孝・山口不二夫・山口由二『企業分析〔増補版〕』(白桃書房、2001年) においては、粉飾の手段としての減価償却が取り上げられている。日本航空の例を挙げ、「1994年度中間決算から耐用年数を国際線用を10年から15年に、国内線用については10年から13年に延長して、減価償却費を91億円減額しました。(中略) 早期に償却を進めたい儲けの多い会社はほとんど定率法を採用しています。鉄鋼業界では定率法で償却を実施するのが当たり前となっていますが、不況の中で利益をねん出するために定額法に変更したことがあります」(山口他 [2001] 93-94頁)。定額法・定率法の変更による利益操作性と耐用年数の延長や短縮による利益の操作性、早期償却の問題が指摘されている。

⑥大橋英五『独占資本と減価償却』(大月書店，1985年)

大橋英五『独占資本と減価償却』(大月書店、1985年) においては、とりわけ過大償却が国家政策の下、利潤源泉拡大の根拠として機能してきたこと、そして減価償却が「近代会計学の導入のもとで過大償却制度として制度化」(大橋 [1985] 16頁) されたという重大な問題が取り上げられている。「総合的には償却費計上額の20から30％は、適正な耐用年数にもとづく定額法による償却を基礎に考えると過大な償却額と考えなければならない」(大橋 [1985] 7頁) とし、この過大償却の機能について、以下の事例を用いて述べている。

> 取得原価1,000万円、残存価額100万円、耐用年数10年の設備資産が、初めの10年間は毎年1台ずつ増加されるものとし、次の10年間はこの資産は増加せず、除却に伴い取替え購入のみが行われると仮定する。(中略) この設例によると、設備資産が増加、維持される段階では、償却累計額は加速度的な償却を行うことによって、大きなものとなるかまたはその大きさが維持される。企業において、設備資産が拡大維持さ

れることが通常の状態であるため、この設例での償却方法の違いによる償却累計額の差額は、一時的、相対的なものではなく、事実上、半恒久的、絶対的なものとなる。(大橋[1985]13頁)

この設例においては、10年目のそれぞれの減価償却方法による減価償却累計額は、定額法4,950万円・定率法が6,524万円・1/3特別償却が7,908万円となる。この時点における定額法とその他の方法との差額は、定率法が1,574万円、1/3特別償却が2,958万円に達し、その後の10年間維持される。

⑦大橋英五『経営分析』(大月書店、2005年)

大橋英五『経営分析』(大月書店、2005年)における内部留保と減価償却の関連性の指摘は以下の通りである。

> 減価償却については、資金という観点から全額算入する。減価償却は、経済学において説明されるように、固定資本の価値が部分的に商品価値に移転することを基礎に、資本家によって行われる価値の回収計算であり、売上をとおして回収された部分は、固定資本の取替えの時期までは、企業内に基金を形成すると考えられる。以上経済学上の減価償却基金の形成を基礎に、企業の実施する減価償却計算においても、期間損益計算にあたっては、費用として認識され、設備資産の取替えの時期までは、その額だけ利益を縮小表示し、これをなんらかの資産の形態で企業内に留保するという基金が形成されると考えられる。こうした資金創出の機能は設備投資と減価償却計算が継続的に実施されるため、設備資産の取替えにかかわりなく、減価償却の一要素として認識し、減価償却費の全部を内部資金に算入する。(大橋[2005]189頁)

実際の固定資本の取り換えまでの期間、資金の回収により貨幣に転化された価値部分が、減価償却基金を形成する点が指摘され、減価償却の全部を内部資金に算入すべきと指摘している。

⑧ 横倉久夫『企業分析論序説』(高文堂出版社, 1976年)

　横倉久夫『企業分析論序説』(高文堂出版社、1976年) においては、企業の視点から、各種の償却方法が容認され、企業が (主観的に) 合理的と認めた方法が制度として認められる点に減価償却の問題があるとする。「減価償却を政策的に行うことが制度的にも十分に可能であることが明白」とし、またこのような制度を利用できるのは「独占体、大企業に限られることから、それは独占体・大企業の利益かくし、利益の平準化の手段化」(横倉［1976］174頁) であると指摘する。具体的手段として、定率法の減価償却による過大償却、減価償却の耐用年数を短縮化する過大償却があげられる。定額法は「相対的に最も問題の少ない、とりわけ期間的比較分析を行う上で好ましい方法であるが、耐用年数の変更による制度的歪曲が問題」(横倉［1976］172頁) とする。固定資産臨時償却費についても触れ、「通常は技術の進歩などによる陳腐化を理由として計上されるのであるが、陳腐化という用語が極めて曖昧」(横倉［1976］179頁) とし、「客観的な判定基準を見出すことは不可能に近い」(横倉［1976］179頁) と指摘している。

(2) ▶ 内部留保と減価償却をめぐる諸論点

　以上、各論者の内部留保と減価償却に関する指摘を紹介した。内部留保の活用に際し、これを反対する見解には、(内部留保は) 生産設備等に拘束されており、換金は不可能であるというものがある。このような一連の見解は、貸方に計上された内部留保と借方の資産の関係性 (結合、拘束性) の問題を指摘している。しかし、この見解においては、表面化された、言い換えるなら、財務諸表に計上された内部留保について、議論している。減価償却自体が「適正である」という前提のもと、そこから導かれ表面化した内部留保の取り崩しと活用の有無に関する議論に過ぎない。

　実際、より深刻な問題であるのは、表面化されない内部留保である。昔から繰り返し指摘されてきた秘密積立金が、この例として挙げられよう。減価償却とは、本来、取得原価を使用する期間にわたり配分しなければならない。しかし、耐用年数と現実の当該資産の使用期間が一致することはない。

そして、この事実は容認されている。この矛盾こそが、減価償却が本来の役割をなさず、政策的に恣意的に用いられる根本的原因である。そして、これを可能としたのは、陳腐化による減価原因の拡大であろう。これにより、使用はできているが、陳腐化している、陳腐化しているが、使用はできるという状況が許容されるのである。この中に、タイムラグが生まれ、収益獲得に貢献している費用が計上されない期間が存在することになる。このタイムラグの問題は資金の点からも問題となってきた。

　内部留保論と減価償却とは、密接かつ複雑な関係を形成している。この、従来の減価償却をめぐる議論の論点は、過大償却であるといっても過言ではない。ここでは、耐用年数の短縮、臨時償却、償却方法の変更がその手法として用いられてきた。

　過大償却部分は、損益計算の視点から、結果的に利益留保として存在する。その期における過大分は、結果として利益を過少化する。資金の側面からこれを見れば、真の耐用年数と制度の耐用年数の間のズレにより、資金留保がなされる。定額法から定率法の不適切な切り替えは、結果として内部留保に結びつくか、公表利益の操作という側面の方が強い。

　従来の過大償却議論は、取得原価という枠組み、制約を持つ。操作性は限界を持ち、フローのタイミング操作による利益操作もしくは、計算上の回収と真の回収のタイミングのズレによる資金の隠ぺい問題である。しかし、時価評価を積極的に導入し、取得原価の制約を外すことから、収益性、収益獲得能力という視点から資産を見ることにより、真の費用化のプロセスを表面化しようとの試みもあろう。これが正常に機能するなら、表面化されなかった費用、不可視化された収益性を反映した費用を可視化する可能性を持つ。陳腐化を減価原因とし、費用の早期過大計上により反映させんとするのが、かつての思考である。しかし近年問題となるのは、資産を取得原価から解放し、公正価値の変動というアプローチにより、資産のそのものの価値評価とその変動、その結果として導かれる費用の調整という視点である。かつての取得原価の制約内での費用配分の適正性、収益獲得能力は残存しているにもかかわらず、費用化はされないという不均衡な費用収益対応の問題から、資産の公正価値変動から生じる不規則な費用化、というあらたな問題を生じさ

せる。さらに資産の本質として、将来の収益性に力点が置かれるようになれば、(取得原価の制約の下では可視化されなかった)、残存する資産の収益獲得能力が費用として可視化される可能性も含んでいる。しかし、資産の収益性の変動により、費用も自在に (または意図的に) 制約なく、変動する可能性も含んでいる。ここに新たな操作性が生まれる。

　これらの論点は、2014年5月12日IASBから公表されたIAS16、IAS38に関する改訂「減価償却及び償却の許容される方法の明確化 (Exposure Draft: Clarification of Acceptable Methods of Depreciation and Amortisation Proposed amendments to IAS16 and IAS38)」における収益と費用の関係性の議論とも深い関係を持つ。本改訂においては、「国際会計基準審議会 (International Accounting Standards Board：IASB) は、資産の使用を含む活動から創出される収益を使用する減価償却または償却の方法を禁止」(IASB [2012] P.7) するという考えを示している。行き過ぎた感のあった資産の投資収益性という視点による、従来の会計の枠組みの崩壊、損益計算の枠組みの崩壊に歯止めをかける試みといえるのだろうか。本改訂は2016年1月1日以降開始事業年度より適用開始となる。

4　IAS16再評価モデルと減価償却(新たな論点)

　国際会計基準 (International Accounting Standards：IAS) ならびに国際財務報告基準 (International Financial Reporting Standards：IFRS) における固定資産関連の基準は、IAS16有形固定資産、IAS38無形資産、IAS40投資不動産である。IAS16においては、周知のように、property、plant、equipmentと具体的な有形固定資産が基準の名称として用いられている。とりわけ、減価償却との関係で重要な論点となるのは、IAS16における再評価モデルであろう。この再評価モデルは、2003年改訂前においては、あくまで例外的手法として提示されてきた。改訂当時、このモデルが原価モデルと代替的、並列的な位置づけへと移行したことは、今後の方向性の示唆という意味を持っていたはずである。この動向は、固定資産に関する会計処理の今後の方向性を暗示するものであった。

IASBが本来目指すモデルは、原価モデルではなく、むしろ再評価モデルだったであろう。終着点は、IAS40の公正価値モデルに提示される固定資産の時価評価、そして評価差額の損益認識であり、固定資産保有という行為自体を投資の観点から評価するという思考である。いわば再評価モデルは、従前のモデルから先端モデルへの移行過程における副産物モデルといえる。

　2012年12月にIASBから、IAS16有形固定資産およびIAS38無形固定資産に対する修正案が公表されている。本修正案「減価償却および償却の許容される方法の明確化」に対するコメントレター募集は、2013年4月2日までとなっており、IAS16・IAS38についての状況は流動的な状況であった。本修正案における論点は、費用計算と収益との関係性である。減価償却計算に収益との関係を反映させないことである。

　IAS16における有形固定資産は「財貨の生産または役務の提供、他者への賃貸または管理目的で使用するために保有される有形の資産 (IAS16 [2003] para.6)」であり、「1会計期間を超えて使用されると予想されるもの (IAS16 [2003] para.6)」と定義されている。続くパラグラフでは、当初認識の要件として、「将来の経済的便益が当該企業に流入する可能性が高く (IAS16 [2003] para.7)」「当該項目の原価を信頼性を持って測定可能 (IAS16 [2003] para.7)」であるという二つの要件を提示している。すなわち有形固定資産の当初認識の際、経済的便益の流入と測定の信頼性がカギとなっている。

　当初認識後の認識において、企業は、有形固定資産について、以下の原価モデルと再評価モデルの二つのモデルのうち、いずれかを選択することができる。IAS16における原価モデルは、「資産として認識したのち、有形固定資産項目は、取得原価から減価償却累計額および減損損失累計額を控除した価額で計上しなければならない。(IAS16 [2003] para.30)」と規定される。また、再評価モデルは、「資産の当初認識後、公正価値を信頼性を持って測定できる有形固定資産項目は再評価実施日における公正価値から、その後の減価償却累計額およびその後の減損損失累計額を控除した評価額で計上しなければならない。再評価は、帳簿価額が貸借対照表日における公正価値をもって、決定したであろう金額と大きく異ならないように十分な定期性を持って行わなければならない。(IAS16 [2003] para.30)」と規定される。再評価モデル

においても、減価償却ならびに減損が適用されている。減価償却と再評価の組み合わせ、すなわち再評価された価額に基づき、減価償却額を調整する処理は、時価・取得原価いずれの枠組みの中に構築されているのだろうか。この問題は、固定資産への投資が継続していると仮定するか、いったん売却され、再投資されたと仮定するかの違いにある。再評価モデルにおいては、戻入の処理がとられることから、前者の仮定が採用されている。売却されたと仮定するなら、投資は継続ではなくいったん売却の過程により分断され、損益として処理されるはずである。この問題は、他の基準のようにこの再評価モデルを、公正価値モデルと称さない点に現れる。

　IAS40投資不動産においては、当初認識後、原価モデルと公正価値モデルの選択適用が可能である。原価モデルにおいては、取得原価から減価償却累計額と減損損失累計額を控除した額を帳簿価額とする。当該資産が売却目的に分類されると、減価償却は停止され、帳簿価額と売却費用控除後の公正価値のいずれか低い金額で測定する。また、公正価値モデルを採用した場合、期末の公正価値により当該資産の評価が行われ、評価差額は当期の損益として認識される。IAS40のIN.14において、公正価値モデルと再評価モデルの違いについて、以下の記述がある。「公正価値モデルは、一定の非金融資産について許容されている再評価モデルとは異なる。再評価モデルでは、原価基準による評価を上回る帳簿価額の増加は再評価剰余金として認識される。しかし、公正価値モデルでは、すべての公正価値の変動は損益として認識される。(IAS16［2003］IN.14)」。この文言からうかがえるように、再評価モデルと公正価値モデルは明らかに異なるものとされている。その違いは、当初認識後認識時の処理の違いを意味している。公正価値モデルは、その期末における公正価値評価による変動差額を損益として処理する。すなわち、時価評価の枠組みの中に位置づけられている。しかし、再評価モデルにおいては、取得原価の枠組みの中に位置づけられている。再評価による差額は、あくまで再評価剰余金として、損益として認識することなくペンディングされるのである。この処理の差の問題は、リサイクリングや収益認識の方向づけとも密接に関連してくる。リサイクリングを保持し、従来の実現を維持するなら、このような処理の差は意味をなす。しかし、損益計算書における実現

のように従来の利益観の中に会計が構築されるのではなく、損益計算書を通さずとも、資産負債アプローチによる純資産の公正価値変動という時点（事実）に、利益の本質を見出すなら、貸借対照表において評価差額として認識すること、保有資産の公正価値が変動することに大きな意味が生ずることになる。評価差額が、全体的な利益の本質という枠組みの中で、どのように扱われるのかが重要となる。

【設例1】再評価モデルによる会計処理
　取得原価8,000,000円の機械の減価償却累計額1,000,000円とする。
　期末再評価した際の公正価値は、7,700,000円である場合、①②の方法でそれぞれ、仕訳しなさい。
［問1］取得原価から減価償却累計額を差し引いた帳簿価額と再評価後の帳簿価額が等しくなるよう、比例修正する方法。
［問2］減価償却累計額控除前の帳簿価額と相殺消去し、再評価額に改定する方法。

［答1］本来、8,000,000円－1,000,000円＝7,000,000円の帳簿価額の価値が、7,700,000円と、10％上昇している。このため、8,000,000円という当初認識による取得原価が、10％上昇し、8,800,000円となる。800,000円取得原価が修正され、増加する。減価償却累計額も10％増加するので、1,000,000円×10％＝100,000円。8,000,000円－1,000,000円＝7,000,000円の帳簿価額と再評価による公正価値7,700,000円との差額700,000円は再評価剰余金。
　（借）機械　　　　800,000　　　　　　　（貸）機械減価償却累計額　100,000
　　　　　　　　　　　　　　　　　　　　　　　　再評価剰余金　　　　700,000
［答2］この時点までの減価償却累計額を借記し、貸方に減価償却累計額控除前の当該資産の価額を計上する。そして新たに、再評価された公正価値で当該資産を借方に再計上する。再評価剰余金は①と同額になる。
　（借）機械減価償却累計額　1,000,000　　（貸）機械　　　　　　　8,000,000
　　　　機械　　　　　　　　7,700,000　　　　　再評価剰余金　　　　700,000

たとえば、IAS16再評価モデルに基づく例として、『国際財務報告基準の適用ガイドブック――日本基準との比較と作成実務』においては、「X1年4月1日に1,000の機械装置を取得した。再評価モデルを採用する予定だが、耐用年数は5年、残存価額はゼロ、定額法による減価償却が合理的である。X3年3月末の公正価値は660、X5年3月末の公正価値は100であった。X5年9月末に売却したところ、処分費用控除後の受取額は53（あずさ監査法人・

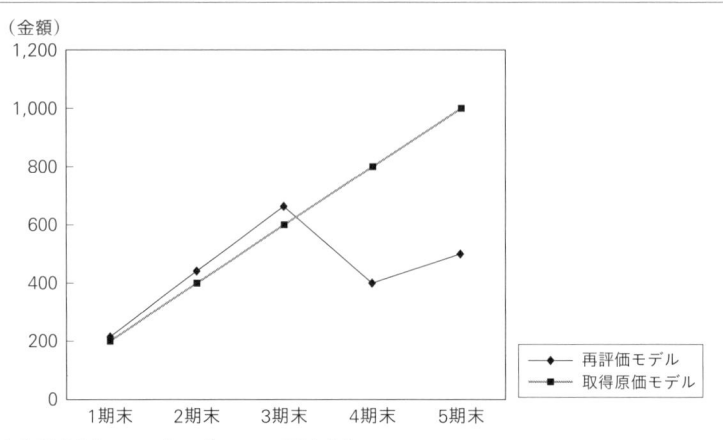

図表7-1 減価償却累計額の変動

(金額)

期末	再評価モデル	取得原価モデル
1期末	200	200
2期末	440	400
3期末	660	600
4期末	400	800
5期末	500	1,000

(出所) あずさ監査法人・KPMG [2008] 434-436頁より作成。

KPMG [2008] 434頁)」というシチュエーションが想定されている。

　取得原価モデルにおいては、当然減価償却累計額が規則的に積み上がるのに対し、再評価モデルにおいては、公正価値変動が生じる場合、減価償却累計額は一定の規則的な動きをしないことがわかる。

　当初認識による取得原価は再評価モデルの適用により、公正価値の変動いかんで自在に伸縮することになる。そして当初認識による取得原価による減価償却と再評価後の修正された取得原価との差額は、企業内に留保される。いわゆる取得原価の枠組みにおける期間配分とこの再評価モデルは、異質なものである。当初認識による取得原価を、公正価値評価により、翻って修正するものであり、現在の公正価値から過去にさかのぼり、取得原価、減価償却累計額をも修正する。確定した取得原価というストックから規則的に配分される（フロー）という考えではない。資産の費用配分ではなく、その時々に自在に変動するストックとストックの比較から、その差額として、結果としてフローを算出するという思考である。

図表7-2 設例における未償却残高の変動

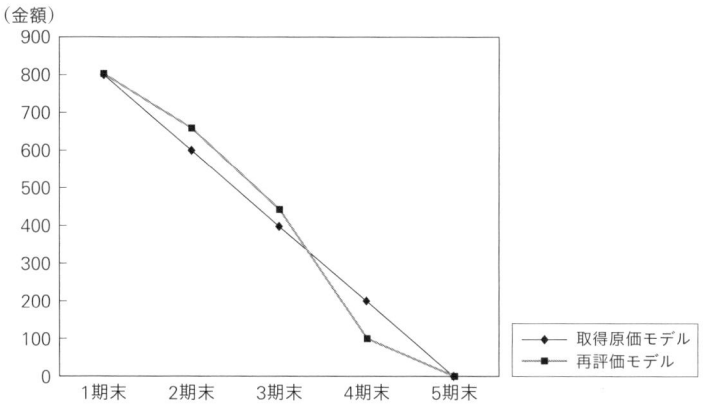

(金額)

グラフ: 取得原価モデル、再評価モデル。1期末800、2期末(取得原価600、再評価660)、3期末(取得原価400、再評価440)、4期末(取得原価200、再評価100)、5期末0。

(出所) あずさ監査法人・KPMG[2008] 434-436頁より作成。

5 分析事例

　IAS16においては、減価償却について「資産の償却可能価額を規則的にその耐用年数にわたり配分する(IAS16[2003] para.6)」としている。この思考は、わが国における減価償却と同様である。残存価額と耐用年数についても、IAS16においては「各会計年度末に見直さなければならず(IAS16[2003] para.51)」、これらの変更については、IAS8に従い会計上の見積りの変更として、会計処理することになる。減価償却方法についても、「使用される減価償却方法は、資産の将来の経済的便益が企業によって消費されると予想されるパターンを反映するものでなければならない(IAS16[2003] para.60)」と規定されており、毎会計期末に見直しが必要となる。IAS16の場合、減価償却方法や耐用年数の変更は、「IAS8号　会計方針、会計上の見積りの変更と誤謬」に従い、会計方針の変更として処理する。わが国においては、定期的な毎会計期末の見直しなどは要求されていない。監査委員会報告第77号「追加情報の注記について」により、耐用年数の変更は、追加情報としての開示が要求される。

IAS16による減価償却への影響が懸念されている。これを整理すると、第一に、耐用年数や償却方法について頻繁な変更が、「使用される減価償却方法は、資産の将来の経済的便益が企業によって消費されると予想されるパターンを反映するものでなければならない (IAS16 [2003] para.60)」との規定から可能になること。第二に、再評価モデルが採用されることにより、固定資産の保有行動が当該企業の投資活動と類似の扱いとなり、従来の減価償却の枠組みが崩れること、第三に、コンポーネントアカウンティングの導入により、減価償却が、意図と反してより複雑化し、より高度な専門性を持ってしか、実態把握ができなくなることである。この三つに共通する問題点は、経済的実態開示に即した減価償却が、かえって実態を把握しにくくなること、場合によっては恣意性に論拠を与えることである。

IAS16により耐用年数の変更が、企業の裁量により頻繁に行われるとなると、何を持って耐用年数を変更すべきか、果たしてそれが本当に適切な変更であるのか、外部からの判定が難しくなる。また、従来の方法との差異が開示されたとしても、そのような副次的情報が、一時情報と同様に扱われることはない。

以下の事例においては、第一に、IAS/IFRS導入期の定率法・定額法への変更事例、第二に、利益減少期の耐用年数の変更事例を検討する。

(1) ▶ 日本電波工業の事例(IAS・IFRS導入時期の定率法・定額法変更)

わが国において、IASならびにIFRSによる財務諸表を早期適用作成した企業として、日本電波工業が有名である。同社の決算短信記載の連結財務諸表から非流動資産項目、連結キャッシュフロー計算書から減価償却費を抜粋するとは図表7-3の通りである。

IAS・IFRS導入後の有形固定資産ならびに無形固定資産の合計額と減価償却費の割合は、平成22年度が11.4%、平成23年度が12.2%、平成24年度が10.7%と大きな変動はなく、ほぼ一定である。IFRSにより作成した連結財務諸表の主な項目と日本基準により作成した連結財務諸表におけるこれらに相当する項目の差異として、減価償却費の差異14百万円(利益減)が注

図表7-3 日本電波工業　平成22年度(IFRS適用)以降の非流動資産の内訳と減価償却費(単位：百万円)

	H.22.3.31	H.23.3.31	H.24.3.31
有形固定資産	25,668	25,447	27,296
無形固定資産	1,155	1,086	1,021
投資不動産	1,297	254	254
投資有価証券	254	961	946
繰延税金資産	1,378	1,481	1,380
その他	1,158	1,095	929
減価償却費	3,067	3,247	3,040
非流動資産合計	30,916	30,327	31,830

(出所) 日本電波工業「平成24年3月期決算短信」、日本電波工業「平成23年3月期決算短信」より抜粋。

図表7-4 IFRSの影響に関する記載の実例

> 5．その他
> 　　IFRSにより作成した連結財務諸表における主要な項目と、日本基準により作成した連結財務諸表におけるこれらに相当する項目との差異
> ①営業利益
> 　　日本基準では営業利益に含まれない営業外損益及び特別損益項目(金融損益項目を除く。)の影響額124百万円(利益増)のほか、過年度における減価償却方法(主に残存価額)の違いによる減価償却費の差異14百万円(利益減)等により、日本基準に比べ94百万円増加しております。

(出所) 日本電波工業「平成24年3月期決算短信」16頁。

記されている。その理由として、過年度における減価償却方法(主に残存価額の違いによる)が理由として示されている。この会計期間における日本電波工業の当期利益は17億59百万円であり、この減価償却差異の影響は当期純利益の0.8％程度である。IAS16を適用し、コンポーネントアカウンティングや再評価モデルの適用を積極的に行う場合は別として、むしろ、従来からある、定率法や定額法の切り替えといった会計手法の与える影響の方が大きい。

図表7-5は、平成20年度3月期から平成24年度3月期の減価償却費の変化を示したものである。平成22年度からIAS・IFRSが適用されているが、当該企業においては、これと同時期に定率法から定額法への変更が実施されている。

平成21年から平成22年度にかけて、減価償却費が9,015（百万円）から3,067（百万円）まで、前年度比65.98％減少していることがわかる。これにつ

図表7-5 減価償却費の変化

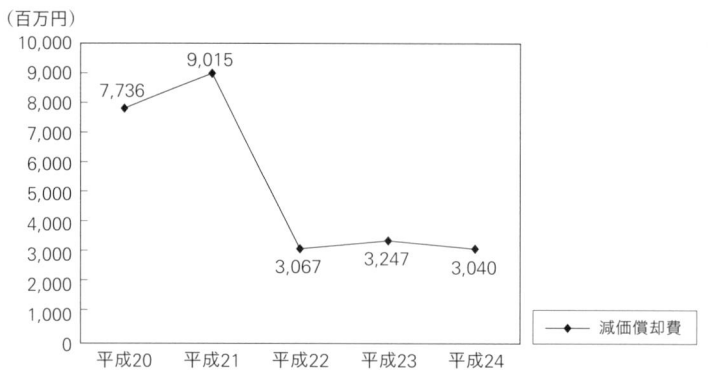

(百万円)
- 平成20: 7,736
- 平成21: 9,015
- 平成22: 3,067
- 平成23: 3,247
- 平成24: 3,040

凡例: ◆ 減価償却費

(出所)日本電波工業「決算短信」平成22年3月期・平成23年3月期ならびに平成24年3月期より作成。

図表7-6 非流動資産総額に対する減価償却費の比率

(%)
- 平成20: 16.15
- 平成21: 29.37
- 平成22: 9.92
- 平成23: 10.70
- 平成24: 9.55

凡例: ◆ 減価償却費率

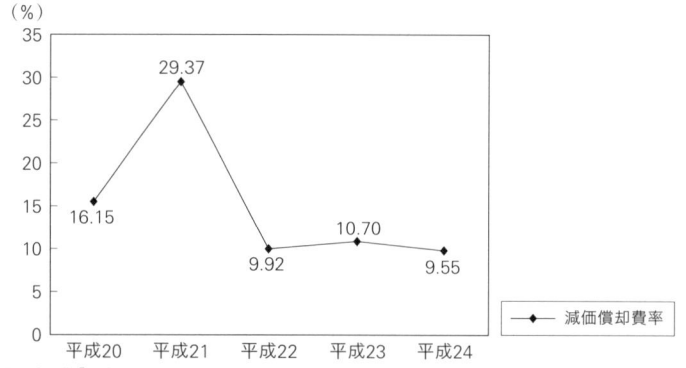

(出所)日本電波工業「決算短信」平成21年3月期、平成22年3月期、平成23年3月期ならびに平成24年3月期より作成。

いて、非流動資産総額に対する減価償却費の比率を見てみると、やはり同様に平成21年度から翌年度にかけて、29.37％から9.92％まで急減している（図表7-6）。

　平成21年度から22年度にかけて、非流動資産合計額に対する著しく減価償却費が減少していることがわかったが、有形固定資産と無形資産合計額はこれに対して、どのように推移しているのだろうか。平成21年3月期の有形固定資産ならびに無形資産合計額を100％とし、その後の推移を図表7-7

図表7-7 有形固定資産・無形固定資産総額の推移(百万円)

	平成21年	平成22年	平成23年	平成24年
有形固定資産	27,043	25,668	25,447	27,298
無形資産	1,357	1,155	1,086	1,021
合計	28,400	26,823	26,533	28,319
対平成21年度比	100%	94.44%	93.43%	99.71%

(出所)日本電波工業「決算短信」平成22年3月期、平成23年3月期ならびに平成24年3月期より作成。

に示した。平成22年3月期94.44％、平成23年度3月期93.43％、平成24年度3月期99.71％と推移し、ほとんど変化していないことがわかる。

　平成22年度は、当該企業においてIAS・IFRS適用が実施された年度である。「経済的便益の費消パターンおよび残存価額についての適切な見直し」が決算短信において指摘されている。しかし、むしろ、IAS・IFRS導入を契機に、従来からある手法である定率法から定額法へ償却方法を変更したことが大きく影響していると考えられる。そして、このようにIAS・IFRS適用が大きく取り上げられることにより、従来的な会計手法の変更の影響も、IAS・IFRS導入の影響であるかのように誤解される可能性もある。

(2) ▶ 三菱マテリアルの事例(耐用年数の変更)

　近年、三菱マテリアルは、設備を中心とした減価償却方法や耐用年数の大掛かりな見直しを行っている。四日市市工場シリコン製造設備の減価償却方法について、定率法から定額法への変更を実施し、その理由として「今後の多結晶シリコン需要予測等から安定的使用が見込まれ、技術的陳腐化リスクも少ないため投資の効果が平均的に生ずると見込まれることから定額法がより合理的と判断したため(三菱マテリアル「平成22年3月期第3四半期決算短信」6頁)」としている。

　また、耐用年数の変更については、「当該設備の物理的耐用年数ならびに、製品寿命、製法の陳腐化リスク等の経済的耐用年数を総合的に考慮して決定されたもの(三菱マテリアル「平成22年3月期第3四半期決算短信」6頁)」と説明している。

図表7-8 三菱マテリアルにおける耐用年数変更

銅精製設備の一部	7年⇒16年
銅加工設備の一部	7年⇒12年
多結晶シリコン製造設備の一部	7年⇒13年
アルミ製品製造設備の一部	7年⇒12年

(出所) 三菱マテリアル「平成22年3月期第3四半期決算短信」6頁、三菱マテリアル「平成22年3月期有価証券報告書」71頁。

図表7-9 経常利益の推移

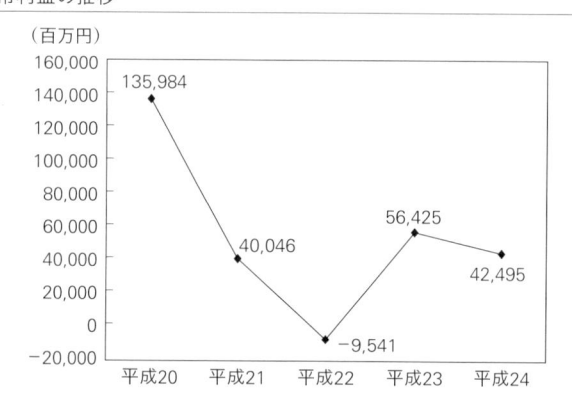

(百万円)

年度	平成20	平成21	平成22	平成23	平成24
経常利益	135,984	40,046	-9,541	56,425	42,495

　この一連の変更により、「従来の方法によった場合と比較し、当第3四半期連結会計期間の営業利益、経常利益および税金等調整前四半期利益はそれぞれ3,524百万円増加」(三菱マテリアル「平成22年3月期第3四半期決算短信」6頁)しており、当該会計期間においては、利益にかなりのインパクトを与えている。「平成23年度3月期有価証券報告書」においても「これらの結果従来の方法によった場合と比較して、当連結年度の営業利益、経常利益、税金等調整前当期純利益は4,695百万円増加」(三菱マテリアル「平成22年3月期有価証券報告書」72頁)している旨、注記に記載している。

　平成22年度は、図表7-10からもうかがえるように、当該企業における当期利益の落ち込みが著しい時期である。減価償却費は、平成21年と比較して、69,261百万円から、66,796百万円まで約25億円減少している。平成21年度の当期利益が約6,160百万円、平成22年度の当期利益はマイナス66,555百万円となっている。図表7-10、図表7-11は、平成19年度から6年

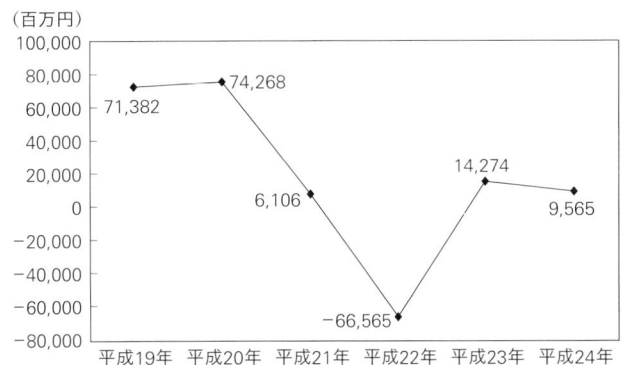

図表7-10 当期純利益の推移

(百万円)

平成19年	平成20年	平成21年	平成22年	平成23年	平成24年
71,382	74,268	6,106	−66,565	14,274	9,565

(出所) 三菱マテリアル「有価証券報告書」平成20年・平成21年・平成22年・平成23年・平成24年3月期より作成。

図表7-11 三菱マテリアル　減価償却費ならびに売上・当期利益の推移(単位:百万円)

	平成19年	平成20年	平成21年	平成22年	平成23年	平成24年
売上	1,452,108	1,659,286	1,424,114	1,119,448	1,333,992	1,440,847
当期利益	71,382	74,268	6,160	−66,555	14,274	9,585
減価償却	49,416	58,118	69,261	66,796	62,750	62,493

(出所) 三菱マテリアル「有価証券報告書」平成20年・平成21年・平成22年・平成23年・平成24年3月期より作成。

図表7-12 固定資産と減価償却費の比率の推移(単位:百万円)

	平成19年	平成20年	平成21年	平成22年	平成23年	平成24年
有形固定資産	680,472	681,068	710,058	726,315	687,602	662,834
無形固定資産	16,098	19,932	59,597	62,110	53,246	47,792
合計	696,570	701,000	769,655	788,425	740,848	710,626
減価償却費	49,416	58,118	69,261	66,796	62,750	62,493
減価償却費の比率	7.09%	8.29%	9%	8.47%	8.47%	8.79%

(出所) 三菱マテリアル「有価証券報告書」平成20年・平成21年・平成22年・平成23年・平成24年3月期より作成。

間の当期純利益ならびに売上、減価償却費の推移を示したものである。売上ならびに当期純利益が相対的に低迷しているタイミングが耐用年数変更の時期と重なっている。

　しかし、その一方で、有形固定資産と無形固定資産の合計額に対する減価

償却費の比率を調べてみると、耐用年数変更は利益への影響と比較して、やや小さい (図表7-12)。

6 今後の課題

　今日の内部留保論においては、内部留保蓄積の手段として、減価償却があげられる。減価償却は、その利益操作性の高さが繰り返し問題とされてきた。そもそも期間損益計算の適正性を目的として掲げながら、その実態は、企業の意思を反映した利益の費用化の手段として、過大償却の手段として、正当化されてきた。このような過大償却の正当化は、曖昧な減価原因を正当化したことにある。また、他の問題点として、「減価償却が投下資本の価値回収として把握されると、その実務上の実践の際に概念の内容と計算方法の多くの可能性から広範な融通性と自由操作の余地を開くことになる。(中略) さらに転化して、一時に多額に支出された費用の繰延計算も減価償却の中に包摂するにいたる」(高山［1983］7頁)。この思考は、無節操な資産の拡大をも引き起こし、また同時に費用の計上操作をも引き起こす。本来的に財産の性質を有せず、いわば支出の費用計上のタイミングに恣意性をもたらす、このような資産の拡大の本質は、減価償却における費用計上の恣意性と本質的に類似した性質を持つのである。いわゆる繰延資産と呼ばれる会計的資産は、適正な期間損益計算という表面的な名目を持ちながら、その実、会計的恣意性資産ともなりうるのである。

　内部留保と減価償却の問題について、各論者はともに、とりわけ大企業の政策制度に支えられた、減価償却の利益操作性に注目する。過大な減価償却による費用の過大計上、利益の費用化を問題とし、過大償却の手法として定率法 (もしくは定額法と定率法の切り替え操作) と耐用年数の短縮化を指摘する。物理的には使用可能な固定資産を早々に、過大に償却することにより、実際の取り換えまでの時間差を用いた内部留保の蓄積促進、減価償却基金の形成、簿外蓄積が行われることを問題視してきた。償却のうち20％から30％が過大であるとの見解が多く、内部留保に計上すべき金額としては、減価償

却全額の計上か過大償却分のみの計上かについて見解は分かれる。また現実には、使用可能な資産が主観的かつ曖昧な陳腐化という根拠から、過大償却に正当性が与えられる点も問題とされる。

　この問題を解決するには、「適正な」費用（償却）金額を確定しなくてはならない。しかしながら、減価償却という処理それ自体が仮定計算であり、そこには固定資産の価値の減少分を確実に算出することが可能であるか、という問題が生じるのである。この問題は、過大償却部分のみを利益の費用化として内部留保の観点から問題視するか、減価償却全額について資金流出を伴わないという側面から内部留保の観点から問題視するかという各論者の見解の相違にも関係する。

　また、従来の問題は利益の費用化という、フローの側面から把握した、収益費用アプローチの枠組みにおける減価償却と内部留保の問題であった。しかし、現在は、償却性資産の資産評価（時価評価の適正性）という、ストックの側面から把握した、現在の資産負債アプローチの枠組みにおける、減価償却と内部留保もしくは、減損と内部留保の新たな問題へと変化した。また減価償却ではなくむしろ減損を中心とする枠組みの中では、減価償却と内部留保の問題は、収益性を反映した資産の評価の適正性と、その結果導かれる減価償却費の遡及修正の適正性へと転化していくのではないか。そのような遡及して修正された減価償却費は、費用配分を理論的根拠とする減価償却とは異質なものである。

　IAS16における減価償却手法には、税法に依存したわが国における減価償却とは異なるいくつかの特徴がある。それは、①再評価モデル、②毎会計期末における耐用年数減価償却方法の変更、③コンポーネントアカウンティングの三つである。とりわけ、再評価モデルならびにコンポーネントアカウンティングを採用するとなると、変則的な状況が起きうる。IAS16は「規則的に」と示しているが、果たして「規則的」なのだろうか。固定資産評価にも市場を反映するという思考の中で、またしても、減価償却が内包してきた企業の意図的・政策的な要素が強まることはないのだろうか。

　その折々の市場環境・経営環境の変化に対応する時価評価を反映した減価償却は、時価によりアメーバのように伸び縮みする、いわば遡及評価される

取得原価をもたらす。これは自在に変形し、変形した瞬間を捉えこれを規則的に配分（分割する）。しかし、また、その取得原価は変形する。その伸び縮み幅の一定の調整役として再評価剰余金項目が機能するのである。

従来の枠組みとは異質な再評価モデルや公正価値モデルが主だった処理方法として採用されれば、従来、時価評価にさらされてこなかった固定資産の保有という行為が、いわば投資の一環と把握され、常に、当該資産が市場の公正価値に晒されることになる。固定資産の減価償却における内部留保問題は、固定資産保有という投資行動の成果とその測定に際しての時価評価の適正性や時価評価差額の取り扱いという新たな問題へと転化する。

時価は自在に変動する。取得原価のような一定の制約を持たない。このことが資産評価問題のみならず費用の問題へと派生する。費用の変動幅も取得原価の制約を超えていく。さらに包括利益や実現概念の在り方により、時価評価から生じる評価差額を費用収益の問題として扱うのか、はたまた損失・純資産から扱うのか、財務諸表の構成要素相互間の問題とも密接に結びついている。その中で、今一度、固定資産評価のあり方を考える必要がある。

【注】

1　大橋［2005］3頁、7頁。「公表される会計は、減価償却、引当金などの過大計上によってきわめて政策的・恣意的なものとなっている（大橋［2005］3頁）」と指摘される。とりわけ「減価償却は、費用の拡大によって利潤の源泉を拡大するとともに、実現した利潤を企業内に留保する機能をも果たす（大橋［2005］7頁）」ことが問題となる。
2　高山［1983］77-100頁。これらの減価償却基金の拡大効果についての議論は、高山［1988］第4章「理論上の減価償却基金の拡大効果」に詳しい。
3　大橋［1985］、山口［1998］。わが国の船舶事業における史的展開と減価償却問題については、大橋［1985］ならびに山口［1998］を参照のこと。
4　松本［1980］221-263頁。シュマーレンバッハ委員会鑑定書の概要とその背景、ならびに減価償却の減価原因の問題については、松本［1980］に詳しい。
5　武田［2000］1-12頁。わが国における商法会計の歴史については、武田［2000］を参照のこと。
6　大橋［1985］3頁、沼田［1982］218-219頁。その後、1918（大正7）年に大蔵省により、「減価償却計算内規」が作成され、税法上の耐用年数が規定されている。これについては

大橋［1985］3頁、沼田［1982］218-219頁に詳しい。
7　松本［1980］2頁。減価償却を意味するAbschreibungとAbsetzungについて、「この二つの用語はいずれも控除論理を表現しうる用語である点で共通している（松本［1980］2頁）」と指摘している。
8　髙木［2000］。わが国における動態論の展開歴史については、髙木［2002］を参照のこと。

【主要参考文献】

あずさ監査法人・KPMG［2008］『国際財務報告基準の適用ガイドブック――日本基準との比較と作成実務〔第3版〕』中央経済社。
井上良二［2000］「時価会計における減損会計の意味」『會計』第158巻第6号。
浦野晴夫［1988］『アメリカ減価償却論――税法上の総合償却の会計学的考察』中央経済社。
遠藤武和［1973］『減価償却』税務経理協会。
大橋英五［1985］『独占企業と減価償却』大月書店。
―――――［2005］『経営分析』大月書店。
興津裕康［2000］「原価主義会計の論理と会計情報の信頼性」『會計』第157巻第2号。
小栗崇資・熊谷重勝・陣内良昭・村井秀樹編［2003］『国際会計基準を考える――変わる会計と経済』大月書店。
小栗崇資・谷江武士編著［2010］『内部留保の経営分析――過剰蓄積の実態と活用』学習の友社。
角瀬保雄［1979］『経営分析入門』労働旬報社。
―――――［1986］『新しい会計学』大月書店。
―――――［1995］『現代会計基準論――批判から提言へ』大月書店。
梶原崇宏［2011］「IFRS導入に伴う個別財務諸表への実務上の影響」『企業会計』Vol.63, No.5。
片岡洋一［1999］「減価償却の本質について」『會計』第156巻第3号。
勝尾裕子［2002］「実現概念と投資の回収可能性」『會計』第161巻第1号。
菊谷正人［2007］「国際会計基準第16号『有形固定資産』の総合的・分析的検討」『経営志林』第44巻1号。
佐藤信吉［1985］『総合減価償却論』森山書店。
敷田禮二・大橋英五編著［1990］『企業再構築と経営分析』ミネルヴァ書房。
篠原繁［2002］「固定資産の償却と減損」『會計』第162巻第5号。
髙木泰典［2000］『日本動態論形成史』税務経理協会。
高山朋子［1983］『現代減価償却論』白桃書房。
武田安弘［2000］「二十一世紀における我が国財務会計発展の特徴」『會計』第158巻第2号。
中田清［2007］「1891年プロイセン所得税法と基準性原則」『修道商学』第48巻第1号。
沼田嘉穂［1982］『減価償却の理論と実務』同文舘出版。
野村秀和［1977］『現代の企業分析』青木書店。

野村秀和編著［1990］『企業分析——考え方と実例』青木書店。
松本剛［1980］『減価償却制度論』森山書店。
森川博［1978］『減価償却論——アメリカ減価償却制度史論』森山書店。
山口孝［1977］『企業分析——経済民主主義への基礎』新日本出版社。
山口孝・山口不二夫・山口由二［2001］『企業分析〔増補版〕』白桃書房。
山口不二夫［1998］『日本郵船会計史——個別企業会計史の研究〔財務会計篇〕』白桃書房。
横倉久夫［1976］『企業分析論序説』高文堂出版社。
米山正樹［2000］「原価配分のもとでの簿価修正——減損の意義」『會計』第158巻第2号。
―――――［2003］「臨時償却の変質——減損処理とその周辺」『會計』第164巻第1号。
渡邉泉［2012］「歴史からみる時価評価の位置づけ——取引価格会計としての取得原価と市場価値」『會計』第180巻第5号。

【参考資料】

日本電波工業「決算短信平成21年3月期」。
日本電波工業「決算短信平成22年3月期」。
日本電波工業「決算短信平成23年3月期」。
日本電波工業「決算短信平成24年3月期」。
日本電波工業「有価証券報告書平成24年3月期」。
三菱マテリアル「有価証券報告書平成21年3月期」。
三菱マテリアル「有価証券報告書平成22年3月期」。
三菱マテリアル「平成22年3月期第3四半期決算短信」。
三菱マテリアル「有価証券報告書平成23年3月期」。
三菱マテリアル「有価証券報告書平成24年3月期」。
IASB, IAS 16 "*Property, Plant and Equipment*" 2003.
IASB, IAS 40 "*Investment Property*" 2003.
IASB, "*Exposure Draft: Clarification of Acceptable Methods of Depreciation and Amortisation Proposed amendments to IAS 16 and IAS 38*" 2012. Dec.

第 8 章

退職給付引当金・退職給付に係る負債

1　はじめに

　日本では従来、退職一時金制度のみが存在し、それを企業内部に引き当てるために退職給与引当金が設定されていた。しかしその後、バブル経済崩壊後の雇用慣行の変化、老後の生活保障の要求等による退職一時金制度から企業年金制度への移行などの環境の変化を前提に、1998年に企業会計審議会から「退職給付に係る会計基準の設定に関する意見書」（以下、意見書）が公表され、退職給与引当金に変わって退職給付引当金の設定を求める会計基準が施行された。この会計基準は、退職一時金と企業年金を退職給付として統一的に会計処理する会計基準として国際会計基準の影響のもとに導入されたものである。

　その後、2012年には、企業会計基準委員会から企業会計基準第26号「退職給付に関する会計基準」が公表され、1998年の基準の改訂がなされるに至っている。1998年の意見書では退職給与引当金という名称から退職給付引当金という名称に変わり、2012年の「退職給付に関する会計基準」では連結財務諸表において「退職給付に係る負債」と呼ばれることとなった。2012年の改訂基準では国際会計基準との統合をより促進することを念頭にいくつかの改正が行われている。2012年基準では名称が変更されたが、基本骨格は1998年の基準と同じであると考え、本章では「退職給付引当金」

という名称を使って検討することとしたい。

　本章ではまず退職給与引当金の会計的性格についての先行研究を紹介した上で、退職給付会計の概要を検討することにより、退職給付引当金を内部留保としてどう捉えるべきかについて論じていきたい。

2 　先行研究——退職給与引当金の会計的性格

　かつて退職一時金を企業内部に引き当てるために設定された退職給与引当金は、1988年の税法改正により累積限度額を段階的に縮小され、2004年から廃止された。企業はそれまで退職給与引当金繰入額を損金として処理する際に、税法上の引当限度額として従業員の期末の自己都合退職を50％（後に40％）とすることが認められ、過大な引当金設定が許容されてきた。企業によってはさらに有税引き当てによりさらに過大な退職給与引当金を設定する事例も多く見受けられた。

　そうした退職給与引当金についてこれまでどのように論じられてきたのであろうか。

　岡部［1955］は、退職給与引当金の積立が主に大企業に利用されていること、毎期の退職給与引当金繰入額が実際の退職金支給額を大幅に上回り、累積残高が年々増加していたことから、退職給与引当金の性格を大企業の減税と資本蓄積に役立つ「利益留保性」のものと分析した。

　また、内川［1981］も、退職給与引当金を利益性引当金の性格をもつものと分析している。すなわち、従業員が債権者としての権利保証がなされるのであれば、確定債務としての性格を退職給与引当金がもつこととなるが、実際上は企業が退職給与引当金を一方的に計上するのであるから、利益性の引当金であるとしている（内川［1981］74頁）。

　一方、野村［1977］は、退職給与引当金は実際の退職金支給時までは企業が活用可能な資金であること、「しかも、従業員の人数の増加や給与水準の上昇もしくは退職金規定の改善などの諸事情が追加されると、そのつど、必要な支払いが行われたとしても、その総額は増大することになる。したがっ

て、(中略) 企業の存続する限り活用可能な半永久的資金ということができる」(野村 [1977] 178頁) とし、資金的視点から退職給与引当金が内部留保であることを論じている。

退職給与引当金の性格を分析したのが、角瀬 [1995] である。角瀬は、退職給与引当金の性格を次のように述べている。

> 退職給与引当金がこのように複雑な性格をもたざるをえないのは、かつてのように退職金の支給が企業の側からの一方的な恩恵にもとづくものではなく、労働者の権利として確立されるようになった歴史的な変化があげられる。それは、一面では労働運動の発展の結果であるが、同時に現状では、その権利の保証がいまだ不十分なまま、資本蓄積の手段として企業の利益のために使われているという現実の矛盾を反映した結果なのである。したがって、その費用性＝負債性をまったく否定するわけではないが、主要な性格、役割はいぜん留保利益性にあるということになる。(角瀬 [1955] 176-177頁)

その上で、角瀬は退職給与引当金が「費用性＝負債性と留保利益性が混在しているという意味では「灰色的」性格のもの」としつつ「退職給与引当金については全額内部留保に算入する立場を、私はとっている」と述べている。

さらに大橋 [2005] は、退職給与引当金の性格について次のように指摘している。

> 従業員の退職金の支払に備えるという名目で、従来、税法では退職給与引当金の設定が認められていた (法第55条)。退職給与引当金の累積限度額は、経済の高度成長期を中心に、全従業員が自己の都合によって退職すると仮定した場合に、退職給与規定により計算される退職給与額の合計 (これを期末要支給額という) の50%であったが、低成長経済への移行にともない1980年より40%に縮小された。このような現実にはありえないような全労働者の半数近くが退職した場合に備えた額の計上が認められる引当金が、費用、収益の対応という論理によって説明されえない

ことはいうまでもない。(大橋 [2005] 86頁)

このように大橋 [2005] は、退職給与引当金を支える算定根拠の虚構性を指摘し、やはり内部留保項目であると論じている。

以上、いずれの論者も様々な理論的観点から退職給与引当金が内部留保項目であるとし、経営分析においても内部留保の算出に際して退職給与引当金を重要な加算項目としてきたのである。

3　退職給付会計の概要と特徴

退職給付に関する会計は、国際会計基準 (International Accounting Standards：IAS) において1983年にIAS第19号「事業主の財務諸表における退職給付の会計」として策定され、1998年には改訂IAS第19号「従業員給付」が公表された。この基準が日本における1998年の「退職給付に係る会計基準の設定に関する意見書」の基本骨格をなすものとなった。国際会計基準においては2011年に改訂IAS第19号の再改訂が行われ、また2013年には確定給付に関する部分の修正が行われ、現在に至っている。日本においてもそれに影響を受ける形でいくつかの部分的修正を経ながら、2012年の企業会計基準第26号「退職給付に関する会計基準」へと変化してきた。以下では、退職給付会計の基本的な仕組みと特徴を述べるに当たり、IAS第19号と日本の会計基準を中心に論じることとしたい。

IASでは、退職給付引当金を給付建負債、退職給付費用を退職後給付費用とし、日本の基準と異なる用語を使用しているが、基本的な会計処理の仕組みは共通している。退職給付会計は、年金負債と年金資産を比べて不足分を退職給付引当金として貸借対照表に負債計上し、年金負債の当期増加分を退職給付費用として損益計算書に計上するものである。したがって、退職給付会計の要点は、貸借対照表に計上されない年金資産と年金負債をどのように測定するのか、という点となる。

(1) ▶ 年金負債の測定

年金負債（退職給付債務）の測定は、次の3要素により算定される。
　①退職時の退職給付見込額を見積る。
　②退職給付見込額を各勤務期間に配分し、発生済みの見込額を確定する。
　③発生した見込額を現在価値に割り引き、年金負債額を算出する。

①における退職時の退職給付見込額は、死亡率、昇級率等の基礎率を使用する保険数理計算により見積られる。年金負債の測定では、退職給付見込額の算出が出発点となるため、重要な要素である。この退職給付見込額の算出で用いられる基礎率変動の認識・見直しについては、当初は「回廊」方式であったが現在は「即時認識」方式に変化してきている。

1998年の改訂IAS第19号は、「長期的には、保険数理上の利得および損失は互いに相殺されるかもしれない。したがって、退職給付債務の見積額は、最善の見積りの近辺の範囲すなわち『回廊』であると見るのが最も妥当である。企業は、その範囲以内にとどまる保険数理上の利得又は損失がプラス又はマイナス10%の『回廊』の外に出る場合には、本基準書は最小限その特定部分を認識することを要求する」とし、回廊ルールを認識基準としていた。すなわち、回廊ルールはプラス・マイナス10%を幅とし、その幅にとどまる場合は変動を認識せず、その幅を超えた場合には認識すると設定していた。

しかし、その後の2011年再改訂では「回廊」ルールは廃止され、「即時認識」方式へと変更された。日本の基準は、当初「割引率等の計算基礎率に重要な変動が生じていない場合にはこれを見直さないことができる」とし、「回廊」ルールではなく基礎率の変動判断を企業に委ねる重要性基準を採用していたが、やはりIASの改訂に従い、2012年基準では「即時認識」方式を採用するに至っている。

(2) ▶ 退職給付費用の測定

　退職給付費用とは、将来の退職給付のうち当期の負担に属する費用である。年金負債は従業員の勤務により毎期増加していくが、この当期増加分が退職給付費用として損益計算書に計上される。退職給付費用は、次の6要素により算出される。

　　①勤務費用（当期に発生した退職給付見込額）
　　②利息費用（期首の退職給付債務に割引率を乗じて計算した当期の利息分）
　　③年金資産の期待運用収益
　　④数理計算上の差異の費用処理額
　　⑤過去勤務債務の費用処理額
　　⑥会計基準変更時差異の費用処理額

①＋②が退職給付見込額のうち当期に発生した部分である。③は年金資産の運用によって期待される収益であり、④は年金資産や年金負債の測定の際に仮定された期待収益率や基礎率が実際の数値と異なっていた場合に生じる損益である。⑤は給付制度の変更があった場合の以前からの退職給付債務の修正であり、⑥は年金会計が新たに導入された場合の修正である。この6要素を用いて退職給付費用が算出されるが、この算出過程を式で表すと、次のようになる。

　　　　退職給付費用＝勤務費用＋利息費用－年金資産の期待収益
　　　　　　　　　　±数理計算上の差異の費用処理額
　　　　　　　　　　±過去勤務債務の費用処理額
　　　　　　　　　　±会計基準変更時差異の費用処理額

(3) ▶ 年金資産の測定

　年金資産は、企業外の保険会社や信託銀行等に掛金が積み立てられることにより外部積立（企業外蓄積）されたものである。退職給付会計においては、この年金資産は期末における公正な評価額で時価評価される。

IAS第19号では、現在価値計算で使用する割引率については優良社債の利率を参照すること、市場が十分に活発でない国では国債の利率を使用することを規定し、市場価格を入手できない場合には将来の予測キャッシュフローを割引率を用いて年金資産の公正価値を算出することを規定している。

　年金負債・年金資産ともに、見積りによって算出されるため、市場の変動により基礎率や割引率の見直しが必要となる場合がある。当初のIAS第19号では、見直しにより差異が生じた場合は、即時に認識するのではなく、徐々に認識するという「遅延認識」方式がとられていた。「回廊」ルールと「遅延認識」はワンセットとなっていた。「遅延認識」では、未認識項目は年金負債から控除して退職給付引当金を算出することとなる。

　しかし、「遅延認識」は先に述べたように「回廊」ルールの廃止とともに「即時認識」方式へと変更となっている。日本の基準も基本的にはIASと同じく現在は「即時認識」方式が採用されることとなっている。

　「回廊」ルールの廃止により、数理計算の差異等や過去勤務債務等の未認識項目がオンバランスされ、即時認識されることとなった。即時認識された数理計算の差異等は、損益計算書に計上されず、純資産の増減としてその他包括利益に計上されることとなる。また、年金資産と年金負債の再測定の影響も、その他包括利益として認識される。このことによって退職給付会計の時価評価が大きく進んだといえる。

(4) ▸ 退職給付引当金の設定

　退職給付費用が計上される際に、対応して設定されるのが退職給付引当金である。退職給付引当金は年金資産と年金負債の測定により年金資産が積立不足となった場合に設定される。毎期、従業員の勤務年数が増大するに伴って、そこから計算される年金負債の増加分が加算されるので、期末には年金資産は常に積立不足となる。それに対応するのが退職給付引当金である。またそれ以外の要因でも積立不足は生じるが、年金資産の積立不足を表示するのが退職給付引当金であった。それでは、退職給付引当金の性格をどのように捉えたらよいのであろうか。

この点については次節で検討したい。

4 │ 退職給付引当金と退職給与引当金の相違

(1) ▸ 積立不足による退職給付引当金

　退職給与引当金と退職給付引当金には、どのような違いがあるのであろうか。

　大きな違いは、退職給付の積立方法が企業内部引当（企業内蓄積）と外部積立（企業外蓄積）のいずれであるかという点にある。退職給与引当金の場合は、企業内部引当の方法がとられてきた。退職給与引当金は退職一時金の支払いのために準備されるものであるが、企業の貸借対照表の貸方に設定される。退職一時金支払いのための資産が借方に明示的に積み立てられるわけではないが、貸方の退職給与引当金に見合う資産が借方に存在すると見ることができる。退職給与引当金の設定に際して退職給与引当金繰入額が費用として計上されるが、これは現金支出を伴う費用ではないので、その分の資金が企業内部に蓄積されるからである。多くの論者が退職給与引当金を内部留保項目としてきたのは、このような資金の留保効果を前提にしている。先に見たように退職給与引当金とそれから生まれる内部資金は、従業員への確定債務とはいえず、利益留保から生まれる利用可能な資金であるとして捉えられてきた。退職一時金に関わる資金も企業の保有する資産の中に明示されずに溶け込んでしまい、企業は結果としてそれを自由に使用することが可能であったということができる。

　それに対して、退職給付引当金は退職給付の積立方法が基本的に外部積立に変わることから生まれる引当金である点に大きな違いがある。企業外部に積み立てられる資産は「年金資産」と呼ばれる。退職給与引当金とそれから生まれる資金がすべて貸借対照表に計上されたのと違い、外部積立の資産は企業の資産とは区別される点が大きく異なる。

　企業会計基準第26号は「「年金資産」とは、特定の退職給付制度のために、

その制度について企業と従業員との契約（退職金規程等）等に基づき積み立てられた、次のすべてを満たす特定の資産をいう」として、次の4点をあげている。
- （1）退職給付以外に使用できないこと
- （2）事業主及び事業主の債権者から法的に分離されていること
- （3）積立超過分を除き、事業主への返還、事業主からの解約・目的外の払出し等が禁止されていること
- （4）資産を事業主の資産と交換できないこと

　年金資産は、退職により見込まれる退職給付の総額（「退職給付見込額」）のうち、期末までに発生していると認められる額を割り引いて計算される年金負債（退職給付債務）に見合うものとして積み立てられる。毎期、従業員の勤務年限が伸びることに従い、退職給付債務は増加し、それに見合って年金資産も積み増されねばならない。その際、退職給付債務の増加分が退職給付費用として計上され、それに対応して退職給付引当金が毎期末に設定される。退職給付引当金の分はその後、外部の金融機関に掛け金として積み立てられることによって解消されるのが基本である。それを仕訳で表現すれば次のようになる。

　・期末に退職給付費用と退職給付引当金が計上される。
　　　（借）退職給付費用　　○○○　　（貸）退職給付引当金　○○○
　・その後、退職給付費用分を掛け金として外部に支払う。
　　　（借）退職給付引当金　○○○　　（貸）現　　　　金　　○○○

　退職給付会計では、このように退職給付引当金は期末の退職給付債務の増加分（退職給付費用）に対応して生まれる経過的な科目であり、ただちに解消されることが想定される科目であると考えられる。
　しかし、それ以外にも年金資産と退職給付債務とのズレは常に生じる可能性があり、特に年金資産が積立不足の場合、図表8-1のように退職給付引当金が設定される。図表8-1では退職給付費用により生まれる退職給付引当金と別の要因からの積立不足から設定される退職給付引当金を一つにして表示

図表8-1 積立不足による退職給付引当金の設定

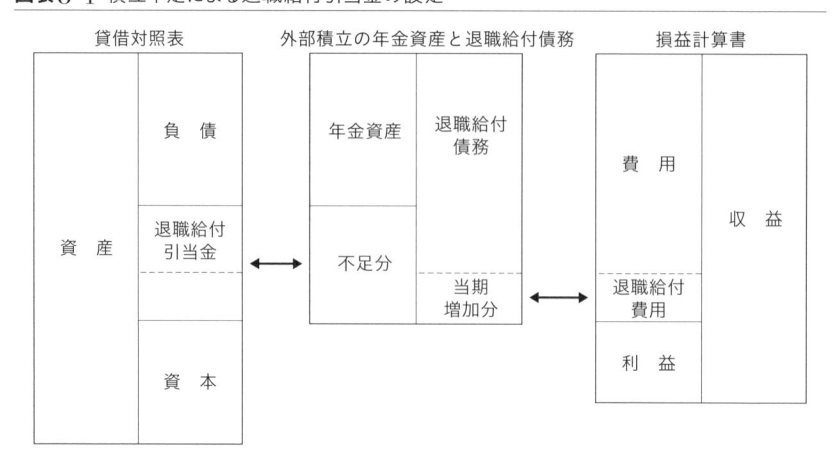

貸借対照表	外部積立の年金資産と退職給付債務	損益計算書
資産 / 負債・退職給付引当金・資本	年金資産・退職給付債務・不足分・当期増加分	費用・退職給付費用・利益 / 収益

してある。

　積立不足が生じるのは、年金資産が期待されたほどの利息が付かず、運用収益による資産の増加が見込まれない場合や年金資産の時価が下がった場合などである。すべてが見積りによって組み立てられているため、予想とのズレが生じるのである。その場合に設定される退職給付引当金は、毎期生じる増加分の受け皿として生じる退職給付引当金とは異なっている。というのは毎期の増加分のための退職給付引当金は外部への掛け金の支払いによって解消されるが、積立不足により設定される退職給付引当金は解消されることなく存続するからである。このような退職給付引当金は外部積立を補完する形で内部引当として存在している。内部引当という点から見れば、それは退職給与引当金と同じ性格をもつと考えられる。

　外部での積立不足を埋めるために、企業内部に資金として留保されるのが退職給付引当金である。単に積立不足を示すためにあるのではなく、内部留保として存在していると見なければならない。

　積立不足により設定される退職給付引当金の会計的性格は、徳賀［2001］が述べるように「退職給付引当金の金額は、退職給付として母体企業に内部留保されている金額を示しており、積立不足を示している訳でない」（徳賀［2001］18-19頁）のである。

さらに、電機メーカーの内部留保分析に関して、小栗 [2010] は次のように述べている。

> 退職給付引当金が大きいのは、要因は様々であり、状況を判断するのは難しい。退職給付引当金は、社外の金融機関に蓄積された退職給付のための資産が不足した場合に、設定される引当金である。社外の金融機関に不足分が支払われれば、引当金は必要でなくなる。引当金が多額に設定されている場合は、社外に支払うことなく、資金を内部に留保していることを意味する。不足が生じるのは、金融機関の資産運用が金利の低下や株価の下落などで予定通りにいかない場合である。そうした場合、従業員の平均年齢が高い企業では積立額が大きい分だけ不足額も大きくなる傾向にある。そうした点で見ると、総合電機メーカーの退職給付引当金が大きいのは、従業員の平均年齢が高いこともあれば、不足額の支払をせずに引当金のままにしていることなどが考えられるのである。いずれにしても退職給付引当金は広義の内部留保の中で大きな位置を占めるものといわねばならない。（小栗 [2010] 259頁）

すなわち、積立不足による退職給付引当金の計上は内部留保項目として分析対象にすべきであるといえる。

(2) ▶ 積立超過についての検討

それでは、積立超過の場合にはどのように考えればよいだろうか。積立超過は、①年金資産の実際運用収益が期待運用収益を超過する場合、②数理計算上の差異の発生により退職給付債務が減少または年金資産が増加する場合、③退職給付水準の引き下げにより退職給付債務が減少する場合、に発生すると考えられる。年金資産が退職給付債務を超過する場合の超過額は、年金掛金の減少または剰余金として企業に返還される可能性がある。

改訂IAS第19号は、年金資産の積立による超過の剰余金を貸借対照表において資産として認識する。日本の意見書では年金資産が退職給付債務を

超過する場合は、その超過額を退職給付債務から控除することはできないとし、前払年金費用とする。2012年基準では、積立超過を連結財務諸表上、「退職給付に係る資産」とすることとなった。

　年金資産の性格について谷江〔2003〕は、「年金資産は、企業の資産とは必ずしもいえない側面をもっている。また、信託から支払われる退職給付も退職給付制度の枠組みの中にあることが退職金規程等により確認できれば、当該信託財産と退職給付債務との対応関係が認められることになる。この当該信託財産も、事業主から法的に分離されており、その管理・運用・処分も受託者が信託契約にもとづいて行うので受託者に移転する。企業の年金資産や年金信託財産は、その使途に制限が加えられており、その所有権も受託者に移転する。しかしながら、アメリカでは「M&A（企業の買収・合併）、企業年金制度の清算等の場合には、企業年金資産は『企業の第2の資産』としての役割を与えられるのである」（牟田〔1990〕69頁）。アメリカでは、このように年金資産の積立超過が多くなると含み資産として評価され、M&Aの標的にされかねない。また、包括退職年金信託契約に基づき創設された信託機関にたいして年金資産の一部に自社株が拠出される場合がある。この信託機関が子会社であれば企業集団内部で年金資金（ここでは自社株）が移動しているだけで、「企業の第2の資産」が形成されているのである」（谷江〔2003〕108-109頁）と指摘している。

　積立超過を剰余金として計上し、その超過額を企業が支配する場合には、その金額は企業の内部留保として考えるべきである。また、年金資産が投資家にとっての企業価値算定の重要な要素とみなされることからも、積立超過を内部留保項目として分析対象とすべきと思われる。

5 ケーススタディ

　本節では、退職給付引当金について基礎的な分析を行い、日本基準による開示のケースおよびIAS第19号による開示のケースを中心に検討を進めていきたい。最初に基礎的な退職給付引当金の分析を企業数社に適用して行

い、次に日本基準を採用するシャープのケースとIAS第19号を適用している日本たばこを比較する。さらに米国基準を適用しているトヨタ自動車のケースについて、内部留保分析の視点から検討したい。本節における検討・分析においては、日本基準とIAS第19号および米国基準との会計構造の違いが重要であるので、ケーススタディに入る前にこれらの基準による会計構造の主要な違いについて確認したい。

日本基準による退職給付会計において、「未認識過去勤務債務」と「未認識数理計算上の差異」は発生した年度に会計処理するのではなく、一定の期間に徐々に会計処理する方法が採られていた。これを「遅延認識」という。一方、IAS第19号や米国基準においては、未認識の項目を発生した年度に会計処理する方法が採られている。これを「即時認識」という。

日本基準においては、認識済給付債務から年金資産を控除した金額が退職給付引当金として計上される基本的な計算構造となっていた。「未認識過去勤務債務」と「未認識数理計算上の差異」は、貸借対照表上の退職給付引当金として認識せずにオフバランスとし、次期以降に繰り延べることにより一定年数にわたり償却される。

一方、即時認識を採用するIAS第19号や米国基準においては、これらの未認識項目は発生した年度に認識し、貸借対照表上の退職給付引当金にオンバランスする。したがって、貸借対照表上に計上される退職給付引当金の金額が未認識項目の分だけ多額となる。その後、日本においても平成26年度の連結決算より未認識項目が貸借対照表の退職給付引当金にオンバランスされることとなった。企業会計基準第26号「退職給付に関する会計基準」が平成24年5月17日、企業会計基準委員会より公表され、平成25年度から連結決算において適用されるからである。具体的には、認識基準が遅延認識から即時認識へと変わり、これまで負債計上されなかった未認識項目をオンバランスさせる基準へと変わり、再改訂されたIAS第19号に近いものとなる。本節では主に平成24年度の連結決算（平成25年度3月期決算）を用いるため、日本基準を採用する企業のケースでは未認識項目が計上されていないが、平成25年度の連結決算より企業会計基準第26号「退職給付に関する会計基準」を適用し、未認識項目を計上することとなるので、今後も退職給付引当金に

図表8-2 退職給付引当金についての基礎的な分析(平成24年度連結決算)（単位：百万円）

	日本航空	日本通運	シャープ	日本たばこ	日産自動車	トヨタ自動車	東京三菱UFJ
退職給付債務	404,537	177,661	329,085	623,797	1,179,660	2,227,571	2,055,752
従業員数(人)	30,882	64,834	50,647	49,507	160,530	333,498	85,854
従業員1人当たり退職給付債務(円)	13,099,443	2,740,244	6,497,621	12,600,178	7,348,533	6,679,413	23,944,743
年金資産	233,109	47,974	224,509	372,425	905,464	1,569,497	2,190,249
退職給付引当金	154,483	46,914	1,668	266,281	164,503	766,112	84,911
積立不足額	171,428	129,687	104,576	251,372	274,196	658,074	−134,497
積立不足率(%)	42.38	73.00	31.78	40.03	23.24	29.54	−6.54
対純資産比率(%)	29.38	25.02	77.56	13.29	6.73	5.15	−0.99
割引率(平均値)	1.65	1.00	1.50	(国内)1.00 / (海外)2.95	(国内)1.60 / (海外)3.10	(国内)1.70 / (海外)4.50	(国内)0.90 / (海外)5.40
期待運用収益率(平均値)	1.69	2.50	3.10	— / —	(国内)3.00 / (海外)4.00	(国内)2.50 / (海外)7.00	(国内)2.30 / (海外)5.90

(出所) 各社の平成24年度(平成25年3月期)「有価証券報告書」より作成。

注目する必要があることを指摘しておきたい。

(1) ▶ 退職給付引当金についての基礎的な分析

　野中［2005］(190-191頁)の分析を適用した平成24年度決算による退職給付引当金の基礎的な分析が次の図表8-2である。本表での数値は連結決算の数値を用いている。なお、日本たばこはIAS第19号を適用しており、トヨタ自動車は米国基準を適用している。日本航空、日本通運、シャープ、日産自動車、東京三菱UFJは日本基準で作成されたものである。

　退職給付債務額は、日本航空が4,045億円、日本通運が1,776億円、シャープが3,290億円、日本たばこが6,237億円、日産自動車が1兆1,796億円、トヨタ自動車が2兆2,275億円、東京三菱UFJが2兆557億円であることがわかる。退職給付債務額を従業員数で割ることにより算出したものが従業員1人当たり退職給付債務である。従業員1人当たり退職給付債務は、日本航空が1,309万円、日本通運が274万円、シャープが649万円、日本たばこが1,260万円、日産自動車が734万円、トヨタ自動車が667万円、東京三菱UFJが2,394万円となっている。

積立不足額を見ると、日本航空が1,714億円、日本通運が1,296億円、シャープが1,045億円、日本たばこが2,513億円、日産自動車が2,741億円、トヨタ自動車が6,580億円である。東京三菱UFJの数値にマイナスが付いているが、これは積立超過を表している。すなわち、年金資産が退職給付債務を超過した場合であり、1,344億円超過している。積立不足率は、積立不足額を退職給付債務額で除したものである。積立不足率は、日本航空が42.38％、日本通運が73％、シャープが31.78％、日本たばこが40.03％、日産自動車が23.24％、トヨタ自動車が29.54％、東京三菱UFJがマイナス6.54％である。東京三菱UFJの数値がマイナスとなっているのは、積立超過によるものである。7社中、積立不足率が最も低い日産自動車は対純資産比率も6.73％と低くなっている。また、7社中、積立不足率が73％で最も高いのは日本通運である。そして、東京三菱UFJは積立超過のために積立不足率も対純資産比率もマイナスの数値となっている。東京三菱UFJの前年度・年金資産は1兆9,623億円であったが、2兆1,902億円に増加していることが主な要因である。期待運用収益率については、日本たばこ、日産自動車、トヨタ自動車、東京三菱UFJが国内と海外に分けて公表している。トヨタ自動車の期待運用収益率が7.00％（海外）と最も高く、次いで東京三菱UFJが5.90％（海外）となっている。日本たばこの期待運用収益率は、平成24年度決算の注記事項では公表されていない。

（2）▶ 開示例と内部留保分析

　次に日本基準を適用している例として、シャープの事例を見ていく。シャープの有価証券報告書における注記では、次のように説明している。

> 　当連結会計年度末における退職給付債務及び年金資産の見込額に基づき、当連結会計年度末において発生していると認められる額を計上している。過去勤務債務は、その発生時の従業員の平均残存期間以内の一定の年数（16年）による按分額により費用処理している。数理計算上の差異は、主としてその発生時の従業員の平均残存勤務期間以内の一定の年

図表8-3 シャープの開示例（単位：百万円）

(退職給付債務に関する事項)

(1)	退職給付債務	−329,085
(2)	年金資産	224,509
(3)	未積立退職給付債務〈(1)+(2)〉	−104,576
(4)	未認識数理計算上の差異	145,344
(5)	未認識過去勤務債務（債務の減額）	−20,059
(6)	前払年金費用	22,377
(7)	退職給付引当金〈(3)+(4)+(5)−(6)〉	−1,668

(退職給付費用に関する事項)

(1)	勤務費用	11,672
(2)	利息費用	8,438
(3)	期待運用収益	−7,951
(4)	数理計算上の差異の費用処理額	12,888
(5)	過去勤務債務の費用処理額	−3,015
(6)	退職給付費用〈(1)+(2)+(3)+(4)+(5)〉	22,032

(退職給付債務等の計算の基礎に関する事項)

(1)	退職給付見込額の期間配分方法	主としてポイント基準
(2)	割引率	1.5%
(3)	期待運用収益	3.1%
(4)	過去勤務債務の処理年数	16年
(5)	数理計算上の差異の処理年数	16年

数（16年）による按分額により翌連結会計年度から費用処理することとしている。

　日本基準を適用するシャープの開示では、①遅延認識をすること、②退職給付支払額が注記に記載されていないこと、③年金資産の運用について公表していないこと、の3点を指摘することができる。日本基準における開示は、①退職給付債務についての事項、②退職給付費用についての事項、③退職給付債務についての計算基礎事項、の3点に限られている。積立の状況（積立不足または積立超過）等がわかり、基礎的な分析を行うことはできるが、より実態に迫った内部留保分析を行うためには給付の支払額の開示が必要である。

　それでは、IAS第19号を適用する日本たばこの開示はどのようになっているのだろうか。

　日本たばこの注記・関連情報によると、(1)従業員給付の中で、①確定給

図表8-4 日本たばこの開示例（単位：百万円）

（確定給付制度債務の調整表）

勤務費用	17,304
利息費用	16,123
制度加入者からの拠出額	875
数理計算上の差異の当期発生額	66,189
給付の支払額	(34,443)
過去勤務費用の当期発生額	(523)
特別退職加算金	799
制度の終了(縮小・清算)等による増減額	(49)
在外営業活動体の換算差額	44,462
その他の増減	252
2013年3月31日　残高	623,797

（制度資産の調整表）

期待運用収益	11,120
数理計算上の差異の当期発生額	28,060
事業主からの拠出額	12,319
制度加入者からの拠出額	875
給付の支払額	(18,842)
在外営業活動体の換算差額	34,897
その他の増減	1,914
2013年3月31日　残高	372,425

（確定給付制度債務及び制度資産の調整表）

積立型の確定給付制度債務	396,044
制度資産	(372,425)
小計	23,619
非積立型の確定給付制度債務	227,753
未認識過去勤務費用	84
連結財政状態計算書に計上された負債と資産の純額	251,456
退職給付に係る負債	266,281
退職給付に係る資産	(14,825)
連結財政状態計算書に計上された負債と資産の純額	251,456

（確定給付制度債務及び制度資産の実績との修正）

確定給付制度債務	623,797
制度資産	(372,425)
未積立の給付債務	251,372
実績による修正(確定給付制度債務)	19,333
実績による修正(制度資産)	(28,060)

図表8-5 日本たばこにおける退職給付引当金の取り崩し状況(単位:百万円)

	平成22年度 11年3月期	平成23年度 12年3月期	平成24年度 13年3月期
給付の支払額 確定給付制度債務	35,814 514,579	34,525 512,808	34,443 623,797
実際の使用割合	6.96%	6.73%	5.52%
給付の支払額 退職給付に係る負債	35,814 214,339	34,525 225,226	34,443 266,281
実際の使用割合	16.71%	15.33%	12.93%

付制度債務の調整表、②制度資産の調整表、③確定給付制度債務及び制度資産の調整表、④制度資産の主な内訳、⑤数理計算上の仮定に関する事項、⑥確定給付制度債務及び制度資産の実績との修正、⑦退職給付に関連する損益、の6項目を開示し、(2)共済年金給付の中で、①共済年金給付債務の調整表、②数理計算上の仮定に関する事項、を開示し、(3)連結包括利益計算書の「その他の包括利益」に含まれている数理計算上の差異の増減、を開示し、最後に(4)その他の従業員給付、を開示している。

　IAS第19号を適用する日本たばこの開示では、①即時認識を採用すること、②退職給付支払額が記載されていること、③年金資産(制度資産)の運用状況が記載されていること、が指摘できる。内部留保分析を行う上では、退職給付支払額が開示されていることが重要である。なぜなら、内部留保された退職給付引当金を取り崩し、実際に支払いに充てた割合を比率として算出することができるからである。

　図表8-5は、「確定給付制度債務の調整表」中の給付の支払額を、確定給付制度債務額(同表の2013年3月31日残高では623,797百万円。退職給付債務額)で割り、実際の使用割合を比率で算出したものである。なお、この分析手法は、小栗・谷江［2010］(118-120頁)を参考としている。

　IAS第19号を適用してから3か年のデータしか分析することができないが、退職給付債務額のうち実際に取り崩されて使用された割合は、平成22年度で6.96%、平成23年度で6.73%、平成24年度で5.52%である。つまり、5〜7%程度が内部留保された退職給付債務から支払いに充てられているといえ、93〜95%程度が蓄積されたままの状態であることがわかる。

図表8-6　日本たばこにおける年金資産(制度資産)の取り崩し状況(単位：百万円)

	平成22年度 11年3月期	平成23年度 12年3月期	平成24年度 13年3月期
給付の支払額 制度資産	19,172 307,166	19,193 302,082	18,842 372,425
実際の使用割合	6.24%	6.35%	5.06%
給付の支払額 退職給付に係る資産	35,814 6,769	34,525 14,371	34,443 14,825
実際の使用割合	529.09%	240.24%	232.33%

　また、連結財政状態計算書(貸借対照表)の負債の部に計上された退職給付に係る負債(退職給付引当金)を用いて、同様に分析した結果が図表8-5の下段である。この分析によれば、実際の使用割合は平成22年度に16.71%、平成23年度に15.33%、平成24年度に12.93%となっており、13～17%程度が内部留保された退職給付引当金から支払いに充てられていることがわかる。すなわち、83～87%が蓄積されたままの状態である。

　図表8-6は、「制度資産の調整表」中の給付の支払額を、制度資産(年金資産。同表の2013年3月31日残高では372,425百万円)で割り、実際の使用割合を比率で算出したものである。

　制度資産(年金資産)のうち実際に取り崩された割合は、平成22年度に6.24%、平成23年度に6.35%、平成24年度に5.06%である。年金資産から実際に使用されて支払われた割合は、5～6%に過ぎないことがわかる。一方、貸借対照表の資産の部に計上されている退職給付に係る資産(前払年金費用)で使用割合を算出したものが図表8-6の下段であるが、230～529%となっている。従業員への将来の年金支払のために使途を拘束して企業が外部に積み立てているものが年金資産(制度資産)であるが、貸借対照表に計上されている退職給付に係る資産は年金資産(制度資産)のごく一部であり、内部留保分析上は年金資産(制度資産)を用いることが適切であろう。

　図表8-7はトヨタ自動車の内部留保分析を行うために開示例を示したものである。トヨタ自動車が米国会計基準を適用した平成16年度から平成24年度のデータである。期末予測給付債務(退職給付債務)を表した後に、年金資産の変動を開示した箇所を掲載している。この開示例においても退職給付支

図表8-7 トヨタ自動車の開示例（単位：百万円）

	平成16年度 05年3月期	平成17年度 06年3月期	平成18年度 07年3月期	平成19年度 08年3月期	平成20年度 09年3月期
期末予測給付債務	1,450,739	1,582,958	1,707,969	1,693,155	1,632,779
（年金資産の変動）					
期首年金資産公正価値	1,049,815	934,684	1,276,204	1,425,451	1,282,048
運用収益	43,866	276,416	87,471	−206,101	−307,293
買収およびその他	−10,304	35,908	2,734	−26,851	−43,851
会社による拠出	86,128	92,121	133,530	169,543	131,412
従業員拠出	1,078	578	1,988	767	835
退職給付支払額	−74,990	−63,503	−76,476	−80,761	−84,139
期末年金資産公正価値	934,684	1,276,204	1,425,451	1,282,048	979,012
年金状況 （退職給付引当金）	516,055	306,754	2,82,518	411,107	653,767

	平成21年度 10年3月期	平成22年度 11年3月期	平成23年度 12年3月期	平成24年度 13年3月期
期末予測給付債務	1,726,747	1,729,178	1,947,387	2,227,571
（年金資産の変動）				
期首年金資産公正価値	979,012	1,179,051	1,183,385	1,270,771
運用収益	174,043	24,216	16,309	191,500
買収およびその他	158	−39,374	47,547	59,874
会社による拠出	111,815	96,458	94,815	89,260
従業員拠出	763	1,046	1,055	1,164
退職給付支払額	−83,740	−78,012	−72,340	−43,072
期末年金資産公正価値	1,179,051	1,183,385	7,270,771	1,569,497
年金状況 （退職給付引当金）	547,696	545,793	676,616	658,074

払額が表示されており、内部留保分析に利用することができる。

　退職給付支払額を期末予想給付債務（退職給付債務）で割ったものが、図表8-8の上段に算出した実際の使用割合である。平成16年度は5.17％、平成17年度は4.01％、平成18年度は4.48％、平成19年度は4.77％、平成20年度は5.15％、平成21年度は4.85％、平成22年度は4.51％、平成23年度は3.71％、平成24年度は1.93％に推移している。つまり、退職給付債務のうち実際に使用されて取り崩されたのは2～5％程度でしかなく、使用されずに残った退職給付債務が90％以上蓄積されていることがわかる。

　同様に、貸借対照表に計上された退職給付引当金が実際に使用された割

図表8-8 トヨタ自動車における退職給付引当金の取り崩し状況(単位：百万円)

	平成16年度 05年3月期	平成17年度 06年3月期	平成18年度 07年3月期	平成19年度 08年3月期	平成20年度 09年3月期
退職給付支払額 期末予測給付債務	74,990 1,450,739	63,503 1,582,958	76,476 1,707,969	80,761 1,693,155	84,139 1,632,779
実際の使用割合	5.17%	4.01%	4.48%	4.77%	5.15%
退職給付支払額 年金状況 (退職給付引当金)	74,990 516,055	63,503 306,754	76,476 282,518	80,761 411,107	84,139 653,767
実際の使用割合	14.53%	20.70%	27.07%	19.64%	12.87%

	平成21年度 10年3月期	平成22年度 11年3月期	平成23年度 12年3月期	平成24年度 13年3月期
退職給付支払額 期末予測給付債務	83,740 1,726,747	78,012 1,729,178	72,340 1,947,387	43,072 2,227,571
実際の使用割合	4.85%	4.51%	3.71%	1.93%
退職給付支払額 年金状況 (退職給付引当金)	83,740 547,696	78,012 545,793	72,340 676,616	43,072 658,074
実際の使用割合	15.29%	14.29%	10.69%	6.55%

合を見ると、平成16年度が14.53％、平成17年度が20.70％、平成18年度が27.07％、平成19年度が19.64％、平成20年度が12.87％、平成21年度が15.29％、平成22年度が14.29％、平成23年度が10.69％、平成24年度が6.55％となっており、退職給付引当金の80％以上が使用されずに内部留保されていることがわかる。

6　まとめとして

　角瀬［2000］は、退職給付引当金の性格について、「企業の従業員にたいする確定債務が法的にも明確にならないかぎり、退職給付引当金については、以前の退職給与引当金と同様に、負債と資本との二面性をもった、灰色的な性格はなくならないといえます。(中略)したがって退職給付引当金はこれまでの退職給与引当金のより一層発展したものとして、内部留保に算入する必

要があるのです」(角瀬 [2000] 34頁) と述べている。退職給付会計の導入は、場合によっては退職給与引当金を企業の労働政策により内部留保を促進させる働きをもつものと考えられる。退職給付引当金は「企業の存続する限り活用可能な半永久的資金ということができる」ものとして、内部留保と考えるべきであろう。

谷江は、退職給付引当金が内部留保に含まれる根拠について、次のように述べている。

①退職金の引当てに見合う資産が100％準備され、使途が拘束されていないかぎり、その資産の大部分は、支出までの間、企業が自由に利用できるものとなります。引当金方式にすると、毎期の退職金・企業年金の何倍もの金額を退職給付引当金繰入額として費用に落とすことになります。この費用部分だけ純利益を縮小することになります。

②また企業年金の受益権に対する労働者の法的保護が確立されていないかぎり、確定債務とはいえず、企業年金に対する労働者の権利の切り下げが行われることも多くなっています。つまり企業年金の受益権は、不確定債務の要素をもつといえます。最近の例では日本航空の経営破綻に対する財務的支援に際して、在職者の年金を50％引き下げ、退職者の既受給者の年金を70％に引き下げることになりました。

③しかも(中略)退職給付債務の現在価値の計算で割引率を用いたり、また期待収益率、昇給率、死亡率などの多くの見込みや不確定要素を前提に行われたりしています。

④また、年金資産の運用次第では、株価の上昇などにより積立過剰となる企業も出てきます。以上の点からも退職給付引当金は、負債とはいえず、内部留保といえます。(小栗・谷江 [2010] 107-108頁)

「退職給与引当金」と「退職給付引当金」では退職給付の積立方式が大きく異なるに至ったことは、これまで述べてきた通りである。外部積立の資金もある意味で内部留保といえるかもしれないが、本章では基本的にそれは企業の資産とは別建てのものと考えている。しかしそれも日本航空のように企

業の財政状況いかんでは変動することも見ておかねばならない。外部積立と併用される退職給付引当金は、退職給与引当金と同様に内部引当であることも明確となった。したがって本章の結論は、退職給付引当金がやはり内部留保として機能しているという点にある。退職給付引当金は企業によって多寡が異なる点も大きな特徴である。退職給付引当金が多い企業はそれだけ内部留保を意図していると見なければならない。その意味で、退職給付引当金は内部留保分析において重要な検討項目であるといわねばならない。

【主要参考文献】

井上雅彦・江村弘志［2002］『新しい退職給付制度の設計と会計実務──キャッシュフローに着目した経営改善』日本経済新聞社。
今福愛志［2000］『年金の会計学』新世社。
内川菊義［1981］『引当金会計論』森山書店。
大橋英五［2005］『経営分析』大月書店。
岡部利良［1955］「退職給与引当金費用性の吟味」『税経通信』第10巻第11号。
小栗崇資［2010］「電機メーカーの財務構造」丸山恵也・小栗崇資・古賀義弘・谷江武士・熊谷重勝編著『日本の製造業を分析する──自動車、電機、鉄鋼、エネルギー』唯学書房。
小栗崇資・谷江武士編著［2010］『内部留保の経営分析──過剰蓄積の実態と活用』学習の友社。
角瀬保雄［1995］『現代会計基準論──批判から提言へ』大月書店。
─────［2000］「ビクトリーマップと国際会計基準──内部留保の計算と関連して」『ビクトリーマップ2000年度版』。
企業会計基準委員会［2009］「退職給付会計の見直しに関する論点整理」。
─────［2010］「企業会計基準公開草案第39号 退職給付に関する会計基準（案）」。
─────［2012］「退職給付に関する会計基準」。
企業会計審議会［1998］「退職給付に係る会計基準の設定に関する意見書」。
谷江武士［1993］「年金会計」遠藤孝・角瀬保雄編著『現代会計・課題と展望』ミネルヴァ書房。
─────［2003］「年金会計」小栗崇資・熊谷重勝・陣内良昭・村井秀樹編『国際会計基準を考える──変わる会計と経済』大月書店。
徳賀芳弘［2001］「退職給付会計と利益概念」『會計』第159巻第3号。
野中郁江［2005］『現代会計制度の構図』大月書店。
野村秀和［1977］『現代の企業分析』青木書店。
牟田正人［1990］「米国企業年金制度の財務的意義」『経営行動』vol.5, No.3。
山口孝・山口不二夫・山口由二［2001］『企業分析〔増補版〕』白桃書房。

第 9 章

減損損失

1　減損会計基準

　本章では、新しい会計基準として「減損会計」に焦点を当て、固定資産の減損損失について内部留保論からの考察と内部留保分析における論点を明らかにする。

　バブル崩壊後、著しく低下した不動産等の固定資産の価格を適正に評価し、財務諸表の信頼性を確保するため、固定資産の減損会計の導入が検討された。その中で2002年8月に企業会計審議会から「固定資産の減損に係る会計基準の設定に関する意見書」(以下「意見書」)および「固定資産の減損に係る会計基準」(以下「基準」)が公表された。

　意見書では減損会計の導入の理由について第一に、当時不動産をはじめとする固定資産の価格や収益性の著しい低下や、それらの帳簿価格が価値を過大に表示したまま将来に損失を繰り延べているのではないかという疑念が示されていること。第二に、このような状況が財務諸表への社会的な信頼を損ねているという指摘や、減損に関する処理が整備されていないために、裁量的な固定資産の評価減が行われる恐れがあるとの見解があること。第三に、会計基準の国際的調和化を図る上でも減損処理に関する会計基準を整備すべきとの意見があったことが挙げられている(意見書、2頁)。

　翌年10月に「固定資産の減損に係る会計基準の適用指針」(以下「適用指針」)

が公表され、2003年3月31日から2004年3月30日までに終了する事業年度（早々期適用）および2004年4月1日以降開始される事業年度から適用が認められ（早期適用）2005年4月1日以降開始される事業年度からは強制適用とされた。

2　固定資産の減損とその概要

　減損会計とは、資産の収益性の低下により投資額の回収が見込めなくなった場合に、一定の条件の下で回収可能性を反映させるように帳簿価額を減額する会計処理である（意見書、4頁）。意見書は減損の基本的考え方として、「金融商品に適用されている時価評価とは異なり、資産価値の変動によって利益を測定することや、決算日における資産価値を貸借対照表に表示することを目的とするものではなく、取得原価基準の下で行われる帳簿価額の臨時的な減額である」としている（意見書、3頁）。固定資産の減損では評価益および評価損が認識・測定の対象となるのではなく、評価減のみが対象となる。この点でも金融商品の時価評価等の時価会計とは異なるものとされる（黒沢［2004］7頁）。つまり減損は時価評価価額を示すものではなく、減損処理後の投資額の回収可能価額を資産の帳簿価額として示すものである。

(1) ▸ 減損処理の概要

　減損処理の手順を略図化すると図表9-1のようになる。減損損失を認識すべきであると判定された資産または資産グループについては、帳簿価額を回収可能価額まで減額し、当該減少額を減損損失として当期の損失とする。

(2) ▸ 減損の対象とグルーピング

　減損会計基準の対象資産は固定資産であり（基準、一）、有形固定資産、無形固定資産および投資その他の資産が含まれる（適用指針、5）。ただし、他の

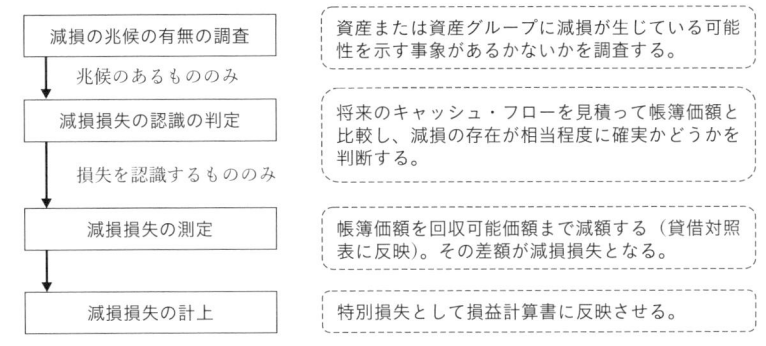

図表9-1 減損処理適用の基本的手順

```
┌─────────────────────┐   ┌─────────────────────────────────┐
│ 減損の兆候の有無の調査 │---│ 資産または資産グループに減損が生じている可能 │
└─────────────────────┘   │ 性を示す事象があるかないかを調査する。      │
          ↓ 兆候のあるもののみ  └─────────────────────────────────┘
┌─────────────────────┐   ┌─────────────────────────────────┐
│ 減損損失の認識の判定   │---│ 将来のキャッシュ・フローを見積って帳簿価額と │
└─────────────────────┘   │ 比較し、減損の存在が相当程度に確実かどうかを │
          ↓ 損失を認識するもののみ │ 判断する。                        │
                              └─────────────────────────────────┘
┌─────────────────────┐   ┌─────────────────────────────────┐
│ 減損損失の測定       │---│ 帳簿価額を回収可能価額まで減額する（貸借対照 │
└─────────────────────┘   │ 表に反映）。その差額が減損損失となる。      │
          ↓                └─────────────────────────────────┘
┌─────────────────────┐   ┌─────────────────────────────────┐
│ 減損損失の計上       │---│ 特別損失として損益計算書に反映させる。      │
└─────────────────────┘   └─────────────────────────────────┘
```

(出所) 黒沢［2004］『減損会計と不動産評価の実務』7項。

　基準に減損処理に関する定めがある、金融資産、繰延税金資産、無形固定資産として計上される販売目的のソフトウェア、前払年金費用、長期前払利息等財務活動から生ずる損益に関する経過勘定項目は対象資産には含まれない（基準、一および適用指針、5）。また複数の固定資産を独立したキャッシュ・フローを生み出す単位「資産グループ」と位置づけている。これは固定資産が通常、複数で営業活動に充てられるのが通常であるからである（醍醐［2008］155頁）。

(3) ▶ 減損の兆候

　減損処理は減損の兆候があった場合にのみ減損損失の認識・測定が行われる。減損の兆候は、
　　①営業活動から生じる損益またはキャッシュ・フローが継続してマイナスかマイナスとなる見込みの場合。
　　②資産または資産グループの使用範囲・方法に関し、回収可能性を著しく低下させる場合。
　　③経営環境の著しい悪化、
　　④資産または資産グループの市場価値が著しく低下した場合。
が想定されている（基準、二1.）。

(4) ▶ 減損の認識

　減損損失の認識に当たっては、減損の兆候がある資産または資産グループについて、当該資産または資産グループから得られる割引前将来キャッシュ・フローの総額がこれらの帳簿価額を下回る場合には減損損失を認識するものとしている（基準、二2.）。減損損失を認識するかどうかを判定するために割引前将来キャッシュ・フローを見積る期間は資産の経済的残存使用年数または資産グループの主要な資産の経済的残存使用年数と20年のいずれか短い方とするとある（基準、二2.）。

(5) ▶ 減損の測定

　その後、帳簿価額を回収可能価額まで減額し、当該減少額を減損損失として当期の損失とする（基準、二3.）。回収可能価額とは、資産または資産グループの正味売却価額と使用価値のいずれか高い方の金額をいう（減損会計基準 注解［以下「注解」］［注1］1.）。正味売却価額とは、資産または資産グループの時価から処分費用見込額を控除して算定される金額をいう（注解［注1］2.）。時価とは、公正な評価額をいう。通常、それは観察可能な市場価格をいい、市場価格が観察できない場合には合理的に算定された価額をいう（注解［注1］3.）。使用価値とは、資産または資産グループの継続的使用と使用後の処分によって生ずると見込まれる将来キャッシュ・フローの現在価値をいう（注解［注1］4.）。適用指針31項では、将来キャッシュ・フローは、割引率によって、現在価値に割り引くとある。

(6) ▶ 減損会計の将来キャッシュ・フロー

　現行の基準では、損失の認識の有無を判定するときは割引前のキャッシュ・フローを用い、損失を測定するときは割引後の将来キャッシュ・フローを用いるというダブル・スタンダードとなっている（醍醐［2008］158頁）。なお、ここで用いられる将来キャッシュ・フローについては以下の規定が設

けられている(基準、二4.)。

(1) 減損損失を認識するかどうかの判定に際して見積られる将来キャッシュ・フローおよび使用価値の算定において見積られる将来キャッシュ・フローは、企業に固有の事情を反映した合理的で説明可能な仮定及び予測に基づいて見積る。
(2) 将来キャッシュ・フローの見積りに際しては、資産または資産グループの現在の使用状況および合理的な使用計画等を考慮する。
(3) 将来キャッシュ・フローの見積金額は、生起する可能性の最も高い単一の金額または生起しうる複数の将来キャッシュ・フローをそれぞれの確率で加重平均した金額とする。
(4) 資産または資産グループに関連して間接的に生ずる支出は、関連する資産または資産グループに合理的な方法により配分し、当該資産または資産グループの将来キャッシュ・フローの見積りに際し控除する。
(5) 将来キャッシュ・フローには、利息の支払額ならびに法人税等の支払額および還付額を含めない。

(7) ▶ 減損の表示

　減損処理を行った資産の減損会計の財務諸表上の表示について、貸借対照表では、原則として、減損処理前の取得原価から減損損失を直接控除し、控除後の金額をその後の取得原価とする形式で行う。ただし、当該資産に対する減損損失累計額を、取得原価から間接控除する形式で表示することもできる。つまり、貸借対照表上は①当該資産からの直接控除する「直接控除方式」、②当該資産に対する控除項目(減損損失累計額)として表示する「独立間接控除方式」、③減価償却累計額と合算(減損損失累計額が含まれている旨注記)する「合算間接控除方式」のいずれかによって表示される。貸借対照表上の表示形式として認められているものの、減損損失累計額を表示する方法を採用している企業は少なく、多くの場合は直接控除方式での表示となっている。損益計算書においては、減損処理による減損損失は、原則として、特別

図表9-2 減損に関する注記（鹿島建設2013年3月期有価証券報告書）

※9　減損損失
　当社グループは、以下の資産または資産グループについて減損損失を計上している。

前連結会計年度（自　平成22年4月1日　至　平成23年3月31日）

用途	種類	場所	件数
事業用資産	建物及び土地等	愛知県他	5件
賃貸用資産	建物及び土地	香川県	1件

　減損損失を認識した事業用資産については支店の単位毎に、また賃貸用資産については個別の物件毎にグルーピングしている。
　賃貸用資産及び国内連結子会社支店の収益性の低下等により、上記資産または資産グループの帳簿価額を回収可能価額まで減額し、当該減少額を減損損失（477百万円）として特別損失に計上している。その内訳は、事業用資産180百万円（建物及び構築物57百万円、機械、運搬具及び工具器具備品23百万円、土地39百万円、その他59百万円）、賃貸用資産296百万円（建物及び構築物192百万円、土地103百万円）である。
　なお、当該資産または資産グループの回収可能価額は正味売却価額により測定しており、正味売却価額は、主として国土交通省による「価格等調査ガイドライン」等に基づく評価額から処分費用見込額を差引いて算定している。

当連結会計年度（自　平成23年4月1日　至　平成24年3月31日）

用途	種類	場所	件数
賃貸用資産	建物及び土地	広島県	1件

　減損損失を認識した賃貸用資産については、個別の物件毎にグルーピングしている。
　賃貸用資産の収益性の低下により、上記資産または資産グループの帳簿価額を回収可能価額まで減額し、当該減少額を減損損失（5,827百万円）として特別損失に計上している。その内訳は、建物及び構築物3,300百万円、土地2,526百万円である。
　なお、当該資産または、資産グループの回収可能価額は正味売却価額により測定しており、正味売却価額は、不動産鑑定評価基準等に基づく評価額から処分費用見込額を差引いて算定している。

損失とされる（基準、四2.）。
　また重要な減損損失を認識した場合には、減損損失を認識した資産、減損損失の認識に至った経緯、減損損失の金額、資産のグルーピングの方法、回収可能価額の算定方法等の事項について注記するよう規定されている（基準、四3.）。なお、この注記は、損益計算書に係る注記事項とされる（適用指針、140頁）。注記事項の事例として、後の分析で対象とする鹿島建設の2011年度（2012年3月期）の有価証券報告書中の表示を示す（図表9-2）。
　では具体的に説例を用いて、減損処理を見ていこう。X年に取得した備品Aの取得原価は9,000万円であったが、事業の撤退により遊休状態となった。

図表9-3 減損処理の説例

■仕訳例
　①直接控除方式
　　借）減損損失　1,470万円　　貸）建物　1,470万円
　②独立間接控除方式
　　借）減損損失　1,470万円　　貸）建物減損損失累計額　1,470万円

■貸借対照表上の表示例(単位：万円)
　①直接控除方式
　　Ⅱ　固定資産
　　　1　有形固定資産
　　　　建物　　　　　　　　　　　　　6,450

　②独立間接控除方式
　　Ⅱ　固定資産
　　　1　有形固定資産
　　　　建物　　　　　　　　　　　　　9,000
　　　　　減価償却累計額　　　　　△1,080
　　　　　減損損失累計額　　　　　△1,470　　6,450

　③合算間接控除方式
　　Ⅱ　固定資産
　　　1　有形固定資産
　　　　建物　　　　　　　　　　　　　9,000
　　　　　減価償却累計額および
　　　　　減損損失累計額　　　　　△2,550　　6,450

当該事業の前々期および前期の損益は赤字であり、これらのことから減損の兆候があると判断された。

そこでX3年決算時の建物Aから得られる割引前将来キャッシュ・フローの総額を見積ったところ6,500万円となった。建物Aは定額法（残存価格取得原価の10%、耐用年数30年）で減価償却している。X3決算末時点の建物Aの簿価は7,920万円（＝9,000万円－｛(9,000万円×0.9÷30)×4期｝であり、割引前将来キャッシュ・フローの総額6,500万円が簿価を下回ることとなり、減損損失が認識されることとなった。

X3年決算時の建物Aの正味売却可能価額は5,250万円、使用価値は6,450万円と見積られた。これにより、建物Aの回収可能価額はX3年決算時の使用価値6,450万円となり、X3決算末時点の建物Aの簿価7,920万円との差額である、1,470万円が減損損失として計上される。当説例による仕訳、貸借

図表9-4 産業別減損損失額の推移(単位:億円)

	2003年度		2004年度		2005年度		2006年度	
	金額	構成比	金額	構成比	金額	構成比	金額	構成比
全産業 (10,986社:100.0%)	6,960	100%	21,604	100%	40,407	100%	18,305	100%
製造業 (3,874社:35.3%)	2,026	29%	5,922	27%	10,411	26%	4,357	24%
非製造業 (7,112社:64.7%)	4,934	71%	15,682	73%	29,996	74%	13,949	76%

(出所)「法人企業統計調査附帯調査(「固定資産の減損会計」の導入について)(平成18年度)」の結果の概要、13頁。

図表9-5 産業別減損損失額の推移(単位:億円)

	2003年度		2004年度		2005年度		2006年度	
	金額	構成比	金額	構成比	金額	構成比	金額	構成比
全規模 (10,986社:100.0%)	6,960	100%	21,604	100%	40,407	100%	18,305	100%
資本金 10億円以上 (4,331社:39.4%)	5,798	83%	18,318	85%	25,497	63%	11,801	64%
資本金 1〜10億円未満 (6,655社:60.6%)	1,170	17%	3,285	15%	14,910	37%	6,504	36%

(出所)「法人企業統計調査附帯調査(「固定資産の減損会計」の導入について)(平成18年度)」の結果の概要、14頁。

対照表上の表示は図表9-3の通りである。

3 減損会計の実態

　基準適用後の減損損失額を産業別に見ると(図表9-4、9-5)、非製造業の損失額の割合、資本金規模10億円以上の企業の損失額の割合が回答企業数におけるそれぞれの構成比を上回っている。特に資本金10億円以上の企業は2003年度に5,798億円で全体の83%、2004年度に18,318億円で85%と、早々期、早期適用時期に積極的に減損損失を計上していることがわかる。このことは巨大企業では減損損失を計上できるだけの体力、すなわち利益が存

図表9-6 資産の用途別減損損失額(単位:上段／百万円、下段／%)

年度	遊休資産	事業用資産	賃貸用資産	売却予定資産	福利厚生資産	その他	内訳なし	合計
2004	126,090	228,242	136,940	4,844	1,767	73,459	216,340	787,682
	16.0%	29.0%	17.4%	0.6%	0.2%	9.3%	27.5%	100.0%
2005	237,921	241,491	161,789	77,373	1,654	43,406	636,349	1,399,983
	17.0%	17.2%	11.6%	5.5%	0.1%	3.1%	45.5%	100.0%
2006	324,589	764,129	195,500	32,863	16,860	67,323	362,644	1,763,908
	18.4%	43.3%	11.1%	1.9%	1.0%	3.8%	20.6%	100.0%

(出所)向[2006]42頁。

図表9-7 資産の種類別減損損失額(単位:百万円)

年度	土地	土地および建物	建物および構築物	機械設備および運搬具	工具器具備品	リース資産およびその他の固定資産	無形固定資産	内訳なし	合計
2004	439,565	102,910	121,133	8,938	2,811	14,419	2,463	95,444	787,682
	55.8%	13.1%	15.4%	1.1%	0.4%	1.8%	0.3%	12.1%	100.0%
2005	640,449	22,472	300,821	38,467	16,679	32,036	46,216	302,843	1,399,983
	45.7%	1.6%	21.5%	2.7%	1.2%	2.3%	3.3%	21.6%	100.0%
2006	646,342	170,886	270,506	185,298	30,688	158,031	52,692	249,465	1,763,908
	36.6%	9.7%	15.3%	10.5%	1.7%	9.0%	3.0%	14.1%	100.0%

(出所)向[2006]43頁。

在していたからであるといえる。

　図表9-6は、資産の用途別に減損損失額を集計したものである。これを見ると減損処理の対象は主に事業用資産、遊休資産、賃貸用資産であるといえ、また事業資産の減価償却額が2006年度に40%を超えていることから、まず早々期および早期に遊休資産を強制適用後に事業用資産の減損が行われてきたということがわかる(向[2006]41-42頁)。

　図表9-7は資産の種類別に減損損失額を集計したものである。各年度土地が55〜36%と圧倒的に高い割合を示しており、土地・土地および建物を合わせると、68〜45%にもなる。バブル崩壊後の下落した地価による含み損

を、減損処理によって一気に計上したものと解される。土地の減損をめぐる論点については次項で詳しく述べる。

4 　減損会計と内部留保

（1）▶ 内部留保論における減損損失

　内部留保論から見て減損損失はどのように位置づけられるのであろうか。減損損失については、以下のような見解が示されている。

> 　減損損失は、減価償却とは性格の異なる会計処理であるとされるが、資金流出のない費用化であるという点では減価償却と同じである。過大な償却が内部留保の一部を構成するという内部留保論に立てば、ある意味で、減損損失は特別償却や臨時償却と同じような資金留保効果をもつと見ることも可能である。固定資産の急激な減価は、秘密積立金的な性格の留保を一挙に生み出すと言わねばならない。（会計理論学会2009年度スタディ・グループ［2010］58頁）

> 　減損導入で、減価償却が加速される政策と同じ効果、つまり企業体力増強策と同じ効果があるのではないか。これはつまり、損失計上額が増えるから税引き前当期純利益額が減損計上分だけ減少し、減税効果による内部留保拡充の効果であり、体力を消耗している企業が利益を重視し始めているとき、本格的に体力を取り戻すよう促すことになるのではないかと思う。（品田［2004］117頁）

　つまり減損損失は資金流出を伴わない損失であるという点で資金留保の特徴を有しているだけでなく、過大償却と同じく利益留保の特徴を併せ持つものであるといえる。
　第1章で述べられているように、過大償却は収益を生むことに貢献しない

という意味で費用性を有しない収益控除項目である。費用性をもつ減価償却費が資金留保となるのに対し、過大償却は単に収益を減少させるのみで結果として利益留保をもたらす役割を果たす。過大償却は費用という名目を有しているが、実質的には費用性のない収益控除項目である。費用性のない収益控除項目という点では減損損失も同じである。したがって減損損失も同じく、利益留保の効果をもたらすといえる。

　ただし、過大償却のように「利益の費用化」による留保とは異なる性格を持つ。それは減損が固定資産の評価によって生ずる評価損による留保であるということである。前述の通り、減損会計の早々期および早期適用時期には土地、土地および建物の減損損失が高い割合を占めている。これはバブル崩壊による地価下落が要因であると考えられる。土地は減価償却される資産ではない。資産の償却性の有無に関係なく、減損損失は資産の再評価から生まれる損失であるといえる。したがって減損損失については「利益の費用化」ではなく、「利益の損失化」であると表現することができる。すなわち減損は、評価損失の計上による利益留保という性格をもつものであるといえる。

　しかし「費用」と「損失」の形態上の相違はあっても、収益獲得に貢献する費用性をもたないという点では減損損失は過大償却と同じ性格をもつ。実質的に利益留保を生み出すという点でも過大償却と同様の役割をもつということができるのである。

　減損損失の特徴は、留保された利益が繰り延べられて、減損損失計上後の時期以降に利益となって現れることである。それが減損会計の果たす効果であると考えられる。減損損失の計上によって資産価額が大きく減少することで以降の減価償却費が縮減され、その結果、低下した収益のもとでも利益が生まれるようになる。減損処理後に新たに生まれる利益は、減損損失によって留保された利益が次期以降に現れたものと見ることができる。

　こうした減損会計の処理は主観的な見積りや予測に依存していることも問題となる。減損処理後の帳簿価額は見積りを含んだ時価によって測定された価額であり、これらは不確実性を有する将来予測を前提とした試算方法によって算定される。割引前将来キャッシュ・フローの総額が不当に低く見積られた場合、減損損失の過剰計上となり、過剰な利益留保へとつながること

も考えられる。オリンパスの粉飾事件では、異常な金額の子会社取得から生まれた多額の「のれん」を一挙に減損することによって利益留保（資金留保）を生み出し、それを過去の金融商品の損失の穴埋めにするという術策が用いられた。恣意的な減損処理が利益（資金）の不正な操作に使われたのである。

このように内部留保論から見れば、減損損失は利益留保の性格をもつと同時に（当然のことながら）資金留保の性格をもつということができるのである。

(2) ▸ 減損による内部留保の取り崩しの有無

減損損失が計上される場合、多くは大幅な赤字（当期損失）が計上されることが多い。その場合、損失により利益剰余金が減少し、過去の内部留保が取り崩されたかのような事態が生じることとなる。減損損失は利益留保となると述べたが、赤字となる場合は、利益留保を取り崩すという結果になるのであろうか。一見取り崩されたかのように見えるが、利益留保の減った分が、減損損失によって生まれる隠れた留保の方に移ったと考えることができる。減損損失累計額が表示される場合は、それは明瞭である。利益剰余金が減損損失分だけ減り、累計額が同じ分だけ増えることになるはずである。しかし、減損損失累計額の表示は義務づけられていないので、利益剰余金が減ったということのみの表示となる。減損損失のストック分は見えずに隠れたままとなるのである。減損損失はある意味で現代の秘密積立金であるといっても過言ではない。このように見れば、減損によって内部留保が取り崩されるということはありえず、あくまでも減損損失は隠れた形で利益留保を生み出すものということができるのである。

(3) ▸ 内部留保分析論から見た減損損失

内部留保論から見れば減損損失は利益留保および資金留保をもたらすといえるのであるが、内部留保分析論において減損損失を内部留保の算定に加えることは可能であろうか。減損損失に関しては内部留保分析においていくつかの問題点が指摘できる。

まず財務諸表における表示上の問題である。減損損失は損益計算書上の特別損失の部分に計上されるが、貸借対照表においては多くの場合、表示されない。減損会計基準上、減損損失累計額の表示も選択可能であるが、多くの企業が当該資産から控除する直接控除方式での開示方法を選択しており、「減価償却累計額のような目に見える留保額が必ず表示されるということではない」(会計理論学会2009年度スタディ・グループ[2010]58頁)のである。固定資産の減損によって特別損失に計上される減損損失は、減損の対象となった資産(または資産グループ)のその期の総額を表すにすぎない。多くの場合、それまでどれほどの減損損失が累計で計上されているか、すなわち減損による留保額がどれだけ蓄積されているのか判断できないのである。

　さらに減損損失はあくまで減損の兆候が確認された時点での見積りであり実現されていない損失である。上記のように総額表示である場合、資産ごとの状況を判別することや減損損失の実現の有無を分析するのは困難であるといえる。

　そうした点から見れば、内部留保分析において減損損失の累計(ストック)を算定することは実践的に難しいといわざるをえない。有価証券報告書から毎期の減損損失を拾い出して合計し累計額に近い額を計算することは、1社ごとであれば可能であるかもしれない。しかし、法人企業統計のようなマクロ的データ上では減損損失のストックを捉えることはできない。その意味で、残念ながら分析論においては減損損失を内部留保の算定に加えることは事実上、不可能であるといってよい。

5　減損の内部留保分析——鹿島建設のケース

　以下では、固定資産の減損について内部留保の視点から分析事例を見ていく。分析対象企業はスーパーゼネコンの筆頭にあげられる鹿島建設株式会社である。

図表9-8 鹿島建設(連結)主な経営指標の推移(単位:上段／百万円、下段／前期比)

年　度	2004	2005	2006	2007	2008	2009	2010	2011
売上高	1,687,379	1,775,273	1,891,366	1,894,044	1,948,540	1,637,362	1,325,679	1,457,754
	—	105.2%	106.5%	100.1%	102.9%	84.0%	81.0%	110.0%
経常利益	47,253	55,354	58,614	29,468	15,999	9,011	17,502	41,343
	—	117.1%	105.9%	50.3%	54.3%	56.3%	194.2%	236.2%
当期純利益	13,219	22,506	41,310	40,709	△6,296	13,225	25,844	3,833
	—	170.3%	183.6%	98.5%	−15.5%	−210.1%	195.4%	14.8%
純資産額	219,741	297,921	350,969	305,449	239,046	262,164	253,299	256,705
	—	135.6%	117.8%	87.0%	78.3%	109.7%	96.6%	101.3%
総資産額	1,817,729	1,905,964	2,107,222	1,918,395	1,885,426	1,796,865	1,644,962	1,686,221
	—	104.9%	110.6%	91.0%	98.3%	95.3%	91.5%	102.5%
利益剰余金	30,154	48,745	75,095	74,057	106,103	97,174	116,503	112,774
	—	161.7%	154.1%	98.6%	143.3%	91.6%	119.9%	96.8%

(出所) 向 [2006] 43項。

(1) ▶ 鹿島建設の概要

　鹿島建設(以下「鹿島」)はゼネコン企業の中でも売上高1兆円以上の「スーパーゼネコン」とも称される、ゼネコン大手五社(鹿島建設、清水建設、大成建設、竹中工務店、大林組)の一つである。2012年度決算での連結売上高は1兆4,577億54百万円、連結当期純利益は38億33百万円であった。鹿島は減損会計を早々適用しており、2004年度(2005年3月期)決算から減損会計を導入している。2004〜2011(2012年3月期)年度の主な経営指標は図表9-8の通りである。

(2) ▶ 鹿島建設の内部留保の推移

　図表9-9および図表9-10は、鹿島建設の内部留保の推移を示したものである。ここでの内部留保項目は小栗・谷江[2010]のトヨタ自動車の連結内部留保の計算と同じく「利益剰余金」「資本剰余金」「退職給付引当金」「長期負債性引当金」「貸倒引当金」とした。長期負債性引当金の内容は、請負工事を引き渡した後に補修工事を無償で行う契約になっている場合や完成工事

図表9-9 鹿島建設(連結)内部留保の推移(単位:上段/百万円、下段/前期比)

年度		2004	2005	2006	2007	2008	2009	2010	2011	04〜11
利益剰余金		49,485	48,745	75,095	108,595	89,198	97,174	116,503	112,774	63,289
			98.5%	154.1%	144.6%	82.1%	108.9%	119.9%	96.8%	227.9%
資本剰余金		30,665	49,485	49,485	81,447	49,485	45,330	45,330	45,304	14,639
			161.4%	100.0%	164.6%	60.8%	91.6%	100.0%	99.9%	147.7%
退職給付引当金		62,870	64,252	65,348	64,021	63,428	60,545	59,866	61,170	△1,700
			102.2%	101.7%	98.0%	99.1%	95.5%	98.9%	102.2%	97.3%
長期負債性引当金		24,973	16,842	21,711	28,530	22,802	21,158	24,913	30,941	5,968
			67.4%	128.9%	131.4%	79.9%	92.8%	117.7%	124.2%	123.9%
	完成工事補償引当金	614	936	1,318	1,487	2,859	3,471	3,790	4,546	3,932
			152.4%	140.8%	112.8%	192.3%	121.4%	109.2%	119.9%	740.4%
	工事損失引当金	3,920	4,211	8,613	20,785	19,656	17,477	20,894	26,150	22,230
			107.4%	204.5%	241.3%	94.6%	88.9%	119.6%	125.2%	667.1%
	開発事業関連損失引当金	20,439	11,435	11,435	5,904	—	—	—	—	
			55.9%	100.0%	51.6%	—				
貸倒引当金		42,368	38,103	24,131	18,578	27,141	29,602	23,634	15,558	△26,810
			89.9%	63.3%	77.0%	146.1%	109.1%	79.8%	65.8%	36.7%
	流動資産	8,341	10,672	5,286	5,009	6,084	4,270	3,218	1,908	△6,433
			127.9%	49.5%	94.8%	121.5%	70.2%	75.4%	59.3%	22.9%
	固定資産	34,027	27,431	18,845	13,569	21,057	25,332	20,416	13,650	△20,377
			80.6%	68.7%	72.0%	155.2%	120.3%	80.6%	66.9%	40.1%
連結内部留保合計		210,361	217,427	235,770	301,171	252,054	253,809	270,246	265,747	55,386
			103.4%	108.4%	127.7%	83.7%	100.7%	106.5%	98.3%	126.3%

の瑕疵担保責任に備える目的の引当金である「完成工事補償引当金」、工事契約の損失についてその発生の可能性が高く、損失金額が合理的に見積り可能な場合に計上される「工事損失引当金」、開発事業関連取引に関して、将来発生する可能性のある損失に備えるため、契約条件、開発計画等を個別に検討し、事業年度末における損失見込額を計上する「開発事業関連損失引当金」である。

鹿島の内部留保は2004年度から2007年度まで上昇傾向にあり、2007年度の連結内部留保額は3,008億17百万円となった。2008年度は上記の通り当期純損失を計上したため前期比83.7%の2,520億54百万円まで下落し以

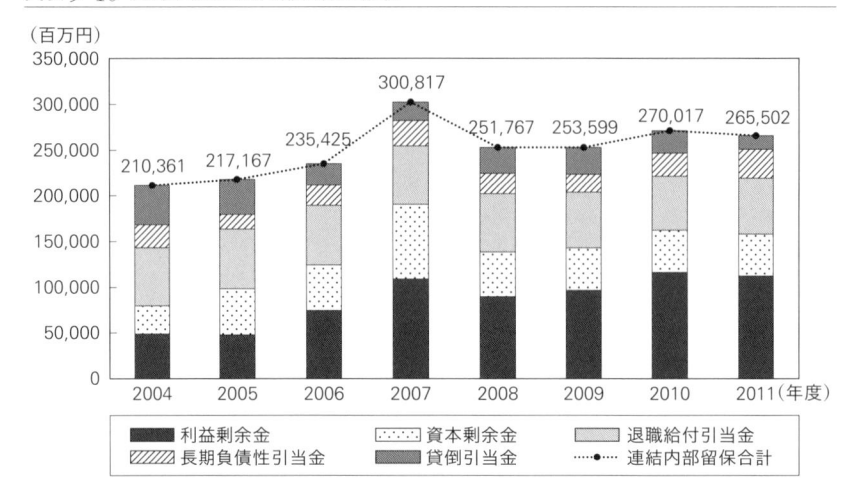

図表9-10 鹿島建設(連結)内部留保の推移

(百万円)

- ■ 利益剰余金
- ▨ 長期負債性引当金
- ⋯ 資本剰余金
- ▓ 貸倒引当金
- ▥ 退職給付引当金
- ・・●・・ 連結内部留保合計

年度別合計:
- 2004: 210,361
- 2005: 217,167
- 2006: 235,425
- 2007: 300,817
- 2008: 251,767
- 2009: 253,599
- 2010: 270,017
- 2011: 265,502

降、2,500億円前半から2,700億円の間を推移している。過去8年間で、553億86百万円増加している。

(3) ▸ 鹿島建設の減損損失の推移

次に鹿島の減損損失の状況を見ていく。先に述べた通り、鹿島は減損会計を早々適用しており、2004年度決算から減損会計を導入している。任意選択である減損損失累計額の計上はない。そのため本章でいう減損損失累計額は各年度の減損損失を前年度までの減損損失額の合計額に加算したものとする。

鹿島の減損損失と減損損失累計額を示したものが図表9-11である。特別損失項目であるため年度ごと金額にばらつきはあるが、計上される金額は増加傾向にある。最も計上が大きかったのは2011年度で58億27百万円である。連結貸借対照表に係る注記によると、同期の減損対象資産は広島県にある賃貸事業用の建物及び土地1件のみで、建物・構築物が33億円、土地が25億26百万円と説明されている。過去8年間のうち減損損失が計上されたのは2005年度を除く7年度であるが、多くとも30億円未満だったことを考

図表9-11 鹿島建設(連結)減損損失の推移(単位:百万円)

年　度	2004	2005	2006	2007	2008	2009	2010	2011
減損損失	1,771	—	1,260	2,969	2,063	301	477	5,827
減損損失累計額	1,771	1,771	3,031	6,000	8,063	8,364	8,841	14,668

図表9-12 鹿島建設(連結)減損損失の資産ごとの推移(単位:百万円)

年　度	2004	2005	2006	2007	2008	2009	2010	2011	04〜11合計
建物・構築物	841	—	113	1,372	1,188	1	249	3,300	7,064
土地	552	—	573	1,162	847	122	142	2,526	5,924
無形固定資産	296	—	573	—	—	176	23	—	1,068
機械等	—	—	—	118	—	—	—	—	118
その他	79	—	—	313	27	—	59	—	478

図表9-13 鹿島建設(連結)減損損失の資産用途別の推移(単位:百万円)

年　度	2004	2005	2006	2007	2008	2009	2010	2011	04〜11合計
賃貸用	927	—	104	2,045	—	—	295	5,826	9,197
事業用	360	—	456	838	1,163	—	178	—	2,995
遊休	481	—	126	82	899	123	—	—	1,711
のれん	—	—	573	—	—	176	—	—	749

えると、この金額はかなり大きいものといえる。減損損失累計額を計算すると2004〜2011年度までで146億68百万円となる。

　この金額は減価償却の場合と同様にキャッシュの流出を伴わない損失である。また日本の会計基準では、減損の戻入は認められていないため、一度損失を計上した場合、減損対象資産の価値が再び上がっても、減損損失控除後の金額のまま減価償却されていくこととなる。

　連結財務諸表の注記における減損損失の詳細から、対象となった固定資産の種類ごとに減損損失を見たものが図表9-12である(各年度の詳細は図表9-19参照)。これを見ると2004〜2011年度の8年間で建物・構築物が72億64百万円(全体の48.2%)、土地が59億24百万円(同40.4%)、のれんを含む無形固定資産が10億68百万円(同7.3%)、機械等が1億11百万円(同0.8%)、その

図表9-14 鹿島建設(連結)固定資産(純額)と減損損失の推移(単位:百万円)

年度	2004	2005	2006	2007	2008	2009	2010	2011	04〜11
固定資産	702,660	773,034	784,293	698,226	619,994	631,248	627,664	627,160	△75,500
減損損失	1,771	—	1,260	2,969	2,063	301	477	5,827	14,668

図表9-15 鹿島建設(連結)建物・構築物および土地(純額)と減損損失の推移(単位:百万円)

年度		2004	2005	2006	2007	2008	2009	2010	2011	04〜11
固定資産額	建物・構築物	143,997	133,874	112,806	128,052	116,154	115,401	109,019	127,156	14,350
	土地	157,124	158,357	164,883	194,682	193,425	194,827	193,891	197,531	32,648
減損損失額	建物・構築物	841	—	113	1,372	1,188	1	249	3,300	6,223
	土地	552	—	573	1,162	847	122	142	2,526	5,372

他が4億78百万円(同3.3%)減損されたこととなる。先に見た資産ごとの減損損失金額(図表9-7)と比べると、建物・構築物の減損金額の割合が高い。

さらに減損損失を資産の用途別に見たものが図表9-13である。これを見ると2004〜2011年度の8年間で賃貸用資産が91億97百万円(全体の62.8%)、事業用資産が29億95百万円(同20.4%)、遊休資産が17億11百万円(11.7%)、のれんが7億49百万円(5.1%)減損されたこととなる。先に見た用途別の減損損失金額(図表9-6)と比べると、賃貸用資産の減損金額の割合が高い。

(4) ▶ 鹿島建設の固定資産と減損損失の関係

鹿島の固定資産額(純額)と減損損失額の推移を示したものが図表9-14である。固定資産の額は2006〜2007年度に前期比約88%前後で減少したがその後はほぼ横ばいで推移している。2011年度と2004年度を比べると755億円減少しており、このうち約19%の146億円が減損損失によるものである。

さらに減損対象資産で比率の高かった建物・構造物と土地について金額の推移と減損損失との関係を見たものが図表9-15である。固定資産の建物・構築物は2004〜2011年度で143億50百万円の増加、土地も同じく326億

図表9-16 鹿島建設(連結)内部留保(減価償却累計額・減損損失累計額を含む)の推移

(単位:上段／百万円、下段／前期比%)

年　度	2005	2006	2007	2008	2009	2010	2011
連結内部留保合計(A)	217,427	235,770	301,171	252,054	253,809	270,246	265,747
	—	108.4	127.7	83.7	100.7	106.5	98.3
減価償却累計額(B)	258,947	250,224	240,670	234,723	243,937	250,818	256,840
	—	96.6	96.2	97.5	103.9	102.8	102.4
減損損失留保分(C)	2,228	2,157	7,262	7,934	8,950	8,702	3,638
	—	96.8	336.7	109.3	112.8	97.2	41.8
再計算内部留保(A+B+C)	478,602	488,151	549,103	494,711	506,696	529,766	526,225
	—	102.0	112.5	90.1	102.4	104.6	99.3

図表9-17 鹿島建設(連結)再計算内部留保と利益の推移(単位:上段／百万円、下段／前期比%)

年　度	2004	2005	2006	2007	2008	2009	2010	2011
再計算内部留保	—	478,602	488,151	549,103	494,711	506,696	529,766	526,225
	—	—	102.0	112.5	90.1	102.4	104.6	99.3
経常利益	47,253	55,354	58,614	29,468	15,999	9,011	17,502	41,343
		117.1	105.9	50.3	54.3	56.3	194.2	236.2
当期純利益	13,219	22,506	41,310	40,709	△6,296	13,225	25,844	3,833
		170.3	183.6	98.5	—	—	195.4	14.8

48百万円増加している。一方それぞれの減損損失は2004～2011年度の合計で建物・構築物が62億23百万円、土地が53億72百万円計上されている。

(2)で計算した連結内部留保額に減損損失留保分を含めた金額を見てみる(図表9-14)。なお、同系統の内部留保項目として減価償却累計額もあわせて連結内部留保金額に合算する(これを「再計算内部留保」とする)。減損損失留保分の統計は2005年度からとなるため再計算内部留保も2005年から2011年度の7年度分を見ていく。

再計算内部留保の金額は2005年度から2006年度は4,800億円～4,900億円前後で推移していたが、2007年度に前期比112.5%と10%以上増加し5,491億3百万円となり、2008年度は4,947億11百万円と4,900億円台に戻った。以降は5,000億円～5,200億円前後を推移し、前期は102～104%となっ

図表9-18　鹿島建設(連結)再計算内部留保と利益の推移(単位:百万円)

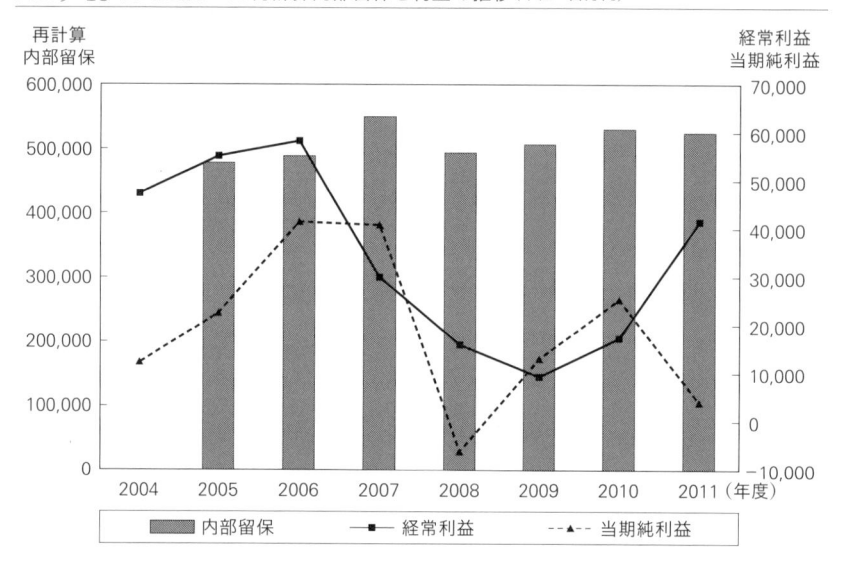

ている。

　再計算内部留保と利益とを比較してみる(図表9-17)。2008年度は当期純損失の計上と業績自体が悪く、それに伴い内部留保も減少したが、業績が回復した2009年度以降は内部留保の金額も大きな変動はない。2011年度は再計算内部留保が前期比99.3％と横ばいながら、当期純利益は前期比14.8％の38億33百万円である。同年度は東日本大資産に伴う災害損失や、岡山県の海底シールド工事の水没事故関連損失が30億円計上され利益を圧迫したこともあり、減損損失留保分が50億円以上減っている。にもかかわらず他の内部留保分が増えているため、横ばいの推移であったといえる。経営が困難な状況にありながらも内部留保は確保しているという特徴が見て取れる。

6　まとめ

　本章では、新しい会計基準として「減損」に焦点を当て、減損について内

図表9-19 鹿島建設(連結)2005〜2012年度の減損損失の注記情報

年度	主な用途	種類	場所	件数	金額(百万円)	
2005	賃貸用資産	建物及び土地等	埼玉県他	5	建物・構築物	726
					土地	201
	遊休資産	土地等	北海道他	12	土地	185
					無形固定資産	296
	事業用資産	建物及び土地等	北海道他	5	建物・構築物	115
					土地	166
					その他	79
2006	なし					
2007	事業用資産	建物及び土地	東京都他	6	建物・構築物	113
					土地	13
	賃貸用資産	土地	長野県	1	土地	104
	遊休資産	土地	埼玉県他	3	土地	456
	のれん			1		573
2008	事業用資産	建物、土地及び機械設備	徳島県他	9	建物・構築物	112
					機械等	118
					土地	295
					その他	313
	賃貸用資産	建物及び土地	愛知県他	2	建物・構築物	1,201
					土地	844
	遊休資産	建物及び土地	神奈川県他	2	建物・構築物	59
					土地	23
2009	事業用資産	建物等	米国NY他	4	建物・構築物	1,136
					その他	27
	遊休資産	建物及び土地	広島県他	6	建物・構築物	52
					土地	847
2010	遊休資産	建物及び土地	宮城県他	2	建物	1
					土地	122
	のれん		米国	1		176
2011	事業用資産	建物、土地及び機械設備	愛知県他	5	建物・構築物	192
					機械等	23
					土地	39
					その他	59
	賃貸用資産	建物及び土地	香川県	1	建物・構築物	192
					土地	103
2012	賃貸用資産	建物及び土地	広島県	1	建物・構築物	3,300
					土地	2,526

部留保論からの考察と内部留保分析における論点を見た。

まず減損は資金流出を伴わないという点で資金留保の性格を持つと考えられ、費用性のない収益控除項目である。したがって、利益留保の効果をもたらすといえる。さらに減損損失は資産の再評価から生まれる損失であるといえる。したがって減損損失については「利益の費用化」ではなく、「利益の損失化」であると表現することができる。すなわち減損は、評価損失の計上による利益留保という性格をもつものであるといえる。

こうした内部留保としての性格を持ち合わせている一方で、減損は留保額を把握することが困難であること、その実現を評価する個別具体的表示が欠けているといった内部留保分析上の問題点があり、単純に内部留保項目に含めることは困難であるといえる。減損損失累計額の表示は義務づけられていないので、利益剰余金が減ったということのみの表示となる。減損損失のストック分は見えずに隠れたままとなるのである。減損損失はある意味で現代の秘密積立金であるといっても過言ではない。

今回の分析では、減損損失額を内部留保分析の項目とするため、まずフローの情報をストックである累計額とすることで数値に変換した。しかし、先に述べたように個別具体的な情報に欠けるため、保有資産のどれが減損の対象となったのかという紐づけが困難であり、またセグメントごとの状況が開示されていないためどの事業で減損損失を計上しているのかといった詳細を分析することは難しい。より詳細な分析をするには減損にかかわる個別具体的で詳細な情報開示が必要であるといえる。

【主要参考文献】

小栗崇資・谷江武士編著［2010］『内部留保の経営分析──過剰蓄積の実態と活用』学習の友社。

会計理論学会2009年度スタディ・グループ［2010］「経営分析の現代的課題──内部留保を中心に」(中間報告)。

黒沢泰［2004］『減損会計と不動産評価の実務──不動産の使用価値・現在価値の求め方』プログレス。

品田正［2004］「研究ノート 減損会計導入、特に戻し入れについて──IAS・FASB規定との

比較を主として」『東京情報大学研究論集』Vol.7, No.2。
醍醐總［2008］『会計学講義〔第4版〕』東京大学出版会。
向伊知郎［2006］「減損会計基準の適用に関する実態調査と適用企業の特質——東証上場企
　業の早々期・早期・強制適用の分析」『愛知学院大学経営管理研究所紀要』第13号。

【参考資料】

鹿島建設株式会社「有価証券報告書」2005年3月期～2012年3月期。

第 10 章

資産除去債務

1 はじめに

　わが国においてはこれまで、資産除去債務を負債として計上するとともにこれに対応する除去費用を有形固定資産に計上する会計処理は行われていなかった。ただし特定の事例として、電力業界では、原子力発電施設の解体費用につき発電実績に応じて解体引当金計上が行われていた。

　しかし国際会計基準へのコンバージェンスの一環として、有形固定資産の除去に関する将来の負担を財務諸表に反映させることが投資情報として役立つ等の観点から、資産除去債務の会計処理について企業会計基準委員会で審議が行われた結果、2008（平成20）年3月31日、企業会計基準第18号「資産除去債務に関する会計基準」（以下「基準」）および企業会計基準適用指針第21号「資産除去債務に関する会計基準の適用指針」（以下「適用指針」）が公表された。この基準および適用指針は2010年4月1日以降開始事業年度からの適用が義務づけられている。

　本章では資産除去債務会計の特徴を明らかにし、それが内部留保とどのような関係にあるかについて論じてみたい。

2 資産除去債務に関する会計基準の概要

　本基準において「資産除去債務」とは、有形固定資産の取得、建設、開発または通常の使用によって生じ、当該有形固定資産の除去に関して法令または契約で要求される法律上の義務およびそれに準ずるものと定義されている（基準第3項(1)）。

　この場合の「法律上の義務及びそれに準ずるもの」には、有形固定資産を除去する義務のほか、有形固定資産の除去そのものは義務でなくとも、有形固定資産を除去する際に当該有形固定資産に使用されている有害物質等を法律等の要求による特別の方法で除去するという義務も含まれる（同上）。ここでいう「法律上の義務及びそれに準ずるもの」とは、債務の履行を免れることがほぼ不可能な義務を指し、法令または契約で要求される法律上の義務とほぼ同等の不可避的な義務がこれに該当する（基準第28項）。

　具体的には、法律上の解釈により当事者間での精算が要請される債務に加え、過去の判例や行政当局の通達等のうち、法律上の義務とほぼ同等の不可避的な支出が義務づけられるものが該当することになる。したがって、有形固定資産の除去が企業の自発的な計画のみによって行われる場合は、法律上の義務に準ずるものには該当しない（同上）。

　有形固定資産の「除去」とは、有形固定資産を用役提供から除外することをいう。除去の具体的な態様としては、売却、廃棄、リサイクルその他の方法による処分等が含まれるが、転用や用途変更は含まれない。また、当該有形固定資産が遊休状態になる場合は除去に該当しない（基準第3項(2)）。このように資産除去債務を有形固定資産の除去に関わるものと定義していることから、有形固定資産の使用期間中に実施する環境修復や修繕は対象とはならない（基準第24項）。

　資産除去債務の対象としては、具体的には、原子力発電施設の解体に伴う債務、定期借地権契約で賃借した土地の上に建設した建物等を除去する義務、鉱山等の原状回復義務、賃借建物の原状回復義務、有害物質を特別の方法で除去する義務としてアスベストやPCBの除去の義務、等があげられて

いる（萩原［2009］40頁）。

3 会計処理と開示

資産除去債務とは、特定の有形固定資産の除去に関わる除去費用を債務として認識する会計基準である。

(1) ▶ 会計処理

資産除去債務の具体的な会計処理を見ていこう。資産除去債務は、主に以下の四つの段階で会計処理を行うこととなる。

①資産除去債務の負債計上

資産除去債務を合理的に見積ることができる場合には、資産除去債務は、有形固定資産の取得、建設、開発または通常の使用によって発生した時に負債として計上する（基準第4項）。それに対して資産除去債務を合理的に見積ることができない場合は、資産除去債務を計上せず、当該債務額を合理的に見積ることができるようになった時点で負債として計上する（基準第5項）。

②資産除去債務の算定

資産除去債務が発生した際、有形固定資産の除去に要する割引前の将来キャッシュ・フロー（以下CF）を見積り、割引後の金額（現在価値）を算定する。割引前CFの計算は、合理的で説明可能な仮定および予測に基づく自己の支出見積りによって行われる。見積金額には、生起する可能性の最も高い単一の金額（最頻値）または、生起し得る複数のCFをそれぞれの確率で加重平均した金額のいずれかを使用する（基準第6項(1)）。

なお割引率は、貨幣の時間価値を反映した無リスクの税引き前の利率を使用する（基準第6項(2)）。

③損益計算書と貸借対照表への計上

　原則的には資産除去債務に対応する除去費用については、資産除去債務を負債として計上した時に、当該負債の計上額と同額を、関連する有形固定資産の帳簿価額に加える。資産に計上された資産除去債務に対応する除去費用は、減価償却を通じて、当該有形固定資産の残存耐用年数にわたり、各期に費用配分する（基準第7項）。

　資産除去債務が取得時には存在しないが、有形固定資産の稼働等にしたがって使用の都度発生する場合には、資産除去債務に対応する除去費用を各期においてそれぞれ資産計上し、関連する有形固定資産の残存耐用年数にわたり、各期に費用配分する（基準第8項）。

　また資産除去債務は、割引現在価値で負債が計上されているため、負債額の調整が必要となる。その調整額は、その発生時の費用として処理することとし、期首の負債の帳簿価額に負債計上に当初使用した割引率を乗じて算定する（基準第9項）。なお、割引率については変更を行わずに負債計上時の割引率を資産除去債務の決済時まで使用することとしている（基準第49項）。

④資産除去債務の見積りの変更

　割引前のCFの見積りに重要な変更が生じた場合には、その変更に応じて負債及び資産の調整額が必要になる（基準第10項）。

　将来CFが増加する場合には、増加時点で新規の資産除去債務が発生したものとして、その時点の割引率を用いて、将来CFの増加部分に対応する割引現在価値を、有形固定資産の帳簿価額に増額する。逆に、将来CFが減少する場合は、負債計上時の割引率を用いて、将来CFの減少分に対応する割引現在価値を、有形固定資産から減額する。これら加減された調整額は、減価償却を通じて残存償却期間にわたり費用配分されることとなる（基準第11項）。

　資産除去債務の仕訳例を示すと図表10-1の通りである。

　資産除去債務は、資産・負債両建て方式によって計上されるが、有形固定資産の取得と資産除去債務の計上時の仕訳からも明らかなように、借方と貸方の両方が貸借対照表項目であるため、総資産額と総負債額には影響する

図表10-1　資産除去債務の会計処理

【設例】
1. 前提条件
　Y社は、20X1年4月1日に設備Aを取得し、使用を開始した。当該設備の取得原価は10,000、耐用年数は5年であり、Y社には当該設備を使用後に除去する法的義務がある。
　Y社が当該設備を除去するときの支出は1,000と見積られている。
　20X6年3月31日に設備Aが除去された。当該設備の除去に係る支出は1,050であった。
　資産除去債務は取得時にのみ発生するものとし、Y社は当該設備について残存価額0で定額法により減価償却を行っている。割引率は3.0%とする。Y社の決算日は3月31日であるものとする。

2. 会計処理
(1) 20X1年4月1日
　〈設備Aの取得と関連する資産除去債務の計上〉
　　　　　有形固定資産(設備A) 10,863　／　現金預金　　　　10,000
　　　　　　　　　　　　　　　　　　　　　　資産除去債務(*1)　863
　　　　　　　　　(*1) 将来キャッシュ・フロー見積額1,000／$(1.03)^5 = 863$

(2) 20X2年3月31日
　〈時の経過による資産除去債務の増加〉
　　　　　費用(利息費用) 26　／　資産除去債務(*2)　26
　　　　　　　　　(*2) 20X1年4月1日における資産除去債務863×3.0% = 26
　〈設備Aと資産計上した除去費用の減価償却〉
　　　　　費用(減価償却費)(*3)　2,173　／　減価償却累計額　2,173
　　　　　　　　　(*3) 設備Aの減価償却費10,000／5年＋除去費用資産計上額863／5年＝2,173

(3) 20X3年3月31日
　〈時の経過による資産除去債務の増加〉
　　　　　費用(利息費用) 27　／　資産除去債務(*4)　27
　　　　　　　　　(*4) 20X2年3月31日における資産除去債務(863＋26)×3.0% = 27
　〈設備Aと資産計上した除去費用の減価償却〉
　　　　　費用(減価償却費)(*5)　2,173　／　減価償却累計額　2,173
　　　　　　　　　(*5) 設備Aの減価償却費10,000／5年＋除去費用資産計上額863／5年＝2,173

(4) 20X4年3月31日
　〈時の経過による資産除去債務の増加〉
　　　　　費用(利息費用) 27　／　資産除去債務(*6)　27
　　　　　　　　　(*6) 20X3年3月31日における資産除去債務(863＋26＋27)×3.0% = 27
　〈設備Aと資産計上した除去費用の減価償却〉
　　　　　費用(減価償却費)(*7)　2,173　／　減価償却累計額　2,173
　　　　　　　　　(*7) 設備Aの減価償却費10,000／5年＋除去費用資産計上額863／5年＝2,173

(5) 20X5年3月31日
　〈時の経過による資産除去債務の増加〉
　　　　　費用(利息費用) 28　／　資産除去債務(*8)　28
　　　　　　　　　(*8) 20X4年3月31日における資産除去債務(863＋26＋27＋27)×3.0% = 28
　〈設備Aと資産計上した除去費用の減価償却〉
　　　　　費用(減価償却費)(*9)　2,173　／　減価償却累計額　2,173
　　　　　　　　　(*9) 設備Aの減価償却費10,000／5年＋除去費用資産計上額863／5年＝2,173

(6) 20X6年3月31日
　〈時の経過による資産除去債務の増加〉
　　　　　費用(利息費用) 29　／　資産除去債務(*10)　29
　　　　　　　　　(*10) 20X5年3月31日における資産除去債務(863＋26＋27＋27＋28)×3.0% = 29

```
〈設備Aと資産計上した除去費用の減価償却〉
    費用(減価償却費)(*11)  2,171  /  減価償却累計額  2,171
        (*11) 設備Aの減価償却費10,000／5年＋除去費用資産計上額863－173×4＝2,171
〈設備Aの除去及び資産除去債務の履行〉
 設備Aを使用終了に伴い除去することとする。除去に係る支出が当初の見積りを上回ったため、差額を費用計上する。
    減価償却累計額   10,863   /  有形固定資産(設備A)  10,863
    資産除去債務(*12)  1,000   /  現金預金  1,050
    費用(履行差額)        50
        (*12) 20X6年3月31日における資産除去債務863＋26＋27＋27＋28＋29＝1,000
```

(出所)企業会計基準委員会[2007]9-11頁。

が、純資産額と期間損益への影響はない(久保[2009]201頁)。

その後、借方側では有形固定資産の取得価額と割引後の資産除去債務の金額の合計額が有形固定資産の取得原価を構成し、減価償却を通じて各期に費用配分されることとなる。また資産除去債務の調整額として貸方側では、時の経過に応じて費用(利子費用)計上されるとともに資産除去債務の増加として計上される。

なお適用初年度においては、資産除去債務と有形固定資産の帳簿価額に加算された除去費用との差額が特別損失として計上される。

(2) ▶ 開示

基準において貸借対照表上では、ワン・イヤー・ルールにより、流動負債または固定負債の区分に資産除去債務等の適切な科目で表示されることとなる(基準第12項)。

それに対して損益計算書上では、資産計上された資産除去債務に対応する除去費用の費用配分額は、関連する有形固定資産の減価償却の計上区分と同じ区分に含めて表示される(基準第13項)。また時の経過による資産除去債務の調整額は、損益計算上、資産除去債務に関連する有形固定資産の減価償却の計上区分と同じ区分に含めて表示する(基準第14項)。この調整額は、利子費用として計算されるが、減価償却費と同一区分として処理されることとなる。したがって営業利益に反映される。

資産除去債務の履行時において、それまでに計上してきた資産除去債務の負債残高と実際支出額の差額については、原則として損益計算上、資産除去債務に対応する除去費用の減価償却費の表示区分と同じ区分で表示する（基準第15号）。ただし、除去が当初の予定よりも著しく早期に行われる場合など、その差額が異常な原因により生じたものである場合には、当該差額は特別損益として処理する。

4　引当金方式と資産・負債両建て方式

　除去債務を認識する際、引当金方式と資産・負債両建て方式の二つが想定される（図表10-2、10-3）。引当金方式とは、有形固定資産の除去費用を当該資産の使用に応じて各期間に費用配分し、それに対応する金額を負債として計上する方法である。一方、資産・負債両建て方式とは、有形固定資産の取得等に付随して不可避的に生じる除去サービスの債務を負債として計上するとともに、対応する除去費用をその取得原価に含め、使用期間にわたって費用配分する方式である。

　この二つの会計処理方式の中から、企業会計基準委員会は、資産除去債務の会計処理方式として引当金方式に代えて資産・負債両建て方式を採用した。企業会計基準委員会は、「有形固定資産に対応する除去費用が、減価償却を通じて、当該有形固定資産の使用に応じて各期に費用配分されるため、資産・負債の両建処理は引当金処理を包摂するものといえる」とし、さらに「このような考え方に基づく処理は、国際的な会計基準とのコンバージェンスにも資する」（基準第34項）との見解を示している。

　醍醐［2008］は、資産除去債務の会計処理方式が採用された理由について、①資産・負債両建て方式が世界的な趨勢であることと、②引当金方式は除去債務を段階的に計上していくので負債の全貌の開示にはならないことをあげている（醍醐［2008］241-242頁）[1]。

　笠井［2012］は「資産除去債務に関する資産負債両建方式は、引当金方式の発想の延長線上にたちながらも、今日の意思決定有用性の観点から負債の

図表10-2 引当金方式

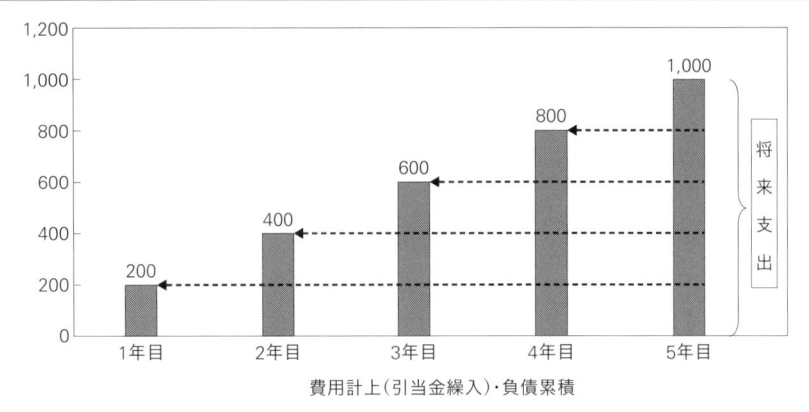

(出所) 醍醐(2008) 226頁、図表10-2を参考に筆者作成。

図表10-3 資産・負債両建て方式

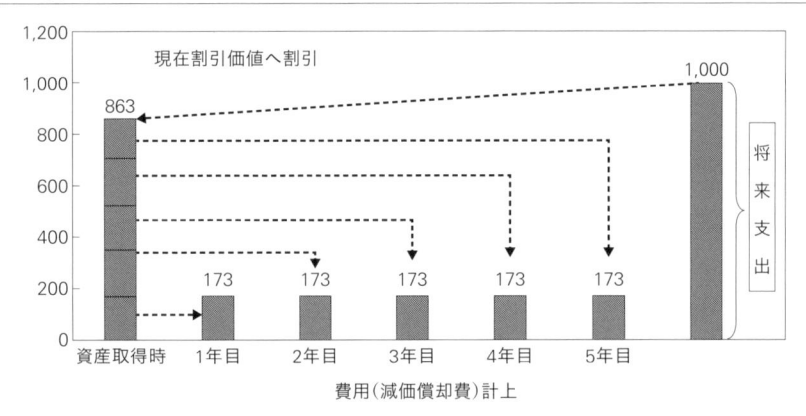

(出所) 醍醐(2008) 226頁、図表10-3を参考に筆者作成。

全貌表示をも達成しようとする処理方法とみることができる」(笠井[2012] 5頁)と指摘している。

　資産・負債両建て方式について醍醐[2008]は、「この方式が費用性(初めに費用ありき)の観点から負債を捉える会計思考とは異質な思考を基礎にしていることを物語っている。むしろ、資産・負債両建て方式は費用認識の鏡像(反射)として負債を捉えるのではなく、回避することがほとんど不可能な将

来の経済的犠牲を直接に負債として認識する会計思考を基礎にしていると考えられる」(醍醐[2008]228頁)としている。この「費用性の観点から負債を捉える会計思考」とは、引当金方式を指している。

引当金については第6章で検討されているが、引当金方式の場合は、将来発生する可能性の高い支出を、当期にその原因が発生した分だけ徐々に費用計上し、それに対応する同額の負債を計上する方式である。先に費用が認識され、それに対応して負債が形成される。

それに対して、資産・負債の両建て方式は、最初に将来発生する可能性の高い除去のための支出の現在割引価値を負債として計上すると同時に、同額を資産として計上する方式である。負債の認識が先にあり、それに対応して資産が付加的に設定されるのである。資産・負債両建て方式では、有形固定資産の取得原価に除去費用を含めることにより、当該資産への投資について回収すべき額を引き上げることも意図されている。

しかし先の事例で見たように、使用期間にわたって減価償却費が費用計上されると同時に利息費用も計上されるが、その合計費用は、結果的に引当金方式における費用と基本的に同じものとなる。引当金方式の費用は引当金繰入のみであり、負債(引当金)がそれを受ける形となるのに対して、資産・負債両建て方式は付加された資産の減価償却費と負債の利息費用の二つの費用に分かれ、減価償却費は減価償却累計額、利息費用は資産除去債務がそれぞれ受ける形となる。その費用の形態は異なっているが、資産除去のための将来の支出が、各期に適切な形で費用配分されるという点では、引当金方式の処理と同様の処理が行われると考えられる。笠井[2012]は、「引当金方式の発想の延長線上にたちながら、負債の全貌表示をも達成しようとする処理方法とみてよいであろう」としている。

この二つの方式について菊谷[2007]は、「いずれの会計処理であっても費用計上の総額の観点から見れば、(中略)損益計算書への影響は限定的である。資産除去サービスに係る減価償却費の金額と資産除去引当金繰入の金額がほぼ等しいならば、当該期間の損益計算には乖離は少ない」(菊谷[2007]38頁)としている。確かに、引当金方式と資産・負債両建て方式の差異について、損益計算への影響という点では、ほとんど変わりはないのである。

引当金方式が内部留保を形成するものであるとすれば、資産・負債両建て方式も最初の資産・負債両建て後に、引当金と同様の費用計上を行うものである以上、内部留保の形成という点では同じ役割を果たすと見ることができる。

　しかし後に述べるように、資産・負債両建て方式では引当金方式と比べて、内部留保の形成が見えにくくなっている。それは資産負債アプローチが採用されていることによると考えられる。費用の位置づけと計上が後景に退き不明確なものとなっているからである。それに代わって、資産・負債両建て方式は、将来における資産と負債の変動を見積りによって予測することを主眼とする。見積りによって測定された資産除去債務とそれに対応する資産から結果的に費用が算出される。有形固定資産の取得時に、資産除去債務と同額を資産計上するという点では、貸借対照表へ影響を及ぼし、また過大な減価償却費によって期間損益を歪めるという形で損益計算へも影響を与えることになるのである[2]。

5 資産除去債務の適用状況

　2010年度から資産除去債務に関する会計基準が強制適用となったことを受け、企業ではその対応が進められている。ここでは、資産除去債務の適用状況を見ていく。

　西原・中西［2010］は、2011年3月決算の日本基準適用会社のうち日経株価指数300の214社（すべて連結財務諸表作成会社）を対象として、四半期報告書における資産除去債務会計基準適用の影響を分析している。この分析によると、資産除去債務会計基準を適用している旨を、四半期連結財務諸表のための基礎となる重要な事項等の変更に記載している会社は、214社のうち212社（99.1％）であったという。212社のうち損益に与える影響額を明記または影響額は軽微というように、何らかの影響を受ける旨を記載している会社は、194社であった。分析対象の多くの会社が、資産除去債務会計基準の適用による影響を記載していることがわかる。

図表10-4 資産除去債務の総資産に対する比率

割合	会社数
独立掲記なし	125
0.2%未満	34
0.2%以上0.4%未満	16
0.4%以上0.6%未満	8
0.6%以上0.8%未満	5
0.8%以上1%未満	0
1%以上5%未満	3
5%以上	3
合計	194

(出所) 西原・中西 [2010] 図表7および西原 [2010] 図2から筆者作成。

図表10-5 税金調整前四半期順損益に対する比率

割合	会社数
独立掲記なし	46
0%超10%未満	74
10%超20%未満	28
20%超30%未満	13
30%超40%未満	10
40%超50%未満	3
50%超100%未満	9
100%以上	11
合計	194

(注) 税金等調整前四半期純損失を計上している場合には、絶対値にて割合を算出している。
(出所) 西原・中西 [2010] 図表8および西原 [2010] 図3から筆者作成。

　また四半期連結貸借対照表および損益計算書における開示状況の分析を行っている（図表10-4、10-5）。まず四半期連結貸借対照表においては、資産除去債務を独立掲記している会社は、194社のうち69社（約35％）である。これは四半期連結財務諸表規則では、資産除去債務について負債及び純資産の合計額の100分の1以下で、他の項目と一括で表示することが適当なものは一括計上できるとしていることから、独立掲記していない会社が多くあると考えられる。次に四半期連結損益計算書に「資産除去債務会計基準の適用に

伴う影響額」を独立掲記している会社は、194社のうち148社（約76%）であった。図表10-5は、経常損益および税金等調整前四半期純損益に対する比率の分布である。図表10-4、10-5からもわかるように、資産除去債務が適用されることにより、影響を受ける会社は多いが、その影響の割合は、軽微な会社と大きな影響を受ける会社とに分かれる。特定の会社では、税金等調整前四半期純損益に対する比率が高くなっている。

次に光成［2010］による分析を見てみたい。光成［2010］による分析は、日経株価指数に含まれる225社のうち、2011年3月決算の日本基準適用会社176社を対象としている。176社のうち、131社は数値を開示しており、全体の約7割強となっている。数値を開示していない企業は38社、純利益への影響のみの開示企業が7社で全体で26%である。開示していない企業を業種別に見ると、倉庫・運輸関連、海運、鉄鋼業、不動産、化学、機械、鉄道・バスなどといった重厚長大系の製造業等が比較的多く、一方でサービス業に関しては開示していない企業の割合が少ないという。

176社のうち、数値を開示している131社の資産除去債務の総額は、1兆7,183億円、特別損失の金額は、2,694億円である。具体的には、電力業界の原子力発電施設解体引当金からの振替額が大きくなっている。特別損失が38%、資産除去債務が全体の82%の割合となっている（図表10-6、10-7）。資産除去債務の総額が電力業界に次いで多いのは、石油、銀行、建設、通信の順である（図表10-7）。これらの業界別の総資産比率で見ると、石油は1社のみであるが、全体の2.9%、銀行は、全体の2.4%となっている。資産除去債務の総資産に対する割合を見ると、電力では、5.46%、石油は0.83%、鉱業が0.75%、陸運が0.61%となっている。

資産除去債務の内容については、数多くの工場や施設等を保有する企業にとって、見積りができないケースに指摘されているような建物内のアスベストの解体時の除去費用、土壌汚染調査費用等は、グループ会社を含めて精査した場合、数億円以上になる可能性が高い。多くの企業は、時期や状況などから合理的に見積りができない状況にあると考えられる（光成［2010］6-7頁）。資産除去債務に関して、大手企業は第1四半期開示から8割の企業が開示をしている。だが財務的な影響がある企業は、一部にとどまっているのが特徴

図表10-6 特別損失(金額)

	業種	金額(百万円)	本調査対象の中の割合
1	電力	102,979	38%
2	銀行	35,902	13%
3	電気機器	11,577	4%
4	自動車・自動車部品	11,187	4%
5	通信	9,979	4%

(出所) 光成［2010］図表2引用。

図表10-7 資産除去債務(金額)

	業種	金額(百万円)	本調査対象の中の割合
1	電力	1,403,448	81.70%
2	石油	50,440	2.90%
3	銀行	41,427	2.40%
4	建設	30,500	1.80%
5	通信	15,950	0.90%

(出所) 光成［2010］図表4引用。

的である。

6 　資産除去債務のケーススタディ

　前節においては、資産除去債務に関する会計基準の適用状況を見た。ここでは、個別企業の有価証券報告書から資産除去債務の開示事例を取り上げ、それらを踏まえ、資産除去債務と内部留保との関連について分析していく。

(1) ▶ 清水建設

　清水建設が、適用初年度の期首において計上した資産除去債務は46.43億円（連結）であった。2011年3月決算の「会計処理の変更」において、資産除去債務の会計基準適用により、営業利益は24百万円減少し、経常利益及び

図表10-8 清水建設の資産除去債務(単体) (単位:百万円)

	2011年3月	2012年3月
流動負債	6	3,441
固定負債	3,973	144
合　計	3,979	3,585

税金等調整前当期純利益は、それぞれ571百万円減少したという。「会計処理の変更」の部分に記載されているのみである。

　また単体の資産除去債務の金額は、図表10-8の通りである。同社は、2011年3月期に39億79百万円が、2012年3月期に35億85百万円を計上している。単体の場合は、資産除去債務は流動負債に独立掲記されており、しかし連結、単体ともに注記による説明もないため、何に伴って発生した資産除去債務なのか、利息費用、初年度適用によって生じる特別損失といった金額についての記載はなく不明である。

　内部留保との関係で述べると、資産除去債務の流動負債に計上されているものは1年以内に支払いが予定されているものと考えられる。他方、固定負債に計上されているものは、支出時点までは内部資金としての性格を有すると考えられる。したがって、固定負債に計上される資産除去債務は、内部留保の構成要素と見ることができる。

(2) ▶ JXホールディングス

　JXホールディングスは、総合エネルギー・資源・素材企業グループであり、主な事業内容として、石油精製販売事業、石油開発事業、金属事業を行う子会社およびグループ会社の経営管理ならびにこれに付帯する業務を行っている。

　資産除去債務の計上額は、図表10-9、10-10に示す通り、2011、12年はそれぞれ545億58百万円、536億25百万円である。主な対象資産は、SS(サービスステーション)用土地の不動産賃貸借契約等に伴う原状回復義務及び石油開発関連設備の生産終了後における撤去義務等である。これら対象資産の詳

図表10-9 JXホールディングスの資産除去債務

(資産除去債務関係)
資産除去債務のうち資産除去債務のうち連結貸借対照表に計上しているもの
1. 当該資産除去債務の概要
　SS用土地の不動産賃貸借契約等に伴う原状回復義務及び石油開発関連設備の生産終了後における撤去義務等です。
2. 当該資産除去債務の金額の算定方法

	取得からの使用見込期間	割引率
SS用土地	主に15年	主に2.0%
石油開発関連設備	1～57年	1.0～6.5%

3. 当該資産除去債務の総額の増減

	前連結会計年度 (自　平成22年4月1日 至　平成23年3月31日)	当連結会計年度 (自　平成23年4月1日 至　平成24年3月31日)
期首残高(注)	50,440百万円	54,558百万円
経営統合による増加額	9,969	—
新規連結による増加額	—	1,559
有形固定資産の取得に伴う増加額	1,773	3,022
時の経過による調整額	1,970	1,788
資産除去債務の履行による減少額	△7,495	△7,867
見積りの変更による増加額	778	3,311
その他増減額(△は減少)	△2,877	△2,746
期末残高	54,558	53,625

(注) 前連結会計年度の「期首残高」は「資産除去債務に関する会計基準」(企業会計基準第18号 平成20年3月31日)及び「資産除去債務に関する会計基準の適用指針」(企業会計基準適用指針第21号 平成20年3月31日)を適用したことによる期首時点における残高です。
4. 当連結会計年度において、主として一部の海外連結子会社における割引率が実態と乖離したこと及び環境規制の強化により撤去時の費用が増加することが明らかになったこと等から、見積りの変更を行いました。これに伴う増加額3,311百万円を変更前の資産除去債務の残高に加算しています。

細、それぞれの資産除去債務の計上額も不明である。

　また注記においては、それぞれの当該資産除去債務の金額の算定方法について説明がされている。それによると、SS用土地は、使用見込期間は主に15年、割引率は2.0%としている。他方、石油開発関連設備については、使用見込期間が1～57年、割引率は、1.6～6.5%となっており、設定された見込期間および割引率の幅はあまりにも広いといえる。経営状況によっては変更する可能性もあり、不確実な部分が多いことが指摘できる。

　このように金額の算定方法の基礎となる使用見込期間が長期であればあるほど、支出の時点は先となり利益留保の性格が強くなる。

図表10-10 JXホールディングスの資産除去債務(単位：百万円)

	2011年3月	2012年3月
流動負債	7,418	4,578
固定負債	47,140	49,047
合　計	54,558	53,625

　なお、従前より計上していた廃鉱費用引当金は、資産除去債務に振り替えられている。

(3) ▶ スターバックス　コーヒージャパン

　スターバックス　コーヒージャパン（以下「スターバックス」という）は、2011年3月期から資産除去債務を計上しており、図表10-11で示すように、2011年3月期は37億75百万円、2012年3月期は39億92百万円を計上している。適用初年度は、有形固定資産額が34億67百万円増加した。
　また注記において、同社は資産除去債務について「当社は、主に直営店舗につきまして、貸主との建物賃貸契約等において定められている原状回復義務に基づき、当該義務の履行に要する費用を合理的に見積もり、資産除去債務を計上しております」と説明している。また資産除去債務の算定方法については、「資産除去債務の見積もりに当たり、支出までの使用見込み期間は建物賃貸借契約期間等によっており、2～10年であります」としている。割引率は、0.17～1.39％を使用している。
　同社の直営店舗は、2011年3月期末時点では878店舗、2012年3月末は916店舗である。有価証券報告書では、店舗ごとの資産除去債務の計上額は示されていないが、店舗数が増加し、資産除去債務の計上額も増加したと考えられる。

(4) ▶ 日鉄鉱業

　日鉄鉱業は、石灰石などの鉱石採掘と集塵機などの機器製造企業であり、

図表10-11 スターバックス　コーヒージャパンの資産除去債務(単位：百万円)

	2011年3月期	2012年3月期
期首残高	3,517	3,775
有形固定資産の取得に伴う増加額	243	223
時の経過による調整額	37	33
資産除去債務の履行による減少額	△31	△53
その他増減額(△は減少)	8	12
期末残高	3,775	3,992

(出所) スターバックス　コーヒージャパン「2011年有価証券報告書」。

　資産除去債務においては、2009年3月期より早期適用している。2009年3月期から早期適用している企業は、日鉄鉱業の他に静岡鉄道がある。
　同社の有価証券報告書によると、「国内の鉱業所及び採石所について、鉱山保安法または採石法が規定する採掘終了後の採掘跡地の鉱害防止義務等並びに借地契約に伴う原状回復義務に基づき、当該法令に定める範囲の鉱害防止等に要する費用及び借地上の既存設備撤去費用を合理的に見積り、資産除去債務を計上しております」と説明している。同社は「資産除去債務明細表」を開示しており、それによると、同社の資産除去債務は「鉱山保安法等に基づく公害防止義務等」「借地契約に基づく原状回復義務」「チリ国鉱業令に基づく鉱山閉山費用」の三つに区分している。資産除去債務の計上額は、30億前後でほぼ安定している。その内訳は明細表から、3分の2弱が「鉱山保安法等に基づく公害防止義務等」に関する金額である。
　「鉱山保安法等に基づく公害防止義務等」「チリ国鉱業令に基づく鉱山閉山費用」の当該資産除去債務の算定方法は、使用見込期間、割引率ともに何度か変更が行われており、それにより資産除去債務の計上額も変更される。たとえば、「鉱山保安法等に基づく公害防止義務等」の資産除去債務は、55～90年とこのように金額の算定方法の基礎となる使用見込期間が長期であればあるほど、支出の時点は先となり利益留保の性格が強くなる。
　ここまで、資産除去債務におけるケーススタディについて検討してきた。資産除去債務に関する会計基準の適用が開始されてから、2年が経過したばかりであり、それゆえケーススタディにおける分析対象は、多くの企業が2

図表10-12 日鉄鉱業の資産除去債務(単位：百万円)

	2009年3月期	2010年3月期	2011年3月期	2012年3月期
期首残高	3,201	3,093	3,206	3,224
有形固定資産の取得に伴う増加額	—	—	64	—
時の経過による調整額	65	60	66	66
見積りの変更による増加額	—	—	72	—
見積りの変更による減少額	—	—	△109	△16
割引率変更による影響額	—	△19	△8	2
資産除去債務履行による減少額	—	△2	△52	△105
為替換算差額	△173	74	△14	△50
期末残高	3,093	3,206	3,224	3,119

(出所) 日鉄鉱業「有価証券報告書」。

図表10-13 日鉄鉱業の資産除去債務明細表(2012年3月期)（単位：百万円)

区　　分	前期末残高	当期増加額	当期減少額	当期末残高
鉱山保安法等に基づく鉱害防止義務等	1,906	32	105	1,833
借地契約に基づく原状回復義務	966	17	—	984
チリ国鉱業令に基づく鉱山閉山費用	351	18	67	302
合　　計	3,224	68	173	3,119

(出所) 日鉄鉱業「2012年3月期有価証券報告書」。

図表10-14 日鉄鉱業の資産除去債務の算定方法

区　　分	使用見込期間(年)	割引率(％)
鉱山保安法等に基づく鉱害防止義務等	55～90	0.112～2.45
チリ国鉱業令に基づく鉱山閉山費用	14	4.86

(出所) 日鉄鉱業「2012年3月期有価証券報告書」。

年間分のデータとなる。早期適用企業でも4年間分のデータに限られる。また資産除去債務について独立掲記していない企業が多いこともあり、現在の開示水準においては、詳細な分析は困難であるといえる。たとえば、対象資産の資産除去債務からどれだけ内部留保されたかというような定量的な分析は困難である。

　資産除去債務の財務数値へ与える影響度は、業種、企業によって様々であり、かなりのばらつきがある。しかし資産除去債務は、減価償却費および利

息費用は各期末に計上され、資金流出のない費用化であり、利益留保であり、内部留保の構成要素といえる。

7　資産除去債務と内部留保

　資産除去債務と内部留保との関係を考えるに当たり、ここで資産除去債務会計の特徴をまとめておこう。
　①資産除去債務の発生時に将来の除去費用として、資産・負債の両建て処理を行い、資産と負債を貸借対照表に計上する。そして②資産除去債務に対応して有形固定資産の帳簿価額の増加額として資産計上された金額は、減価償却を通じて、各期間に費用配分される。また③資産除去債務は割引後の金額であるため、利息費用を計上する。
　このような会計処理により、有形固定資産の取得時に除去債務の情報が貸借対照表に表示される。資産除去債務の会計基準は、資産負債アプローチの観点から、これまでの会計処理方法を大きく変化させているのである（久保［2009］209頁）。
　しかし費用の面から見れば、資産除去債務の会計における資産・負債両建て方式は引当金方式と同様の費用計上を行うものであることはすでに述べた通りである。
　これらを踏まえて考えると、減価償却費および利息費用は各期末に計上される資金流出のない費用化であり、引当金方式と同様に利益留保を生じると考えられる。したがって内部留保論の観点から見れば、資産除去債務の会計は内部留保を形成するものであるということができる。
　だが、内部留保分析の観点から見ると、内部留保額の把握が困難であるという問題が生じる。資産除去債務に関わる減価償却費の累計額と利息費用の合計額の把握ができないからである。引当金方式であれば引当金が内部留保額を示すことになるが、資産除去債務の会計においては、各期にどれだけの額（費用分）が留保され、合計でいくら留保されているかは一切わからなくなるのである。財務諸表の実際の分析においては資産除去債務による内部留保

の把握は不可能であるといってよい。まさに秘密に利益留保されているのである。

最後に、今後の国際会計基準(IFRS)導入に伴い資産除去債務の変更があった場合、内部留保との関連では、どのような影響があるかについて触れておく。

現在IFRSには、資産除去債務の会計処理を定めた単独の基準はないため、複数の基準に従って認識・処理することとなる。資産除去債務の負債計上については、IAS第37号「引当金、偶発債務及び偶発資産」に規定され、除去費用の資産計上については、IAS第16号「有形固定資産」に規定されている。現在IAS第37号は、改訂中であり、負債の認識・測定方法については未だ確定していない。わが国の基準もIAS第37号の改訂による影響を受け、また資産除去債務の会計処理にも影響を及ぼす可能性があるだろう。

わが国とIFRSの資産除去債務の取扱いにおける主な相違点としては、資産除去債務の範囲と見積り、割引率の変更があげられる（光成［2010］8-10頁）。わが国における資産除去債務の範囲は、法律上の義務およびそれに準ずるものと限定しているのに対し、IFRSでは、法的債務ないし法律上の義務ではない推定債務も資産除去債務の範囲に含まれる。このことは資産除去債務の範囲の拡大であり、利益留保を増加させる要素となることが示唆される。

以上の通り本章では、資産除去債務の会計においては資金流出のない費用化が行われ、利益留保がなされていると結論づけることができる。資産除去債務と内部留保の問題は、収益・費用アプローチから資産・負債アプローチへの会計観の転換を背景とした引当金概念の変容、資産評価と減価償却とも関連するが、資産除去債務の会計は利益留保の性格をもち、ゆえに内部留保の構成要素をなしているといえる。しかし、内部留保分析論上では、残念ながら内部留保項目として分析することができないといわざるをえない。減損損失とも共通するが、資産負債アプローチの下では、内部留保分析の困難さが増しているように思われるのである。

【注】
1 資産除去債務の会計処理方式についての理論的妥当性に関する議論は種々あるが、本章では会計処理方法の検討はその範囲としない。資産除去債務の資産負債両建て方式採用に関する理論的根拠の検討については、笠井［2012］、［2013］が詳しい。笠井は、資産除去債務勘定の処理の妥当性、設備資産勘定の処理の妥当性、有害物質除去時の処理の妥当性の3点に焦点をあて批判的に検討している。
2 この有形固定資産の取得時に、資産除去債務と同額を資産計上するという点については、菊谷［2007］は「使用期間の長い有形固定資産の取得時点において、将来の解体・撤去の当初見積額を測定することは人智を超える見積もりであると言わざるを得ない」（同上）と見積額算定の困難性を指摘している。さらに醍醐［2008］は「有害物資を排出することによって資産価値が増加するわけではないし、資産の使用可能年原が延長されるわけでもない。このような除去コストに原価性があるのかどうか疑問が残る」（醍醐［2008］242頁）と資産除去債務における資産・負債両建て会計処理の根本的な問題について言及している。

【主要参考文献】

小栗崇資・谷江武士編著［2010］『内部留保の経営分析——過剰蓄積の実態と活用』学習の友社。
笠井昭次［2012］「資産負債観の説明能力——資産除去債務（1）」『三田商学研究』第55巻第5号。
─────［2013］「資産負債観の説明能力——資産除去債務（2）」『三田商学研究』第55巻第6号。
企業会計基準委員会［2007］「資産除去債務の会計処理に関する論点の整理」。
─────［2008］「企業会計基準第18号『資産除去債務に関する会計基準』」。
菊谷正人［2007］「有形固定資産の取得原価と資産除去債務」『税経通信』62（12）。
─────［2008］「資産除去費用の会計処理法に関する比較分析」『財務会計研究』第2号。
久保淳司［2009］「資産除去債務基準における資産負債の両建処理」『経済学研究』59（3）。
黒川行治［2009］「資産除去債務を巡る会計上の論点」『企業会計』61（10）。
醍醐聰［2008］『会計学講義〔第4版〕』東京大学出版会。
西原直［2010］「資産除去債務会計基準導入の影響分析」『会計情報レポート』2010年6月号。
西原直・中西量子［2010］「適用初年度の開示分析と事例紹介」『経理情報』No.1261。
萩原正佳［2009］「企業会計基準のポイントと会計処理の留意事項 30 資産除去債務に関する会計基準等について」『週刊税務通信』No.3064。
光成美樹［2010］「資産除去債務会計基準の適用事例分析」『週刊経営財務』No.2984。

第 11 章

資本剰余金

1 はじめに——先行研究と視点

　資本剰余金は資本か、あるいは何らかの留保か否かについて論争がある。額面発行差金（株式プレミアム）を利益と見るか否かについても論争がある。どちらの論争においても資本剰余金を資本と見る説は、企業会計原則や会社法（商法）等の制度を支える通説に基づき、株主が払い込んだ額が資本と位置づけられていることを論拠としている。一方で、資本剰余金を利益あるいは何らかの留保とみる説に関しては、様々な視点からの研究がある。

　その主要な研究の一つは、擬制資本と現実資本との差額を創業者利得とし、額面発行差金（株式プレミアム）を利益と見る研究である（資本準備金が利益であるか資本であるかの議論では、株式プレミアム論争が展開されてきた。株式プレミアム論争の所説には、資本説と部分利益説と全額利益説がある。高山［1987］221-225頁、高山［2008］90-93頁）。しかし、2001年の商法改正で額面に関する規定が削除され、額面に対するプレミアムを把握することが困難になったことから、実態分析の難しさが指摘される。もう一つは制度会計の解釈論の枠を超えて、企業の実態や経済状況から資本剰余金の性格を利益と見て、企業の蓄積の特徴や状況を分析する研究である。この研究では、個別企業や全産業等の統計データからみて、資本金と比較して資本剰余金の額が多いことや、株価上昇の中で発行価額の多くの部分が実態のない価格を構成していることを指摘

し、資本剰余金を財務、金融活動を通じて実現した利益であるとして分析を進めている（角瀬他［1975］64-65頁、135頁、角瀬［1979］69-70頁、大橋［2005］96頁）。

　以上のことから、資本剰余金をどのように見るかについては、企業会計原則や会社法（商法）に依拠した制度会計による見方と、企業の実態や経済状況から資本剰余金の性格を検討する見方に大きく分けられる。

　本章では後者の見方に立って制度会計の歴史的変遷を踏まえて、企業の実態や経済状況から資本剰余金が内部留保に当たるのか否かを検討する。

2　資本剰余金（資本準備金）に関する諸説

　現行制度では、資本剰余金は資本準備金とその他の資本剰余金から構成されるが、特に資本準備金が内部留保に含まれるか否かについて、多くの議論がなされてきた。

　資本準備金を内部留保とする説は次の通りである。

　山口孝は次のように述べている。

　　　法定準備金は、資本準備金、利益準備金からなっており、すべて法律の規定にもとづいて設定された、増加資本の蓄積分である。資本準備金は、（中略）時価発行でえた額面超過金、株式の消却または払戻し以上に資本の減少をなしたばあいの減資差益、合併のさい継承した純資産が増加した資本の額よりも大きいばあいに生ずる合併差益などがこれにふくまれる。いずれも証券市場に上場しているような巨大な独占体が、株式の売却や合併などを通じてえた利潤をしめす。特に最近、松下電器やソニーなどが、時価を下回る公募価格で50円額面の株式を売却して巨大な額面超過金を稼いでいる点を注目しなければならない。たとえばソニーは、70年5月、50円の額面の株式を3,300円で売って、一株当たり3,150円の額面超過金（非課税）をえた。時価発行後株価は下落し、70年8月5日現在2,560円となった。株主はこの下落分だけすなわち一株に

つき640円（1,000株で64万円）損をしたことになる。松下電器も同じく5月、50円株を630円で売り出し膨大な資本利得をえている。（山口［1976］64-65頁）さらに、資本準備金や資本剰余金は、額面50円の株200円も300円もの時価で発行した差額（株式発行差金）や、企業を有利に買収した結果（合併差益）などであり、そこから得られた剰余であることは間違いありません。（山口［1977］259頁）

君塚芳郎は次のように述べている。

　　資本準備金は以前は資本剰余金とよばれ、普通の利益（利益剰余金）と異なるものとされていた。資本準備金は「ゴミ」捨場といわれるくらい、そのなかに種々雑多なものをふくんでいるが、共通点は課税されない点だけである。むしろ税を免れるために資本準備金という概念が作られたのではないかとさえ疑われる。このおもなものは株式の時価発行にともなう株式発行差金（額面超過のプレミアム）と一部は再評価積立金であり、たとえば三井物産では261億円もあり、資本金の8割近い（1974年3月末）。資本準備金は、後者のもうけを留保したものと考えてよい。（君塚［1975］135頁）

角瀬保雄は次のように述べている。

　　資本準備金は、中小企業にもある利益準備金と違って、株式を証券市場で売買している大企業にのみみられるもので、しかも、高い利益をあげている企業ほど株価が値上がりますから、プレミアムも大きくなり、プレミアム稼ぎができることになります。（中略）（資本準備金は）税金が一銭もかからない内部留保となっているのが現実ですから、資本金と同じ株主の払い込んだ資本の一部というよりも、源泉は異なっていても利益の内部留保と変わらないものとみるべきです。（角瀬［1979］69-70頁）

大橋英五は次のように述べている。

今日の独占企業の蓄積が、証券市場を通しての国民、財務、金融活動をとおして実現した利益を資本化するものであると考えなければならない。したがって、後に検討する内部留保の分析では資本準備金を内部留保に含めて分析をすすめる。(大橋［2005］96頁)

以上のような論拠は、資本準備金や資本剰余金を、証券市場を通じて得た利益だとして内部留保に含めて分析するという立場にある。
資本準備金を内部留保としない説は次の通りである。
野村は次のように述べている。

　会計計算上、資本金と資本準備金は、拠出資本としての性格を有するので、自己資金ではあるが、理論的には、内部留保を構成しないとみるべきであろう。(野村［1977］178頁)

藤井秀樹は次のように述べている。

　資本の蓄積過程は「資本の集積と集中」の過程です。ここで留意しておきたいのは、それが「集積とは明確に区別される集中」(K.マルクス)をともなっているということです。ところが、内部留保とは「損益計算制度にもとづく集積」ですから、それは資本蓄積のうち「集積」部分を合計したものにすぎません。それに対して資本準備金は「集中」に属する蓄積項目です。したがって資本準備金を内部留保に加えることは、内部留保概念それ自体を否定することにつながります。(藤井［1990］120頁)

　現行会計制度（商法第288条の2）では、資本準備金の構成項目として、株式払込剰余金、減資差益、合併差益の三つが限定列挙されています。これらはいずれも元入資本の修正項目であり、資本蓄積との関係でいえば「集中」にあたるものです。したがって「損益計算制度にもとづく集積」として定義される内部留保にこれら項目を含めることはできません。(藤井［1990］121-122頁)

そして、資本準備金は資本としての性格を有し、内部留保を「損益計算制度にもとづく集積」とした場合、資本準備金は内部留保に該当しないとしている。

以上のように様々な視点から、資本準備金（資本剰余金）を内部留保に含めるか否かについての議論があるのである。

3 資本準備金の変遷

資本準備金の構成要素は、商法の改正や企業会計原則の制定、会社法の制定とともに変化してきた。まず、その変遷を確認してみたい。

(1) ▶ 1899〜1950年の額面発行差金制度
—— 株式発行差金（資本準備金）が利益として扱われていた時期

1890年においてわが国で初めて商法が公布され、1893年に企業会計法制が発足し（忠［1977］61頁）、資本制度が創設される。そして第二次世界大戦後の1950年において初めて資本準備金制度が創設される。

1950年の商法改正までは、額面株式のみが認められ、資本額と株金総額（株金総額＝額面金額×発行済株式総数）は、常に一致していた。したがって、額面株式の発行差金（株式プレミアム）は利益として扱われ、課税対象とされていた。

そこで問題となったのが、額面株式の発行差金（株式プレミアム）を資本と捉えて、課税しないか、あるいは利益と捉えて課税するかである。1899年の旧所得税法の第5条の5に、所得税を課さない所得として、「営利の事業に属せざる一時の所得」と記されており、額面株式の発行差金がこれに該当するか否かについて、一連の訴訟が起こされた。

「所得金額決定取消の訴え（明治41年4月14日判決）」と「所得金額決定不服の訴え（明治41年10月31日判決）」の事例も、株式発行差金は利益として課税されるべきとの判決が出ている。当時の商法には資本準備金制度が存在していなかったため、株主から払い込まれた株式発行差金は余剰部分として、利

益剰余金と同様に扱われていた。商法において、会社は営利を目的とする会社であると規定されていたので、増資等の取引も営利活動の一部とみなされ、株式発行差金は利益として扱われ、課税されていた。

(2) ▶ 企業会計原則と資本剰余金

　第二次世界大戦後における戦後改革の中で、1948年証券取引法の制定とともに会計の近代化が図られるが、その過程で誕生したのが1949年の「企業会計原則」である。「企業会計原則」は日本の会計における資本の捉え方に大きな変化をもたらした。

　「企業会計原則」の一般原則の第三に、企業会計に対する次の要請が掲げられている。「資本取引と損益取引を明瞭に区別し、特に資本剰余金と利益剰余金を混同してはならない」。この原則は資本と損益、つまり資本と利益に関する基本原則である。「企業の利益は、財貨および用役の移転によってのみ実現するものであって、けして資本の移転から生ずるものではない」（黒澤［1960］299頁）という前提で企業会計原則が成り立っている。「資本の移転によっては利益は生じない」（黒澤［1960］299頁）ことは、「最も重要な会計原則のひとつ」であるとされ、「もし資本取引が損益取引と混同されて帳簿に記入されるときは、資本が利益に転化して、けっきょく資本は食いつぶされることになる」（黒澤［1960］299頁）と解釈された。

　資本と利益の区別の原則には、一般に二つの意味があるといわれている。第一に維持すべき資本を明確にすることである。第二に資本と利益を区別することで情報開示機能の改善に資する点である。

　このような企業会計原則の考え方に立てば、経営活動によって獲得されたものは「利益」として開示され、そうではないものは「資本」として開示される。企業会計原則設定に伴って1950年に商法も改正されることとなった。その時の資本準備金に該当する項目は額面発行差金（株式プレミアム）、無額面株式の株式払込剰余金、財産の評価益、減資差益、合併差益であった。企業会計原則設定以前まで利益であるとして課税されていた額面発行差金（株式プレミアム）は、企業会計原則の設定とそれに伴った商法改正によって資本と

して扱われ課税を免れるようになる。これは、本来利益としての性格のものが制度変更によって資本と表示されるようになったといえる（野中［2005］13頁）。

(3) ▶ 1950年から2001年の商法改正までの時期
──資本準備金が資本として扱われ、配当不能であった時期

1950年の商法改正で資本準備金制度と無額面株式が導入された。法定準備金は積立の財源により利益準備金と資本準備金の2種に分類された（1950年改正商法第288条利益準備金と第288条ノ2資本準備金）。よって財源が資本取引である株式プレミアム（額面超過金）は、今まで剰余金として処分可能であったが、資本準備金として扱われ、維持すべき資本に変わった。資本準備金と利益準備金を明確に分類したことから、その使用に関する優先順位が法定され、利益準備金が優先して取り崩されることとなった（1950年改正商法第289条法定準備金の使用）。1950年の改正商法による資本準備金の構成は、第288条ノ2において次のように規定された。1号額面発行差金、2号無額面株式の株式払込剰余金、3号財産の評価益、4号減資差益、5号合併差益である。

無額面株式については、発行価額の総額を資本に組み入れることを原則とし、発行価額の4分の1を超えない額が資本準備金に組み入れられるようになった（1950年改正商法第284条ノ2　資本の計算基準）。したがって、株式数の増減と資本の増加は一致せず、株金総額と資本額の関係は切断された。

1981年の商法改正では、額面株式、無額面株式を問わず、発行済株式の発行価額の総額を「資本」とすることを原則としつつ、発行価額の2分の1を超えない額は「資本」とせずに資本準備金とすることができるものとした。つまり、額面株式についての額面超過額、無額面株式についての払込剰余金という2本立ての取り扱いを廃止して、いずれについても払込剰余金に統一されることとなった。資本準備金への繰り入れ額が拡大されたことになる。資本準備金の構成は2号無額面株式の株式払込剰余金と3号財産の評価益が削除され、次のようになった。1号株式払込剰余金、2号削除、3号削除、4号減資差益、5号合併差益である。

(4) 新会社法制定に向けた2001年と2002年商法改正
――資本準備金を取り崩して配当可能となる時期

　新会社法の制定に向けて、2001年以降、資本の部に関する改正が続々と行われた。

　2001年の商法改正で、額面株式が廃止された。設立時の株式の最低発行価額の規制も撤廃された。その理由は、額面があることで額面割れの会社は資金調達できないとの印象を与えること、株金総額が資本金の最低限を画するという規制から株式分割や企業再編時の機動性を損なう結果となっていたこと等である（神田・武井[2002] 124頁）。そのため、発行済株式の発行価額の総額を「資本」とすることを原則としつつ、発行価額の2分の1を超えない額は「資本」とせずに資本準備金とすることができるものとされた。

　さらに、資本準備金の構成が変化した。減資差益は資本準備金に含められないこととされ、配当可能限度額に含められることになった。また、新たに、株式交換差益、株式移転差益、新設分割差益、吸収分割差益が資本準備金に加わることとなった。

　2002年の商法改正では、資本準備金の取り崩しが新たに規定された。取り崩された資本準備金は配当の財源に加えることができるようになった。かつて、欠損補填のために利益準備金を優先して取り崩しが行われたが、今回の改正では、その利益準備金と資本準備金の取り崩しの優先順位をなくし、同等に取り扱われることとなった。

　これらの商法改正は、従来からの法規制の根幹に関わる部分を含めた大幅な改正となった。資本準備金を取り崩し、配当や自己株式の買入の財源にすることができるようになったのである。企業の財務状態が悪化した場合、新株の時価発行により積み上げられてきた過大な資本準備金を財務の改善に活用できることとなった（上田[2004] 19頁）。また、商法は企業の再編を機動化するという法制を進めつつ、株主の請求権の範囲を拡大していった。株主の請求権の範囲が拡大したため新たに債権者異議手続きが設定されたが、債権者保護法理の後退ともとれるこの商法改正は、株式会社法理の重大な変更であった。そして、このような改正は、経済社会のグローバル化による株主重視の経営という、商法の現代化が計られた改正（上田[2004] 19頁）であった。

図表11-1 資本と利益に関する重要な改正ポイント

	1899年から1950年まで（戦前）	1950年から2001年（戦後から平成13年商法改正までの時期）	2001年以降（平成13年商法改正以降）
額面株式	○	○	×
無額面株式	×	○	○
資本の計算基準（資本金組入額）	額面株式の額面額	1950年 原則、額面株式の額面額、無額面株式の発行価額の全額容認、無額面株式の4分の3 1981年 原則、株式の発行価額の全額容認、株式の2分の1ただし、無額面株式については5万円以上	原則、株式の発行価額の全額容認、株式の2分の1
利益準備金	○（利益剰余金）	○	利益準備金を優先して取崩す（欠損填補時） ○	優先順位の消滅
資本準備金	×	○	
資本準備金の配当	○	×	○

（出所）筆者作成。

図表11-2 資本準備金の構成　第288条ノ2

1950年	1981年	2001年
1号額面発行差金 2号無額面株式の株式払込剰余金 3号財産の評価益 4号減資差益 5号合併差益	1号株式払込剰余金 2号削除 3号削除 4号減資差益 5号合併差益	1号株式払込剰余金 2号株式交換差益 3号株式移転差益 3号ノ2新設分割差益 3号ノ3吸収分割差益 4号削除 5号合併差益

（出所）筆者作成。

　以上のように変遷を一覧にしたものが図表11-1、11-2である。要約すれば次のようにまとめることができる、1950年までは、資本準備金制度がなく額面発行差金は利益として扱われていた。1950年に資本準備金制度が創設され、資本準備金は維持すべき資本として扱われるようになった。2001年以降は、資本準備金を取り崩して配当することが可能となり、利益準備金と同等の扱いがなされるようになった。

　資本準備金の構成も大きく変化し、2001年以降は組織再編において生じる合併差益等で構成されることになった。これら以外の資本を源泉とする項

目はその他資本剰余金に含まれることになったのである。

4 自己株式及び法定準備金の取崩等に関する会計基準

　2001・2002年商法改正を受けて、企業会計基準委員会（ASB）では、2002年2月21日に、一つの会計基準と二つの適用指針を公表した。それは、企業会計基準第1号「自己株式及び法定準備金の取崩等に関する会計基準」、企業会計基準適用指針第2号「自己株式及び法定準備金の取崩等に関する会計基準適用指針」、企業会計基準適用指針第3号「その他資本剰余金の処分による配当を受けた株主の会計処理」である。

　自己株式及び法定準備金の取崩等に関する会計基準の設定のきっかけは、2001・2002年の商法改正である。その中には、会計に影響を与える重要な改正が二つ入っている。一つ目は自己株式の取得と保有の解禁である。従来、自己株式は資産に計上されてきたが、多額の自己株式を保有した場合は実質的には資本の払い戻しではないかということが検討の対象となった。二つ目の重要な改正は、法定準備金の減額の制度ができたことである。これにより、資本準備金を取り崩し、配当可能利益に含めた上で、配当を行うことが可能となった。

　株主の元手で構成される資本準備金を原資として配当を行うということは、1950年からは行われていなかったことである。よって、この利益の配当について支払側はどのように開示をすべきか、また、資本準備金を原資とした利益の配当を受け取った会社は、それを収益に計上してよいのか、ということが論点になった。さらに、これらの論点を進めるうちに、現状の資本の部の体系では包含しきれない項目が出てきたために、最終的には資本の部の区分も見直し、資本剰余金の区分、利益剰余金の区分を新設することになった。

　商法改正で、法定準備金の減額の制度が創設された。従来、資本準備金、利益準備金については、資本の組み入れか、欠損填補以外では使用することができなかったが、利益準備金の積立限度額は資本準備金と合わせて資本金

の4分の1までとされ、資本金の4分の1を超えた金額については、株主総会の決議により取り崩すことが可能になり、配当可能利益に含めることができるようになった。また、従来、減資差益は資本準備金に計上することとされてきたが、この規定が削除され、その他資本剰余金に含められ、分配可能となった。

　従来の財務諸表等規則では、これらの資本金および資本準備金の取り崩しに伴い生ずる剰余金については、「その他の剰余金」の区分の「その他の資本剰余金」に計上されることになっていたが、ほとんどの会社で、「その他の剰余金」の内訳は任意積立金と当期未処分利益（繰越利益剰余金）であった。しかし、新しく資本金および資本準備金の取り崩しに伴い生ずる剰余金が計上される場合、払込資本と留保利益の区分が明瞭でなくなるおそれがある。そこで、資本金と資本剰余金の取り崩しに伴って生じる資本性の剰余金については、資本剰余金の区分を新設して計上することになった。

5　新会社法における資本準備金

　新会社法は、会社法制の現代化を図ることを目的として、2005年6月に国会において成立し、7月に公布された法律である。商法改正を含む会社法制の現代化を図るに至った背景には、カタカナの文語体の法文を現代通用のひらがな口語体の表記に改めるという形式的な理由に止まるものではなく、最近における社会経済情勢のめまぐるしく変化する中で、株式会社制度と有限会社制度との統合を図り、物的会社としての株式会社制度に一本化する必要性があった（中央経済社編［2005］8-17頁、武田［2006］1頁）。その他様々な経済的に緊急とされる課題を解決するために、議員立法の形でピースミール的な法改正がなされた結果を総括的に検討し、体系化することを目的として、大幅な改訂としてなされたものである（武田［2006］1頁）。

　この改正において、会計の側面から見て最も特徴的なものは、最低資本金制度を廃止し、さらに資本確定の原則や資本不変の原則等の財産保全機能にとっての重要な原則を放棄するに至ったことである。払込資本の2分の1は

資本準備金に計上でき、名称は資本準備金と名づけられているが、実質的には利益準備金とその性質が変わらないことが明記された（会社法第445条）。会社法445条は、1項で株主の出資全額を資本とすべきものとしながら、その半額までは資本準備金にすることを認めている（会社法445条2項、3項）。半額までを払込剰余金として資本準備金にすることが許されることは、論理的に説明できるものではないとされる（稲葉［2010］249頁）。

さらに、資本準備金を取り崩して、配当可能とする規定が整理された（会社法第448条、446条、453条）。会社法では、会社に留保すべき一定の金額を控除した会社財産の額が剰余金であり、その範囲内でしか分配をすることができない。株主の出資は、原則として払い戻しが禁止され、会社に留保されるものである。しかし、その資本金や準備金を増減させることで、その額を変更させることができるようになった（447条1項、448条1項、450条1項、451条1項）。法律上、資本組入れに使用する剰余金の種目について限定はない。また、株主総会決議によって、利益剰余金を資本勘定に移し替えることが可能である（稲葉［2010］253頁）。

資本取引と損益取引を峻別する必要性から、これまで資本剰余金と利益剰余金に分けてきたが、この要請が曖昧になったといえる。

また、組織再編において、留保利益であったものが資本化する場合がある。合併差益等は消滅会社において留保利益だったものもある。小さな会社が大きな会社を吸収合併すると、その留保利益の多くが資本化することが考えられる。

資本準備金は維持すべき資本として考えられていたが、その内容も変化し、配当としての活用が可能となった。財源が資本取引からなるという性格を有するのみで、維持すべき資本としての性格は薄れたといえる。

6 資本剰余金の実態

大橋は、資本準備金の実態と性格について次のように分析をしている。
東京証券取引所上場会社の場合、1982年以降の実態を、次のように記述

している。

　　　資本金（券面）10％、その他資本金40％、資本準備金50％となっているのが実態であろう。いいかえると、株式による資本調達のうち10％が額面金額であり、90％が実質的には株主が権利を行使することができない株式プレミアムから構成されていると考えられる。（大橋［1994］99頁）

　さらに、資本準備金の性格を次のように記述している。

　　　株価騰貴を前提とした時価発行による払込額（中略）その実態は、株価あるいは土地の異常な高騰というわが国経済のバブル化の中での証券市場においての国民大衆、中小企業からの収奪にほかならない。この収奪は、国民大衆、中小資本からの所得移転にすぎず、なんら社会的に資本が増大することを意味しないことはいうまでもない。（大橋［1994］100頁）

　こうして、資本準備金は、財務、金融活動を通じて実現した利益を資本化するものであると考えなければならないとし、内部留保の分析では資本準備金を内部留保に含めるとしている。

　図表11-3は、1996年以降の資本金と資本剰余金の額と1996年度に対するそれぞれの伸び率を表したものである。1996年では、資本金に対する資本剰余金の割合が61％であったが、2011年になると123％になる。1996年度に対する2011年度の資本金の伸び率は1.48倍であるのに対し、資本剰余金の伸び率は3倍となっている。近年の16年間のデータを見ただけでも、資本剰余金の増加は著しいことがわかる。2001年、2002年における商法改正があったころから資本剰余金の額が増加し、2005年の会社法改正があったころに資本金の額よりも資本剰余金の額が上回り、その額が拡大している。

図表11-3 全産業における資本金と資本剰余金の額（単位：億円）

	資本金	資本剰余金	資本金に対する資本剰余金の割合	1996年度比伸び率（資本金）	1996年度比伸び率（資本剰余金）
1996年	716,592	434,700	61%	1.00	1.00
1997年	758,363	426,336	56%	1.06	0.98
1998年	781,314	431,201	55%	1.09	0.99
1999年	814,819	484,760	59%	1.14	1.12
2000年	843,417	578,217	69%	1.18	1.33
2001年	858,397	597,793	70%	1.20	1.38
2002年	868,814	622,934	72%	1.21	1.43
2003年	875,124	752,594	86%	1.22	1.73
2004年	893,525	842,762	94%	1.25	1.94
2005年	898,539	940,771	105%	1.25	2.16
2006年	904,662	949,467	105%	1.26	2.18
2007年	908,372	913,329	101%	1.27	2.10
2008年	985,456	1,064,822	108%	1.38	2.45
2009年	1,062,907	1,252,578	118%	1.48	2.88
2010年	1,063,047	1,200,240	113%	1.48	2.76
2011年	1,057,568	1,306,087	123%	1.48	3.00

（出所）法人企業統計より作成 (http://www.mof.go.jp/pri/reference/ssc/index.htm、アクセス2013年3月17日)。

7　内部留保としての資本剰余金

　資本剰余金は上記のような経緯の中で、今日の会計制度においては、事実上、利益剰余金と同様に配当として取り崩すことが可能となったということができる。特にその中心となるのは、資本準備金であるが、2006年以降に施行された会社法においては、それを取り崩して配当にまわすことが可能な規定となっている。資本剰余金と利益剰余金との線引きが曖昧となり、双方への移行を容認する中で、資本と利益の区別なく剰余金全体が分配可能となったのである。

　かつて資本準備金を内部留保に含めるか否かの論議があったことを冒頭に紹介したが、理論レベルでの是非は別として、会計制度上では、利益剰余金と同じく分配可能な存在へと変化したことになり、その点から見れば資本準

備金を内部留保に含めることは妥当であるということができる。言い方を変えれば、内部留保論としては資本準備金を内部留保とするか否かはなお議論が残るとしても、内部留保分析論としては資本準備金を内部留保に加えて分析すべきということになろう。2006年の会社法施行以降、資本準備金を取り崩して配当にまわす企業が増えてきている（第1章注21参照）。今日の制度においては、すでに実態として、資本剰余金（その中心である資本準備金）は利益剰余金と区別なく活用されているといってよい。資本金を上回って蓄積されてきた資本剰余金が利益剰余金同様に扱われるに至ったことは、資本剰余金が結局は証券市場からの収奪であったという大橋の見解を裏づけることにもなる。

　実態を重視する内部留保分析論の観点からすれば、資本剰余金は内部留保を構成する重要な項目であると言えるのである。

　以下では、事例分析を通じて、内部留保としての資本剰余金（資本準備金）の実態を検討してみたい。

8　事例分析

　ここでは、資本剰余金に関係する三つの事例を分析する。ソニーはプレミアム（株式払込剰余金）を荒稼ぎした事例として、サンリオは資本剰余金を柔軟にコントロールし、配当を行った事例として、ネスレはIFRSを適用し資本剰余金を利益剰余金に含めて開示している事例として、とりあげる。

(1) ▶ ソニー

　ソニー株式会社は資本剰余金の大きな企業の一つである。2012年3月において1兆1,600億円ほどの資本剰余金を計上している。その額は資本金の約2倍の金額である。

　ソニーがなぜこれほどまでに資本剰余金の額を増加させることができたのだろうか。公募による時価発行増資のうち大規模な公募増資に着目して分析

図表11-4 資本金、資本剰余金繰入額

年	形式	発行価額 (円)	発行株式数 (千株)	資本金繰入額 (万円)	資本剰余金(資本準備金)繰入額 (万円)
1970年	公募	3,200	3,000	15,000	945,000
1972年	公募	4,000	5,050	25,250	1,994,750
1974年	公募	3,660	5,500	27,500	1,985,500
1980年	公募	2,950	15,000	75,000	4,350,000
1988年	公募	5,453	20,000	5,454,000	5,452,000
1989年	公募	7,720	30,000	11,580,000	11,580,000
				合　計	26,307,250

(出所) ソニー株式会社HP「資本金・発行済株式総数・配当金の推移」(http://www.sony.co.jp/SonyInfo/IR/library/dividend.html、2012年9月13日アクセス) より筆者作成。

をする。1980年までは額面金額が資本金に繰り入れられ、額面金額を超える部分が資本準備金として資本剰余金に繰り入れられた。そのため資本金の繰り入れ額が資本剰余金の繰り入れ額と比較して非常に少ない。一株当たりの額面は50円であった。図表11-4を見ると、1970年の増資では資本金繰り入れ額が1億5,000万円に対して資本剰余金繰り入れ額が94億5,000万円である。1972年の増資では、資本金が2億5,250万円、資本剰余金が199億4,750万円、1974年の増資では、資本金が2億7,500万円、資本剰余金が198億5,500万円、1980年の増資では、資本金が7億5,000万円、資本剰余金が435億円である。額面金額に比べて株価が非常に高かったことから、増資の度に株式プレミアムで資本剰余金を増加できる状況にあったことがわかる。1981年に商法が改正されると資本剰余金への繰り入れ額が減少するため、「当時、企業は現実に投資資金を必要としていなかったにもかかわらず、いっせいに駆け込み増資に走り、プレミアムの荒稼ぎをしたのであった。その結果、1981年度における上場会社の有償増資額は1兆7,932億円、公募プレミアムは1兆1,217億円といずれも史上最高を記録したのである。(角瀬 [1986] 197、198頁)」

1981年の商法において額面制度が廃止され、増資によって資本剰余金に繰り入れることができる額の範囲が増資総額の2分の1となった。企業はそのメリットを最大限に享受するために発行価額の総額を資本金とせず、限度

いっぱいである発行価額の2分の1を資本金に繰り入れないで資本剰余金としている。そのため、1988、1989年の増資では資本金繰り入れ額と資本剰余金繰り入れ額がほぼ同額となる。額面制度が廃止されても、株価の上昇と発行株式数の増加によって、資本剰余金の繰り入れ額が増加している。巨額な資本剰余金を計上できる要因の一つは、株価の上昇によって得られる資本利得（株式プレミアム）であったことがわかる。

（2）▶ サンリオ

　サンリオは資本剰余金の変動が激しい会社である。図表11-5はサンリオの資本剰余金の推移を表したものであり、図表11-6は資本金と資本剰余金の推移を表したものである。1996、1997年に464億円あった資本剰余金が1998年に300万円になる。この減少の原因は、1997年までに膨らんだ欠損金の塡補のために資本準備金を取り崩したことによる。サンリオの1997年度の貸借対照表を見ると資本の部に欠損金が780億円計上されており、資本金と資本剰余金の合計額832億円とほぼ同程度の金額の欠損金となっていた。この780億円の欠損金を解消するためにすべての資本剰余金（464億円）が取り崩されたのである。累積欠損の主な原因は、多額の支払利息であった。1999年には有利子負債の返済がほぼ完了し、利益が計上される。

　1998年から2002年までは資本剰余金の変動がなく300万円で計上される。2003年に資本剰余金は128億円増加し、2004年に233億増加して362億円となる。この増加の原因は資本金の減少によるものである。そして2005年に261億円減少し100億円となる。2005年から2008年までは変動がなく100億円で計上される。2009年に13億円減少し87億円になる。この減少の原因は、資本剰余金の配当によるものである。2010年に25億円減少し、61億円になる。2011年に26億円減少し、34億円になる。これらの減少の原因は自己株式の消却によるものである。

　図表11-7によると、サンリオは2004年頃まで欠損金が大きい状況にあるが、ほぼ毎年配当を支払っていた。1998年度は248億円の欠損金があるにもかかわらず51億円の当期純利益が出ているので31億円の配当を行ってい

図表11-5　資本剰余金の推移

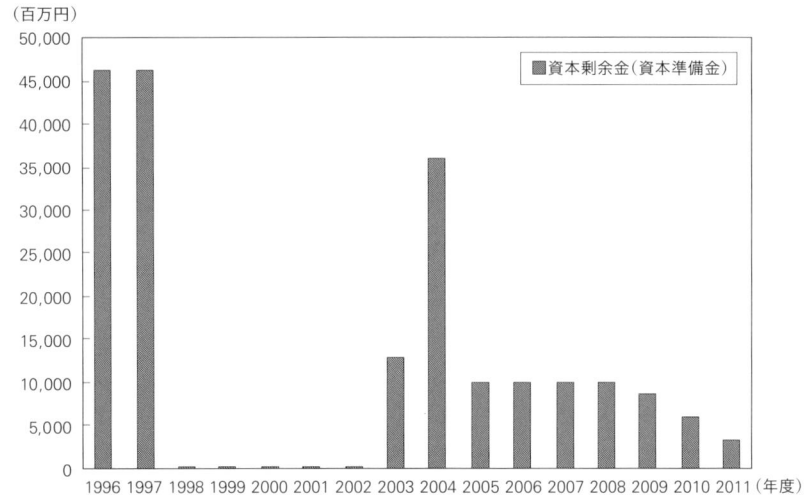

（出所）株式会社サンリオ「有価証券報告書1996年〜2011年」より筆者作成。

図表11-6　資本金と資本剰余金の推移

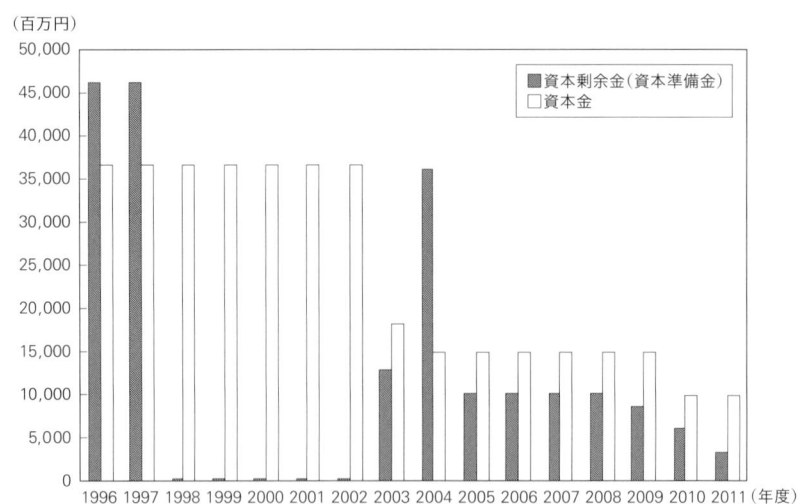

（出所）株式会社サンリオ「有価証券報告書1996年〜2011年」より筆者作成。

図表11-7　利益剰余金の配当と資本剰余金の配当の推移

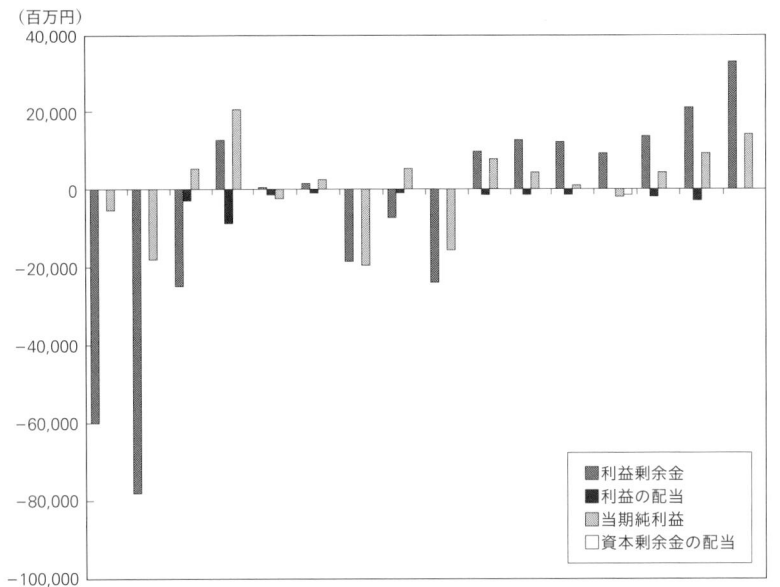

凡例：
- 利益剰余金
- 利益の配当
- 当期純利益
- 資本剰余金の配当

（出所）株式会社サンリオ「有価証券報告書1996年～2011年」より筆者作成。

る。1999年は当期純利益が204億円計上されたことから、欠損金が解消するが86億円の配当を行っている。2000年度は26億円の当期純損失にもかかわらず15億円の配当を行っている。2001年度は24億円の当期純利益を出し、7億円の配当を行っている。2003年度は53億円の当期純利益を出しているが、73億円の欠損金があるにもかかわらず7億円の配当を行っている。

2005年以降、欠損金が消滅し、利益剰余金が徐々に増加傾向にあるが、配当は毎年行われている。2005年から2008年までは13億円程度の配当が毎年行われている。2008年については当期純損失が19億円計上されたためか、資本剰余金から13億円の配当を行っている。2009年からは業績が回復し配当額が増加している傾向にある。

サンリオは、欠損金を資本準備金を取り崩して解消し、当期純損失であっても配当を行ってきた。自己株式の取得の解禁や企業結合を柔軟に行えるようになった現在の資本制度の下では、資本剰余金からの配当を行い、自己株

第11章　資本剰余金　|　275

式を消却することによって資本剰余金の額を一層、柔軟にコントロールできるようになった。これは資本剰余金が維持すべき資本としての性格を失ったと言える。

(3) ▶ ネスレ

　国際会計基準においては、資本剰余金と利益剰余金を区別して表示することを要求していない。IAS 第1号の78項 (e) では、「払込資本及び剰余金は、資本金、資本剰余金及び剰余金などさまざまな区分に分類される」（企業会計基準委員会 [2012] A486頁）と規定している。しかし、「表示項目の内訳をどの程度詳細に示すかは、IFRS の要求事項並びに金額の大きさ、内容及び機能に左右される」（企業会計基準委員会 [2012] A486頁）としている。さらに、IAS 第1号79項では、「企業は、財政状態計算書又は持分変動計算書又は注記のいずれかで次の事項を開示しなければならない」（企業会計基準委員会 [2012] A486頁）としているが、特に資本剰余金と利益剰余金の区別を求めていない。その結果、以下のように利益剰余金と資本剰余金を一つの項目にまとめて表示する事例が生じることになる。

　IFRS を適用しているネスレは、資本剰余金を独立表示することなく利益剰余金に資本剰余金を含んで開示している（田村 [2012] 83頁）。資本剰余金は注で示すことで開示を行っている。ここではネスレの開示状況を見てみたい。

　図表11-8はネスレの連結財務諸表における純資産の部の開示である。純資産の項目は非常にシンプルであり、株主資本金 (Share capital)、自己株式 (Treasury shares)、換算差額 (Translation reserve)、利益剰余金と他の積立金 (Retained earnings and other reserves)、非支配持分 (Non-controlling interests) の5項目のみである。利益剰余金と資本剰余金は分けて開示がなされておらず、利益剰余金に資本剰余金が含まれている形式で開示がなされている。

　図表11-9と図表11-10は利益剰余金と他の積立金 (Retained earnings and other reserves) に関する注記である。利益剰余金は、累積利益 (cumulative profits) に加えて株式払込剰余金 (share premium) と親会社の株主に属する確定給付年金制

図表11-8 ネスレの連結財務諸表における純資産の部の開示(単位：百万スイスフラン)

Equity	持分	2011	2012
Share capital	株式資本金	330	322
Treasury shares	自己株式	−6,722	−2,078
Translation reserve	換算差額	−16,927	−17,923
Retained earnings and other reserves	利益剰余金と他の積立金	80,116	80,626
Total equity attributable to shareholders of the parent	親会社の株主に属する純資産合計	56,797	60,947
Non-controlling interests	非支配持分	1,477	1,657
Total equity	持分合計	58,274	62,604

(出所) Consolidated financial statement of the Nestle group 2012, p.49.

図表11-9 ネスレの利益剰余金に関する注記(原文)

Note of Retained earnings and other reserves

Retained earnings represent the cumulative profits, share premium, as well as actuarial gains and loss on defined benefit plans attributable to shareholders of the parent. Other reserves comprise the fair value reserve and the hedging reserve attributable to shareholders of the parent.

(出所) Consolidated financial statement of the Nestle group 2012, p.105.

図表11-10 ネスレの利益剰余金に関する注記(和訳)

利益剰余金と他の積立金に関する注記

利益剰余金は累積利益、株式払込剰余金、親会社の株主に属する確定給付年金制度において年金基金を運用するときに生じる見積もり額と実際額の差額を表す。
他の積立金は親会社の株主に属する公正価値差額とヘッジ差額を構成する。

(出所) Consolidated financial statement of the Nestle group 2012, p.105.

度において年金基金を運用するときに生じる見積額と実際額の差額(actuarial gains and loss on defined benefit plans attributable to shareholders of the parent)で表している旨が述べられている。このようにネスレは、利益剰余金に株式払込剰余金を含めて開示がなされている。

図表11-11はネスレの連結持分変動計算書である。2011年3月31日から2012年3月31日までの利益剰余金と他の積立金(Retained earnings and other reserves)の変動を見てみる。まず純利益(Profit for the year)で106億1,100万フ

図表11-11 ネスレの連結持分変動計算書(2012年)(単位：百万フラン)

	株式資本金	自己株式	換算差額	利益剰余金と他の積立金	親会社の株主に属する純資産合計	非支配持分	持分合計
2011年3月31日持分	330	−6,722	−16,927	80,116	56,797	1,477	58,274
純利益				10,611	10,611	449	11,060
その他の包括利益			−996	−578	−1,574	−56	−1,630
包括利益			−996	10,033	9,037	393	9,430
親会社株主に対する配当の支払い				−6,213	−6,213		−6,213
非支配持分に対する配当の支払い						−204	−204
自己株式の移動		501		599	1,100		1,100
株式報酬取引		212		−39	173		173
非支配持分の変化				−94	−94	−9	−103
減資	−8	3,931		−3,923	—		—
総取引	−8	4,644		−9,670	−5,034	−213	−5,247
その他の移動				147	147		147
2012年3月31日持分	322	−2,078	−17,923	80,626	60,947	1,657	62,604

(出所) Consolidated financial statement of the Nestle group 2012, p.51.

ラン増加し、その他の包括利益 (Other comprehensive income for the year) で5億7,800万フラン減少し、その結果、包括利益 (Total comprehensive income for the year) が100億3,300万フラン増加している。次に親会社株主に対する配当の支払い (Dividend paid to shareholders of the parent) で62億1,300万フラン減少している。資本取引に該当する項目も利益剰余金と他の積立金 (Retained earnings and other reserves) で増減している。自己株式の移動 (Movement of treasury shares) では5億9,900万フランの利益剰余金が増加している。あわせて自己株式も減少しているため自己株式の売却に類する取引であろう。仕訳を示すと次のようになるであろう。

　　　　現金預金（仮）1,100　　／　　自己株式 501
　　　　　　　　　　　　　　　／　　利益剰余金（資本剰余金）599

さらに減資によって利益剰余金が39億2,300万フラン減少している。あわせて株式資本金（Share capital）と自己株式（Treasury shares）が減少しているため、仕訳で示すと次のようになるであろう。

株式資本金 8　　／　自己株式 3,931
利益剰余金（資本剰余金）3,923　／

株式報酬取引で利益剰余金が3,900万フラン減少しているが、資本取引である項目も利益剰余金に含めてその増減が開示されている。

ネスレのような開示資料では利益剰余金と資本剰余金を区別して把握することは困難である。しかし、実態としては、利益剰余金も資本剰余金も共通の性格を有しており区別をする必要性がないのであれば、実態に即した開示がなされているといえる。となれば、内部留保分析を行うに当たり、資本剰余金を内部留保に含めて分析を進めてゆくべきである。

9　おわりに

現在わが国の資本準備金の項目は、株式払込剰余金、株式交換差益、株式移転差益、新設分割差益、吸収分割差益、合併差益である。いずれも株価（企業価値）の上昇時であれば、資本準備金の額を一層増加することができ、実質的には資本利得に当たるものである。

その他資本剰余金は、2005年改正において新しく規定された項目である（財務諸表等規則では以前から「その他の資本剰余金」がある）。その項目の内容は資本金および資本準備金減少差益や自己株式処分差益等、資本取引のうち資本準備金として取り扱われない項目によって構成される。自己株式処分差益も実態は、自社で保有する自社の株式を市場で売却することによって得られる利益である。

2005年改正会社法では、資本金や資本準備金を減少させて、剰余金に振り替えて配当することが可能となった。さらに、合併等によって生ずる合併

差益などの資本準備金項目には、被合併会社などにおいて留保利益であったものが含まれている。これらのことを勘案すると、もはや資本準備金は維持すべき資本とはいえない。資本剰余金は、配当や自己株式の購入、企業買収の対価としての財源となりうる。資本剰余金を柔軟に使用できることもあり、その額は資本金の額以上に増加している。さらにIASでは資本剰余金と利益剰余金を明確に区別して開示することを要求していない。

したがって、資本剰余金を構成する資本準備金やその他資本剰余金の制度上の実質は利益剰余金と同様の存在であるといえる。資本剰余金については企業がある程度自由に使える項目として内部留保項目に入れて分析すべきであるというのが本章の結論である。

【主要参考文献】

稲葉威雄［2010］『会社法の解明』中央経済社。
上田栄治編［2004］『平成商法改正ハンドブック 平成13年～15年版』三省堂。
大橋英五［1994］『現代企業と経営分析』大月書店。
────［2005］『経営分析』大月書店。
小栗崇資・谷江武士編著［2010］『内部留保の経営分析──過剰蓄積の実態と活用』学習の友社。
小栗崇資［2012］「内部留保論の現代的課題──その全体像と分析方法」『経済』No.204。
角瀬保雄・君塚芳郎・敷田禮二・中山金治・山口孝・近藤禎夫［1975］『経営分析と労働組合』労働旬報社。
角瀬保雄［1979］『経営分析入門』労働旬報社。
────［1986］『新しい会計学』大月書店。
────［1995］『現代会計基準論──批判から提言へ』大月書店。
神田英樹・武井一浩編著［2002］『新しい株式制度──実務・解釈上の論点を中心に』有斐閣。
神田秀樹・齋藤静樹・始関正光・鶯地隆継・和泉正幸［2003］「平成14年商法改正と会計・計算──商法会計の論点と実務対応」『商事法務』No.1672。
企業会計基準委員会事務局／財団法人財務会計基準機構編［2004］『自己株式及び法定準備金の取り崩し等に関する会計基準等について』第一法規。
企業会計基準委員会［2012］『国際財務報告基準IFRS2012』中央経済社。
君塚芳郎［1975］「資本の高積の秘密」角瀬保雄・君塚芳郎・敷田禮二・中山金治・山口孝・近藤禎夫『経営分析と労働組合』労働旬報社。
黒澤清［1960］『近代会計学』春秋社。

商事法務編集部編［2004］「会社法制の現代化に関する要綱試案の論点」『別冊商事法務』No.271。
高山朋子［1987］「株式プレミアム論争とその主要論点」敷田禮二・山口孝編著『批判会計学の展開』ミネルヴァ書房。
―――［2002］『財務諸表の理論と制度』森山書店。
―――［2008］「株式プレミアムと所要機能資本説――株式プレミアムと資本準備金制度（二）」『東京経大学会誌』第260号。
武田隆二［2006］『新会社法と中小会社会計』中央経済社。
谷江武士［2012］「内部留保とは何か、何に使っているか」『経済』No.204。
田村八十一［2012］「世界の巨大企業における内部留保の状況」『経済』No.204。
中央経済社編［2005］『新「会社法」詳解――企業会計特別保存版』。
忠佐市［1977］『企業会計法の論理』税務経理協会。
野中郁江［2005］『現代会計制度の構図』大月書店。
野村秀和［1977］『現代の企業分析』青木書店。
野村秀和編著［1990］『企業分析――考え方と実例』青木書店。
藤井秀樹［1990］「内部留保分析指標の吟味」野村秀和編著『企業分析――考え方と実例』青木書店。
弥永真生［2002］「商法施行規則の制定と資本の部の変容」『企業会計』Vol.54, No.6。
―――［2003a］「平成14年改正における商法会計の論点」『商事法務』No.1670。
―――［2003b］『「資本」の会計――商法と会計基準の概念の相違』中央経済社。
―――［2004］『コンメンタール商法施行規則〔改訂版〕』商事法務。
山口孝［1976］「経理のしくみとからくり」『経営分析と労働組合』労働旬報社。
―――［1977］『企業分析――経済民主主義への基礎』新日本出版社。

【その他参考資料】

『行政裁判判決録』第19巻。
「所得金額決定ニ対スル不服ノ訴」LEX／DBインターネットTKC法律情報データベース【文献番号】20000630。
「所得金額決定不服ノ訴」LEX／DBインターネットTKC法律情報データベース【文献番号】20000881。
株式会社サンリオ有価証券報告書1996年～2011年。
株式会社ソニー有価証券報告書2012年。
Consolidated financial statement of the Nestle group 2012.

第 12 章

自己株式

1 自己株式取得に関する法制度

　自己株式とはいったん発行した株式を発行企業が自ら取得・保有するものであるが、自己株式の取得が原則自由になってからの歴史は浅い。

　もともと商法制定当初は絶対的にその取得を禁じていた。それは、出資の払い戻しにより財産が流出するための資本の空洞化の防止（資本充実・維持の原則）、株主間の公平性の確保、インサイダー取引などの不公平な株式取引の禁止という理由によるものであった。

　しかし1938（昭和13）年になると、株式の消却のための取得、合併または他会社の営業全部の譲受け、会社の権利の実行に当たりその目的を達するために取得が認められる。そして1950（昭和25）年の改正により新たに合併・営業譲渡時に株主がその持株の買取を会社に請求する事例が加えられるが、依然として法的に取得禁止の姿勢を示し、厳格に規制されていた。また、取得した場合においても、「遅滞なく」処分されなければならず、一時的な保有でしかなかった。

　それが1989年ごろより日本市場の閉鎖的環境に対する米国からの圧力や、経済状況の変化および株式市場の低迷を背景に経済界の要請もあり、1994（平成6）年には「商法及び有限会社法の一部を改正する法律」をもって取得については原則禁止となる一方、使用人への譲渡が認められるなど、許容さ

れる取得目的が拡大された。当時バブル経済において行われたエクイティ・ファイナンスはその後の経済環境の停滞などにより企業の資本効率を悪化させており、「1994年（平成6年）における日本の株主資本利益率（ROE：Return On Equity）は米国の8分の1であった」（井上［2010］128頁）ことから、政府は「エクイティ・ファイナンスと内部留保政策（安定配当主義）により企業規模と収益力に対して過大となった自己資本の圧縮・適正化のための手段」（杉野［2000］198頁）として、ひいてはROEといった財務指標の向上および遊休資産の活用、そして持合株式解消の受け皿のために経済政策として緩和を推し進めていった。

　この改正は「今まで厳格な姿勢を崩そうとしながらも商法が、歩み寄る形となった初めての法案であることには違いない」（井上［2010］126頁）としている。一方日弁連や法学者らからは法改正に対する積極的な理由はないという意見が表明された。

　ただこれは規制の一部緩和に留まったにすぎず、みなし配当の存在が障壁とされ、企業による積極的な取得を伴うものとはなりえなかった。そこで、改めて経団連等から、自己株式取得が容易に進むような商法改正の要望などが出されることになる。

　その後1997（平成9）年「株式の消却の手続に関する商法の特例に関する法律」によって自己株式の取得上限数などを定めることにより、取締役決議に基づく取得・消却を可能とした。

　そして原則禁止とされてきた自己株式の取得は、2001（平成13）年議員立法により原則自由へと大きく転換する。自己株式は定時株主総会の決議により取得ができ、一定の期間内に処分する必要はなく、再び株式を売却することもできるようになった。

　その後2006年に施行された会社法施行でも、商法の要件が基本的に踏襲されているが、会社法ではその取得についてより具体的に明文化されている。第155条には消却、合併による継承などの取得目的が列挙された。ただ、実態とすれば株主の同意によっていかなる理由による取得も認めるものである。なお、自己株式の取得による株主権については、議決権をはじめとする共益権や利益配当請求権、残余財産請求権といった自益権も否定される

に至っている。

　このような自己株式の取得に関する法規制とは、その法自身による改正の必要性というよりもむしろ経済界からの要請により株式市場や経済状況に配慮して急速に緩和を進めていったといえる。

2 ｜ 自己株式の取得または処分の目的

　取得が原則自由となった現在、自己株式取得について株主への利益還元策および経営環境に応じた柔軟な資本政策の一環であることを掲げる企業が多い。この目的の遂行のため、弾力的および機動的に自己株式が取得できるように、取締役会の承認をもって市場または特定の株主から直接買い入れることができるようになっている。

　株主への利益還元策とは、シグナリング効果も含めて株価を維持または上昇させ、同時に買収防衛に結びつくとともに、ROE、1株当たり利益（EPS：Earnings Per Share）、株価収益率（PER：Price Earnings Ratio）など、投資家が重視するような指標の改善や向上に貢献することである。たとえば、オムロンは有価証券報告書の「配当政策」（ウェブ上では「配当・株主還元」の「利益の配分」）として取得を実施し、それは内部留保による余剰資金をもって行われていることを明記している（図表12-1）。これは後述するように配当金と自己株式の取得が剰余金の分配として法的に捉えられていることもあるだろう。自己株式の取得が認められて以降、株主還元は利益配分のみならず純利益に対して配当および自己株式の合計が占める割合で企業を評価する総還元性向という指標を重視する企業も増加してきている。

　取得した自己株式は、期限を制限されることなく保有でき、株式の失効である消却、もしくは保有後再び第三者割当等によって売却することもできる。長期にわたり保有する（金庫株）場合には、株式譲渡、株式交換、ストック・オプション、従業員持株制度などに活用するなど、新株発行による、株式の希薄化を招くことなく実行できる。しかし株式譲渡や株式交換などは株主総会の特別決議であり、これに反対する株主については株主の権利とし

図表12-1　オムロンの「利益の配分」について

当社は、配当政策を最重要課題のひとつと捉え、株主の皆様への利益配分に関しては、次の基本方針を適用する。
① 「企業価値の長期的最大化」に向け、将来の事業拡大に必要不可欠な研究開発、設備投資などの成長投資を第一優先とし、そのための内部留保を確保する。
② 成長のための内部留保を確保したあとの余剰資金については、フリーキャッシュ・フローのレベルも勘案のうえ、可能な限り株主の皆様に還元していく。
③ 毎年の配当金については、各年度で必要とする内部留保のレベルにもよるが、連結業績ならびに株主資本利益率（ROE）および配当性向を乗じた株主資本配当率（DOE）などを勘案し、安定的、継続的な株主還元の充実を図っていく。具体的には最低20％の配当性向を維持するとともに、DOE2％を当面の目標として、利益還元に努める。
④ 長期にわたり留保された余剰資金については、今後とも自己株式の買入れなどにより機動的に株主の皆様に還元していく。

(出所) オムロン「平成24年度有価証券報告書」37頁[1]。

図表12-2　パナソニックの単元未満株主の請求権行使による取得および処分(単位：円)

年度	2008	2009	2010	2011	2012
買取請求権による取得	0	0	0	24,340,348	0
売渡請求権による処分	700,444,093	31,117,905	26,500,500	144,289,987	24,994,959

(出所) パナソニック（旧松下電器産業）有価証券報告書より作成。

て、株主が企業に株式を売却することができる株式買取請求権が設定されている。そして単元未満株主らが単元未満株買取請求を行使すれば企業はその株式を買い取り、反対に売渡請求権があった場合には、それに見合う自己株式を保有する場合には売り渡すことになるが、これは旧商法より定められている株主権である。図表12-2はパナソニック（旧松下電器産業）の事例であり、三洋電機や松下電工と合併の際に単元未満株主が権利を行使することにより取得および処分した自己株式の額を示している。2008年度は三洋との資本・業務提携を発表し、2011年度は株式交換により完全子会社化しているため、処分額が例年よりも増加している。それぞれの企業が保有する自己株式の総額に比べて多額ではないものの、このような要因によっても自己株式額を変動させるのである。

3 財源規制と消却原資

　取得は自由となったが、いかなる企業でも制限なく取得できるわけではなく、依然として規制も存在している。ここではその取得のための財源規制および消却原資について見てゆく。

（1）▶ 旧商法における規制や消却原資

　旧商法制定時は、その取得が絶対的に禁じられ、例外的に消却を目的として取得された自己株式は、資本金および定款の定めによる利益をもって遅滞なく実行されなくてはならなかった。資本金による消却は減資とされ、株主総会の特別決議を経て株式を失効させた。償還優先株の場合には償還積立金による消却、いわゆる留保利益が充てられた。ただ「これは例外であって、利益による自社株消却は一般ではないから、依然として、商法における自社株取得の原則的禁止の態度は固いもの」（水越［1998］28頁）とされた。そして消却することで企業の授権株式数も減少となった。

　1994年商法改正では取得禁止の立場をとりながらも、規制が一部緩和されると債権者保護の立場から資本充実の維持などを理由に、配当可能利益額を取得の上限とする財源規制や取得上限株式数に関する数量規制などが課された。消却原資は原則資本金に限定されてきたが、経団連などの働きかけもあり、こちらも例外的に株主総会の決議により利益を充てることが可能になった。しかし安定配当を行う傾向にある企業が依然として多く、「毎期継続的に蓄積された留保利益部分を取り崩してまでも実施する自己株式の買入れ消却は、その本格的な普及を疑問視せざるを得ない状況」にありながらも、それまでのように減資扱いとされることなく「企業自体に蓄積した巨額の留保利益を自己株式の消却原資として利用できる制度が整備された」（杉野［1998］198-9頁）ことは企業にとり大きな意味をもつものであった。ただ十分な留保利益を蓄積する企業がある一方で、バブル経済の崩壊により業績が低迷する企業にとっては、原資となる留保利益すらなく、自己株式の取得は

困難であった。

　1997年になると、定款の定めがあれば株主総会を必要とすることなく、取締役会の承認をもって消却を行うことが認められ、1998年の特例商法では、消却原資として資本準備金（2000年3月31日まで、後に2002年3月31日まで延長）が加えられた。これにより、バブル期のエクイティ・ファイナンスによって形成された過大な資本準備金が消却原資となるが、これらも経済界の要望によるものだった。1999年には土地再評価差額金（2001年3月31日まで、後に2002年3月31日まで延長）までもその3分の2を限度として消却原資とされたが、なぜ土地再評価差額金が自己株式の消却原資となるのか、その明確な意味づけはなかったとされている（永野［2003］）。このように原則取得禁止の方針を堅持しつつも、その規制が緩和されるに従い取得および消却の原資は拡大し、特に消却については評価差額金までもがその原資となるなど、無秩序な状況であったといえる。

　2001年に数量規制が撤廃されると、株主総会の決議により定款の変更がなくとも自己株式を取得できるようになる。財源規制は残され、配当可能利益の範囲内での取得が認められたが、配当可能利益自身が拡大された。それまで資本剰余金は株主からの払込資本として利益留保と区別され、配当への利用は規制されてきたが、この改正により資本剰余金を構成するその他資本剰余金を配当原資とすることが認められた。その他資本剰余金には、減資差益および自己株式を処分することによる自己株式処分差益が含まれる。そしてそれまで蓄積されてきた資本準備金と利益準備金を合わせて資本金の4分の1を上回る額については取り崩して、配当可能利益とすることができるようになった。たとえば、UFJホールディングス（現三菱東京UFJホールディングス）は、2002年に「資本準備金のうち1兆円を取崩し、剰余金に組み入れました。（資本勘定の総額は変わりません）これは、総合金融戦略推進などの観点から、『金庫株』制度を活用して自己株式を取得するための財源を確保することを目的としています」、と多額の資本準備金を取り崩している。確かに資本の部としての金額は変わらないものの、手続きを経れば意図的に資本の構成に変更が加えられることがより容易になった。そしてこれは配当可能利益を拡大させ、結果的に自己株式の取得財源の増大にも寄与することになる。

図表12-3 分配可能額の算定

> 分配可能額(会社法第461条)
> ①最終事業年度の期末剰余金－②自己株式の帳簿価額＋③事業年度末以降処分した自己株式対価－④その他法務省令で定める勘定科目
>
> 剰余金の額(会社法第446条)
> 　a 最終事業年度末の資産
> 　　＋b 最終事業年度末の自己株式帳簿価額
> 　　－(c 最終事業年度末の負債＋d 資本金及び準備金合計額＋e その他法務省令で定める額)
> 　　＋最終事業年度後に処分した自己株式の(f 処分対価－g 帳簿価額)
> 　　＋h 最終事業年度末 資本金減少額(準備金へ組替額を除く)
> 　　＋i 最終事業年度末準備金減少額(資本金への組替額を除く)
> 　　－j 最終事業年度後に消却した自己株式の帳簿価額
> 　　－k 最終事業年度後の剰余金配当額
> 　　－l その他法務省令で定める額

　しかし、財源規制を超えて自己株式を取得した場合には、経営者の責任が問われることになる。2003年大丸は株主総会で70億円の自己株式の取得が承認されたが、後に財源規制を超えていることがわかり、その取得を断念するとともに、取得済自己株式の売却を迫られる結果となっている。これは評価差額金を計算に入れなかったため、取得額がわずかに分配可能利益を超過していたことが原因であった。

　このように、自己株式の取得や消却は厳格に扱われてきたが、経済界からの要請に合わせて取得の規制は徐々に緩和され、それに伴い数量規制や財源規制など導入しながら対応したものの、その規制も撤廃され留保利益を活用するなど自己株式を取得、消却しやすいものになっていった。

(2) ▶ 会社法の財源規制

　2006年の会社法では旧商法を踏襲しながらも、財源規制についてそれまでの配当可能利益という形ではなく、自己株式の取得は「分配可能額を超えてはならない」と明文化された。「分配可能額」は図表12-3の計算に基づき求められる。配当可能利益と比較するとより複雑な算定方法となっているが、主としてその他利益剰余金およびその他資本準備金がその取得財源とな

る。ただし純資産額が300万円を下回る場合には、自己株式の取得が禁じられているが、買取請求権等が行使されたときにはこのかぎりではない。また会社法では、自己株式の取得は配当金とともに「剰余金の分配」と位置づけられ、両者を統一して規制することになった。

4 自己株式に関する会計処理

(1) ▶ 自己株式の本質観

　自己株式に関する会計処理は自己株式をどのようにみなすのかに焦点が当てられており、日本では資産説、資本控除説を中心に論じられてきた[2]。
　これは「株式自体のもつ二重的性格と結びつけて理解されるものである。すなわち株式が企業から独立するという有価証券としての側面と株主権を附与された株主のエクイティを示す証券という二重的性格からの自己株式の属性が理解されるものであって、前者を重視すれば資産説に通じ、後者を重視すれば資本控除説に通ずるものと考えられる」（会田［1960a］32頁）とされ、自己株式の本質を問うものであった。

①資産説
　資産説によれば自己株式は他の株式と変わりがなく、換金が可能であり、そのため再放出された場合の流通力は担保されている。さらに、株式取得後は遅滞なくその株式の失効手続きを行うならば、資産として計上しても、臨時的な処理にすぎないことから、自己株式の取得は資産であるという主張である。商法学者および一部会計学者により次のような見解に基づく。
- 貸借対照表上に示される株式とは経済的価値を有し、財産となりうるものである。
- 株式とは「会社への出資を株式という有価証券に物化させ、これを自由に流通させるものとした点にある。株式はひとたび成立すると社会的客観的な存在物となり、もはや会社の支配の及ばない社会的法則

に従うものとなるばかりか、株式を発行した会社社の方が逆に株式の流通法則に支配される」（馬場［1957］17頁）。
- 企業が消滅しないかぎり、そしてそれを消却しないかぎりにおいては他の有価証券と代わりはない。

ただ、会社が清算される場合には資産価値がなく、また会社財産の不当な分配・払戻を禁止するのならば、資産性を認めることは整合性に欠けるとの反論もある[3]。

②資本控除説

一方、資本控除説によれば、自己株式の購入はエクイティの減少であり、資産の流出を伴うため、実質資本の減少と同一経済効果を伴うものである。また、議決権や配当請求権がないために、中には異論もあるが未発行株式と同様に表示されるべきとして、取得した場合には、資本控除項目として扱う、とする主張である。こちらが会計学者の優勢的見解であり、次のような見解に基づく。
- 株式の発行時に、資本金および剰余金として認識していることから一般的な有価証券と大きく異なる。
- 自己株式の取得は一時的な自己株式の取得や売却そして消却については、資本の修正にすぎない。
- 自己株式は取得することにより、財産の分配および払い戻しとなる。

ただ、自己株式を資本の部の特定の控除項目にしたならば問題となりうる。たとえば資本金控除とした場合、自己株式を取得することにより自動的に資本金から控除とするのは適当でない、という反論もある。

(2) ▶ 自己株式に関する会計処理の変遷

もともと自己株式の取得が禁じられていたため、例外的に取得した場合の会計処理は、資産説が採用されていた。これは「商法学者の多くが資産説に立っていること、さらに財務諸表規則が商法に立脚して資産の部に計上することを要求したためであると考えられる」（会田［1960a］28頁）。その表示は、

「自己株式は、流動資産の部に他の株式と区別して記載しなければならず、ただしその額が重要でないときは、注記にすることを妨げない」（旧商法計算書類規則第12条）ものであった。つまり、商法では自己株式を他の有価証券と同様に取り扱うことを要求している。一方で「商法と企業会計原則との調整に関する意見書」（1951年9月28日経済安定本部企業会計基準審議会中間報告）では、資産として一時的に保有してはいるものの、その性質は他の有価証券と異なるため資本から控除すべきであると提起している。これは、当時の自己株式とは売却ではなく消却を目的とした取得であり、消却により減資となることを考えれば、自己株式の取得がすなわち資本の減少に結びつくと考えるのも妥当である。

　1994年改正に伴い、ストック・オプション目的であるならば「投資等の部に他の株式と区別して記載しなければならない」（旧商法計算書類規則第22条の2）とされた。実務指針として公表された1995年4月公認会計士協会による会計制度委員会報告第2号「自己株式の会計処理及び表示」およびその改定（2000年3月31日）では、ストック・オプションや株主の売渡請求権等などのために譲渡する場合には資産説に基づき、取得価額をもって流動資産および投資その他の資産へ計上し、譲渡によって生じる差額は損益計算書上の営業外損益として認識するものとしている。消却を目的とした場合には資本控除説が採用され、資本剰余金の控除項目としての表記が望ましいとしているが、利益剰余金からの消却も認めている。そして付随費用については損益取引との見解を示している。しかし、連結財務諸表では売却および消却を問わずに資本控除説をとり、単体と連結で一貫性に欠くものであった。

　2001年に取得が原則自由になると、企業会計基準委員会は、企業会計基準第1号「自己株式及び法定準備金の取崩等に関する会計基準」およびその指針の適用を求めた。これにより自己株式の贈与など無償取得した場合を除き、有償での取得については、取得と消却を一連の取引とみなす一取引基準により取得価額をもって資本（純資産）の部から控除することになる。これについて企業会計基準委員会は「自己株式を取得したのみでは発行済株式総数が減少するわけではなく、取得後の処分もあり得る点に着目し、自己株式の保有は処分又は消却までの暫定的な状態であると考え、取得原価で一括して

純資産の部の株主資本全体の控除項目とする方法が適切であると考えた」ためとしている。そして後述の国際財務報告基準（IFRS）でもこちらの立場であることも理由として挙げているが、これにより、連結・単体共に資本控除説に基づく会計処理が適用されることになった。

その消却は、「払込資本の払戻的性格を有する」か「株主に対する会社財産の分配」とみなすかの判断により、その他資本剰余金または利益剰余金のいずれか選択して減額することができたが、2006年の会社法で、その他資本剰余金が優先されることになった。これによる授権株式数の減少は求められていない。処分時の帳簿価額と処分額の差額については、資産説においては損益計算書上の営業外利益とされていたが、資本控除説では、損益計算書に反映されることなくその他資本剰余金で自己株式処分差額として認識することになった。

5 自己株式の位置づけ

(1) ▶ 留保利益と払込資本の境界線

会社法では、配当のみならず自己株式の取得についても「剰余金の分配」と位置づけ、配当可能額の範囲内で行うことになっている。2001年の配当可能利益の拡大とともに、留保利益であるその他利益剰余金にとどまらず払込資本である他資本剰余金も含めることになったが、会計では払込資本と留保利益を区分しており、その他資本剰余金を配当原資とすることには依然批判が存在する。このような会計と会社法における配当原資に対する乖離は、剰余金概念が双方において異なることが背景にある[4]。

では会計において、払込資本と留保利益が明確に区分されているのか。企業会計基準第1号では「資本剰余金と利益剰余金を混同してはならない」として払込資本および留保利益の区分を明確にすることを求めている。そして、自己株式に関する取引を資本取引とし、その消却についてはその他資本剰余金を減額する。しかし、「その他資本剰余金の残高が負の値となった場

合には、会計期間末において、その他資本剰余金を零とし、当該負の値をその他利益剰余金（繰越利益剰余金）から減額する」と、留保利益による補填を容認している。なぜなら、このような払込資本と留保利益の区分は両者が正の状態でのものであり、「本来、負の残高の資本剰余金という概念は想定されていない」し、「その他資本剰余金が負になることはありえない」という主張が基礎にある。そのためその他資本剰余金をその他利益剰余金で補填する以外の方法はないとしているのである。さらに、「利益剰余金が負の残高のときにその他資本剰余金で補填するのは、資本剰余金と利益剰余金の混同には当たらない」とし、「負の残高になった利益剰余金を、将来の利益を待たずにその他資本剰余金で補うのは、払込資本に生じている毀損を事実として認識するものであり、払込資本と留保利益の区分の問題には当たらない」と留保利益が負になった時には、払込資本による補填も肯定している。結果的に会計でも資本剰余金と利益剰余金を混同してはならないとしながらも、その残高が負になることを想定していない以上、負の残高になった場合には互いを補完する役割を果たすことが許され、自己株式の消却や処分はこのような相互補完機能を作用させるのである。ただし、これはどちらか一方が負の残高である時にかぎられる。

　このようなあいまいな境界線は結果的に払込資本が配当に使われる道を開くことになる。たとえば大日本スクリーン製造は2年連続の損失により2010年3月期は利益剰余金がマイナスとなり配当は見送られた。翌年の2011年3月期は黒字になり利益剰余金額もプラスになるなど改善したものの、前年度までの赤字によって配当を行うだけの原資がなかった。そこで、臨時株主総会および債権者手続きを経て「早期復配に向けて繰越利益剰余金の欠損を填補すること、ならびに資本政策の柔軟性および機動性を確保」するために、図表12-4のような資本準備金の取り崩しが行われ、その他資本剰余金および利益剰余金に振り分け、「『資本準備金の額の減少および剰余金の処分の件』が承認可決され、分配可能額が確保できております」と、配当を実施した。資本剰余金と利益剰余金は混同してはならず、「資本剰余金の利益剰余金への振替は原則として認められない」（企業会計基準第1号）としながらも、一連の手続きによって、その他資本剰余金のみならず資本準備金と

図表12-4 大日本スクリーン製造による資本剰余金の取り崩し（百万円未満切捨）

	当事業年度末	増加	減少	残高
株主資本	71,907	―	―	71,907
資本金	54,044	―	―	54,044
資本剰余金	30,154	26,636	52,208	4,583
うち、資本準備金	26,636	―	26,636	―
うち、その他資本剰余金	3,518	26,636	25,571	4,583
利益剰余金	△55	54,071	28,500	25,515
うち、別途積立金	28,500	―	28,500	―
うち、繰越利益剰余金	△28,571	54,071	―	25,499
自己株式	△12,236	―	―	△12,236
評価・換算差額等	1,303	―	―	1,303
純資産合計	73,210	―	―	73,210

（出所）大日本スクリーン製造「平成22年度有価証券報告書」123頁。

利益剰余金の境界線すら配当可能額の前ではもはや不確かなものといえる。

（2） 自己株式と内部留保

　自己株式は上述の通り資本取引とされ、法人企業統計の算定においても内部留保として扱われていない。

　しかし、そもそも自己株式の取得の原資は配当可能額であり、その他利益剰余金自体の割合が高いことは図表12-5から明らかである。オムロンのように内部留保によって自己株式を取得する旨を明記する事例は、その原資のほとんどがその他利益剰余金によるものであることを図らずも示すものである。

　同じ剰余金の分配である配当を実施した場合、配当原資としたその他資本剰余金またはその他利益剰余金から直接減額されるが、自己株式については取得しても、株主資本全体からの控除とされ曖昧さが残ることになる。取得後、消却を実行した場合、資本金を充てるのであれば出資の払戻しとなるが、現在はそのようなことが求められておらず、その他資本剰余金による消却で足りる。ただこの場合も資本の払戻しとなり、実質的に資本取引とな

図表12-5 東証一部上場企業のその他資本剰余金およびその他利益剰余金額合計(単位:億円)

年度	2008	2009	2010	2011	2012
その他資本剰余金	72,322	77,277	93,861	102,444	109,514
その他利益剰余金	956,287	951,313	967,834	986,584	1,045,223

(出所)日経NEEDS-FinancialQUESTデータより作成。

る。しかし、その他資本剰余金額が十分でない場合、いったんその他資本剰余金を負の残高にしてから内部留保であるその他利益剰余金によって補填されなくてならない。これは形式的に資本取引として処理しながらも、実質的には内部留保による消却が行われていることになる。自己株式額とその他資本剰余金額を照らし合わせてみれば、その他利益剰余金によって補填されるのかどうかはある程度明白であり、図表12-5の額から見ても、その他利益剰余金に依存して消却をしていてもおかしくはない。

自己株式はただちに消却する必要がないため、金庫株として形式上資本取引として扱われるが、取得および処分にその他利益剰余金を充てることが認められている以上、自己株式に見合うその他資本剰余金額がなければ、その他利益剰余金に依存した処分等が行われることが予測され、その意味において内部留保が自己株式に置き換わっているといえるのである。

6　IFRSにおける自己株式

(1) ▶ IFRS(International Financial Reporting Standards)と財源規制

日本企業にIFRSが適用された場合、自己株式の取得はどのような影響があるのだろうか。

現在日本では、財源規制に従い自己株式の取得を制限しているが、財源規制とは本来債権者保護のために適用された枠組みである。しかしIFRSが導入された場合には財源規制である分配可能額に影響を与え、「資本制度と組み合わされた貸借対照表上の数値に基づく分配規制の実効性が失われるおそ

れ」(商事法務［2012］87頁) が示唆されている。そもそもIFRS自体は分配可能な財産額を求めることを目的としていない。

　IFRSが単体にまで適用された場合には、分配可能額は算定が不可能となる。既にIFRSが導入されているEU諸国等は、連結にはIFRSを適用し、最低資本金制度を維持しながら、単体では債権者保護の観点から無制限に配当を行わないように各国が規制をしている[5]。企業に分配可能な財産が備わっているかどうかを判断するためには、「支払不能テスト」や「実現利益テスト」など様々な手法がある[6]。

　日本の企業会計審議会でも「国際会計基準（IFRS）への対応のあり方についてのこれまでの議論（中間的論点整理）」(2012年) において、連結はIFRS、単体は国独自のルールを適用し、連単分離により分配可能額を求めることが現実的であることが主張された。これは続く2013年6月「国際会計基準（IFRS）への対応のあり方に関する当面の方針」でも同様であるが、IFRSは適用そのものが当面任意となり、アドプションへの移行は見送られた。仮に将来IFRSが導入されたならば国際的な潮流の中で各国が利益分配について対策を講じる必要性が生じており[7]、適用時には十分な配慮が求められる。

(2) ▶ IFRSによる会計処理とその適用の影響

　IFRSの会計処理は日本のものと多少異なるため、その適用によって影響が生じる可能性がある。

　まずIFRSでは株式を金融商品と捉え、その定義をIFRS第9号「金融商品（Financial Instruments)」で行っている。加えてIFRS第7号「金融商品：表示（Financial Instruments: Presentation）」では金融商品が企業に与えるリスクや経済的影響を考慮して、金融商品の開示や評価などを規定しているが、これらを補完するものとしてIAS (International Accounting Standards) 第32号「金融商品：表示」が存在する。中でもIAS第32号は金融商品を資産、負債または資本へと区分しており、法的実態に応じて区分されてきた金融商品がそれに足る要件を満たしていないことから、経済的実態に合わせて再区分しなおすことを妥当としたものである。このIAS第32号ではまず資産・負債を確定した

後に、これらに属さないものを資本とする消去法をとる。

つまり自己株式の扱いについては、第一に発行時の株式の性質を考えなくてはならず、次の負債の定義を満たすか否かの判定が必要である。

①次のいずれかの契約上の義務
　ア）他の主体に現金その他の金融資産を引き渡す契約上の義務
　イ）金融資産または金融負債を当該主体にとって潜在的に不利な条件で他の主体と交換する契約上の義務
②自己の持分金融商品によって決済され、または決済することができる契約のうち、次のいずれかであるもの
　ア）自己の可変数の持分金融商品を交付する義務を負い、または交付する義務を負う可能性がある非デリバティブ
　イ）固定額の現金その他の金融資産と自己の固定数の持分金融商品との交換以外の方法で決済されるか、またはその可能性があるデリバティブ

このような定義に合致する場合、株式でありながらも負債となる。具体的に配当支払義務のある優先株や償還義務や買戻請求権が付与される株式がこれに当たる。加えていったん負債に区分された株式の配当は、利益分配ではなく支払利息とみなされて費用化される。日本の会計基準では法的実態を重視しており、いかなる種類株であろうと金融負債になりえない点で大きく異なるといえる。そしてこの定義に当てはまらない株式を発行した場合に資本となるのである。資本区分された自社の株式について、IAS32号で、「企業自らの資本性金融商品を買い戻す場合には、当該金融商品は資本から控除しなければならない」としていることから、日本の自己株式と同様の扱いとなる。

Abe, et al [2006] によれば、IFRS適用前のEUで流通する優先株はその市場価値から見て、ほとんどがイギリスとオランダで発行されたものであった。最も多いのはイギリスだが、その株式はIFRS適用により資本に区分することができる性格をもったものである。しかしオランダの場合には、上場企業のうち71%が負債性金融商品となる株式を発行しており、IFARSの適用は負債比率を悪化させる恐れがあった。そこで実態調査を行ったところ、51%がIFRS導入前に自己株式を消却し、19%が優先株の付帯義務を見直す

ことでこの影響を抑制したのである。

　日本でも日本板硝子（連結）は2011年度からIFRSを適用するため、2009年度末よりIFRS開始貸借対照表を参考として公表するとともに、その適用による影響を開示した。IFRS開始貸借対照表ではリーマンショックを背景に財政基盤を立て直すために調達した300億円分の優先株を資本の部から流動負債に区分し、配当金の約23億円を支払利息として損益計算書に計上した。これは剰余金の分配の意味を失うことになる。その後、この株式は2010年度に2回に分けてすべて買入消却され、IFRS適用時には日本板硝子として（子会社等除く）の金融負債に区分される自己株式はなくなった。日本板硝子はこの消却について、配当金負担を軽減するため、手元流動性資金が必要資金を上回ったこと、さらには貸借対照表の改善によって優先株の保有の意味が薄れてきたことを理由として挙げている。しかし、2010年度に公募増資および第三者割当増資によって400億円以上の資金調達が行われ、これらは資本計上されるとともに、その資金の一部が金融負債である優先株の消却原資として充てられていることから、オランダ企業と同様に負債への影響を回避するための意図的な取得および消却であったといえる。

　このように資本性金融商品とはならない優先株を発行している場合、IFRS導入により資本および負債構成に影響を与えることから、株式の性格を再考しなくてはならず、その対応策の一つが負債性金融商品としての自己株式を取得・消却および資本性金融商品への転換である。

7　自己株式の実態

(1) ▸ 取得の状況

　ここで日本企業によるこれまでの自己株式の取得の実態について概観してみたい。

　1994年に旧商法が改正されるまで自己株式は、「実務では商法に違反しても尚自己株式の取引がおこなわれているところに吾国の企業とアメリカの企

業との間に企業の資本をめぐる経済的実体に差異のないこと、それ故に自己株式取引における本質的差異がない」(会田 [1960a] 23頁) ものであった。法的にその取得が厳しく禁じられていたものの、その取得が認められていたアメリカと似た実態であったことが指摘されている。しかしそれは、自己株式勘定として計上されるのではなく、「使用人に金を貸して会社の計算において使用人の名前で株を持たせる、(中略) 証券業者に金を貸して証券業者の名前で持たせる」(大住 [1952] 49頁) などの手法により、表面的に別の勘定を装いながら保有していたようである。

1994年に規制が緩和されながらも、自己株式の取得のためには株主総会決議を経なくてはならず、またみなし配当が凍結されても、自己株式取得を発表した企業は限られていた (井上 [2010])。しかしその後、改正が加えられるたびに、取得企業は増加していく[8]。

そして自己株式の取得が原則自由になると、「東証一部上場企業のうち、平成14年度になってから5月24日までに自己株式の取得枠を設定した企業は、全体の40％を超す624社に達し、取得枠の合計は、約8兆円と過去最高ペース」(富岡 [2009] 144頁) とあるように自己株式の取得に向けた環境を整えつつあった。ただ実際には「自己株式の取得枠を設定しても具体的に取得する計画がないケースもある」(同上、157頁) と指摘する通り、取得ができるかどうかについては、「株主への配当や設備投資、負債の返済などとならんでキャッシュ・フロー (現金収支) の使い道の一つにすぎない」(同上、166頁) ため、資金的余裕が取得を左右していた。この点について図表12-6から1999年までは企業の手元のキャッシュフローはほぼ同程度またはそれ以上に設備投資に振り向けられていたが、1999年あたりから設備投資が抑えられ余剰資金が生まれていることがわかる[9]。そして図表12-7は東証一部上場企業 (銀行、証券、保険は除く) による自己株式の期末保有額の推移を示しているが、自己株式の取得が認められた直後の2001年度には1兆円に満たなかった保有額が、2012年度末には10倍以上にまで膨らみ、約11兆円となっている。このように自己株式の取得が法的に認められるとともに資金的余裕が後押しする形で取得に結びついたと推測される。また、取得のみに焦点を当てるならば、2013年はリーマンショックによって買い控えられていた取

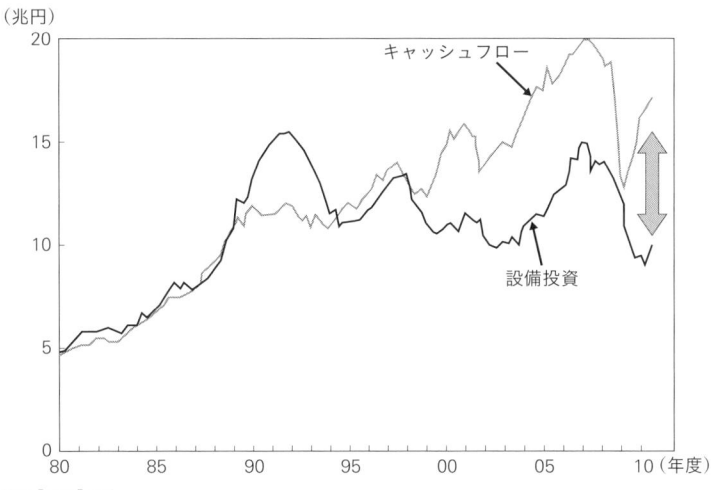

図表12-6 日本企業の余剰資金の推移

(兆円) キャッシュフロー / 設備投資

(出所) 柿沼 [2010] 1頁。

　得が5年ぶりに高水準となり、2兆円を超えるペースで推移していると報じられており(「日本経済新聞」2013年11月7日)、再度増加傾向にある。
　このような取得の結果、2013年3月期決算企業では自社を「筆頭株主」とする企業が230社にのぼり、過去最多となった。発行済株式に占める自己株式の比率も、都筑電気が52.5%、卑弥呼40.5%と非常に高い傾向にあるが、これは株主配分の強化の一環として定期的に自己株式の取得を行った企業が増加したことが要因であるとの見方を示している(「日本経済新聞」2013年6月29日)。そこで2012年度末の自己株式保有額上位10社の状況を見ると(図表12-7)、どの企業も1,000億円以上保有し、株主順位も高い。中でもトヨタ自動車は1994年以降積極的に取得と消却を繰り返しながら、1兆円以上保有している。これは図表12-5における2012年度の全体保有額のおよそ1割に当たる。しかし多額の自己株式を消却せずに保有することに対して懸念を示す株主もいる。そのためNTTドコモは、「取得した自己株式の保有につきましては、原則として発行済株式数の5%程度を目安とし、それを超える部分は年度末等に一括して消却することを検討してまいります」[10]と有価証券報

図表12-7 東証一部上場企業(単独)による自己株式保有総額の推移

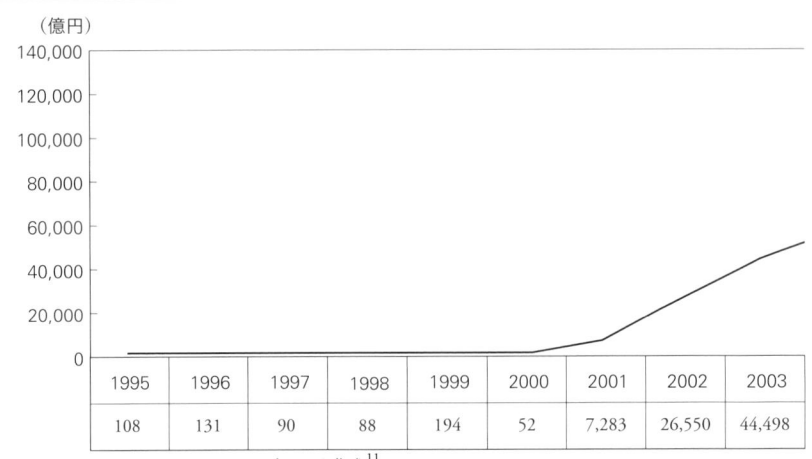

	1995	1996	1997	1998	1999	2000	2001	2002	2003
(億円)	108	131	90	88	194	52	7,283	26,550	44,498

(出所)日経NEEDS-FinancialQUESTデータより作成[11]。

告書で保有戦略として明らかにすることで取得と消却を行っている一方で、多くの企業が筆頭株主になりながらも「ファナックは過去に自社株を買い増した結果、自社保有比率が18%に達するが、使途については明確な方針を示していない。自社株の活用方針を『検討中』の企業も多い」(「日本経済新聞」2011年6月18日夕刊)とある。実際トヨタも基本的に消却の方向性を示してはいるが、その基準は明確にされていない。日本たばこ(JT)はその株主である海外ファンドが2012年、2013年ともに株主価値の向上を掲げ、自己株式の消却に関する株主提案を行っているが、取締役会および株主総会ですべて否決されている。自己株式を放出すると株価が下落する傾向にあり、消却を求める株主の声は多い。株主価値の向上を掲げて保有するのならば、株主の不安を払しょくするような保有戦略の説明が必要であろう。またこのような金庫株の財務指標への影響も看過できない。「外国人投資家が効率経営の指標の一つとするのが『株主資本利益率(ROE)』である。日本企業は、ため込んだ利益で株主資本が膨れROEが低い傾向が指摘されて」(富岡[2009] 168頁)おり、自己株式を保有することによって、財務指標の改善を意図した企業もあるだろう。仮に自己株式を控除せずにROEを計算した場合、少なか

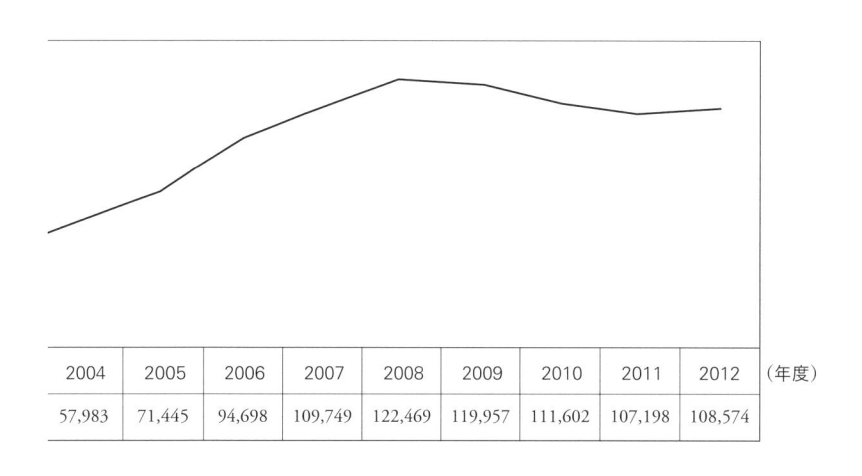

2004	2005	2006	2007	2008	2009	2010	2011	2012	(年度)
57,983	71,445	94,698	109,749	122,469	119,957	111,602	107,198	108,574	

図表12-8 自己株式保有額上位10社(2012年[12])

	保有額 (億円)	発行済株式総数に 対する割合(%)	株主順位 (位)	ROE(%)	
				純資産控除	控除なし
トヨタ自動車	11,496	8.1	2	9.9	8.5
キヤノン	8,117	13.6	1	9.5	6.6
日本電信電話	5,685	10.4	2	5.8	5.2
エヌ・ティ・ティ・ドコモ	3,772	5.0	2	7.3	6.8
KDDI	3,460	14.8	1	10.8	9.3
日本たばこ	3,446	9.1	2	8.2	7.3
ファナック	3,116	18.3	1	11.9	8.9
パナソニック	2,473	5.8	1	△50.2	△42.3
デンソー	2,245	8.8	2	4.8	4.5
任天堂	1,567	9.7	2	1.5	1.3

(出所) 各社有価証券報告書より作成。

らず指標へ影響を与える(図表12-8)。自己株式は期限を区切ることなく保有が可能で、会計基準が株主資本からの控除機能を認めるかぎり、ROEといった財務指標への影響を与え続けるのである。ただし、消却しないかぎりは単なる形式的な値に留まる。

図表12-9 保有額上位10社の全体額に対する割合（単位：保有額／億円、割合／%）

2008年度		2009年度		2010年度		2011年度		2012年度	
保有額	割合	保有額	割合	保有額	割合	保有額	割合	保有額	割合
55,550	45.4	54,866	45.7	48,785	43.7	43,487	40.6	45,376	41.8

(出所) 日経NEEDS-FinancialQUESTデータを用いて作成。

図表12-10 保有額占有率の推移

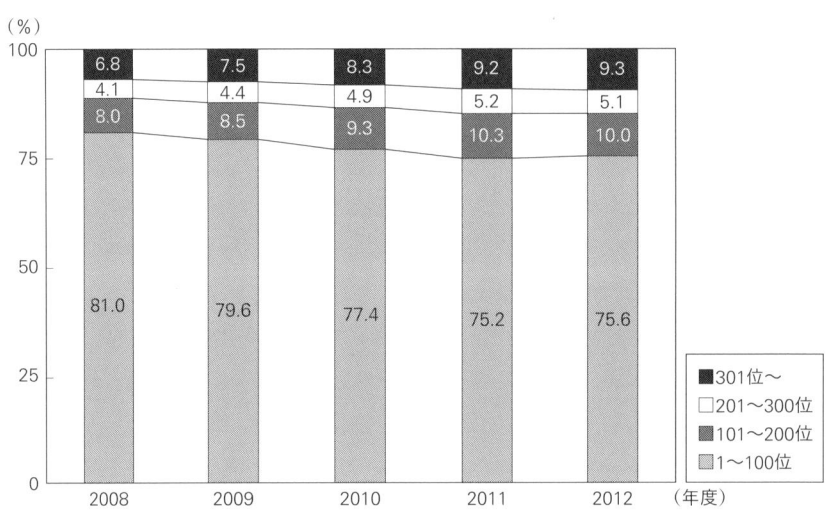

年度	1～100位	101～200位	201～300位	301位～
2008	81.0	8.0	4.1	6.8
2009	79.6	8.5	4.4	7.5
2010	77.4	9.3	4.9	8.3
2011	75.2	10.3	5.2	9.2
2012	75.6	10.0	5.1	9.3

(出所) 日経NEEDS-FinancialQUESTデータを用いて作成。

(2) ▶ 自己株式保有の偏在

　日本企業による自己株式の保有額は2001年以降劇的に増加した。図表12-9は、図表12-8における10社が保有する自己株式の金額およびそれが一部上場企業の保有額全体に占める割合を見たものであるが、わずか10社でありながら2012年度末の保有額は45,376億円であり、その割合はどの年も全社保有額の4割以上を占めているのである。年々下がってはいるがまだ高いといえる。そして図表12-10は保有額別の順位に応じた比率の推移を示している。上位100社ですでに7～8割、200社で9割近くを占めている。

図表12-11 保有額別分布（2012年度）

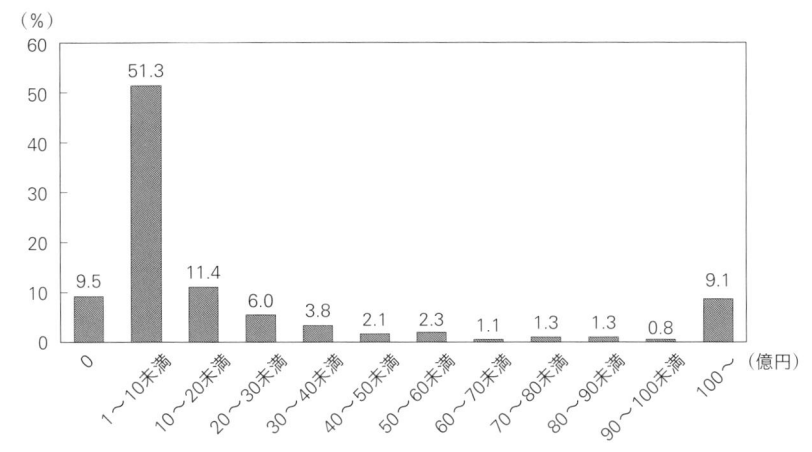

(%) 縦軸、(億円) 横軸
- 0：9.5
- 1〜10未満：51.3
- 10〜20未満：11.4
- 20〜30未満：6.0
- 30〜40未満：3.8
- 40〜50未満：2.1
- 50〜60未満：2.3
- 60〜70未満：1.1
- 70〜80未満：1.3
- 80〜90未満：1.3
- 90〜100未満：0.8
- 100〜：9.1

(出所) 日経NEEDS-FinancialQUESTデータを用いて作成。

図表12-12 保有額10億円未満1,025社の利益剰余金額の分布（2012年度）

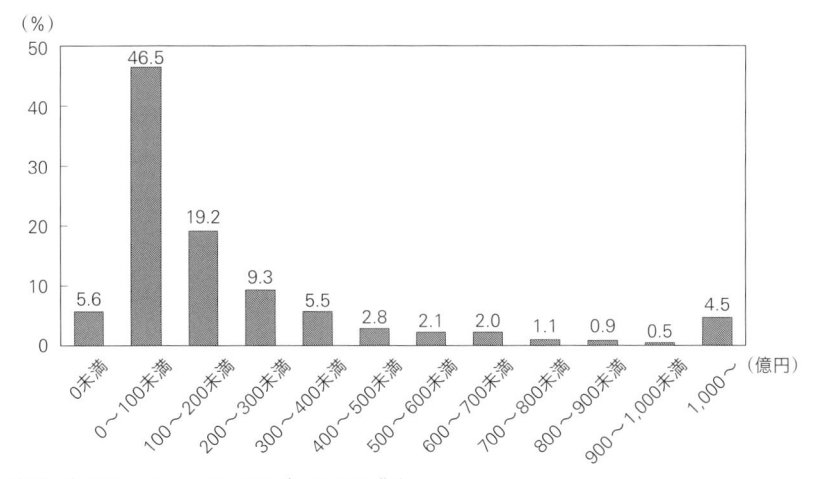

(%) 縦軸、(億円) 横軸
- 0未満：5.6
- 0〜100未満：46.5
- 100〜200未満：19.2
- 200〜300未満：9.3
- 300〜400未満：5.5
- 400〜500未満：2.8
- 500〜600未満：2.1
- 600〜700未満：2.0
- 700〜800未満：1.1
- 800〜900未満：0.9
- 900〜1,000未満：0.5
- 1,000〜：4.5

(出所) 日経NEEDS-FinancialQUESTデータを用いて作成。

301位以上は1,000社以上からなるにもかかわらず、2012年度の保有総額は10,067億円で、これはトヨタ1社の金額に及ばない。さらに図表12-11はその保有額の分布を示したものである。100億円以上保有する企業は全体の1

割にも満たず、半数以上の企業は10億円未満で、全く保有していない企業も9.5%ある。自己株式の取得は財源規制を受けることから、保有額が多い企業は配当可能額の対象となる利益剰余金を多く抱える傾向にあるが、実際に保有額上位100社の8割以上の利益剰余金は1,000億円以上であり1兆円以上保有する企業も13社にのぼり、配当可能額も高い傾向にある。

　一方、保有額において半数以上を占める10億円未満の企業は、過半数は利益剰余金が100億円以下である。中には1,000億円以上の規模の企業も4.5%あるが、これは過去に保有していた企業も多く、単に2012年度末に保有していないだけであるといえる。代表的な企業がスズキであるが、スズキは2009年度に約2,418億円の自己株式を保有し、フォルクスワーゲンとの資本提携のために保有する自己株式による第三者割当増資を行ったため、2010年度末の保有は3,500万円のみである。その後フォルクスワーゲンとの提携解消に向け、2012年12月、1億1,221万株の取得枠を設定しており、いつでも取得が可能である。また、保有額10億円未満の企業であっても、資金的余裕があれば、配当可能額の視点ではまだ取得する可能性があるといえる。

　ただ、これまで取得枠の設定および実際に取得に動く企業は増大しているが、保有額から見れば一部企業に過度に偏在しているのである。

8　自己株式の消却等の内部留保への影響

　自己株式の取得と処分の推移を示したものが図表12-13である。ここでの処分には消却および売却などが含まれているが、リーマンショック以前には取得が処分を上回り、図表12-7のような右肩上がりの保有につながった。ただそれ以降は取得を上回る処分が行われ、保有額が減少していったことがわかる。このような処分は企業にどのような影響を与えるのであろうか。

　図表12-14は2012年度における自己株式の保有額の減少が多い企業である。主たる理由は消却によるものであり、その場合には取得額をもってその他資本剰余金から控除されることになるが、上位企業はその他資本剰余金も

図表12-13 取得および処分の推移

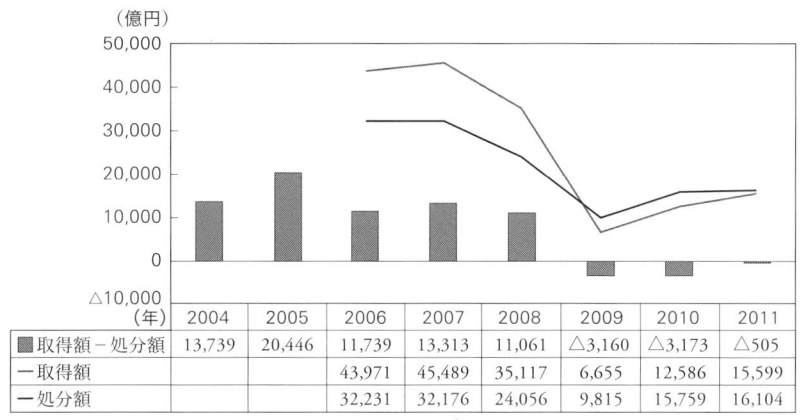

(年)	2004	2005	2006	2007	2008	2009	2010	2011
取得額－処分額	13,739	20,446	11,739	13,313	11,061	△3,160	△3,173	△505
取得額			43,971	45,489	35,117	6,655	12,586	15,599
処分額			32,231	32,176	24,056	9,815	15,759	16,104

(出所) 東京証券取引所「株式分布状況調査結果の概要」より作成[13]。

図表12-14 自己株式が多い企業上位10社(2012年度)[14](単位：百万円)

	企業名	減少額	主たる目的	消却・処分額	控除
1	JFEホールディングス	291,767	処分	△251,691	その他利益剰余金
2	東海旅客鉄道	102,213	消却	△102,212	その他利益剰余金
3	イオン	38,000	処分	△18,470	その他利益剰余金
4	オムロン	28,167	消却	△28,176	その他利益剰余金
5	JSR	26,391	消却	△32,352	その他利益剰余金
6	東日本旅客鉄道	23,098	消却	△23,093	その他利益剰余金
7	クボタ	19,128	消却	△19,150	その他利益剰余金
8	シチズンホールディングス	16,939	消却	△16,939	8割その他利益剰余金 2割その他資本剰余金
9	マツモトキヨシホールディングス	14,519	処分	△3,180	その他利益剰余金
10	ネットワンシステムズ	14,336	処分	△17,336	その他利益剰余金

(出所) 各社「有価証券報告書」より作成。

なく消却を実行しているところがほとんどである。そのため利益剰余金によって補塡せざるをえない。

　また資金調達の必要性などから処分、いわゆる売却した場合、自己株式の帳簿価額と売却価額の乖離が生じている。実際には「再販売で多額の資金を入手する事例が生まれている」(小栗[2009]25頁)と指摘されているように、

図表12-15 JFEホールディングスの処分差損と利益剰余金（単位：百万円）

年度	2009	2010	2011	2012
自己株式処分差損	△25	△5,909	△29,902	△251,691
利益剰余金額	547,076	528,075	485,226	234,991

(出所) JFEホールディングス「有価証券報告書」より作成。

　たとえば大塚ホールディングスは2010年度に382億円、ニトリも2011年度1億円そして2012年度に1,500万円を自己株式処分差益として計上している。同様の状況は株式交換などによっても生じ、これは「自己株式の処理が新株の発行と同様の経済的実体を有する」などの理由により、その他資本剰余金に含められる。売却価額が帳簿価額よりも高ければ、資本蓄積を生み出すが、これは株主総会の決議を経れば利益剰余金にすることも可能である。また、法人税法でも、資本取引として認められることで、売却益である処分差益は売却価額が時価に基づき決定されるかぎりは課税対象にならない利点がある。一方で、株価が下落した際の処分は処分差損を生み出す。この場合も、まずその他資本剰余金が充てられることになるが、図表12-14ではその他資本剰余金が十分ではなく、結果的にその他利益剰余金によって補填されている企業ばかりである。中でもJFEホールディングスの場合、2009年度から毎年第三者割当増資（資本提携）による処分を行い、4年でおおよそ2,875億円の処分差損を生み、その他利益剰余金を同額減少させている（図表12-15）。JFEホールディングスの場合、利益剰余金つまりは内部留保の減少の最大の要因は、業績悪化ではなく自己株式の処分差損によるものである。株価が下落する中での処分は、払込資本および留保利益を毀損させる。しかも資本取引としながら、充当させる払込資本がない企業も多く、消却や処分は留保利益に依存せざるを得ない状況であるといえる。

　ただ、まだその他利益剰余金によって補填できる企業はいいのかもしれない。配当可能額があり自己株式を取得しながらも、リーマンショック後の業績の悪化に伴い利益剰余金がマイナスに転じた企業もある。自己株式はその取得時にこそ規制を課しているが、金庫株として保有している間に配当可能額がなくなっても、これに伴う消却および処分の義務はない。たとえば、

図表12-16 シャープの純資産の部（単位：百万円）

	2011年3月期	2012年3月期	2013年3月期
負債合計	1,549,132	1,717,583	1,609,539
総資産の部			
株主資本			
資本金	204,675	204,675	212,336
資本剰余金			
資本準備金	261,415	261,415	268,076
その他資本剰余金	7,115	7,112	7,101
資本剰余金合計	268,530	268,527	276,178
利益剰余金			
利益準備金	26,115	26,115	26,115
その他利益剰余金			
特別償却準備金	10,756	5,303	1,469
固定資産圧縮積立金	4,146	4,395	4,292
退職給与積立金	1,756	1,756	1,756
別途積立金	417,950	423,950	76,950
繰越利益剰余金	33,261	△340,584	△525,030
利益剰余金合計	493,984	120,934	△414,448
自己株式	△13,863	△13,875	△13,872
株主資本合計	953,327	580,261	60,194
評価・換算差額等			
その他有価証券評価差額金	5,067	4,520	5,116
繰延ヘッジ損益	△1,050	△5,893	△583
評価・換算差額等合計	4,016	△1,373	4,533
純資産合計	957,344	577,888	64,728
純利益	12,458	△359,846	△529,881
参考：期末株価	825	604	272

(出所) シャープ「有価証券報告書」より作成。

　シャープは、2011年3月期におよそ4,940億円だった利益剰余金が、2013年3月期には△4,144億円までに激減した（図表12-16）。これまでシャープは2002年度に約267億円の自己株式を購入し、2007年度にそれを約135億円分処分することで、およそ63億円の株式処分差益を計上している。その後の保有は株主権の行使などによって多少の増減がありながら2012年度末の保有は約139億円であり、株式数は10,399,220株となっている。単純平均した場合、1株1,334円の価値を持つ。しかし、近年のシャープの株価は業績とともに下落の一途をたどり、2012年度末の株価は272円で、1株1,000円以上の乖離が生じている。特にシャープは債務超過が懸念されていたため、

自己株式の取り扱いは慎重にならざるをえないといえる。このような中、2013年度公募増資を行ったが、自己株式を活用することなく、新株を発行している。調達時の株価は約280円で、もし自己株式を利用すれば処分差損が出ていた。自己株式とは未発行株式であるとしているが、このような状況下では活用すらできず、結果的に株式の希薄化を招いている。

自己株式の保有は、業績に応じて資本蓄積および利益蓄積を棄損するリスクを伴っており、長期的に保有する企業が多い中、本当に配当と同様に扱ってよいものかどうか疑問である。

9 おわりに

法的緩和により企業は自ら発行した株式の取得を可能とした。自己株式の取得は配当とともに「剰余金の分配」と位置づけられ、その取得原資は拡大され、取得は容易になっていった。企業が財産の拠出を伴いながら特定の目的もないまま自己株式を金庫株として保有するのは、資本控除説に基づく会計処理が有利に働いていることが一因となっている。会計基準では「自己株式の保有は処分又は消却までの暫定的な状態である」としているが、保有は目的も定まることなく長期におよぶ傾向にあり、自社を筆頭株主とする企業も多い。

しかし保有している間に株価は変動してゆく。株価の上昇による自己株式の売却はその他資本剰余金を増加させることになり、これは企業の配当可能額そして剰余金を増加させ、手続きによっては内部留保を増大させることもできる。しかし、自己株式の保有は株価および業績の低迷によりその処分にも大きな影響を与える。過去に金庫株が認められなかったのは、株価の下落と自己株式の資産価値の下落が連動して起こる二重の損失を被ることを懸念したためである。現在は、株価下落による処分が行われれば、資本蓄積のみならず内部留保が棄損しうる。これは取得原資が拡大するとともに資本剰余金と利益剰余金という本来は相入れないはずの両者が互いに補完する会計処理を認めているためである。自己株式の保有は、もはや暫定的な位置づけで

はなく、株価や業績の影響を受けやすく、それにより会計基準上想定されていないはずのその他資本剰余金が負になる環境を生み出すものとなった。さらに、自己株式の売却は認められているが、その純資産構成によっては企業が他の株式と同様に容易に売却することができるとはいえず、逆に資本控除説によって束縛されてくる。自己株式の取得は、諸刃の剣であり、金庫株として保有しているかぎりにおいて、内部留保を棄損させないためには、株価および業績により一層配慮した消却および処分をしなければならないといえる。

加えて、IFRSが適用された場合には、配当可能額の存在意義と意味が問われることになる。

【注】

1　ウェブ上でも開示〈http://www.omron.co.jp/ir/kabunushi/haibun.html：2013年1月31アクセス〉。
2　アメリカではさらなる議論が行われており、それについては椛田［2001］を参照。
3　このような資産説および資本控除説について論理を整理し、問題点等を指摘したものは弥永［2003］を参照。
4　商法と会計の認識の違いについて書かれたものであるが、弥永［2003］を参照。
5　商事法務［2012］を参照。
6　アメリカも含めた様々な手法については葭田［2007］が詳しい。
7　日本での実行には、パラダイム転換の必要性が提起されている（商事法務［2012］）。
8　詳細については杉野［1998］［2000］を参照。
9　キャッシュフローの流れについては柿沼［2010］を参照。
10　2005年度までの有価証券報告書には毎年明記されているが、それ以降はない。しかし、期末時の自己株式保有率は5％に抑えられている。
11　保有額は東証一部上場企業の単体を対象としており、1年のデータは4月から翌年3月までの企業の期末における自己株式の保有額の総計である。
12　2013年3月31日までにおいて公表されている2012年度有価証券報告書のデータに基づき作表しており、その後の処分等データは含まない。ROEの「控除なし」については自己株式額が仮に控除されなかった場合の数値となっている。パナソニックは損失を計上しているが、あえて計算している。
13　東証データ「株式分布状況調査結果の概要」は2004年から「取得額－処分額」（差額）、2006年からは「取得額」「処分額」をそれぞれ公表している。2006年以降は単純に「取得

額」から「処分額」を控除する形で差額を計算している。これは過去データと多少齟齬が生じているが、新たなデータでは修正も加えられていることから、平成23年度データを優先した。1年は1月から12月で集計していることから、図表12-7のデータの対象期間と同じではない。また東証全体のデータであることから、他証券市場は含めていない。そして取得および処理については、単元未満株からの取得および売却は含まれず、全ての取得および処理データを網羅したものではないことが注記されている。2012年7月よりデータを公表していない。

14　貸借対照表上の自己株式の減少額に焦点を当てており、この金額には買取請求権などによる増減もあることから、減少額と消却・処分額は一致しない。

【主要参考文献】

Abe De Jong, Miguel Rosellon And Patrick Verwijmeren [2006], The Economic Consequences of IFRS: The Impact of IAS 32 on Preference Shares in the Netherlands, *Accounting in Europe*.

会田義雄 [1960a]「自己株式の会計に関する若干の考察——吾国の実態調査を基礎として」『三田商学研究』(1960年6月)。

―――― [1960b]「自己株式の会計に関する一考察——わが国の実態調査を基礎として」『會計』(1960年10月)。

井上清香 [2010]「わが国における自己株式取得の規制緩和」『立教経済学研究』(2010年7月)。

鵜飼哲夫 [1973a]「自己株式の資産性について (1)」『同志社商学』(1973年10月)。

―――― [1973b]「自己株式の資産性について (2)」『同志社商学』(1973年12月)。

大住達雄 [1951]「自己株式の問題点」『會計』(1951年12月)。

―――― [1952]「自己株式の会計」『會計』(1952年10月)。

小栗崇資 [2009]「自己株式は資本か資産か——現代会計の論点とトピックス (8)」『税経新報』(2009年2月)。

柿沼点 [2010]「再び拡大する日本企業の資金余剰」大和住銀投信投資顧問『Economist Column』第35号。

椛田龍三 [2001]『自己株式会計論』白桃書房。

商事法務 [2012]「国際会計基準に関する会社法上の論点についての調査研究報告書」(2012年3月)。

杉野博貴 [1998]『自己資本構造論——株式時価発行と自己株式取得による自己資本構造の変容』中央経済社。

―――― [2000]「自己株式取得規制と企業財務行動」『福岡大学商学論叢』(2000年3月)。

高木克己 [2001]「自己株式の基本問題」『駒大経営研究』(2001年3月)。

丹波康太郎 [1951]「自己株式の会計——『商法と企業会計原則との調整に関する意見書』第11および第12Eの1に関する考察」『會計』(1951年12月)。

富岡幸雄 [2009]「大企業の巨額な自己株式の取得実態 (上)——金庫株の解禁時と最近の状況の分析と検討」『商学論纂』(2009年3月)。

永野則雄［2003］「会計方法の選択における〈意味づけ〉の役割——土地再評価を例にして」『経営志林』(2003年4月)。
馬場克三［1957］「自己株式の資産性について」『産業経理』(1957年5月)。
平井克彦［2004］「自己株式に関する会計問題」明治大学『経営論集』第51巻3号。
水越潔［1998］「自社株消却についての一考察」『文京女子大学経営論集』(1998年12月)。
弥永真生［2003］『「資本」の会計——商法と会計基準の概念の相違』中央経済社。
葭田英人［2007］「剰余金分配規制における資本の払戻しと自己株式取得」『神奈川法学』第40巻2号。

第13章

無形資産・のれんの会計処理と内部留保

1 無形資産・のれんと内部留保

　現在、広義の無形資産とのれんのなかで、財務諸表への計上が認められているのは、原則として対価を得て獲得したもののみである。具体的には、営業権、特許権など各種権利、コンピュータソフトのシステム開発やマスター製造に関する費用が認められている。企業が自己創設したのれんやその他の各種の無形資産は計上することができない。これらの自己創設した無形資産やのれんは企業の超過収益を生み出す源泉である。豊かな無形資産やのれんを所有することは、将来の利益やその蓄積としての内部留保を生み出す源泉である。

　現代では金融資産の未実現利益・評価益までもが利益の構成要素とされ、利益剰余金や包括利益を構成している。いわゆる評価益留保が制度的にも認められている。金融資産によってはその評価は将来収益の割引現在価値計算により行われる。金融資産の評価益留保が認められるならば、有形固定資産の評価益留保だけでなく、将来の超過収益力を生み出す無形資産やのれんも内部留保の構成要素となりえる。現代は、企業の金銭的剰余の計算だけでなく企業価値・事業の価値（経済的価値）の評価が重要となってきている。企業や事業の価値の算出には無形資産・自己創設のれんの評価が不可欠である。

　企業価値の算定方法には、将来収益からの割引現在価値を推定する方法、

超過収益率から逆算する方法、株価を参考にする方法などがありえる。これらは企業の総体的なビジネスの価値（経済的価値）から推定する方法である。この企業価値（経済的価値）を企業を構成する個々の要素に還元する方法の一端を後で紹介したい。

この企業価値（経済的価値）と負債における請求権・資本のなかの拠出項目の差が、留保利益と考えてよい。事業資産（設備資産と棚卸資産など）、金融資産、無形資産とのれんというように資産を分類すると、現在、IFRS（国際財務報告基準）では事業資産と金融資産に関してはかなり詳細に検討されている。有形固定資産と無形資産についても再評価モデルが認められているように、時価評価が想定されているのである（IAS16号、38号）。処理が十分でないのは、自己創設のれんに関してである。現代では無形資産とのれんを正確に評価することが、利益留保の測定すなわち企業の超過収益力の算定に重要である。

ただし、のれんの評価には主観性が入る余地がある、すでに第2章で検討したようにこのような自己創設のれんの評価には主観性が入らざるを得ない。のれん評価の主観性を悪用して、粉飾が可能であることを以下3社のケースにより示す。その後、自己創設のれんを含む広義の無形資産やのれんの評価には、どのようなモデルが可能か考察する。特に企業価値を個々の勘定科目に帰着・還元させられるような無形資産やのれんの分類と表示モデルを考察する。

2 　オリンパスの粉飾と内部留保

本節では内部留保のなかでも無形資産の内部留保を、実際の財務諸表からどう測定するか、またそこでの問題点は何かについて論じたい。具体例としてオリンパス、楽天、ライブドアの例を取り上げる。無形資産の測定によって実際の企業価値が異なってきた例としてまず、オリンパスを論じたい。

オリンパス株式会社（以下、オリンパス）は、1990年代ごろから有価証券投資等にかかる損失計上の先送りを行っていたが、英国の医療器具メーカーで

あるGyrus Group PLC（以下、ジャイラス社）の買収に際して支払った報酬と優先株の買戻資金ならびに本件国内3社の買収資金が、複数のファンドを通す等の方法により先送りされた有価証券等の含み損失の解消に利用された（注、以下の損失分離・処理スキームについては「オリンパス第三者委員会調査報告書」2011年12月6日による）。

　2011年12月6日に第三者委員会の調査報告書が提出された。調査報告書によると、1985年以降の急速な円高により、オリンパスは大幅に営業利益が減少した。対策として「財テク」を重要な経営戦略と位置づけ、積極的な金融資産の運用に乗り出した。しかし、90年のバブル経済崩壊をうけて運用損失が拡大し、その損失を取り返すために、ハイリスクハイリターンの金融商品、さらに仕組み債に手を出し、1990年代後半には1,000億円弱の損失を抱えるにいたった。

　1997年から98年にかけて金融商品の会計処理について、それまでの取得原価主義から時価評価主義に転換する動きが本格化する中で、オリンパスでは巨額の含み損が表面化する事態を回避する方策の検討が行われた。証券会社の協力を得て、連結対象とならないファンドを利用して、含み損を抱える金融商品を飛ばす、損失分離スキームを考案した。含み損を抱える金融商品を譲り受ける受け皿ファンドを設立する。受け皿ファンドは金融資産を買い取る必要があるが、そのための資金は①オリンパスの預金を担保に銀行から融資、②オリンパスが事業ファンドを設立し、そこから受け皿ファンドに資金を流す、という方策が取られた。1998年ケイマンに受け皿ファンド（Central Forest Corp, Quick Progress Co.など）、国内にG.C.New Vision, L.P.（GCNVV）が設置された。資金の投入経路はヨーロッパルート、シンガポールルート、国内ルートに分類され、2005年までにそれぞれ650億円、600億円、300億円がこの損失分離スキームに投入された。

　このようにしてCentral Forest Corpに640億円、Quick Progress Co.に320億円の損失を移転し、財務諸表から含み損は分離したが、その損失をいずれは処理する必要がある。そこでファンドが安価に購入したベンチャー企業をオリンパスが高額で買取る、あるいはM&Aに際しての手数料として支払い損失処理に当てるという方法がとられた。オリンパスにおいては余分に支払

図表13-1 オリンパス売上・損益の推移（連結）（単位：百万円）

		2006年3月	2007年3月	2008年3月	2009年3月	2010年3月	2011年3月
	売上高(=営業収益)	978,127	1,061,786	1,128,875	980,803	883,086	847,105
	営業利益	62,523	98,729	112,623	34,587	60,149	35,360
訂正後	営業利益	62,523	98,729	112,826	42,722	61,160	38,379
	経常利益	41,206	76,226	93,085	18,390	45,115	22,148
訂正後	経常利益	41,310	78,346	97,312	25,679	46,075	23,215
	特別利益	4,487	731	4,111	691	51,986	6,118
	特別損失	2,506	3,377	2,584	110,382	10,897	5,507
訂正後	特別損失	3,665	6,184	10,245	46,096	7,358	9,395
	税引前当期純利益	43,187	73,580	94,612	−91,301	86,204	22,794
訂正後	税引前当期純利益	42,132	72,893	91,179	−20,383	86,204	22,794

(出典) オリンパス株式会社　有価証券報告書　各期

図表13-2 オリンパス資産の推移（連結）（単位：百万円）

		2006年3月	2007年3月	2008年3月	2009年3月	2010年3月	2011年3月
	［流動資産］	489,525	572,838	543,305	474,767	532,876	533,660
訂正後	［流動資産］	454,525	537,838	507,189	472,357	532,145	533,534
	［固定資産］	486,607	518,962	815,044	631,551	619,351	529,933
訂正後	［固定資産］	434,724	465,310	709,983	565,896	572,383	485,626
	有形固定資産	130,810	140,089	150,036	163,113	144,494	142,625
訂正後	有形固定資産	130,810	140,089	149,176	162,444	143,561	141,341
	無形固定資産	102,666	100,351	404,030	264,620	265,646	248,405
訂正後	無形固定資産	102,666	100,351	331,285	253,762	216,030	205,979
	投資その他	253,761	279,005	260,978	203,818	209,211	138,903
訂正後	投資その他	201,248	224,870	229,522	149,690	212,792	138,306
	【総資本=総資産】	976,132	1,091,800	1,358,349	1,106,318	1,152,227	1,063,593
訂正後	【総資本=総資産】	888,619	1,002,665	1,217,172	1,038,253	1,104,528	1,019,160
	投資有価証券	208,459	216,636	193,843	127,144	140,271	59,342
訂正後	投資有価証券	96,175	104,996	94,006	62,598	78,448	59,342
訂正後	ファンド運用資産	59,771	57,505	67,816	8,458	65,880	0

(出典) オリンパス株式会社　有価証券報告書　各期

図表13-3 オリンパス負債・資本の推移（連結）（単位：百万円）

		2006年3月	2007年3月	2008年3月	2009年3月	2010年3月	2011年3月
	［流動負債］	394,755	410,116	662,454	341,905	332,442	325,948
	［固定負債］	281,064	336,813	328,019	595,629	602,894	570,809
訂正後	［固定負債］	311,731	367,448	328,019	578,245	602,151	570,809
	長期借入金	164,381	173,123	177,371	412,656	437,148	411,132
訂正後	長期借入金	194,381	203,123	177,371	395,271	437,148	411,132
	【負債合計】	675,819	746,929	990,473	937,534	935,336	896,757
訂正後	【負債合計】	706,486	777,714	972,891	927,346	1,104,528	1,019,160
	【純資産】	290,656	310,239	367,876	168,784	216,891	199,836
訂正後	【純資産】	172,476	224,951	244,281	110,907	163,131	115,579

(出典) オリンパス株式会社　有価証券報告書　各期

う金額は、のれんとして資産化し、段階的に費用化しようと考えたのである。

オリンパスの訂正報告書は2006年3月期から2011年3月期まで公表された。その主要科目の推移を図表13-1から図表13-3として掲載した。オリンパスの粉飾は、損失を抱えたファンドを帳簿外に置き、買収金額を水増しして、その水増し分で損失ファンドを解消する。その結果、損失は連結調整勘定（買収のれん）に取り込まれる。その過剰な買収のれんは特別損失で処理する、というスキームであった。そのため訂正報告書での訂正項目は、ジャイラス等の買収前は簿外の損失を抱えたファンドの連結による金融資産の減額、あるいは負債の増加と剰余金の減少、買収後はのれんの価額の減少、剰余金の減少に集約される。

2006年3月期の流動資産と投資その他の資産（特に投資有価証券）の金額が800億円ほども減額修正されている。2006年の貸借対照表の貸方では固定負債が300億円ほど増額修正され、純資産が1,180億円も減額修正されている。これらの修正は簿外の損失を抱えたファンドを連結したためである。2008年にジャイラスの合併で無形固定資産が3,000億円と負債2,500億円が増加する。その結果2008年には無形固定資産が4,040億円にも達したが、訂正後は3,313億円に減額修正されている。727億円もの差が生じている。

損益計算書では合併前はファンドの含み損失増加による特別損失の増加が見られ、買収後は無形資産の償却額が少なくなったため経常利益や当期純利益の増加、それによる納税額の増加が見られる。

このような損失処理スキームから、逆に粉飾（負の内部留保）の発見のためには、のれんの正当な価値の算出に加えて、簿外資産（負債・損失）の発見が重要であることがわかる。買収のれんの適切な評価は非常に難しいことは、かねてから指摘されていた。のれんとは特定の企業の価値あるいはブランドの価値であり、汎用品のように市場で日常的に取引されるものでなく、値段や価値の確定が難しいからである。あえてのれんの価値を測定しようとするならば、将来超過収益の割引現在価値ということになるのであるが、この将来収益の推定こそが最も難しいのである。このように評価が難しい、あるいは「言い訳」が通用する買収のれんに損失を移転する方法は、巧みであったともいえよう。

3 ライブドアと楽天の無形資産の認識

(1) ▶ ライブドア

　ライブドアはオン・ザ・エッヂとして1996年4月年に創立され、2000年4月東京証券取引所マザーズに上場、2002年11月に無料プロバイダーを運営するライブドアの営業全部を譲受した。2003年10月に公募により新株式を発行（増資後資本金額は4,655,624千円）、2004年2月株式会社ライブドアと社名を変更した。2004年4月に公募による新株式発行（増資後の資本金額23,729,752千円）。2004年9月ライブドアベースボール（現・連結子会社）を設立。ライブドアファイナンスをライブドア証券に吸収合併。ライブドアファイナンス（現・連結子会社）の設立を行う。2004年11月弥生（現・連結子会社）を子会社化する。このように2004年、2005年は数多くの会社の買収・合併を行う。その中には2004年3月にTOBにより獲得した日本グローバル証券、同年11月弥生、2005年9月ジャック・ホールディングスなどが含まれている。図表13-4を参照されたい。無形資産中の連結調整勘定が2003年は8.7億円、2004年は24億円であったが、2005年に急増して199億円となっている。

　ライブドアによる企業の買収、子会社設立の件数を年次別に見ると、以下の通りである。1999年に2社設立、2000年に5社設立、1社子会社化、2001年に株式交換による子会社化1社、2002年に株式交換により2社子会社化、1社設立、2003年に1社設立、2社子会社化、2004年に5社株式交換、2社TOBにより子会社化（日本グローバル証券など）、その他に10社子会社化。6社設立、2005年に4社設立。7社子会社化、そのなかには、ジャックホールディングス、ライブドアリアルエステート、ライブドア不動産が含まれる。これによりライブドアの企業集団は2005年9月現在、ライブドアを親会社に、子会社44社、関連会社5社から構成されることとなる。

　図表13-4でわかるようにライブドアの売上高は、上場直前の第4期が唯一の停滞期でそれ以外の期は、ほぼ前期の2倍の割合で急増している。そのなかで上場を果たした2000年は前期の4倍以上、2004年は3倍近くに売上

図表13-4 ライブドア主要勘定（連結）の推移（単位：百万円）

	2000年9月	2001年9月	2002年9月	2003年9月	2004年9月	2005年9月
売上高	1,207	3,601	5,891	10,825	30,869	78,422
販売費一般管理費内の連結調整勘定・営業権償却	0	0	0	255	0	0
特別損失内の連結調整勘定・営業権償却	0	0	61	0	179	0
税引前当期利益	−170	290	780	986	5,405	18,840
総資産	6,380	7,755	9,332	16,640	100,220	330,240
無形資産	19	61	1,093	2,176	4,652	25,306
無形資産中の連結調整勘定	0	0	987	870	2,409	19,926
自己資本比率	95.9%	80.8%	70.8%	71.8%	53.4%	58.6%

(出典) 株式会社ライブドア　有価証券報告書　各期

高が急増している。総資本額の伸びが、売上高の伸びを上回っていることも注目される。すなわち、直接売上に貢献しない資本がこの間、増えたのである。特に上場にかけての2000年、2004年の総資本の増加は驚異的である。ライブドアの資金の調達は、増資によるところが大きい。資本金と資本剰余金の合計額は、2003年の61億円から2005年に1,074億円に急増している。これらを含む資本の集中度合いと売上高の資本の集中度以下の伸びは、ライブドアが、ものやサービスの提供会社から金融投資機関へ変貌しつつあったことを示唆している。

　ライブドアの特別損益項目では意外に特別損失が少ない。後で見るように貸借対照表の資産の部を検討すると、企業買収に伴う無形資産（連結調整勘定）が急増している。連結調整勘定の償却が非常に少ないところに特徴があると見てよい。図表13-4のように2003年に販売費一般管理費のなかで営業権償却費149百万円と連結調整勘定償却額が106百万円の合計255百万円、2002年、2004年に特別損失として営業権償却が各61百万円、71百万円計上されているだけである。企業買収後、被買収企業の価値が予想を下回ることは数多くある。多くの企業を買収していて、営業権や連結調整勘定の償却が必要ないことはありえない。むしろ無形資産である営業権や連結調整勘定の償却による損失の増加を防ぎたい、すなわち当期純利益の増加という経営上の意図があったと見ることができる。

(2) ▶ 楽天

　楽天は「楽天市場」の運営を目的に1997年設立され、2000年4月に日本証券業協会に店頭登録を行う。同年12月にインフォシークを株式取得により完全子会社化、2004年9月にあおぞらカード（現楽天クレジット株式会社）を株式取得により完全子会社化した。楽天による企業の買収、子会社設立の件数を年次別に見ると、以下の通りである。2000年に1社設立、その他に株式取得により2社子会社化、2001年に1社設立、株式取得により子会社化1社、2002年に株式取得により2社子会社化、2003年に1社吸収合併、株式取得により3社子会社化、2004年に2社株式交換、2社出資、1社株式交換により子会社化、2005年に16社連結子会社化している。合併によって発生した連結調整勘定は、即時償却を行い特別損失として計上された。図表13-5を参照されたい。2004年までは連結調整勘定金額はゼロである。合併の増加した2003年から特別損失中の連結調整勘定償却が急増し、ほぼその分が税引前損失となっていることがわかる。

　楽天の2005年までの8年間の売上高の伸びはライブドア以上である。ただし楽天の資金調達の方法は、ライブドアとは大きく異なる。楽天の資金の調達は借入れによるところが大きい。2005年の自己資本比率はライブドアが58.6％であるのに対して、楽天はわずか4.6％である。2004年までは合併によって発生した連結調整勘定を、即時償却したので特別損失が拡大し、税引前当期純利益は2004年まで欠損が続いている。この累積損失を受けて自己資本が過小となっている。このような連結調整勘定の即時償却という会計処理は、公認会計士から不適切であると指摘され、2005年以降改める。そこで2005年には合併による連結調整勘定の即時償却は行わず、無形資産として連結調整勘定568億円を計上することにしている。

　本節では、オリンパス、ライブドア、楽天という合併により巨額の無形資産・連結調整勘定の生じた企業の、無形資産の会計処理について観察した。ライブドアでは連結調整勘定の償却や減損はほとんど行わず、楽天は2004年までは即時全額償却、オリンパスでは後に訂正報告書が作成されて連結調整勘定の金額は大幅に訂正された。これらの事例からは無形資産の価値評価

図表13-5　楽天主要勘定（連結）の推移（単位：百万円）

	2000年12月	2001年12月	2002年12月	2003年12月	2004年12月	2005年12月
売上高	3,225	6,780	9,894	18,082	45,567	129,775
販売費一般管理費内の連結調整勘定・営業権償却		0	0	0	0	0
特別損失内の連結調整勘定・営業権償却		3,011	3,487	58,614	10,712	0
税引前当期利益		−3,450	−2,951	−55,801	−8,437	34,276
総資産	40,255	36,387	34,054	188,016	307,556	1,667,708
無形資産		660	1,041	1,475	3,761	65,609
無形資産中の連結調整勘定		0	0	0	0	56,868
自己資本比率		92.7%	88.7%	14.0%	14.9%	4.6%

(出典) 楽天株式会社　有価証券報告書　各期

には恣意性が混入する可能性が高く、正確な価値評価が困難な場合があることがわかる。

4　無形資産とのれんの分類方法の提案

　貸借対照表（財政状態計算書でもよい）の借方（総資産合計額）：事業資産（設備資産と棚卸資産等）、金融資産、無形資産とのれん。貸方（負債資本合計額）：負債、拠出資本、剰余金というように分類すると、剰余金が内部留保を表すようにするためには、事業資産や金融資産が時価評価される必要がある。総資産合計額が企業価値（経済的価値）に等しくなる状況で、無形資産とのれん部分が貸方とバランスするように計測されればよいわけである。

(1) ▶ 無形資産とのれんの分類方法

　企業の超過収益部分の源泉を明らかにし、貸方の（超過収益部分を含めた）内部留保とバランスすることを可能とするような無形資産・のれん分類を以下に提案したい。この節の前半は会計理論学会の学会誌の山口稿（山口［2007］）の該当部分の要約である。この分類の目的は、無形資産やのれんを極力、要

図表13-6 山口[2005]の分類提案

1 有形資産	
（金融資産と事業資産に分類　取得原価と市場価値評価、割引現在価値で評価される）	
2 無形資産*	評価方法**
a 特許権・商標権・営業権・ソフト等	取得原価
b 連結調整勘定	取得原価
c 人的資本	コミットメント額(一部、取得原価、市場価値評価)***
d プロセス	同上
e ネットワーク	同上
f ブランド	同上
〜　　〜	〜
m リスク等負の無形資産部分	同上
n 無形資産間の重複調整分等	同上

(注)　*無形資産の内訳は今後の議論で決定されるが、「mリスク等負の無形資産部分とn無形資産間の重複調整分等」により企業価値総額との調整が図られる。
　　**評価方法は取得原価、市場価値、割引現在価値(コミットメント)の3段表示とする。
　　***コミットメント額は公正価値評価あるいは割引現在価値評価とほぼ同様の手順で算出される。

素に還元し、明確化することである。

　山口の分類の特徴は、mとしてリスク等の負の無形資産を考慮していることと、無形資産の分離不可能性あるいはホリスティック性（要素の単純総和は全体と等しくない）を考慮して、n無形資産間の重複調整部分を考慮している点、評価面で取得原価、市場価値評価、コミットメント評価という、複数評価欄を用意している点である。bの連結調整勘定はc以下に配分されることが望ましい。この分類の目的はのれんや無形資産の明確化であるからである。

　特に、この無形資産分類では、企業の超過収益部分の源泉を明らかにし、企業価値総額との調整をはかり、貸方の（超過収益部分を含めた）内部留保とバランスすることを目的としている。そのためにnの無形資産の重複部分の調整項目が重要なのである。無形資産の最大の問題点は見えないことにあるのではなく、分離不可能性である。本来分離不可能なものを個別に測定しようとするので、重複調整部分が必要なのである。

　このように、試案の域は出ないが、無形資産項目の大枠の分類方法を提

案することができたと思う。それは刈屋［2006］の分類を基礎として、山口［2005］の調整部分（リスク等の負の無形資産と無形資産間の重複調整部分を考慮）を加味した方法である。この無形資産分類では企業の超過収益部分の源泉を明らかにし、企業価値総額との調整をはかり、貸方の（超過収益部分を含めた）内部留保とバランスすることを目的としている。

(2) ▶ 例示による無形資産の内部留保

　この企業は現在、資産として設備資産と金融資産を所有している。期首に100で設備資産を取得し、今期10の減価償却を行った。期末のこの資産の時価は110である。資金は借入で40、出資で50を調達している。この設備資産を用いたビジネスから期待される将来の収益の現在価値は150である。
　この例示に考察を加えたい。
　　a：資産を取得原価－減価償却費で評価した貸借対照表はaである。
　　b：設備資産を時価評価した貸借対照表はbとなり、貸方に時価評価益20が加わる。
　　c：この設備資産ビジネスの将来収益を現在価値に割り引くと150であるから、設備資産の時価を40上回る。これに手持ち金融資産をくわえた160が将来収益から推定した企業価値である。貸方を借方とバランスすると、60のその他の「留保利益」ということになる。この留保利益は設備資産の時価評価益20とその他の40に分けて考えることもできる。
　　d：設備資産のビジネスとしての現在価値額は150であるが、時価はあくまでも110である。時価を上回る40は、この企業の持つ資産の運用方法に関する無形資産といえる。これを無形資産として認識したのがdである。
　この通常の財務諸表では認識されない無形資産部分とその他の留保利益の40の認識が、無形資産の内部留保である。企業の超過収益部分が無形資産のなかに包摂されたのである。
　この事例では無形資産の中味は細かく分類されていないが、超過収益力分

図表13-7 無形資産評価の事例

借方				
資産項目	a 取得原価 －減価償却費	b 時価	c 将来収益の割引現在価値 （企業価値）	d 企業価値の構成 （コミットメント評価）
	HC	HC + CC	HC + CC + DCF	HC + CC + CV[注]
設備資産	100−10	110	150	90 + 20
無形資産（人的・知的資産、のれん、連結調整勘定、営業権等）				40
金融資産	10	10	10	10
総資産	100	10 + 110	10 + 150	100 + 20 + 40
貸方				
借入	40	40	40	40
資本金	50	50	50	50
剰余金	10	10	10	10
時価評価益（設備資産分）		20	(20)	20
その他留保利益			(40) 60	40
負債・資本	100	100 + 20	100 +(60) + 60	100 + 20 + 40

(注) HC：歴史的原価、CC：時価、DCF：割引現在価値評価、CC：コミットメント評価。

40がその他の留保利益40と無形資産40として認識されていることに注目されたい。この例示での無形資産は自己創設のれんに当たる。図表13-7では、歴史的原価（HC）、時価（CC）、割引現在価値評価（DCF）、コミットメント評価（CC）を別欄で表示する、多欄式帳簿を用いている[1]。

5 のれんの評価と内部留保

　内部留保の算出方法にはこれまで多くの方法が提唱されてきた。その差異は大きく分けると、二つの点に帰着する。一つは「内部留保」とは、利益の内部留保のことであるか、資金の内部留保であるかということである。もう一つは論者によって何を利益と考えるかが異なるという点である。利益の内部留保とは、組織体の経済的価値の増分で、通常は利益の蓄積と隠れた実質利益の蓄積をさす。すなわち利益あるいは隠れた実質利益を定義しないと内

部留保利益を定義できない。

　内部留保は利益の留保されたものであるから、その額は利益概念によって異なってくる。たとえば利益を貨幣資産の増加と考えるか、取得原価主義下の収益費用アプローチによる評価益を含まない利益か、あるいは資産負債アプローチ時価評価による、評価損益の加わった利益概念か、企業価値の増分としての利益かということである。特に後の二者の利益概念では、保有金融資産に生じた評価損益、金融派生商品に生じた損失を損益と認識すれば、それらは内部留保に入ってくる。

　社会で公正妥当とされる利益概念は時代とともに変化してきた。その背景には、経済環境の変化と、その中での事業の価値にたいする考え方の変化があると考えられる。事業におけるリスクからの解放が利益の一つの条件なのではないか。その時代に何をリスクからの解放と考えたかで、利益概念が異なってきたのではないかと考えられる。

　現代、組織の経済的価値の増加を利益と考えるならば、いわゆる包括利益は、現代投資家の一番欲している利益の途上に位置する利益概念であり、留保利益はその蓄積留保されたものとなる。そこには評価益も含まれており、評価益留保と呼べるものが現代では利益には含まれている。内部留保とは投資家の投資の増分で、企業内に留保されているものと見ることも可能となる。特に現代は、企業価値・事業の価値（経済的価値）が重要となってきている。この企業価値（経済的価値）と負債における請求権・資本のなかの拠出項目の差が、留保利益と考えてよい。それでは現代において、企業価値を構成する資産とは何であろうか。事業資産、金融資産、無形資産とのれんではないか。無形資産とのれんを評価することが、利益留保の測定として重要であると考えられる。

　そこでオリンパス、ライブドア、楽天の無形資産について考察した。オリンパスでは買収金額を過大に水増しし、その水増しされた買収手数料を不良投資の処理にあてた。水増しされた連結調整勘定は償却によって処理された。この例示によって無形資産評価は非常に難しいこと、その評価額はいずれ費用化されるので損益計算に影響を与えることが明らかとなった。ライブドアと楽天のケースでは、同じように買収によって企業を取得しても、その

連結調整勘定の償却を行わないケースと即時償却してしまう、対極の会計処理が行われていた。正しいのれん（連結調整勘定）の価値はこの両社の処理の中間にある。のれんの評価は現実には非常に難しいのである。その意味ではもしも企業家が外部にわからないような形で内部留保を行うとしたら、のれんという形が一番良い。なぜならのれんは超過収益力の源であるが、測定が困難であるので金額を曖昧にすることが、すなわち隠蔽することが極めて容易であるからである。

　それでもなお、企業価値の測定を志すものは、のれんの認識と測定を行いたいという要求がある。そこで本章では企業の超過収益の源泉を明らかにし、企業価値総額との調整をはかり、貸方の（超過収益部分を含めた）内部留保とバランスすることができるような無形資産の分類方法を考察し、提案した。

【注】

1　多欄式帳簿、多欄式評価の考えは井尻［2004］によっている。ただし、歴史的原価と時価、割引現在価値評価はデータの確実性に差がある。そこで、それぞれの評価を別欄とする多欄式帳簿を提案した。

【主要参考文献】

Basu, S.［1997］, The Conservatism Principle and the Asymmetric Timeless of Earnings, *Journal of Accounting and Economics*, 24 (1).

Chambers, D., R. Jennings and R. Thompson［2002］, Excess Returns to R&D-Intensive Firms, *Review of Accounting Studies*, 7.

COSO［2004］, Enterprise Risk Management Integrated Framework, 1)Executive Summary, Framework, 2)Application Techniques, The Committee of Sponsoring Organizations of the Treadway Commission (COSO).

Danish Ministry of Science, Technology and Innovation［2003］, Intellectual Capital Statement - The New Guideline.

Edvinsson, L. and Malone, M. S.［1997］, *Intellectual Capital: Realizing Your Company's True Value by Finding Its Hidden Brainpower*, HarperCollins Publishers（リーフ・エドビンソン、マイケ

ル・S・マローン著、高橋透訳 [1999]『インテレクチュアル・キャピタル 知的資本──企業の知力を測るナレッジ・マネジメントの新財務指標』日本能率協会マネジメントセンター).

Lev, B. and Sougiannis T. [1996], The Capitalization, Amortization, and Value-relevance of R&D, *Journal of Accounting and Economics*, Vol.21.

─── [1999], Penetrating the Book to Market Black Box: R&D effect, *Journal of Business, Finance and Accounting*, Vol.26, No.3/4.

Stewart, T. A. [2001], *The Wealth of Knowledge: Intellectual Capital and the Twenty-First Century Organization*, Doubleday (トマス・A・スチュワート著、徳岡晃一郎監訳 [2004]『知識構築企業』ランダムハウス講談社).

Sullivan, P. H. [2000], *Value-Driven Intellectual Capital: How to Convert Intangible Corporate Assets into Market Value*, John Wiley (パトリック・サリヴァン著、森田松太郎監修、水谷孝三他訳 [2002]『知的経営の真髄──知的資本を市場価値に転換させる手法』東洋経済新報社).

The Commission of the European Communities Enterprise Directorate General [2003], Study on the Measurement of Intangible Assets and Associated Reporting Practices, Presented for the Commission of the European Communities Enterprise Directorate General.

井尻雄士 [2004]「国際会計基準と複合通貨その他の諸問題」『青山マネジメントレビュー』5号。

金森絵里 [2009]「会計保守主義の二分化と排除不可能性」『立命館経営学』第47巻第5号。

刈屋武昭 [2005]「無形資産の理解の枠組みと情報開示問題」RIETI Discussion Paper Series 05-J-019。

─── [2006]「企業の価値創造経営プロセスと無形資産──CERM・ROIAMアプローチ」RIETI Discussion Paper Series 06-J-016。

高寺貞男 [2006]「コモンローと会計保守主義の歴史的つながり」『企業会計』第58巻第3号。

高山朋子 [1983]「企業者利得と創業者利得」『東京経大学会誌』第134号。

─── [2008]「株式プレミアムと所要機能資本説──株式プレミアムと資本準備金制度(二)」『東京経大学会誌』第260号。

─── [2010]「株式プレミアム拠出資本説の再批判──岡部利良の反批判への反論を中心にして」『東京経大学会誌』第266号。

八重倉孝 [2005]「研究開発投資の費用配分と将来業績の関連性」日本会計研究学会特別委員会『無形資産会計・報告の課題と展望──最終報告』。

山口不二夫 [1998]『日本郵船会計史──個別企業会計史の研究〔財務会計篇〕』白桃書房。

─── [2000]『日本郵船会計史──個別企業会計史の研究〔予算・原価計算篇〕』白桃書房。

─── [2002a]「人材育成のための会計を考える」『青山マネジメントレビュー』1号。

─── 他著 [2002b]『知的財産制度の重要ポイント』東京教育情報センター。

─── [2005]「無形資産の分類と報告様式の研究」経済産業研究所ディスカッションペーパー 05-J-030。

─── [2007]「無形資産の分類と報告様式の研究視座」『会計理論学会年報』第21号。

第 14 章

内部留保の構成（内部留保計算書）

1　はじめに

　日本では1997年11月に三洋証券、山一證券などの金融機関の不良債権やカネボウ、そごうなどの粉飾決算が明らかになった。また、米国では21世紀の初めエネルギー企業エンロンと通信企業ワールドコムの会計不正などにより企業会計全体に不信感が広がり、2002年7月に米国では企業改革法（サーベンス・オクスレー法）が施行された。経営者による恣意的な粉飾決算（会計操作を含む）が問題となっている。簿外に巨額の損失や債務を移し、利益の過大計上を行うのが粉飾決算である。こうした粉飾決算とは逆に利益を過小表示する逆粉飾決算があるが、粉飾決算ほど問題とされていない。会計制度（会計基準や税法など）の活用によって利益の内部留保を進める逆粉飾決算は、会計制度に基づく収益の過少表示、費用の過大表示による利益の会計操作であるが、これが企業の内部留保を生むのである。

　20世紀末から日本では国際会計基準とのコンバージェンスないしアドプションが進行している。新会計基準は、世界的な会計不信が高まったことや英米の会計基準をもとにした国際会計基準への統合化の要請により進められてきた。新会計基準の特徴は「投資家のための会計」という点にあり、従来の収益費用アプローチから資産負債アプローチへの転換が図られてきている。企業活動では金融資産の割合が増大し、金融資産や負債の一部にも時価

主義がとられている。企業会計では、原価主義と時価主義とを採用する二元化が進んでいるのである。二元化のもとで粉飾決算、逆粉飾決算が行われる可能性があり、とりわけ逆粉飾決算のもとで内部留保が行われている。

本章では、第6章から第13章での新会計基準の導入による内部留保項目の検討を踏まえて、内部留保計算の全体をまとめその計算の様式を提案してみたい。

2 公表内部留保と実質内部留保

大企業は、利益を様々な形で内部留保しているが、内部留保は、企業が実現した利益のなかから企業内部に蓄積する公表内部留保と、隠れた利益の蓄積を含む実質内部留保に分けることができる。

公表内部留保は、利益分配後に内部留保された利益剰余金（利益準備金とその他利益剰余金）をいう。この公表内部留保概念については、どの論者も異論がなく一般に認められている。

もう一つの内部留保は、隠れた利益の蓄積を含む実質内部留保で広義の内部留保ともいわれる。実質内部留保は、上記の利益剰余金に加えて、資本剰余金、引当金（貸倒引当金、長期負債性引当金、退職給付引当金など）、特別法上の引当金・準備金および自己株式などから構成されるが、さらに資金性のない評価性利益留保として土地や有価証券の評価差額などもそれに加えることができる。減価償却累計額の過大償却部分と減損損失、資産除去債務などは理論的には内部留保とみることができるが、データとしての利用は困難であるので内部留保分析の対象からははずさざるをえない。さらに、以上の内部留保のほかにも、より広義の概念として、資金の内部留保をあげることができる。資金の内部留保は、その源泉が利益であるかどうかにかかわらず、企業内で資金として調達可能なものを最大限含むものと考えられる。利益の内部留保と資金の内部留保の線引きには難しい点もあるが、減価償却累計額や減損損失累計額などを資金の内部留保として見ることができる。財務省の「法人企業統計」では、資金の内部調達として内部留保や減価償却額が入れられ

ている。この資金の内部留保は経営分析をする上で重要な概念となる。

　つぎに法人税制との関連で内部留保を見ると、税金の優遇措置により大企業の内部留保は合法的に支えられていることがわかる。「税務統計から見た法人企業の実態」によれば、「益金処分」の金額に対する「社内留保」（正と負を合算した金額）の割合を資本金規模別に見ると、「資本金規模の大きい企業ほど税負担率が低く、安定した高い内部留保率を維持している状況が分析できる」（第5章）。また2007年税制改正における減価償却費については、「より加速的な償却ができる制度となったため、今後も減価償却費の過大部分を内部留保として捉えていくことが妥当といえる」（同上）。このように日本の法人税・租税特別措置法によって合法的に利益が内部留保されているのである。

3　内部留保の項目

　これまでの章の中で内部留保の各項目について検討してきたが、内部留保の各項目の内容を整理して、(1) 利益留保の項目、(2) 評価性利益留保の項目、(3) 資金留保の項目に区分し、内部留保分析の対象となる項目の全体像を提示したい。

(1) ▸ 利益留保の項目

①利益剰余金

　利益剰余金は「利益準備金」と「その他利益剰余金」から構成される。利益準備金は法定の準備金である。その他利益剰余金には、任意積立金と繰越利益剰余金がある。任意積立金は、株主総会の決議により任意に積立てられた利益留保額である。この任意積立金には、海外投資等損失準備金、特別償却準備金（「租税特別措置法」第52条の3）、固定資産圧縮積立金、配当平均積立金、新築積立金、災害損失積立金、特別な使用目的を設けずに留保した利益を示す別途積立金などがある。これらの積立てを行ったのちに繰越利益剰余

金が計上される。なかでも内部留保の厚い企業は別途積立金が多くなっている。

②資本剰余金

　2005年6月の国会で新会社法が成立し、同年7月に公布された法律の中で資本剰余金の規定は改訂された。資本剰余金には「資本準備金」と「その他資本剰余金」がある。「資本準備金」は、企業の財務活動を通じて証券市場から獲得したプレミアム的利益部分を積立てた法定準備金である。この資本準備金には、株式払込剰余金や合併差益、株式交換差益、新設分割差益、株式移転差益、吸収分割差益がある。資本準備金のなかで最も大きな部分を占める株式払込剰余金は、株主の払込金額のうち資本金に組み入れなかったプレミアム部分である。これは株式発行による財務活動を通じて獲得した実質的な利益であり、この利益を資本化したものである。これは株主の払込金額のうち株主が権利行使できない株式プレミアム部分[1]である。新会社法で資本準備金が取り崩されて配当原資となることが制度的に認められたことから見れば、資本準備金は利益の内部留保と変わらないものと考えることができる。

　もう一つの「その他資本剰余金」は会社法改正で新しく分配可能な剰余金として認められたものである。資本金及び資本準備金減少差益、自己株式処分差益などが含まれる。資本金及び資本準備金減少差益は、資本準備金の取り崩しによって生ずる剰余金である。自己株式の取得・売却処分により生じる自己株式処分差益は、取得した自己株式を売却し取得原価より高い価格で売却したときに生じる差益をいう。資本準備金と利益準備金の合計額が資本金の4分の1を超える場合には、資本準備金の取り崩しが可能となった。このため資本と利益の区分がなくなり、剰余金全体が分配可能となり資本準備金は利益準備金と同じ性格をもつものとなった。

　なお、国際会計基準やSEC基準では、従来から資本剰余金と利益剰余金を区別して開示することを要求していない。

　こうした点から、資本剰余金は実質内部留保の重要な構成部分をなすということができる。

③引当金

　実質内部留保を構成するもう一つの重要な構成部分が引当金である。内部留保となる引当金は貸倒引当金と長期負債性引当金である。

　貸倒引当金は、流動資産と投資その他の資産の控除項目として計上されている。貸倒引当金は、売上債権や貸付金などの債権のうちから、次期に貸倒れになるとの予測に基づいて、あらかじめ一定の割合（通常は税法基準）を貸倒引当金繰入（費用）として計上することを通じて設定される。しかし費用を計上した時点では貸倒れは発生していない。しかも、実際の貸倒れが発生するのは、貸倒引当金設定額の数パーセントにすぎない。したがって、内部留保分析論上では貸倒引当金はあくまでも見積りによって生み出される利益留保と見ることができる。

　長期負債性引当金は、固定負債の中で計上されるもので、製品保証引当金や修繕引当金、ポイント引当金などがある。これらも見積りによって長期に設定される利益留保である。たとえば、製品保証引当金は、販売した製品が次期以降の保証期間内に故障したり、リコールなどが生じた場合に保証する義務を負うのに対して、あらかじめ設定される引当金である。トヨタ自動車や三菱自動車などが車のリコールで巨額の保証をする場合もあるが、当該引当金の設定（予測）額に対する実際額は数パーセント程度しか発生しない。不確実な保証の見積りから生じる利益留保であると内部留保分析上は見ることができる。

　こうした点から貸倒引当金と長期負債性引当金は「無条件に留保利益の構成要素として算入されるべきである」（第6章）ということができる。

④退職給付引当金・退職給付に係る負債

　長期負債性引当金の中で、金額的にも多額となるものが退職給付引当金であるので、項を変えて見てみたい。

　1998年に「退職給付会計基準」が導入され、退職一時金と企業年金の両者を統一的に表示する基準へと変更された。「退職給付会計基準」のもとで新たに退職給付債務に時価評価を導入し、新しい会計処理方法を採用した。企業は、掛金を外部の基金に拠出し、この年金資産を運用し、ここから従業

員へ退職金・年金が給付されるという方式がとられた。退職給付債務の全額から企業外部に積立ててある年金資産の時価評価額を控除した差額が退職給付引当金として計上される。2012年の会計基準の改正で「退職給付引当金」は「退職給付に係る負債」と名称変更されたが、基本的な性格は変化していない。この退職給付引当金・退職給付に係る負債が内部留保に含まれるという根拠は、次の点にある。

①以前の退職給付引当金から退職給付に係る負債へと名称変更されたが、上で見た引当金と同じものであり、利益留保項目の一つと見ることができる。「多くの企業が多額の退職給付引当金を計上していますが、それは年金資産を追加的に積み増すのではなく『退職給付引当金』による内部留保を選択する場合が多いことを示すものと見なければなりません」(小栗・谷江［2010］)。

②また企業年金の受益権に対する労働者の法的保護が確立されていないかぎり、確定債務とはいえ、企業年金に対する労働者の権利の切り下げが行われることも多くなっている。つまり企業年金の受益権は、不確定債務の要素をもつといえる。最近の例では日本航空の例がある。日本航空の経営破綻に対する財務的支援に際して、在職者の年金を50％引き下げ、退職者で既受給者の年金を70％に引き下げることになった。しかも前述のように退職給付債務の現在価値の計算で割引率を用い、また年金資産運用における期待運用収益率、予定昇給率、退職率、死亡率など多くの見込みや不確定要素を前提に行われているので金額は不確かなものとなる。

なお、2012年の企業会計基準26号「退職給付に関する会計基準」では、IASの改訂に従い、基礎率の変動判断を企業に委ねる重要性基準から「即時認識」方式に変更した。このことにより実際にある厚生年金基金が解散に追い込まれるという事例も生じた。

③また年金資産の運用次第では、株価の上昇などにより積立過剰になる企業も出ている。このように退職給付引当金は必ずしも確定負債とはいえず、退職給付引当金繰入額（費用）は、その分だけ利益の縮小となり内部留保となる。つまり期末予測給付債務に対する退職給付支払額

の割合は、5.15％（トヨタ自動車、2009年3月期）でしかないのを見ても、実際の退職給付支払額が少ないことがわかる。

⑤特別法上の引当金・準備金

　一般の企業の引当金とは別に、特別の法律により引当金または準備金として計上が義務づけられるものがある。それが特別法上の引当金・準備金である。その事例として電力会社における引当金を見てみよう。

　電力会社が電気事業法（電気事業会計規則）に基づいて計上する特別法上の引当金として、原子力発電施設解体引当金（現在、資産除去債務）や使用済核燃料再処理引当金、渇水準備引当金などがある。たとえば原子力発電施設解体引当金は、特定原子力発電施設ごとに原子炉の運転を廃止するまで、解体全費用の見積りをし、積立限度額を算定した上で当該引当金として積立てなければならない。これは通産省令第30号で規定されている。この引当金は、2011年より資産除去債務の科目に引き継がれている。

　また使用済核燃料再処理引当金は、使用済み核燃料を再処理してプルトニウムを取り出し再利用するための処理費用である。日本では、まだ核燃料サイクルは技術的に完成しておらず、核燃料の再処理は青森県の六ケ所村（日本原燃）で行われるがまだ完成していない。核燃料再処理の費用などの原子力バックエンド費用は18兆円にのぼるとの試算（経済産業省）があるが、将来の巨額の費用を見込んで、引当金として計上されるものである。まだ支出はなく、決算時点では、多額の費用を計上することになり、その分利益の過小表示となることから、利益の内部留保と考えられる。

⑥自己株式

　最近、自社が自己株式を取得することによって自ら筆頭株主になる企業が増えている。自己株式の取得は資本控除説により、株主資本のマイナスとなり、あたかも内部留保が取り崩されたかのようであるが、その分利益が内部留保されていると見なければならない。自己株式は、余裕資金により取得される姿を変えた内部資金として捉えられる。この自己株式は市場で売却が可能であり、自己株式の売却により、帳簿価額と売却価額との差である自己株

式処分差益が生じ、これが「その他資本剰余金」となり、株主配当の原資ともなる。この自己株式処分差益は実質的には利益であり、「その他資本剰余金」に含められ、株主総会の決議により利益剰余金に振り替えることも可能になり内部留保となる。逆に「株価下落した際の処分は処分差損を生み出す」ことになり、その他の利益剰余金によって補塡される。この場合は内部留保の減少となることもある点には留意しておきたい。自己株式は、純資産の控除科目となっているが、「隠れた当座資金であり、潜在的な内部留保」であるといえる。

(2) ▶ 評価性利益留保の項目

⑦土地や有価証券の評価差額

　資産の含み益を大きく含んでいるものには土地や有価証券があるが、今日ではその一部に時価評価が適用されている。その評価差益は売却すれば換金できるものであり、実質内部留保と見ることができる。それらは繰延ヘッジ損益とともに「評価・換算差額等」の区分に表示されている。財務省の「法人企業統計」でも、この部分を留保利益としている。こうした部分を本書では評価性利益留保と呼んでいる。

　土地再評価差額金は、土地再評価法の適用によって生じたものである。土地再評価法は1998年3月に施行され、2001年6月に最終改正されたが時限立法として2002年3月まですべての事業用土地に対して1回かぎりの適用が認められた。土地再評価による時価評価差額である「土地再評価差額金」を純資産の部に直入し、利益剰余金の次に区分して掲記することとなっている。

　また有価証券は金融資産に含まれるが、売買目的有価証券やその他有価証券は時価評価が適用され、満期保有目的債券や子会社および関連会社株式は原価評価が行われる。売買目的有価証券の時価評価によって生じた評価損益は損益計算書に有価証券評価損益として計上されるが、その他有価証券の時価評価によって生じた「その他有価証券評価差額金」は原則として純資産の部に直入される。このような含み益を示す「土地再評価差額金」や「その他

有価証券評価差額金」などの「評価・換算差額等」には、実質内部留保に含まれるものとなる。ただし、そうした差額がマイナスとなり、内部留保を減少させる場合もあることに注意しなければならない。

⑧その他包括利益累計額

　個別貸借対照表では上記の土地再評価差額金やその他有価証券評価差額金は繰延ヘッジ損益とともに「評価・換算差額等」という区分に入れられているが、連結貸借対照表では、その区分名称は「その他包括利益累計額」となっており、土地再評価差額金やその他有価証券評価差額金の他にもいくつかの評価差額が「その他包括利益」という名称で表示されている。為替換算調整額や退職給付に係る調整累計額などが入るが、こうした項目も、評価性利益留保の項目として、連結ベースで内部留保分析をする場合には計算することが必要となる。

(3) ▶ 資金留保の項目

⑨減価償却累計額や減損損失累計額

　減価償却累計額の全額を内部留保と考える説と、その過大償却部分を内部留保と考える説があることはすでに見てきた通りである。内部留保論の観点からは、過大償却部分は利益の費用化による内部留保と見ることができる。この過大部分がどの程度であるかの計算には困難をともなうが、「一般的な目安として、減価償却の少なくとも20％あまりは過大償却として分析することができるであろう」（大橋［1994］187頁）といわれており、この過大償却部分を内部留保であるとすることができる。しかし、減価償却累計額のうちの過大償却分は制度改正等によっても変化し、数値で明らかにすることは困難であると考えられることから、内部留保分析論の観点からは、内部留保項目からは除かざるをえない。

　しかし、減価償却累計額は資金の留保であることは多くの論者が認めるところである。法人企業統計は内部資金が内部留保と減価償却からなるとしている。企業の分析を内部資金の点から分析することは非常に有効でもあるの

で、本書では最広義の内部留保である資金留保項目として、内部留保の計算に加えることとしたい。

　減損損失や資産除去債務についても同様である[2]。二つとも内部留保論から見れば利益留保と捉えることができるが、それをストックのデータとして把握することは困難であるので、やはり内部留保項目からは外さざるをえない。しかし、企業によっては減損損失累計額を表示している企業もあるので、その場合には減損損失累計額を減価償却累計額と同様に、本書では資金留保の項目として捉えたい。減損会計によって資金留保効果が生まれ、企業のV字回復効果に利用されると考えられるからである。

　以上のような①から⑨の項目が、利益留保、評価性利益留保、資金留保を構成するといえる。

4　内部留保計算書の提案

　上述のような項目によって内部留保分析をする場合、まず公表内部留保部分とそれを含む実質内部留保部分を区分することが必要である。その上で資金性のある利益留保部分（利益留保と呼ぶ）と資金の留保であることは明確な資金留保部分（資金留保と呼ぶ）、さらに評価から生じる資金性のない利益留保部分（評価性利益留保と呼ぶ）を区分して計算することによって、その企業の内部留保の全体像を明らかにすることができると考えられる。項目は財務諸表から抽出できるものに限定しているので、内部留保論から見れば内部留保であることが明確でも、内部留保分析として実際の分析において数値化可能なもののみを使用することとしたい。項目を区分して列挙すれば次のようなものとなる。

〈利益留保〉
　利益剰余金
　　利益準備金

その他利益剰余金
　資本剰余金
　　　資本準備金
　　　その他資本剰余金
　引当金
　　　貸倒引当金
　　　長期負債性引当金
　　　退職給付引当金
　特別法上の引当金・準備金
　自己株式
〈評価性利益留保〉
　　土地再評価差額金
　　その他有価証券評価差額金
　　その他包括利益
〈資金留保〉
　　減価償却累計額
　　減損損失累計額

　以上の項目を一つの様式にして内部留保計算書という形でまとめたものが次の図表14-1である。
　公表内部留保は利益剰余金そのものなので特に小計を入れていないが、利益留保の小計、評価性利益留保の小計、実質内部留保の合計、資金留保の小計、最広義の内部留保の合計は計算書の各段階で計算する形となっている。この計算様式を基本としてこれを各企業の状況に対応しうるように加工して作成することが必要となる。計算書の作り方としては、貸借対照表・連結貸借対照表から内部留保項目の数値を選び出して、カッコ内に記入していくことが基本となる。
　内部留保計算書の項目についてはさらに細かく表示をしてもよい。たとえば、利益剰余金の内訳となるその他利益剰余金を任意積立金と繰越利益剰余金に細分して表示するというようなことである。引当金も、貸倒引当金を短

図表14-1 内部留保計算書

公表内部留保	〈利益留保〉		
	利益剰余金	( )	
	利益準備金	( )	
	その他利益剰余金	( )	
実質内部留保	資本剰余金	( )	
	資本準備金	( )	
	その他資本剰余金	( )	
	引当金	( )	
	貸倒引当金	( )	
	負債性引当金	( )	
	退職給付引当金	( )	
	特別法上の引当金・準備金	( )	
	自己株式	( )	
	利益留保の小計		( )
	〈評価性利益留保〉		
	土地再評価差額金	( )	
	その他有価証券評価差額金	( )	
	その他包括利益	( )	
	評価性利益留保の小計		( )
	実質内部留保の合計		( )
	〈資金留保〉		
	減価償却累計額	( )	
	減損損失累計額	( )	
	資金留保の小計		( )
	最広義の内部留保の合計		( )

期と長期に分けたり、長期負債性引当金を個別に列挙したりすることも可能である。その他包括利益なども場合によっては細分することも考えられる。

　それらを小計、合計した上で、資産合計と比較して、その企業の内部留保の占める割合を計算するなどして、活用していただきたい。

【注】

1　大橋英五［1994］99頁。
2　品田［2004］。

【主要参考文献】

大橋英五［1994］『現代企業と経営分析』大月書店。
小栗崇資・谷江武士編著［2010］『内部留保の経営分析——過剰蓄積の実態と活用』学習の友社。
会計理論学会2009年度スタディ・グループ［2010］「経営分析の現代的課題——内部留保を中心に」(中間報告)。
会計理論学会2010年度スタディ・グループ［2011］「経営分析の現代的課題——内部留保を中心に」(最終報告)。
角瀬保雄［2003］「米国型『株式資本主義』の破綻と企業会計」『経済』2003年1月号。
『国際財務報告基準(IFRS)』2009年版、2010年版、2011年版、2012年版、中央経済社。
品田［2004］「研究ノート、減損会計導入、特に戻入れについて——IAS、FASB規定との比較を主として」『東京情報大学研究論集』VOL.7, No.2。

第3部
現代的課題
内部留保の実態と活用

第 15 章

内部留保の現段階とその活用

1 膨大な内部留保の蓄積

　すでに第1章において内部留保の定義と分析上での課題について論じたが、それを踏まえた上で本章では日本における内部留保の現段階とその活用について検討してみたい。分析対象を21世紀に入ってからの大企業における内部留保とし、財務省の「法人企業統計」を使って分析することとする。
　「法人企業統計」は企業規模を資本金額によって分類しており、1,000万円未満、1,000万円以上1億円未満、1億円以上10億円未満、10億円以上の四つに区分している。10億円未満は一定の基準で抽出した標本調査による推計であるが、10億円以上は全企業を対象とした全数調査であるので、その意味では統計には大企業のリアルな実態が示されていると考えられることから、資本金10億円以上の大企業を分析対象としたい[1]。
　図表15-1は、約5,000社の大企業（全産業、資本金10億円以上）の主要な財務諸表項目や関連数値などの2001年度から2012年度までの推移を示したものである（財務省「法人企業統計年報」各年度版から作成）。日本企業は2002年度から2007年度までの6期にわたって連続で最高益を更新してきた。しかし2008年度には、一転して2008年末のリーマンショックによる金融恐慌の勃発で、世界同時不況の直撃を受ける形となった。したがって2007年度まで数値の増加が続いた後、2008年度はほとんどの数値が減少している。そし

図表15-1 大企業(資本金10億円以上、全産業約5,500社)の内部留保と主要項目の推移(単位:兆円)

主要項目・関連項目	2001年	2002年	2003年	2004年	2005年
流動資産	223.0	213.3	218.9	228.1	242.4
現金・預金	37.4	35.7	37.7	38.9	37.8
売上債権	94.3	89.5	90.6	94.9	100.6
有価証券	7.6	6.8	6.3	6.5	7.2
固定資産	368.0	357.0	366.5	374.5	387.7
有形固定資産	217.9	212.3	209.3	208.3	205.9
無形固定資産	9.7	9.8	11.0	11.1	11.5
投資その他の資産	140.3	134.9	146.2	155.1	170.4
投資有価証券	86.8	82.1	95.5	103.5	119.1
株式	79.2	75.2	88.7	95.7	110.4
公社債	5.0	4.5	4.2	4.7	5.1
その他の有価証券	2.5	2.4	2.6	3.1	3.6
資産合計	591.4	571.0	585.8	603.1	630.5
流動負債	212.8	201.5	200.0	204.0	212.8
固定負債	184.7	176.8	176.2	173.4	170.7
引当金・準備金	29.8	27.7	27.1	26.6	25.0
純資産(資本)	193.6	192.4	209.4	225.4	246.8
資本金	55.6	56.3	57.1	58.6	59.1
資本剰余金	53.3	51.3	58.1	56.1	58.7
資本準備金	47.1	45.2	47.1	50.7	51.5
その他資本剰余金	6.2	6.2	11.0	5.4	7.2
利益剰余金	84.7	84.7	94.3	106.1	117.8
利益準備金	6.0	5.4	5.2	5.1	5.2
その他利益剰余金	78.7	79.3	89.1	100.9	112.6
自己株式	—	—	—	4.9	7.5
その他	—	—	—	9.6	18.6
負債・資本合計	591.4	571.0	585.8	603.1	630.5
当期純利益	▲2.5	4.2	8.7	9.6	15.9
役員給与・賞与(億円)	8,240	9,733	9,450	12,668	15,454
配当金	3.1	4.1	5.1	5.3	8.6
従業員給付	52.0	50.2	49.9	49.1	48.5
労働分配率	62.9%	60.0%	58.1%	55.3%	53.8%
従業員数(人)	6,810,483	6,850,810	6,749,110	6,775,812	6,743,324
従業員1人当たり給付(万円)	764	733	739	725	719
公表内部留保(狭義)	84.7	84.7	94.3	106.1	117.8
実質内部留保(広義)	167.8	163.7	179.5	198.4	220.1

(出所) 財務省・財務総合政策研究所『法人企業統計年報』より作成。

て2009年度には再び上昇に転じ、リーマンショックからの急速な回復を見せて今日に至っている。図表15-1では、2012年度までの変化を見るために、2001年度から2012年度への伸び率を表示している。

内部留保については、表の下の部分に公表(狭義)内部留保と実質(広義)内

2006年	2007年	2008年	2009年	2010年	2011年	2012年	01対12年
256.9	261.7	252.1	257.6	263.0	274.4	272.8	122.3%
37.5	31.5	35.6	40.9	45.8	44.5	46.3	123.8%
109.8	110.1	89.1	92.3	90.7	97.1	93.9	99.6%
7.8	11.6	12.6	13.7	13.4	14.3	14.8	194.7%
399.9	400.8	415.1	441.4	448.0	453.7	463.5	126.0%
208.8	209.2	197.1	197.3	197.2	195.4	192.5	88.3%
11.4	12.0	10.7	11.0	11.3	11.0	10.8	111.3%
179.5	179.6	207.3	233.1	239.6	247.3	260.2	185.4%
127.0	124.0	143.9	169.8	177.4	183.1	194.6	224.2%
117.7	114.8	136.1	161.4	167.2	173.1	184.7	223.2%
5.3	5.3	4.2	4.3	5.7	5.6	5.3	106.0%
4.0	3.9	3.6	4.1	4.5	4.4	4.6	184.0%
657.2	662.8	667.5	699.4	723.9	728.3	748.1	126.5%
223.8	228.6	211.8	209.2	212.0	224.5	224.8	105.6%
174.5	173.2	183.0	193.5	194.3	195.8	196.6	106.4%
24.5	23.4	23.2	26.3	26.0	25.9	33.2	111.4%
258.6	260.9	272.6	296.5	297.7	307.8	314.6	162.5%
59.8	60.0	67.6	75.0	75.4	75.1	75.5	135.8%
60.5	64.4	80.7	90.8	93.4	95.2	96.1	180.3%
52.8	55.8	65.7	73.9	73.7	74.0	74.8	158.8%
7.6	8.7	15.0	16.9	19.7	21.2	21.3	343.5%
128.3	135.7	133.2	135.9	141.3	141.3	142.8	168.6%
5.5	5.5	5.3	5.2	5.3	5.3	4.9	81.6%
122.7	130.1	127.9	130.7	136.0	136.0	137.9	175.2%
9.4	11.2	13.2	13.0	12.4	11.6	11.6	
19.5	11.9	4.3	7.7	6.9	8.0	11.6	
657.2	662.8	667.5	699.4	723.9	728.3	748.1	126.5%
19.7	17.6	4.0	7.2	12.3	10.9	13.0	
9,309	10,145	8,826	8,322	8,483	8,453	8,237	100.0%
12.0	10.3	9.1	7.0	7.4	8.7	10.6	341.9%
48.5	49.2	49.7	51.2	51.2	51.4	49.9	96.0%
52.3%	51.8%	80.2%	63.8%	57.0%	60.6%	59.5%	
6,822,199	6,971,894	7,257,213	7,664,567	7,503,199	7,572,367	7,280,781	106.9%
711	706	685	668	682	679	686	89.8%
128.3	135.7	133.2	135.9	141.3	141.3	142.8	168.6%
232.8	235.4	241.4	260.7	267.6	270.4	283.7	169.1%

部留保を計算してある。公表（狭義）内部留保となるのは、公表利益の蓄積分である「利益剰余金」である。実質（広義）内部留保となるのは、「利益剰余金」に他の様々な項目に隠された実質利益の蓄積分を加えたものであり、「利益剰余金＋資本剰余金＋引当金・準備金＋その他」によって算出している。法人企業統計の考える内部留保との違いは、本章では資本準備金まで加えてい

る点および自己株式を控除していない点であり、その他の項目は法人企業統計と同じものを内部留保としている(その根拠については第1章参照)。

　内部留保がピークに達する2012年度までを見てみよう。公表内部留保は2001年度の84.7兆円から2012年度の142.8兆円に増大しており、実質内部留保も167.8兆円から283.7兆円に激増している。資産合計の倍率126.5%にたいして、公表内部留保の倍率は168.6%、実質内部留保の倍率は169.1%と、いずれも資産合計の倍率を大きく上回っている。特に内部留保の中心となるその他利益剰余金の伸びが175.2%と著しく、この12年間に内部留保が飛躍的に進んだことがわかる。

　リーマンショックによる世界同時不況も内部留保にはほとんど影響を与えていないことが表からは明らかである。2008年度前後の内部留保の変化を見てみると、公表(狭義)では2007年度135.7兆円から2008年度に133.2兆円へ2.5兆円減少しているが、2009年度には135.9兆円に回復し2012年度には142.8兆円にまで増加している。他方、実質(広義)では、減少することなく235.4兆円から2008年度には241.4兆円と増加し、2012年度には283.7兆円へと大幅に増大しているのである。巨額の内部留保によって世界同時不況の衝撃を吸収してもなお余りある状態にあり、それを克服してさらに増加の状態にあるということができる[2]。このように全産業レベルで見ると、大企業においては金融危機後も依然として巨額の内部留保が維持されており、内部留保はなお増加の一途をたどっているといわねばならない。

　2012年度の公表内部留保142.8兆円は、同年の名目GDP(国内総生産)470.6兆円の約3割に匹敵し、実質内部留保283.7兆円はGDPの約6割近くに達するほどの巨額なものとなっている。このような大企業における公表内部留保、実質内部留保の巨額な存在を日本経済においてどのように位置づけるべきかは重要なテーマとならざるをえない。

2　過去最高となる蓄積状態

　21世紀に入って以降の内部留保の増加は、過去との比較でどのような段

図表15-2 利益剰余金の総資産に占める割合（単位：兆円）

	1971年	1972年	1973年	1974年	1975年	1976年	1977年	1978年	1979年	1980年
利益剰余金	3.9	6.4	7.8	8.7	8.8	9.6	10.9	12.5	14.7	17.9
総資産に占める割合	8.9%	7.0%	6.7%	6.4%	6.0%	6.1%	6.7%	7.3%	7.6%	8.6%
	1981年	1982年	1983年	1984年	1985年	1986年	1987年	1988年	1989年	1990年
利益剰余金	19.8	22.7	25.9	29.3	33.3	36.2	40.0	45.9	53.2	60.3
総資産に占める割合	8.7%	9.7%	10.4%	10.8%	11.4%	12.0%	12.1%	11.8%	11.7%	12.0%
	1991年	1992年	1993年	1994年	1995年	1996年	1997年	1998年	1999年	2000年
利益剰余金	65.8	68.1	69.0	71.0	73.9	77.5	78.8	79.5	85.5	88.0
総資産に占める割合	12.3%	12.6%	12.9%	13.0%	13.2%	13.6%	13.7%	14.0%	14.7%	14.7%
	2001年	2002年	2003年	2004年	2005年	2006年	2007年	2008年	2009年	2010年
利益剰余金	84.7	84.7	94.3	106.1	117.8	128.3	135.7	133.2	135.9	141.3
総資産に占める割合	14.3%	14.8%	16.1%	17.6%	18.7%	19.5%	20.5%	20.0%	19.4%	19.5%

（出所）図表15-1に同じ。

階にあるのであろうか。公表内部留保（利益剰余金）が総資産に占める割合を金額の推移とともに見てみよう（図表15-2）。

図表15-2に基づき、総資産に占める割合の変化を各年代で見てみると次のようになる。

　　1970年代（1971～1980年）　0.3ポイントの減少（8.9%→8.6%）
　　1980年代（1981～1990年）　3.3ポイントの増加（8.7%→12.0%）
　　1990年代（1991～2000年）　2.4ポイントの増加（12.3%→14.7%）
　　2000年代（2001～2010年）　5.2ポイントの増加（14.3%→19.5%）

　1970年代は高度成長からオイルショックを通じて急激な低成長へとブレーキがかかった時期であり、内部留保の割合は8.9%から8.6%へと0.3ポイント減少している。特に1975年度には割合は6.0%にまで低下しており、景気低迷の中で内部留保が大幅に取り崩されていることがわかる。1980年代は一転して好景気となり後半にはバブルが隆盛となった時期であるが、内部留保の割合は8.7%から12.0%へと3.3ポイントと大幅に増加している。バブル期の1987年度にはピークを迎え12.1%に達している。それに対して1990年代はバブル崩壊後の不況に突入した時期であり、増加率は他の期と比べて低くなっている。バブル崩壊直後の数年間の割合は12%台にとどまり、後半になってやや上昇する形で2.4ポイントの増となっている。大幅な増加となったのは今日の2000年代である。割合は14.3%から19.5%へと5.2

図表15-3 連結利益剰余金(2012年)の上位10社(単位:百万円)

会社名	内部留保
トヨタ自動車	12,689,206
三菱UFJフィナンシャル・グル	6,267,976
本田技研工業	6,043,209
日本電信電話	5,229,407
NTTドコモ	4,117,073
三菱商事	3,607,989
日産自動車	3,254,206
キヤノン	3,200,639
三井住友フィナンシャルグループ	2,811,474
三井物産	2,474,661
10社合計	49,695,840

(出所) 日経 Financial Quest より作成。

ポイントも増加している。2007年度には20%を超え20.1%に達したが、その直後のリーマンショックによってやや低下し、その後再び上昇に転じた状態にある。

このように比較してみると、2000年代は1980年代のバブル期の3.3ポイント増を大きく上回る過去最高の5.2ポイント増となり、内部留保の大幅増加の時期であったということができる。

ところで内部留保を分析する上で法人企業統計上の弱点も存在する。というのは法人企業統計は個別企業のデータを集計したものであって、企業グループのデータは調査の対象となっていないからである。大企業のほとんどは個別企業ではなく親会社を中心とした企業グループを形成しており、特に資本金10億円以上の大企業の実態を分析する上では個別会計ではなく連結会計に基づく企業グループとしてのデータの収集が不可欠となる。

連結会計が義務づけられているのは金融商品取引法の対象となる金商法開示会社約5,000社(上場会社約3,600社を含む)であるが、法人企業統計での資本金10億円以上の会社数とほぼ一致する。そうした大企業の内部留保は連結会計のデータの中で示されるはずであるが、それは法人企業統計には反映されていない。それを把握するには、法人企業統計とは別に上場会社等の1社ごとの有価証券報告書からデータを集計する作業を行わねばならない。企業グループの内部留保は連結会計上の連結利益剰余金に示されるはずである。連結利益剰余金は企業グループの公表内部留保であり、その数値こそより実

図表15-4 上場会社の連結利益剰余金(単位:兆円)

順　位	連結利益剰余金
上位150社	143.2
151〜　500社	44.1
501〜1,000社	18.9
1,001〜3,429社	13.0
合　計	219.2

(出所) 図表15-3に同じ。

態に近い利益の蓄積状況を表すものと考えられる。

　図表15-3は日経データから集計した連結利益剰余金(2012年)の上位10社を示したものである。この10社だけですでに49.7兆円に達している。

　さらに筆者は上場会社の約3,500社の連結利益剰余金の集計作業を試みた結果、図表15-4のような結果を得た。このデータは連結利益剰余金(2012年)を上位から順に並べて集計したものである。

　上場会社上位150社までの連結利益剰余金の合計だけで143.2兆円となり、法人企業統計約5,000社の個別企業の内部留保(利益剰余金)141.3兆円を凌駕するものとなっていることがわかる。そして約3,500社の連結内部留保(連結利益剰余金)は219.2兆円に達し、5,000社の個別内部留保を大きく超過している。金商法が適用される上場会社の連結内部留保(連結利益剰余金)は個別内部留保をはるかに上回る金額に達しているのである。法人企業統計では捕捉されることなく、企業グループの連結利益剰余金は隠れた形で巨額の内部留保として存在しているのである。

3　内部留保の使途

　21世紀に入って急激に増加した内部留保であるが、それはどのような使途のもとにあるのであろうか。資本主義においては、資本(企業)は競争の中で剰余価値を資本に再転化(資本蓄積)することを迫られるが、それは会計的に見れば有形固定資産への設備投資となって現れる。そうした設備投資によりさらに企業を拡大しようとするのが本来の内部留保(資本蓄積)のあり方で

あろう。企業にはこうした企業を拡大していくための内部留保が必要とされることは言うまでもない。

基本的には資本蓄積はこのような生産過程への継続的・拡大的な追加資本としての投下を意味するが、今日では資本は生産過程において生産資本として投下されるだけではなく、利子生み資本や擬制資本などへの金融投資として投下される度合が高まっている。第1章で述べたように、現代では蓄積された資本は、生産的に充用されることなく非生産的な資本として金融資本主義を加速させる方向へと投下される傾向にある。それは生産の観点から見れば過剰な資本蓄積である。

生産的な投資は会計的には有形固定資産に現れ、非生産的な投資となる金融投資は会計的には流動資産中の現金預金および有価証券と固定資産中の投資有価証券に現れる。その金額と割合によって、資本蓄積（内部留保）がどのように使われているかを知ることができる。ただし法人企業統計では投資有価証券の中に子会社投資が混在していることに留意しておきたい。子会社投資は、子会社での設備投資を生み出す場合には生産的な投資と見ることもできるが、子会社からの配当金に依存するという意味で金融投資と見ることができる。また金融やリースを営む金融子会社が形成される場合も想定される。ここでは子会社投資も金融投資の一部と考えて扱うことにしたい。

こうした点に留意した上で、日本経済の発展過程における設備投資（有形固定資産）と子会社投資を含む金融投資（現金預金＋有価証券＋投資有価証券）の金額および総資産中の割合を見てみよう。

図表15-5は1975年から5年ごとの設備投資と金融投資の金額およびそれらが総資産に占める割合を示したものであり、最後に2012年のデータも加えている。

1975年から37年間にわたる日本経済の発展の中で設備投資も金融投資も金額的に飛躍的に伸びていることがわかる。問題は伸び方の違いである。設備投資は金額的には2000年度の215.7兆円をピークに2000年代には下がってきており、総資産に占める割合では1995年度の36.1％および2000年度の36.0％を頂点としてその後低下してきている。一方。金融投資は1975年度には28.8兆円の少額なものであったが、その後、急激に伸び続け、2010年

図表15-5 設備投資と金融投資の金額および総資産に占める割合（単位：兆円）

	1975年	1980年	1985年	1990年	1995年	2000年	2005年	2010年	2012年
有形固定資産	40.2	58.9	95.8	149.3	202.3	215.7	205.9	197.2	192.5
総資産に占める割合	27.5%	28.2%	32.7%	29.7%	36.1%	36.0%	32.7%	27.7%	25.7%
金融投資	28.8	41.6	58.9	121.8	119.6	135.3	164.1	236.6	255.7
現預金	16.7	21.4	29.7	60.0	43.3	37.7	37.8	45.8	46.3
有価証券	4.0	8.6	12.0	22.2	26.1	11.2	7.2	13.4	14.8
投資有価証券	8.1	11.6	17.2	39.6	50.2	86.4	119.1	177.4	194.6
総資産に占める割合	19.7%	19.9%	20.0%	24.2%	21.3%	22.6%	26.0%	33.3%	34.2%

（出所）図表15-1に同じ。

度には236.6兆円となり、金額においても総資産に占める割合においても設備投資を上回る段階まで達している。

　本章が主たる分析対象とする2001年から2012年までの変化を図表15-5のような5年刻みでなく図表15-1を参照して見てみると、子会社投資を含む金融投資は2001年度の131.8兆円が2012年度には194.0％の255.7兆円となり、12年間に金融投資は123.9兆円も増加していることがわかる。他方、設備投資（有形固定資産）は2001年度の217.9兆円から2012年度には88.3％の192.5兆円へと25.4兆円も減少している。2001年度の設備投資217.9兆円は過去最高の金額であるが、頂点に達した後、その後の2000年代には減少し続けているのである。他方、金融投資は急激に増加し2009年度には224.4兆円に達し、設備投資の197.3兆円を超える状態となっている。2009年度は設備投資と金融投資の逆転が生じる画期となっているのである。

　12年間の子会社投資を含む金融投資の増加123.9兆円の多くは内部留保から生まれていると見ることができる。2001年度から2012年度の間に公表内部留保は58.1兆円、実質内部留保は115.9兆円増加しているが、123.9兆円の金融投資増加分には公表内部留保にとどまらず実質内部留保のすべてが注ぎ込まれていると言ってよい。

　財界はこれまで「内部留保は生産設備などに使われており、現金に換えることはほとんど不可能」（日本経団連代表の国会発言）という発言に見られるように、内部留保は設備投資等の企業の発展に使われてきたとしているのであるが、2000年代の動向を見れば、その発言には何らの根拠もないと言わざるをえない。設備投資が減る一方、設備投資でなくもっぱら金融投資に傾倒

しているのが実態である。

さらに改正商法およびその後の会社法で容認された自社株買いにも資金は投下されており、この9年間で自己株式は一挙に増加し2012年度には11.6兆円にも達している。その結果、自社が筆頭株主となった上場企業は192社となり、自社が10位以内に入る企業は上場企業の4割近くになっている（2012年度）。自社株買いは、ROE（株主資本利益率）を上げることで株価を高める効果をもち、それにより売却益を出したりM&Aの資金として運用されるなど、企業の錬金術として使われようとしているのである[3]。

こうした点を見れば、莫大な内部留保は生産的な使われ方ではなく、マネーゲームを中心とする株主資本主義あるいは金融資本主義を助長するような使われ方がなされていると言わねばならない。

4　人件費削減と法人税減税による内部留保

その点で21世紀に入って以降の内部留保がなぜ急激な増加をみたかを分析することが重要となる。

それではそうした内部留保の拡大はどのようにして生まれたのであろうか。内部留保激増の主要な要因の一つは、自動車や電機製品などの売上げの増加とともに人件費の大幅な削減にあると考えられる。2001年度から2012年度にかけて、他の数値の多くが増加しているにもかかわらず、従業員給付（従業員給与と福利厚生費の合計額）は52.0兆円から49.9兆円へと低下し96.0％となっている（図表15-1参照）。特に2005年度、2006年度は従業員給付が最低の48.5兆円となり93.3％にまで落ち込んでいる。その後、好調を誇る企業が従業員を増加させる中で従業員給付もやや上昇していくが、2001年度の金額に戻るには至っていない。何よりも従業員1人当たり給付の推移を見ると、従業員給付の低下は歴然である。2001年度に764万円であった給付は連続して低下し続け、2009年度には最低の668万円にまで減少しているのである（倍率で見ると87.4％）。2012年度の段階でも686万円と低迷している。

その一方で、大企業は輸出や海外進出によって収益を拡大しつつ、人件費

を抑制することで、この間、史上最高益を生み出してきた。総務省の「労働力調査」によれば1999年から2007年にかけて、正社員156万人減にたいして派遣・契約社員は157万人増となっている。正社員のリストラの穴埋めを派遣・契約社員で補うことで、人件費を削減し、それを利益の源泉としてきたことは明らかである[4]。

　人件費の削減はどの程度、利益の創出と内部留保の増大にかかわっているのであろうか。好景気の中で従業員の雇用と賃金は増加してしかるべきであるのに、逆に人件費削減によりその分が利益に転化した額を合計することでそれを計算できる。売上に比例して総労働量は増えているはずであるのに、労働者への分配は減らされていると推定されるからである。労働分配率が2001年62.9％から2012年の59.5％にかけて3.4ポイント低下している点にもそれは現れている（2007年度には労働分配率は51.8％にまで低下している）。

　2001年度の従業員給付52.0兆円を基準に、伸び率ゼロで毎期、同額が支払われるとした場合、実際の支払い分と支払われなかった分の2012年度までの差額合計として23.2兆円を算定することができる。これは従業員給付が2001年度並みに毎期52.0兆円支払われると仮定した場合、実際の従業員給付との差額を計算することで導き出される。たとえば、2002年度は「52.0兆円－50.2兆円＝1.8兆円」と計算される。同じように計算すると、2003年度2.1兆円、04年度2.9兆円、05年度3.5兆円、06年度3.5兆円、07年度2.8兆円、08年度2.3兆円、09年度0.8兆円、10年度0.8兆円、11年度0.6兆円、12年度2.1兆円となり計23.2兆円となる。つまり、この23.2兆円が従業員に支払われず利益に転化したことになる。売上の増大に対し、人件費（従業員給付）を削減することでより多くの利益を大企業は稼得したといえる。

　次に、2012年度までに、従業員給付が、総資産と同じ倍率126.5％に達するまで毎期均等に上昇していったと仮定した場合（配当や役員賞与の伸び率による算定も考えられるが）はどうであろうか。2012年度に126.5％に達するとすれば、従業員給付は65.8兆円（52.0兆円×1.265）となり、52.0兆円から13.8兆円増えることになる。これに先ほどの23.2兆円を加えると、総資産と同じ倍率に上昇した場合の差額合計は37.0兆円と計算される。

　すなわち、給付されてしかるべきものが支払われずに内部留保に転化した

金額が、23.2兆円から37.0兆円までの幅で推定されるのである。それにたいして、公表内部留保である利益剰余金は84.7兆円(2001年度)から142.8兆円(2012年度)に58.1兆円増加しているので、利益剰余金増加分に占める人件費からの転化割合は、23.2兆円では40.0%、37.0兆円では63.7%にもなる。したがって計算結果から見ると、利益剰余金の増加分の4割から6割強は人件費(従業員給付)の削減累計分から生まれているということができるのである。その一方で、配当金は341.9%の増加となっており、株主への分配は急増している。分配の対象が大きく変化しているのである。

内部留保激増のもう一つの要因は、法人税率の引き下げによる法人税減税にあると考えられる。日本の法人税率は1984年の43.3%をピークに下がり続け、1990年37.5%、1998年34.5%、1999年30.0%、2012年25.5%、2015年23.9%にまで至っている。こうした法人税率の引き下げは、消費税の導入および消費増税と一体となって進められている。89年の消費税導入、97年の消費増税(3%から5%)、14年の消費増税(5%から8%)に際して、それと前後するように法人税の引き下げが行われているのである。

本章が分析対象とする2001年から2012年の期間をとって見ると、01年の直前にそれまで37.5%であった税率が消費増税を機に98年、99年と連続で引き下げられ、01年から11年までは30.0%となり、12年には25.5%となっている。これに住民税、事業税を加えた実効税率(東京)で見ると、97年までは49.98%であったのが01年から11年までは40.86%、12年には35.64%となっているということができる。

仮に、法人税率の引き下げがなされなかったと想定すると、01年から11年までの法人税、住民税及び事業税(以下、法人3税)は、実際の支払額より1.223倍多くなり(49.98／40.86＝1.223)、また12年は実際の支払額よりも1.402倍多くなるはずである(49.98／35.64＝1.402)。法人企業統計における法人3税の実際額をもとに、実効税率が49.98%であった場合と実際額との減税相当分である差額を計算すると、図表15-6のようになる。

図表から、49.98%との差額を計算すると、その合計額は20.4兆円になる。つまり、実際の法人税支払額は85.2兆円であったが、法人税率の引き下げによって01年から12年の間に法人税を支払わずにすんだ分が20.4兆円も創

図表15-6 法人3税の減税相当分（単位：兆円）

	2001年	2002年	2003年	2004年	2005年	2006年	2007年
法人3税(実際額)	1.6	6.1	7.5	7.9	9.5	9.8	10.5
49.98%との差額	0.4	1.4	1.7	1.8	2.1	2.2	2.3

	2008年	2009年	2010年	2011年	2012年	合計額
法人3税(実際額)	6.6	5.6	6.4	6.5	7.2	85.2
49.98%との差額	1.5	1.2	1.4	1.4	3.0	20.4

(出所) 図表15-1に同じ。

出されたのである。その分が税にまわらずに利益として留保されたと考えられる。その間の利益剰余金の増加額は58.1兆円であるので、そのうちの35.1%に当たる20.4兆円は法人税減税から生まれたと見ることができる。法人税減税分は結果的に、企業の設備投資のような生産的投資にまわるのではなく、その分のほとんどが内部留保にまわってしまったといわねばならない。この間、法人減税を穴埋めするかのように消費増税が行われているが、結局は大企業の内部留保の積み増しを国民の税金で支える形になっているのである。

このように人件費の削減分と法人税の減税分が内部留保に回っており、その二つを合計すると43.6兆円から57.4兆円にも上ることが分かる。最大値となる57.4兆円について見れば、人件費削減と法人税減税の合計分だけで利益剰余金の増加分58.1兆円の98.8%にも達することになるのである。

以上のように、この間の内部留保の激増は、人件費削減と法人税減税を要因とするものであることは明白である。まさに労働者と国民の犠牲の上に築かれた内部留保であると言わねばならない。

5 巨額な換金性資産の存在

それではこうした内部留保の活用は可能であろうか。内部留保を雇用に活用すべきであるとの声に対して、企業側は「自由に使える現預金とは違う」として、内部留保の取り崩しに拒絶反応を示すばかりである。労働者と国民

に一方的に犠牲を強いることで得た内部留保であるのに、経済危機を理由にその活用を拒否する態度は、大企業の社会的存在意義を損なうものといわねばならない。もちろん内部留保といっても、その多くが様々な資産に形を変えており、その全額を活用することは不可能である。しかし、その中には現金・預金をはじめ換金可能な資産も含まれており、その一部の活用を考えることは可能である[5]。

　会計学的に見れば、内部留保は貸方側の問題であり、活用は借方側の問題であることはいうまでもない。しかし、それをもって内部留保と活用問題とが無関係であると論じることはできない。法人企業統計がそれを内部資金として捉えているように、貸方側の内部留保を借方側の資金として捉えることは可能である。資金としてどう運用されているかの分析はすでに法人企業統計において行われてきているからである。また、利益の留保分は主として貸方側の純資産に入る形となるが、利益の中核となる実現利益はこれまで分配可能な資金的裏づけをもつものとして論じられてきており、ほとんどの留保利益は借方側で様々な資産として運用されていると考えることができるのである。

　そこで本章では、借方側の資産項目の中から、資金として運用可能な資産を活用可能資産と捉えて計算してみることとする。換金可能な資産がそれに相当するものと考え、そうした換金可能な資産を「換金性資産」と呼ぶこととしたい。換金性のある資産として、会計学上では一般に流動資産や当座資産などがあげられるが、売上債権や棚卸資産は営業活動上の運転資金として必要なものであるので、ここでいう換金性資産からは除き、比較的自由に活用できる換金可能(売却可能)な資産を換金性資産としたい。それらは主として金融資産である。

　図表15-6には、換金性資産についての計算を示してある。図表では、現金・預金、有価証券(流動資産)、公社債(固定資産)、その他の有価証券(固定資産)、自己株式を合計したものを基本的に換金性資産としている。自己株式は資産として扱われていないが、処分(売却)により現金化できることから換金性資産に加えている。

　株式の中には、子会社・関連会社株式と純粋の投資部分の二つの部分があ

図表15-7 大企業(資本金10億円以上、全産業約5,500社)の換金性資産の推移(単位：兆円)

主要項目・関連項目	2001年	2002年	2003年	2004年	2005年	2006年	2007年
現金・預金	37.4	35.7	37.7	38.9	37.8	37.5	31.5
有価証券	7.6	6.8	6.3	6.5	7.2	7.8	11.6
株式(子会社株式＋投資株式)	79.2	75.2	88.7	95.7	110.4	117.7	114.8
公社債	5	4.5	4.2	4.7	5.1	5.3	5.3
その他の有価証券	2.5	2.4	2.6	3.1	3.6	4	3.9
自己株式	—	—	—	4.9	7.5	9.4	11.2
内部留保(狭義)	84.7	84.7	94.3	106.1	117.8	128.3	135.7
内部留保(広義)	167.8	163.7	179.5	198.4	220.1	232.8	235.4
換金性資産	52.5	49.4	50.8	58.1	61.2	64	63.5
内部留保(狭義)に占める割合	62.0%	58.3%	53.9%	54.8%	52.0%	50.0%	46.8%
換金性資産(推計)	68.3	64.4	68.5	77.2	83.3	87.5	86.5
内部留保(狭義)に占める割合	80.6%	76.0%	72.6%	72.8%	70.7%	68.2%	63.7%

主要項目・関連項目	2008年	2009年	2010年	2011年	2012年	01対12年
現金・預金	35.6	40.9	45.8	44.5	46.3	123.8%
有価証券	12.6	13.7	13.4	14.3	14.8	194.7%
株式(子会社株式＋投資株式)	136.1	161.4	167.2	173.1	184.7	223.2%
公社債	4.2	4.3	5.7	5.6	5.3	106.0%
その他の有価証券	3.6	4.1	4.5	4.4	4.6	184.0%
自己株式	13.2	13	12.4	11.6	11.6	
内部留保(狭義)	133.2	135.9	141.3	141.3	142.8	168.6%
内部留保(広義)	241.4	260.7	267.6	270.4	283.7	169.1%
換金性資産	69.2	76	81.8	80.4	82.6	157.3%
内部留保(狭義)に占める割合	52.0%	55.9%	57.9%	57.0%	57.8%	
換金性資産(推計)	96.4	108.3	115.2	115.0	119.5	175.0%
内部留保(狭義)に占める割合	72.3%	79.7%	81.5%	81.4%	83.7%	

(出所)図表15-1に同じ。

り、投資部分を換金性資産に加えるべきであるが、「法人企業統計」では残念ながら分けて表示されていない。しかしたとえば電機産業大手6社、自動車大手4社では、純粋の投資部分と子会社・関連会社株式の割合は平均すると約1対4であるので、株式のうちの5分の1を推計として換金性資産に加えることは可能である。そこでそうした株式の5分の1を加算したものをさらに換金性資産(推計)として計算してある[6]。

図表15-7からは換金性資産が大幅に増大していることがわかる。全産業では、2001年度の52.5兆円から2012年度82.6兆円へと157.3％に増加しており、推計の換金性資産で見ると、2001年度の68.3兆円から2012年度の

119.5兆円へと175.0％にまで増加している。問題は内部留保と換金性資産の関係であるが、それは内部留保に占める換金性資産の割合を計算することで分析できる。計算すると、2012年度の公表内部留保の57.8％が換金性資産、83.7％が換金性資産（推計）によって占められていることがわかる。このことは内部留保の6割から8割強が活用可能な換金性資産からなっていることを示しているのである。また「日本経済新聞」における上場企業についての報道では、上場企業の手元資金（現金預金と有価証券の合計）が分析されているが、その金額は2015年3月には約100兆円にも達しているという。法人企業統計は大企業の単独データであるのに対し、「日本経済新聞」の集計は連結データであるので数値は異なるが、やはり巨額の運用可能資金が存在することは明らかである。

　特徴的な点は、リーマンショックが直撃した2008年度においても換金性資産は減少せずに増えていることである。現金預金と自己株式が増え、換金性資産全体が増加している。大企業は世界同時不況の直撃に対応して、活用可能な資金を積み増したものと見られる。全産業では5.7兆円も増えており、推計でも10兆円近く増えている。2009年度以降はさらにそれを上回る金額が積み上がっており、推計レベルでは今や、国家予算を超える119.5兆円が換金可能な資産として存在しているのである。

6　内部留保の活用は可能か

　内部留保は自由に使えるものではないとの見解が、いかに根拠のないものであるかは巨額の換金性資産の存在から明白となる。巨額の換金性資産はある意味で金余りの状況を示しているといわねばならない。その点は「日本経済新聞」も再三指摘しており、日本企業のすべきことは「デフレで萎縮し、ため込んできた100兆円近い企業マネーの活用だ」（「日本経済新聞」2015年4月23日付）という記事となって現れている。企業の発展にとって内部留保が重要であることはいうまでもないが、その中の運用可能な部分を社会的に有効に活用することを企業は模索すべきであるといわねばならない。

換金性資産のほんの一部でも活用すれば、非正規従業員の大量雇用を生み出すことは可能である。1兆円あれば1人500万円の年収で20万人を1年間雇用することができる。数兆円あれば多くの労働者を数年間にわたって雇用し続けることもできる。雇用対策による費用の負担が増えるとしても、それは潤沢な内部留保により十分に吸収可能であるといわればならない。
　内部留保の活用を考える上では、その取り崩しのための措置を検討しておかねばならない。
　まず第一にするべきは、これ以上の内部留保の過剰な蓄積を止めさせ過大な内部留保の社会への還元を求める社会の声を高め、それによる圧力を強くすることである。労働者や国民の要求が強まれば、賃上げや雇用・労働条件の改善、下請け中小企業の取引条件の改善などの動きが生まれ、そこに内部留保が活用されることになる。また政府の施策を転換させ、内部留保を国内の新規投資に大胆に振り向けさせることで、新たな産業やそこでの雇用を生み出すことも可能となるであろう。しかし、そのような社会の声が強まったとしても企業や政府の姿勢がそう簡単に変わるとも思われない。
　そこで第二に考えられるのは、内部留保への課税である。内部留保への課税は、企業にとっては抵抗感のある措置であろう。というのはすでに法人税制により毎期の純利益には課税されており、税引後の利益のうち社内に留保された利益が内部留保となっているからである。その内部留保に課税するとなれば法人税の他にさらに課税されることになり、二重課税であるとの批判が企業からなされるのは明らかであるからである。
　しかし、台湾では1998年から毎期の内部留保増加額に10％の課税がなされており、内部留保課税は決して前例のない無謀な措置ではない。日本でも資本金1億円以上の同族会社の内部留保増加額には10～20％の課税がされており、内部留保課税は租税論的に見ても妥当な課税方法の一つであるといえる。それらを手掛かりに内部留保課税について考えることは極めて重要である。
　税制は法人擬制説（会社を株主の集合体と見る説）の立場から、理論上は利益がほとんど株主へ配当としてまわることを想定し、法人への課税と株主個人の配当所得への課税の2段階課税の仕組みを作ってきた。本来は配当を含む

株主の個人所得に課税されるのが基本であるが、法人への課税はその「前取り」としてしばしば説明される[7]。しかし、実際はほとんどが内部留保にまわるのが実態であり、その分は配当となって個人所得に課税されることはない。つまり、1段階目の法人課税で終わってしまっているのである。特に日本ではこれまで海外と比べて配当性向が低いといわれており、配当されずに内部留保となる割合は相対的に大きいと考えられる。

　日本での同族会社の内部留保への課税は、同族会社の役員が個人レベルでの分配利益への課税を避けるために会社に利益を留保しようとする租税回避操作を防ぐために行われる。この内部留保課税は、1段階目で終わることの多い同族会社の留保利益に2段階目の課税を課すものといえる。

　台湾での内部留保課税も同じ趣旨のものであると考えられる。台湾では法人税が低い代わりに、内部留保にまわる分に追加課税をしていると見ることもできる。このような内部留保課税は2段階目の配当課税の代わりとなるものであるといわねばならない。台湾では内部留保課税を避けるために配当性向を高める企業も増大しており、その結果、アジアの証券市場の中では配当利回りの良い銘柄として台湾の企業の株式は注目されている。証券市場の活性化は台湾経済全体の景気を向上させる形となっているが、それは内部留保課税のもたらす効果の一つであるということができる。

　このように見れば、内部留保課税は決して無理な課税であるとはいえない[8]。内部留保課税によって、そこから生まれる財源を経済全体に活用したり、また台湾のような証券市場の活性化へとつながる効果を期待することもできるのではないかと考えられる。

　第三に考えられるのは、利益剰余金の非課税による損益計算書への戻し入れである。これは内部留保の取り崩しを制度的に可能にするものである。今日の制度では、企業が雇用を充実させようとして人件費を大幅にアップすれば、収益が少ない場合、赤字となることもありうる。当期純損失が生じれば、結果的に利益剰余金が減り、内部留保が取り崩されたことになる。しかし、そのようにしてまで企業は内部留保を取り崩そうとはしないであろう。

　それに対して、利益剰余金の一部を損益計算書に戻し入れるとすればどうであろうか。賃上げや雇用拡大、下請けへ支援のために、社会的に企業が貢

献しようとする場合に、非課税で戻し入れを認めるとすれば、企業は赤字を免れつつ、内部留保を取り崩すことが可能である。利益剰余金からの戻し入れ益は非課税で益金とはしない代わりに、それによる人件費や下請けへの支払は損金となるので、結果的には課税利益が減少し、企業には減税効果が生まれることになる。社会的貢献のために内部留保を取り崩した企業は、会計上の利益を維持しつつ、課税上の減税メリットを得ることができるのである。

こうした制度上の措置が取られるとすれば、内部留保の取り崩しは、内部留保の社会的な意義ある活用の観点から、大いに利用されることになるのではないであろうか。

内部留保は株主のものであり、雇用のための取り崩しや内部留保への課税などありえないとする反論も考えられるが、企業はますます社会的、公共的な責任を担う存在となることによってのみ存続しうるものであることを強調しなければならない。金融危機の経験の中で手元資金や留保利益をできるだけ持ちたいという企業の危機意識も当然であるが、内部留保の一部を活用することで、企業の社会的責任の一端を果たすことができるならば、それこそが危機への対応力を高めることにもなる。企業はカネだけでなく社会からの信頼によってこそ生き残ることができるのではないか。

またそのような蓄積された内部留保を今こそ、日本経済の復興・再生のために活用すべきであろう。内部留保の活用は、震災復興への活用、設備投資への活用、雇用・仕事への活用の三つが考えられるが、そうした活用は長期的に見れば、企業の利益となって戻ってくることになる。震災復興、設備投資、雇用・仕事の三つへの内部留保の活用は、国内市場において内需を喚起する効果をもつはずである[9]。内部留保を「日本経済の好循環の糧」とすることが今こそ求められているのである（藤田［2015］63頁）。

そうした内部留保の活用については企業からは反発も大きいであろうが、発想を変えれば新しい企業のあり方を示す絶好の機会でもある。それは企業の社会的責任を実際に示すこととなる。これまで社会から得てきた内部留保の一部を社会に還元することは、企業の社会的責任を具体的に発揮する良い実例となるであろう。内部留保の活用はそうした課題に応えるものにもなっているのである。

【注】

1　10億円以上の大企業の実数と回答数は年度によって変化している。2001年度は実数が5,559社、回答数は5,270社であるが、2011年度は実数が5,274社、回答数は4,757社である。2008年度から実数、回答数が減っているが、その原因としては、持株会社への移行ブームの中で持株会社の資本金額が10億円未満に切り下げられたことが考えられる。その他にも企業合併による実数の減少や企業分割などによる資本金額の切り下げなどが想定される。2001年から2011年度のデータを検討する上では企業数を平均で約5,000社としておきたい。
2　小栗［2011a］。
3　小栗・谷江［2010］57頁。
4　小栗［2010a］、同［2010b］。
5　小栗・谷江［2010］、小栗［2009］。
6　それぞれの企業の関係会社株式と投資有価証券の金額を総計し、その割合を計算したところ、100対24.2となりほぼ4対1の割合となった。集計企業は、電機では日立製作所、東芝、三菱電機、パナソニック、ソニー、シャープの6社、自動車ではトヨタ、日産自動車、本田技研工業、マツダの4社である。
7　三木［2011］でも、法人税は「出資した人たちの持分に対する所得税の前取り」であると述べられている（三木［2011］9頁）。
8　醍醐［2013］。
9　小栗［2011b］。

【主要参考文献】

小栗崇資［2009］「内部留保の雇用への活用は可能か」『経済』2009年5月号。
─────［2010a］「日本企業は経済危機にどう対応したか」『経済』2010年2月号。
─────［2010b］「日本企業の収益構造──2010年3月期決算の特徴」『経済』2010年8月号。
─────［2011a］「リストラと外需依存の企業収益回復」『経済』2011年2月号。
─────［2011b］「震災復興のための内部留保の活用」『経済』2011年6月号。
─────［2012］「内部留保分析の現代的展開──内部留保の実態と活用」『中央大学商学論纂』第53巻第5・6号。
小栗崇資・谷江武士編著［2010］『内部留保の経営分析──過剰蓄積の実態と活用』学習の友社。
醍醐聰［2013］「内部留保への課税」『會計』第184巻第6号。
藤田宏［2015］『財界戦略とアベノミクス──内部留保はどう使われる』本の泉社。
三木義一編著［2011］『よくわかる法人税法入門』有斐閣。

第16章

上場企業の内部留保分析

1 内部留保分析と内部留保の内容

　内部留保分析は、現代企業の資本蓄積のありのままの実態を明らかにすることである。企業の発展にとって一定程度の利益を内部留保することは必要だが、大企業がますます社会的性格を帯びるなかで、過剰な内部留保が行われていることが大きな問題である。特に最近の労働者に対する人員削減や非正規雇用の雇い止めによる人件費の大幅な削減が行われ労働分配率が下落するなかで、内部留保が急増する傾向にある。内部留保分析は、労働者のリストラなどによる人件費の大幅な削減による利益分配の不公平さや格差を無くして国民生活の向上のために重要になる。

　企業の利益がどのような過程をへて内部留保されるのかについて見てみよう。企業の利益留保は、損益計算のなかで引当金繰入を費用として計上することによって利益を留保する。それは利益の費用化による利益留保となる。また計算された当期純利益が剰余金に加えられた上で、「剰余金の分配」によって株主に配当金が支払われ資金が社外に流出する。他方で、剰余金は社内に利益留保（利益剰余金）として蓄積される。

　2006年施行の会社法では、「利益処分」という用語はなくなり、利益処分計算書もなくなった。これに代わって株主資本等変動計算書が用いられるようになった。従来は、配当金は利益の分配だったが、2006年会社法では剰

余金の分配に変わった。2006年の新会社法では配当規制を行い、剰余金の分配可能額を設けて規制している。配当財源となる剰余金は、「その他資本剰余金」と「その他利益剰余金」の額の合計である。この分配可能額は、最大限度の分配額を示しており、一般的には、「その他利益剰余金」のうちの「繰越利益剰余金」が配当財源となる。剰余金を配当する場合には、配当金の10分の1を資本準備金または利益準備金として積立てなければならない。これらの準備金の積立の合計額は、資本金4分の1の金額（＝基準資本金）に達するまで積立てなければならない。従来と異なり株主への配当財源の枠組みを拡大することによって、大企業が赤字に陥った場合でも資本準備金を取り崩して配当金として分配できるようにした。

　公表財務諸表に示された利益の内部留保は、公表内部留保（狭義の内部留保）といわれる。公表内部留保とは、配当財源により株主への配当金を分配したのちに、企業内に利益を内部留保した利益剰余金（利益準備金とその他利益剰余金）をいう。その他利益剰余金には、任意積立金と繰越利益剰余金がある。任意積立金は、株主総会の決議に基づいて任意に積立てられた利益留保額である。任意積立金の積立てを社内で行ったのちに繰越利益剰余金を計上する。なかでも内部留保の厚い企業は任意積立金のうちの別途積立金が多くなっている。この公表内部留保概念については、どの論者も異論が少ない。

　もう一つの内部留保は、利益の蓄積を含む実質内部留保（広義の内部留保）である。この実質内部留保は、利益剰余金に加えて、資本剰余金、長期負債性引当金、特別法上の引当金・準備金、貸倒引当金、減価償却の過大償却部分、土地や有価証券の含み益から構成される。

　さらに、以上の内部留保のほかにも、より広義の概念として資金の内部留保をあげることができる。資金の内部留保は、その源泉が利益であるかどうかに限らず、企業内で資金として調達可能なものを最大限含むものと考えられる。利益の内部留保と資金の内部留保の線引きは難しい点もあるが、実質内部留保に減価償却累計額（過大償却以外の償却累計額）や減損損失累計額などを加えたものを資金の内部留保と見ることができる。財務省の法人企業統計年報では、資金の内部調達としてこれらの内部留保や減価償却額を入れている。大企業は内部留保を何に使っているのかについては、第3節で、資金調

図表16-1 内部留保の内容

実質内部留保（広義）	公表内部留保（狭義） 　利益剰余金 　　1. 利益準備金 　　2. その他利益剰余金 　　　　任意積立金 　　　　　○○積立金 　　　　　別途積立金 　　　　繰越利益剰余金
	資本剰余金 　　1. 資本準備金 　　2. その他資本剰余金 長期負債性引当金 特別法上の引当金・準備金 貸倒引当金 減価償却の過大償却部分 土地や有価証券の含み益

(出所) 小栗・谷江［2010］90頁。

達・運用の中に位置づけて詳述している。

　まず公表内部留保は、図表16-1のように貸借対照表における純資産のうちの「利益剰余金」の項目があげられる。利益剰余金は、事業活動から生じた利益の留保であり、「利益準備金」と「その他利益剰余金」の二つから成っている。利益準備金は会社法で利益からの積立てが強制された準備金であり、その他利益剰余金は、種々の積立金や別途積立金を含む任意積立金と繰越利益剰余金から成る。

　次に実質内部留保を見ると、この内部留保には、まず純資産のうちの「資本剰余金」が入る。資本剰余金には「資本準備金」と「その他資本剰余金」が含まれる。資本準備金は、資本の増加にともない発生する内部留保であり、株式プレミアムといわれる。この2006年の会社法で株式会社は、「剰余金の配当により減少する剰余金の額に十分の一を乗じて得た額を資本準備金又は利益準備金として計上しなければならない」（会社法445条、第4項）とした。資本準備金は、企業の財務活動を通じて証券市場から収奪したプレミアムの利益部分が積立てられた法定準備金である。この資本準備金には、株式払込剰余金や合併差益、株式交換差益、会社分割差益などがある。この資本準備金のなかの株式払込剰余金は、株主の払込金額のうち資本金に組み入れ

なかった部分である。これは財務活動を通じて実現した利益であり、この利益を資本化したものである。株主の払込金額のうちの株主が権利行使できない部分であり、利益の内部留保と考えることができる。また「その他資本剰余金」は会社法上、分配可能な剰余金として認められたものである。資本金および資本準備金減少差益、自己株式処分差益などが含まれる。資本金および資本準備金減少差益は、資本準備金の取り崩しによって生ずる剰余金であり、また自己株式処分差益は、取得した自己株式を売却し取得原価より高い価格で売却したときに生じる差益をいう。

　前述のように資本準備金と利益準備金の合計額が資本金の4分の1を超える場合に、資本準備金の取り崩しが可能となった。このため資本と利益の区分がなくなり、利益留保と同じ性格をもつものとなった。

　さらに実質内部留保には、貸借対照表の「負債の部」に計上される長期負債性引当金や特別法上の引当金・準備金、および資産の部に控除形式で計上される貸倒引当金が入る。長期負債性引当金には退職給付引当金、製品保証引当金、工事補償引当金などをあげることができる。この退職給付引当金が内部留保に含まれるという根拠は、次の点にある（小栗・谷江［2010］107-108頁）。

　①退職金の引当てに見合う資産が100％準備され、使途が拘束されていないかぎり、その資産の大部分は、支出までの間、企業が自由に利用できるものとなる。

　②また企業年金の受益権に対する労働者の法的保護が確立されていないかぎり、確定債務とはいえず、企業年金に対する労働者の権利の切り下げが行われることも多くなっている。つまり企業年金の受益権は、不確定債務の要素をもつといえる。

　③しかも退職給付債務の現在価値の計算で割引率を用いたり、また期待収益率、死亡率などの多くの見込みや不確定要素を前提にしている。

　④また、年金資産の運用次第では、株価の上昇などにより積立過剰になる企業もでてくる。

　このように退職給付引当金は必ずしも負債とはいえず、退職給付引当金繰入（費用）によって利益が縮小され、その分内部留保が増えると考えることが

できる。

　次に特別法上の引当金・準備金を見ると、核燃料再処理引当金、商品取引責任準備金などがある。なお原子力発電施設解体引当金は、現在、「資産除去債務」の勘定科目に変更されている。一般の企業の引当金とは別に、特別の法律により引当金または準備金として計上が義務づけられるものがある。それが特別法上の引当金・準備金である。その事例として電力関係の引当金がある（以下、小栗・谷江［2010］109-110頁）。

　また減価償却費の過大償却部分も内部留保に含まれる。減価償却累計額の全額を内部留保と考える説と、その過大償却部分を内部留保と考える説がある。この過大部分がどの程度であるかの計算には困難をともなうが、「一般的な目安として、減価償却の少なくとも20％あまりは過大償却として分析することができるであろう」（大橋［1994］187頁）といわれている。この過大償却部分は理論的には利益の内部留保であるが、データとしての実際の利用は困難であるので内部留保分析の対象から外さざるを得ない。

　次に土地や有価証券の評価差額があるが、今日ではその一部に時価評価が適用されている。その評価差益は売却すれば換金できるものであり、実質内部留保と見ることができる。売買目的有価証券の時価評価によって生じた時価評価は損益計算書に有価証券評価損益として計上されるが、その他有価証券の時価評価によって生じた「その他有価証券評価差額金」は原則として純資産の部に直入される。こうした含み益を示す土地再評価差額金とその他有価証券評価差額金は、実質内部留保に含まれるものとなる。

2　内部留保を財務諸表からもとめる

　もう少し具体的に、図表16-2のトヨタ自動車の個別貸借対照表を見ながら説明しよう。貸借対照表は、企業の財政状態を示すストックの計算書である。この貸借対照表をもとにしてトヨタ自動車の内部留保を求めていこう（図表16-3）。まず公表内部留保といわれる狭義の内部留保を見ると利益剰余金が2013年3月期には7兆1,076億円であったが、2014年3月期には8

図表16-2 トヨタ自動車の個別貸借対照表(2014年3月期) (単位:百万円)

科　目	2014年3月	2013年3月	科　目	2014年3月	2013年3月
流動資産	5,223,654	4,200,612	流動負債	3,595,962	3,044,704
現金・預金	435,824	116,338	支払手形	36	38
売掛金	955,591	943,100	買掛金	668,740	657,344
有価証券	1,973,735	1,283,074	その他の流動負債	3,595,923	2,387,319
棚卸資産	333,125	323,621	固定負債	1,093,323	743,717
その他の流動資産	1,535,577	1,535,674			
△貸倒引当金	△8,200	△1,200			
固定資産	8,386,070	7,034,182	社債	340,000	340,000
			退職給付引当金	283,155	277,999
有形固定資産	1,113,079	1,110,218	その他の固定負債	168,445	125,717
投資その他の資産	7,272,990	5,923,964	資本合計	8,920,439	7,446,372
△貸倒引当金	△21,600	△21,900			
			資本金	397,049	397,049
			資本剰余金	418.592	416,970
			利益剰余金	8,128,385	7,107,604
			1. 利益準備金	99,454	99,454
			2. その他利益剰余金	8,028,929	7,008,149
			その他有価証券評価差額金	1,110,016	664,820
			△自己株式	△1,140,127	△1,149,599
			新株予約権	6,522	9,525
資産合計	13,609,725	11,234,794	負債・資本合計	13,609,725	11,234,794

(注) 2014年3月期の減価償却費は23,809百万円である。
(出所) トヨタ自動車「2014年3月期有価証券報告書」より作成。

図表16-3 トヨタ自動車の内部留保の計算(2014年3月期) (単位:百万円)

科　目	2014.3	2013.3	2014-2013
利益剰余金	8,128,385	7,107,604	1,020,781
退職給付引当金	283,155	277,999	5,156
貸倒引当金	8,200 21,600	1,200 21,900	6,700
資本剰余金	418,592	416,970	1,622
その他有価証券評価差額金	1,110,016	664,820	445,196
内部留保合計	9,969,948	8,490,493	1,479,455
総資産	13,609,725	11,234,794	2,374,931
内部留保比率	73.26%	75.57%	―

(出所) トヨタ自動車「2014年3月期有価証券報告書」より作成。

兆1,283億円に増えている。これはその他利益剰余金が2013年3月期に7兆1,076億円であったが、2014年3月には8兆289億円へと1兆207億円も増加したことによる。利益剰余金のうち、その他利益剰余金が98.8%も占めて

いる。また内部留保には「その他有価証券評価差額金」が2013年3月期に6,648億円であったが、2014年3月期には1兆1,100億円へと4,451億円も増加している。さらに実質内部留保を求めると貸倒引当金が2013年3月期には231億円から2014年3月期の298億円へと67億円増加している。さらに退職給付引当金も2013年3月期の2,779億円から2014年3月期の2,831億円へとやや増加している。これらの引当金は、利益の費用化といわれ、内部留保に当たる。

つぎに利益の資本化といわれる内部留保として資本剰余金がある。トヨタ自動車の資本剰余金は2013年と2014年に4,169億円、4,185億円でやや増加している。

これらの内部留保を合計すると2013年3月期には8兆4,904億円、2014年3月期には9兆9,699億円であり1兆4,794億円の増加となっている。このように内部留保の計算は、ストックの状態を示す貸借対照表（2014年3月期）に基づいて計算される。そして当期と前期の内部留保額の差額は内部資金として活用されていると考えられる。この内部資金としての活用については、第3節で詳しく述べていこう。

この内部留保が総資産に占める割合を計算するために、内部留保比率が用いられる。この計算式は、（内部留保／総資産）×100％によって求められる。トヨタ自動車の実質内部留保額を総資産で割って求めると2013年3月期には75.57％、2014年3月期には73.26％であり、総資産の約7割超が内部留保によって占められている。

3 内部留保を何に使っているか

大企業の内部留保は、何に使用しているかについて様々な議論がある。ここではトヨタ自動車や関西電力そして全産業の資金運用表を用いて、資金の調達・運用の中で内部留保がどのように活用されているかを見ていこう。図表16-4は、トヨタ自動車のストックを表示する2014年3月期の貸借対照表から計算した単独ベースの資金運用図である。

図表 16-4 資金運用図（トヨタ自動車、2014年3月期）単独ベース（単位：百万円）

設備投資	170,994	減価償却費	168,133
			2014.3 / 2013.3
投融資	1,349,326	退職給付引当金	283,155 / 277,999
		貸倒引当金	8,200 / 1,200
			21,600 / 21,900
		その他資本剰余金	418,592 / 416,970
		利益剰余金	8,128,385 / 7,107,604
		その他有価証券評価差額金	1,110,016 / 664,820
売上債権（手形割引高を含む）	12,516		9,969,948 / 8,490,493
在庫投資	9,504	内部留保 = 1,479,455	
短期負債（手形割引高を含む）	65,678		
短期運用	1,010,147	その他固定負債	344,450
		買入債務（電子記録債務を含む）	15,309
		その他流動資産	2,097
		その他流動負債	601,652

（出所）有価証券報告書（トヨタ自動車、2014年3月期）より作成。

　このトヨタ自動車の資金運用図を見ると、設備投資額は、1,709億円であるが、これは、減価償却費1,681億円があてられている。また投融資額は、1兆3,493億円であるが、これは、内部留保1兆4,794億円があてられている。内部留保の一部は設備投資にも使用されている。2014年には、1兆4,794億円という巨額の内部留保が蓄積され活用されていることがわかる。2014年3月期に生じた巨額の内部留保は、図表16-4の中で計算したように、2013年3月期の内部留保8兆4,904億円が2014年3月期の9兆9,699億円へと1兆4,794億円の増加となっている。この増加分が内部留保資金としておもに投融資にあてられている。さらに前述したように、自己株式の取得や設備投資の一部にも活用されたと考えられる。売上債権と買入債務は対応している。在庫投資は95億円で少ない。系列下請企業に部品の生産を外注していることとジャストインタイムによる在庫の縮小によって在庫投資が少なく

図表16-5 全産業の資金運用図（2014年3月期）単独ベース（単位：百万円）

資　金　運　用		資　金　調　達	
設備投資	9,894,100	減価償却費	10,293,434
		内部留保	10,564,074
投融資	12,148,192	長期借入債務	3,100,124
繰延資産	6,065		
短期債務	1,848,647		
		その他固定負債	892,008
		買入債務	1,900,417
短期運用	1,976,515		
在庫投資	401,156		
売上債権	2,818,060	その他の流動負債	2,862,892
その他の流動資産	353,656		

（出所）日経 Financial Quest より作成。

なっている。

　つぎに図表16-5によって全産業の単独ベースの資金運用図を見ていこう。設備投資が9兆8,941億円であるが、これを減価償却費の内部資金が10兆2,934億円ほど投入されている。設備投資は減価償却費の範囲内で行っている。さらに投融資は内部留保資金によって10兆5,640億円が投入されたと考えられる。この内部留保は投融資にもあてられている。また長期借入債務は3兆1,001億円であるが、これは投融資や短期的運用にあてられている。在庫投資は4,011億円である。売上債権の回収が買入債務の支払いよりも遅いと思われる。

　つぎに関西電力の長期資金調達・運用（単独ベース）を図表16-6〜16-8で見ると次のようである。

　図表16-6によると、電力自由化後の2001年3月期から減価償却費が設備投資を上回っている。2005年3月期には、その差が一層拡大して内部資金が3,300億円余りとなっている。このため2004年3月期には長期負債の返済をしている。2006年から2009年にかけて設備投資は増大している。減価償却費は、この間減少傾向にあったために2009年3月期、2010年3月期には設備投資額をやや上回る程度となっている。ところが、2011年3月11日の東日本大震災以降になると、減価償却費と設備投資額は、2011年3月期と

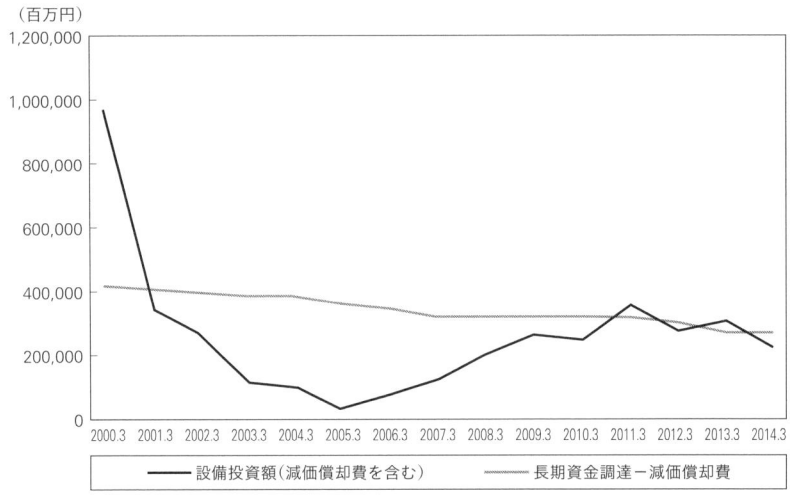

図表16-6 設備投資と減価償却費との関連（関西電力）

（出所）日経Financial Questより作成。

2013年3月期には逆転し、減価償却費を設備投資が上回っている。このように2001年3月期から2010年3月期までの9年間には減価償却費（内部資金）が設備投資額を上回っており、減価償却費の範囲内で設備投資が行われたことがわかる。ところが、2011年3月期以降は、両者は、ほぼ接近している。

次に図表16-7によって関西電力の投融資（投資その他の資産）と実質内部留保との関連を見よう。実質内部留保には、投融資は2000年3月期から2005年3月期にかけて毎年実質内部留保額の範囲内で行われていたが、2006年3月期には投融資額が実質内部留保額を上回り逆転している。2006年3月期の投融資が盛んであったことがわかる。2007年3月期には再び実質内部留保が投融資を上回っている。とりわけ2008年9月のリーマンショックの影響により国内景気が低迷し、2009年3月期には実質内部留保がマイナス1,053億円余りとなり、投融資額を2,700億円も下回っている。2010年3月期も実質内部留保額が投融資額を下回っているが、これは利益剰余金の減少による。利益剰余金は内部資金として活用されている。これが不足したために、長期負債に頼っている。1,570億円の長期負債により実質内部留保の資金不足を補っていると考えられる（図表16-9）。利益剰余金は毎期の収益性つ

図表16-7 投融資と実質内部留保との関連(関西電力)

(出所)日経Financial Questおよび全労連・労働総研編『国民春闘白書』(各年版)、学習の友社より作成。

図表16-8 投融資と利益剰余金との関連(関西電力)

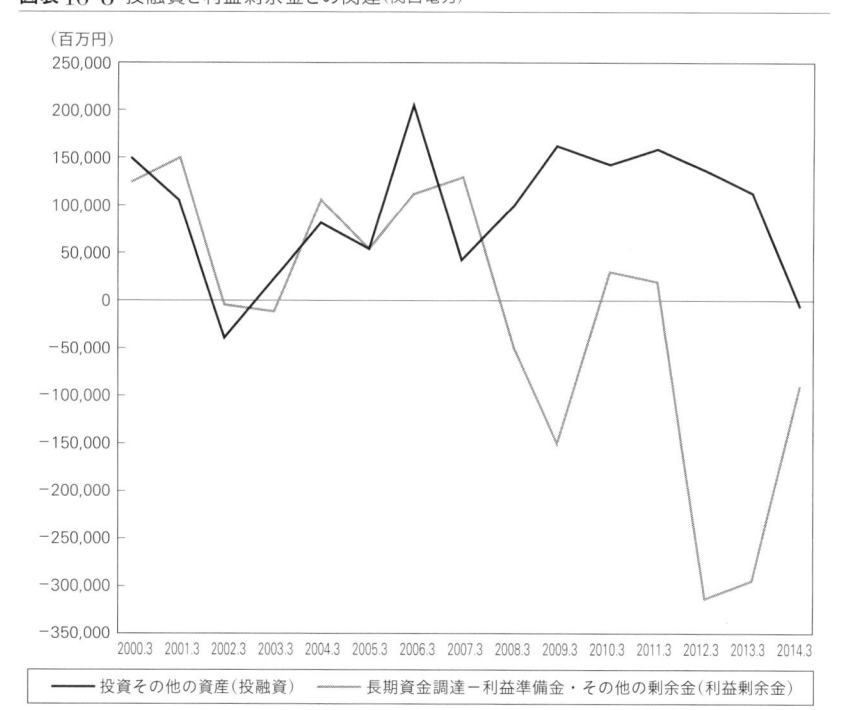

(出所)図表16-7に同じ。

第16章 上場企業の内部留保分析 | 377

図表16-9 全産業の設備投資と減価償却費との関連単独ベース

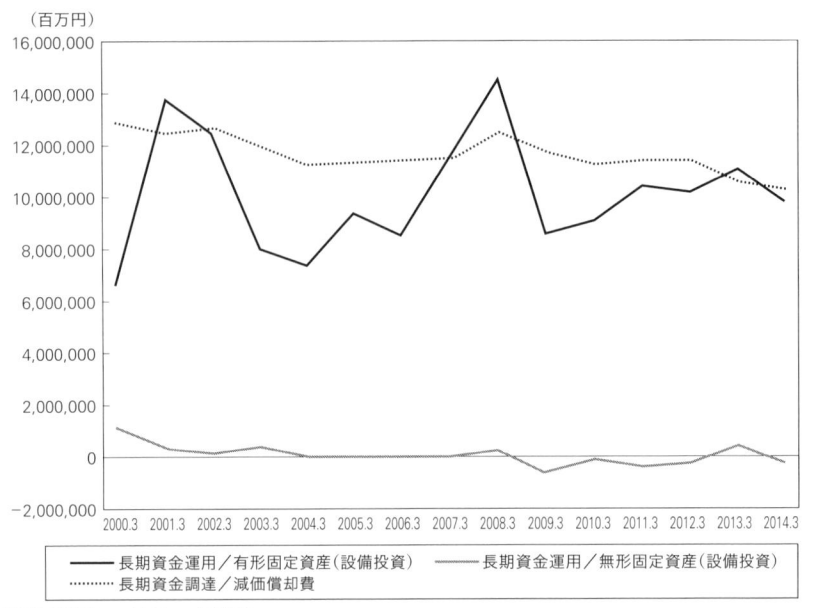

(百万円)

凡例：
― 長期資金運用／有形固定資産（設備投資）
― 長期資金運用／無形固定資産（設備投資）
‥‥ 長期資金調達／減価償却費

(出所) 日経 Financial Quest より作成。

まり利益または損失であるか否か、株主への配当を大きくするか否かによって大きく変化する。また長期性引当金（退職給付引当金など）は2004年3月期に回復したものの、2008年3月期まで減少している。長期負債は社債と長期借入金の増加分である。2002年3月期と03年3月期に利益剰余金が減少しているが、04年3月期には、社債4,000億円と長期借入金2,000億円の合計6,000億円の長期負債によって資金調達している。もう一つは2009年3月期であるが、前述のように利益剰余金の大幅な減少を補填するため、長期負債により資金調達をしている。2012年3月期には、利益剰余金がマイナス3,113億円に減少している。このため長期借入金6,758億円を調達している。

図表16-9によって全産業の設備投資と減価償却費（単独ベース）との関連を見よう。2000年から2001年にかけて設備投資が減価償却費を上回っていたが、2002年3月期には逆に減価償却費が設備投資額を上回るようになっている。2003年3月期から2006年3月期にかけて減価償却費が設備投資額を

図表16-10　全産業の投融資と利益剰余金との関連単独ベース

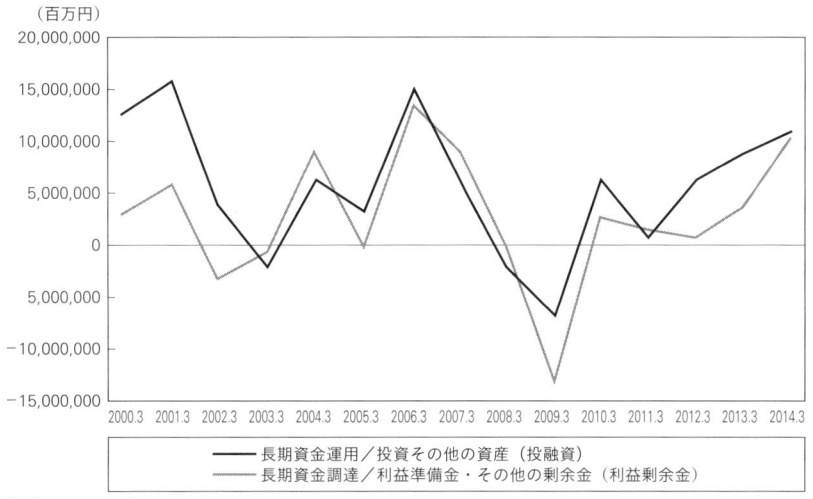

（出所）図表16-7に同じ。

大幅に上回っている。しかし2008年3月期には設備投資が減価償却費を上回り、投資意欲が高いことがわかる。その後2008年9月のリーマンショック以降、設備投資が減退し、内部資金である減価償却費がそれを上回るようになっている。2012年3月期と2014年3月期には設備投資は減価償却費の範囲内で行われている。

　図表16-10によって全産業の投融資の推移と利益剰余金との関連を見よう。投融資額と利益剰余金との動向が2000年3月期から2010年3月期にかけてほぼ同じような動向で推移していることがわかる。つまり金融資産である投融資の多くは利益剰余金によって賄われていることがわかる。投融資額には投資有価証券、子会社株式、関連会社株式、長期貸付金などの金融資産が多く占めている。投資目的の有価証券は証券投資による利益獲得を目的としている。また子会社株式や関連会社株式を取得することによって企業支配を可能にする。今日の企業の合併・買収のために利益剰余金などの内部留保による資金が投入されていると考えられる。さらに2011年3月の東日本大震災以降には、投融資が利益剰余金を上回っている。その後2014年3月期

になると投融資は、ほぼ利益剰余金によって賄われている。長期的に見れば投融資は、利益剰余金によって行われている。

【参考文献】

大橋英五［1994］『現代企業と経営分析』大月書店。
小栗崇資・谷江武士編著［2010］『内部留保の経営分析——過剰蓄積の実態と活用』学習の友社。

第 17 章

内部留保分析から見た
日本資本主義の特質
―― 法人企業統計を用いた内部留保分析

1　はじめに

　企業すなわち個別資本は、獲得した利益を配当として資本家に支払うとともに、その一部を企業内に蓄積して再投資を行う。すなわち、資本は自己増殖する価値であり、その本質ゆえに利益を内部留保しなければならないのである。そこで、この資本の属性に焦点を当て、財務諸表などの情報から個別資本の実態を内部留保分析として析出しようとする試みが従来からなされてきた[1]。このような内部留保の分析は、利益がどのような形態で、どの程度、企業内に実質的に蓄積されたかを資本の属性に即して明らかにすることができる。

　そこで、このような内部留保の実態を分析した場合に、そこからみえる日本の資本主義は、いかなる特徴を持っており、どのように変化してきているのであろうか。ここでは、日本資本主義の分析の一環として、法人企業統計を用いて企業の内部留保の蓄積構造と特質を検討するとともに、その問題点を析出する。

　以下では、まず法人企業統計を用いた場合における内部留保の分析方法に関する特質と問題点を検討する。次に、その特質と問題点を踏まえた上で、公表内部留保と実質内部留保の分析によって、規模別、産業別の内部留保の状況と特質を析出する。これらの分析を通じて、高度成長期から今日までの

日本資本主義における長期的な企業の内部留保の実態と問題点を明らかにしたい。

2 法人企業統計における内部留保の特質と問題点——法人企業統計を用いた内部留保分析の方法

　日本企業における内部留保の実態を分析することに先立って、ここでは法人企業統計を用いて内部留保分析する場合の方法ついてその特質と限界をまず明らかする[2]。

(1) ▶ 法人企業統計の特質と限界

　周知のように法人企業統計は、日本における「法人の企業活動の実態を明らかにすることを目的とした」統計情報として、最も総合的で網羅的な内容を有している統計の一つである。規模別のデータに加えて全産業・製造業・非製造業や業種別のデータが整理されており、近年では、金融・保険業に関するデータも集計されている。

　しかし、法人企業統計は、第一に個別財務諸表を基礎にして調査票によって回答を得るという形式をとっており、在外子会社などを有する連結企業集団に関する情報は考慮されていない。そのため、グローバル化ないし多国籍化が進展している今日の個別資本すなわち企業において、日本の親会社と経済的に一体として機能している国内子会社や在外子会社も含めた連結企業集団としての内部留保の状況を法人企業統計では把握できないという限界を有している。すなわち、現行会計制度の個別財務諸表では、日本企業が親会社として支配している子会社の内容は、「投資その他の資産」の内訳科目である関係会社株式（子会社株式および関連会社株式）として、取得原価で計上されるだけであり、この点が法人企業統計において反映されるのみである[3]。そのため日本企業が支配する在外子会社が巨額の内部留保を蓄積していたとしも、そのグローバル化ないし多国籍化した実態は、反映されないことになる。

第二に個別財務諸表に基づく法人企業統計では、日本国内における親会社と子会社の取引および子会社間の取引、さらに親会社あるいは日本国内の子会社と在外子会社との取引などの連結企業集団内部での取引が統計上において相殺消去されないため、これらの取引が統計に反映されることになる。

　第三に法人企業統計は、調査票の記載事項に企業が回答するという形式を採用しているため、特定の勘定科目が省略されている場合や勘定科目がまとめて集計されている場合がある。そのため実質内部留保を分析するときに必要となる減価償却累計額や貸倒引当金などの重要なデータが欠如している。したがって、実質内部留保の計算において、これらの勘定科目を利用できない。また、金融・保険業（集約）については引当金、総資産ないし総資本の情報がない。ただし、下位の業種である銀行業などは、これらの科目に加えて貸倒引当金が集計されている。

　そこで、後に分析する日本企業の内部留保の実態については、このような特質と限界を前提にして、以下の(3)で検討する内部留保分析の計算方法によって分析を進めることにしたい。

(2) ▶ 法人企業統計における内部留保の意義とその若干の問題点

　法人企業統計では、「内部留保」「利益留保」「内部留保率」「社内留保」という用語が使用されている。

　法人企業統計の「内部留保」は、二つの意味で用いられている。その一つは、「剰余金の配当」に関連して計算される「内部留保」である。これは、フローの計算結果としての単年度ベースの利益剰余金すなわち公表内部留保の増減額を計算したものであり、利益留保アプローチの「内部留保」というべきものである。それは、以下のように計算される。

　　　2006（平成18）年度調査以前：
　　　　　内部留保＝当期純利益－役員賞与－配当金
　　　2007（平成19）年度調査以後：
　　　　　内部留保＝当期純利益－配当金

また、法人企業統計の「内部留保率」は、前記の単年度ベースの「内部留保」を分子に使用して、当期純利益に対する「内部留保」の比率を求めたものであり、次のように計算される。

　　2006（平成18）年度調査以前：
　　　内部留保率＝当期純利益－（中間配当額＋配当金＋役員賞与）
　　　　　　　　／当期純利益×100
　　2007（平成19）年度調査以後：
　　　内部留保率＝当期純利益－（中間配当額＋配当金）
　　　　　　　　／当期純利益×100

　もう一つの「内部留保」は、「資金需給状況」を把握する場合に用いられている。これは「資金需給状況」に関する「内部留保」を構成する勘定科目の1期間の増減額であるため、前者の「内部留保」と同じように単年度ベースないしフローベースによって把握をするものである。これは、その目的からすると、ある種の資金留保アプローチの「内部留保」というべきものである。ただし、ここでの「資金」とは、「現金及び現金同等物」（キャッシュフロー）や「運転資本」のような狭い意味での資金ではなく、広い意味での貸借対照表の関連科目を資金として、その1期間の増減額にかかわる調達と運用を基本的に明らかにするものである。そこで用いられる「内部留保」は、次のように計算されている。

　　　内部調達＝内部留保＋減価償却の増減額
　　　内部留保＝利益留保、引当金、特別法上の準備金、その他の負債
　　　　　　　（未払金等）の調査対象年度中の増減額の合計

　ここで重要なのは、上記の計算で用いられる「利益留保」である。それは次のように算出される。

　　　　利益留保＝その他資本剰余金、利益剰余金、その他（土地の再評価差
　　　　　　　　額金、金融商品に係る時価評価差額金等）、自己株式の調査対
　　　　　　　　象年度中の増減額

特に、ここで注目すべきは、「その他の資本剰余金」および「その他（土地の再評価差額金、金融商品に係る時価評価差額金等）」を「利益留保」として扱っている点である。法人企業統計では、「利益留保」とは何かという定義自体はないが、これらを利益と捉えていると推論できる。「その他の資本剰余金」は、資本金及び資本準備金の減少により生じた剰余金あるいは自己株式処分差益等で構成される。

　ただし、この法人企業統計の「利益留保」では、資本準備金の増加については「増資」として資本と見ていると考えられる。しかし、この資本準備金を構成する株式払込剰余金ないし株式プレミアムについては、「無機能化された潜在的な所有権は、経済的実態としては奪われたもの」[4]あるいは「今日の独占的な大企業では、財務、金融活動をとおして実現した利益」[5]であるという考えなどに基づいて、内部留保分析の先行研究では利益説をとる立場が従来から多く展開されている[6]。

　その他の資本剰余金は、株主からの払込額を源泉とするという論理に依拠して、現行の日本の会計制度では、これを資本として取り扱っており、また、会計理論においても、現行制度と同様の立場をとる考えもあるが、ここでは、法人企業統計の立場と同じように、その他の資本剰余金については、利益として実質内部留保に含めて分析を行う。加えて、前述の先行研究の利益説をとる学説と同じように資本準備金についても、利益として実質内部留保に含めて分析を行う[7]。

　また、「その他有価証券評価差額」（評価益）などについては、損益計算書を経ずに貸借対照表に資本直入する考えがあり、会計学説によっては、これを利益とは見ない場合がある。現行の日本の会計制度などでは、資本直入（連結では、包括利益計算書を経由）して、当期純利益には含めずに、貸借対照表に評価・換算差額等（連結では、その他の包括利益累計額）として計上される[8]。しかし、これに対して法人企業統計では、評価・換算差額等を利益と見て「利益留保」を構成すると認識していると理解できる。そこで、本研究でも評価・換算差額等あるいはその他の包括利益累計額を実質内部留保の構成科目として扱う[9]。

　なお、「法人企業統計年報」に記載されていないが、インターネットによ

る「法人企業統計調査 時系列データ」[10]では、「社内留保」が「調査項目」として掲載されている。しかし、この概念は、同統計における単年度による利益ベースの「内部留保」と同義である。

　ところで法人企業統計は、このような資金需給における内部留保を計算する場合に企業間信用差額という概念を用いている。その計算は、「企業間信用差額（与信超）＝（受取手形＋売掛金＋受取手形割引残高）－（支払手形＋買掛金）」で算出され、「値が負の場合（受信超）は内部留保に含む」としている。すなわち、上記の計算において、買入債務が売上債権（割引手形含む）を上回った場合は、その差額を内部留保に加算するのである。

　このように資金留保アプローチである「内部留保」の計算式には、企業間取引（あるいは企業間信用）によって生じる外部資金調達としての債務である「その他の負債（未払金等）」や「企業間信用差額（受信超）」が「内部留保」に含められている。しかし、返済義務を有する外部からの資金調達が内部調達としての資金ベースによる「内部留保」を構成することは、概念的に矛盾する内容となっている。したがって、これら外部へ返済される債務は外部調達とされるべきであろう。むしろ、内部資金という観点を考慮すると、「その他の負債（未払金等）」より、いわゆる自己金融機能を有する減価償却費をこの概念の内部留保に含める方が整合的であると考えられる。なお、前述の計算式のように「減価償却」は「内部調達」の内訳項目として「内部留保」と別区分で計算されている。

(3) ▶ 法人企業統計を用いた内部留保分析の方法

　以上のように法人企業統計で用いられる「内部留保」は単年度ベースであるため、企業の全存続期間にわたるストックとしての内部留保を、すなわち企業の内部留保に関する蓄積の総体を明らかにできない。また、法人企業統計の「資金需給状況」における「利益留保」の考えは、自己株式の計算を除き実質的な内部留保の一部をある程度反映できると考えられるが、これも単年度ベースである。そこで、ここでは法人企業統計で使用される「内部留保」「利益留保」の概念を用いずに法人企業統計の財務諸表データから直接

計算することによって、長期的な視点からのストックあるいは累積ベースであり、かつ利益ベースである内部留保を用いて分析する。

ストックベースの内部留保は、企業の創業以来の内部留保の大きさを明らかにできる点で単年度ベースの内部留保に比べて蓄積の状況を総体的に明らかにできる。さらに、利益ベースの内部留保は、利益が、どのようなかたちで、どの程度、企業内に実質的に蓄積されたかを資本の属性に即して分析できる。

また、ここでは実質内部留保の蓄積構造を地層（レイヤー）のように見立て、階層的に分析する。そこで、「利益剰余金」を公表内部留保と呼ぶ。「特別法上の準備金」「引当金」を利益の費用化による実質内部留保とする[11]。次に「資本剰余金」ないし「資本準備金」「その他の資本剰余金」を利益の資本化による実質内部留保とする。さらに「その他（土地の再評価差額金、金融商品に係る時価評価差額金等）」すなわち評価・換算差額等を事象の変化に伴う実質内部留保とする。そして、これらの各階層の内部留保をすべて加算したものを最広義の実質内部留保とする。実質内部留保については、様々なレイヤーの組合せが考えられるが、以下では、この最広義の概念を用いる。

なお、自己株式は、消却または処分されるまでは、会計制度上、株主資本からの控除科目として計上されている。しかし、資本剰余金あるいは利益剰余金から、いつ、どの程度の自己株式を控除するかは、計上時点で未確定である。そこで、自己株式は、このような特性を有するため内部留保から控除しない[12]。

以上のような点を考慮して、ここではいくつかの指標を用いる。まず総資本に対する内部留保の比率である総資本内部留保率を、次のように算出する。

総資本公表内部留保率（％）
　＝公表内部留保額／（総資本＋自己株式）* × 100
総資本実質内部留保率（％）
　＝実質内部留保額／（総資本＋自己株式）* × 100

*内部留保から自己株式に関連する部分を控除しない場合は、分子との整合性を考慮して自己株式を分母に加算する。

総資本内部留保率は、ストックとしての総資本に対する内部留保の厚さ、すなわち構成比を示すものであるが、それは創業以来の総資本としての資本の増殖率を意味することになる。総資本内部留保率は、負債による成長、財務レバレッジ、企業間信用による買入債務の利用などによって総資本に対する負債の比率が高まれば低下する。また、その逆に負債の依存度を低下させることによって高まることになる。そこで、総資本内部留保率に加えて、資本ないし株主持分（日本の会社法でいう純資産）に対する各内部留保の比率を資本内部留保率あるいは株主持分内部留保率として、次のように算出する。株主持分内部留保率は、負債すなわち他人資本の依存度を除いた部分としての株主持分すなわち資本に対する内部留保の厚さないし構成比を示すことになる。すなわち、それは他人資本を除いた、創業以来の資本の増殖率を意味することになる。

　　　　株主持分公表内部留保率（％）
　　　　　＝公表内部留保額／（株主持分＋自己株式）[**]×100
　　　　株主持分実質内部留保率（％）
　　　　　＝実質内部留保額／（株主持分＋自己株式）[**]×100
　　　　　[**] 株主持分＝資本＝純資産であり、内部留保から自己株式に関連する部分を控除しない場合は、分子との整合性を考慮して自己株式を分母に加算する。

　なお、実質内部留保率については、貸倒引当金と減価償却累計額の過大償却分を分子に含める場合に整合性を考えて分母にも両者を加算するが、法人企業統計でこれら情報がないため、ここでの算式においては表記していない。また、実質内部留保の蓄積構造を分析するために、以下のように実質内部留保の構成比を明らかにする実質内部留保構成比率が有効である。

　　　　実質内部留保構成比率（％）
　　　　　＝各実質内部留保の構成科目／実質内部留保×100

　以上の指標の他に内部留保差額（＝実質内部留保－公表内部留保）や内部留保倍率（＝実質内部留保／公表内部留保）などを用いながら、以下では分析を進める。

3 日本企業における総資本構成の変化と内部留保

(1) ▶ 全産業・全規模における総資本構成の変化

　日本の大企業は、第二次世界大戦前の財閥を基礎にした企業関係を保持することで、戦後まもなく6大企業集団（系列）を形成した。この6大企業集団は、メインバンクである銀行を中心に社長会を組織して、1991年のバブル崩壊まで堅固に維持されてきた。特にメインバンク制度は、高い負債依存度をもたらし、日本における大企業の総資本構成に少なからず影響を与えてきた。すなわち、日本経済の特徴とされた間接金融優位の金融構造のなかで、日本の大企業は、高度成長期にメインバングを通じた「安価な負債」による資金調達を基礎に成長を遂げてきたのである[13]。また、企業集団内での法人同士による少数の株式の相互持合いは、配当を目的とするよりは取引関係の維持や「安定株主」として機能することで、一般株主を軽視しながら相対的に配当を低く抑えて、内部留保にまわしてきた。

　しかし、大企業の資本構成と内部留保は、高度成長期から今日に至るまで、石油ショック以後の低成長、バブル経済とその後の長期不況、国民がその実感を持てなかったITバブル崩壊後の2002年から2008年まで続いた戦後最長の好景気、さらに2008年9月のリーマンショックに端を発した世界同時不況などの様々な要因によって変化してきている。

　まず、大企業の分析に先立って図表17-1を用いて、日本の全産業・全規模における総資本及びその構成科目の推移を確認しておく。これを見ると日本の企業は、1960年度から1995年度までの間に一貫して総資本を成長させてきたことがわかる。この成長を可能にしたものが負債、特に金融機関からの借入金と企業間信用である買入債務による拡大であった。1995年度において日本企業の負債は1,091兆円、金融機関借入金は509兆円であり、共に過去最高額に達した。しかし、1996年度から負債及び金融機関借入金は顕著に縮小傾向を示すことになる。なお、買入債務は、バブル崩壊後の1990年代前半にすでに縮小傾向に入っていた。

図表 17-1 全産業、全規模の総資本及びその構成科目の推移（単位：億円）

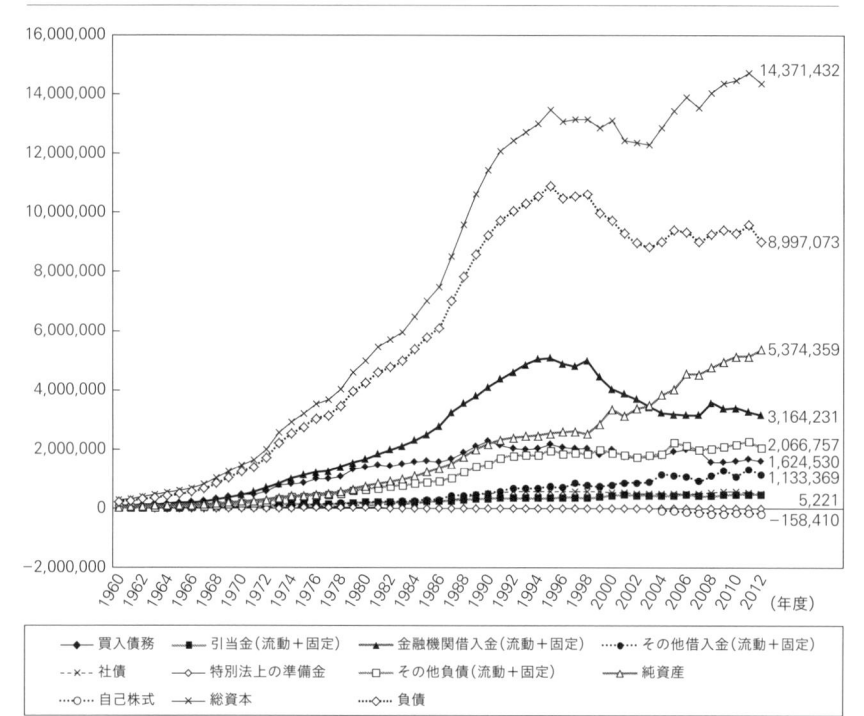

凡例			
◆ 買入債務	■ 引当金（流動＋固定）	▲ 金融機関借入金（流動＋固定）	＊ その他借入金（流動＋固定）
× 社債	◇ 特別法上の準備金	□ その他負債（流動＋固定）	△ 純資産
○ 自己株式	✕ 総資本	◇ 負債	

2012年度の値：
- 総資本 14,371,432
- 負債 8,997,073
- 純資産 5,374,359
- 金融機関借入金 3,164,231
- その他負債 2,066,757
- 社債 1,624,530
- 買入債務 1,133,369
- 引当金 5,221
- 自己株式 −158,410

(注) データは、金融・保険業を除く全産業である。金融機関借入金、その他借入金、引当金、その他負債は、流動負債部分と固定負債部分を合計している。右軸の数値は、2012年度の金額である。2012年度の社債は、550,504億円、引当金は484,063億円である。

(出所) 財務省・財務総合政策研究所『法人企業統計年報』より作成。

　これらの負債の縮小に連動して日本企業の総資本は、1996年度から2003年度までの期間にわたって縮小傾向にあった。これは、1960年度以降はじめて日本経済に起きた現象である。やがて、この総資本の減少傾向は2004年度から再び成長に転じたが、この成長は、もはや負債による成長ではなく、資本（純資産）による成長に転換されたのであった。図表17-1に見るように負債は2000年代の後半から傾向的にほぼ横ばい状態であり、金融機関借入金は、2008年度の金融危機に若干上昇したものの傾向的には2004年度からほぼ横ばいとなった。特に2003年度は、金融機関借入金と純資産の金額が1960年度以来はじめて逆転して、純資産による成長へと完全に重点移

図表17-2 全産業、全規模における総資本構成比の推移（単位：％）

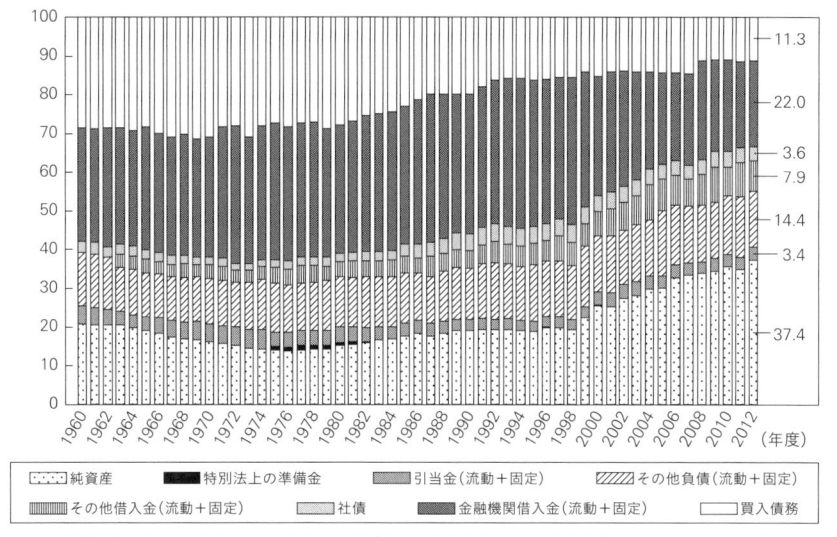

（注）金融機関借入金、その他借入金、引当金、その他負債は、流動負債部分と固定負債部分を合計している。右軸の数値は、2012年度の構成比である。
（資料）財務省・財務総合政策研究所『法人企業統計年報』より作成。

行した象徴的な年度となった。

　次に図表17-2によって、全産業・全規模における総資本の構成比について検討する。総資本に対する負債の構成比は、1960年度に79％であったが、その後も上昇を続けて、そのピークは第一次石油ショックから3年後の1976年度で86.3％まで上昇した。しかし、その後、2000年代後半には70％を下回り、2012年度の段階では62％まで低下している。これに対して総資本に対する純資産の構成比は、傾向的に上昇して2012年度には38％と過去最高となっている。先に検討したように金額で見ると1996年度から低下した負債であるが、構成比から見るとすでに低成長期に入った1970年代後半から日本企業は負債の依存度を低下させてきたことがわかる。ただし、金融機関借入金は、1994年度の38.8％がピークであり、その後、2003年度以降に30％を下回り、2012年度に21％まで低下している。なお、金融機関以外の借入金である「その他借入金」は傾向的に構成比を高めている。また買入

図表 17-3　全産業、全規模の実質内部留保に関連する構成科目の推移（単位：億円）

[グラフ：1960年度～2012年度の推移]
- 資本金：3,044,828
- 利益剰余金：1,278,213
- 資本剰余金：1,056,258
- 引当金（流動＋固定）：484,063
- その他：151,374
- 特別法上の準備金：5,221
- 自己株式：-158,410

凡例：引当金(流動+固定)／特別法上の準備金／資本金／資本剰余金／利益剰余金／その他／自己株式

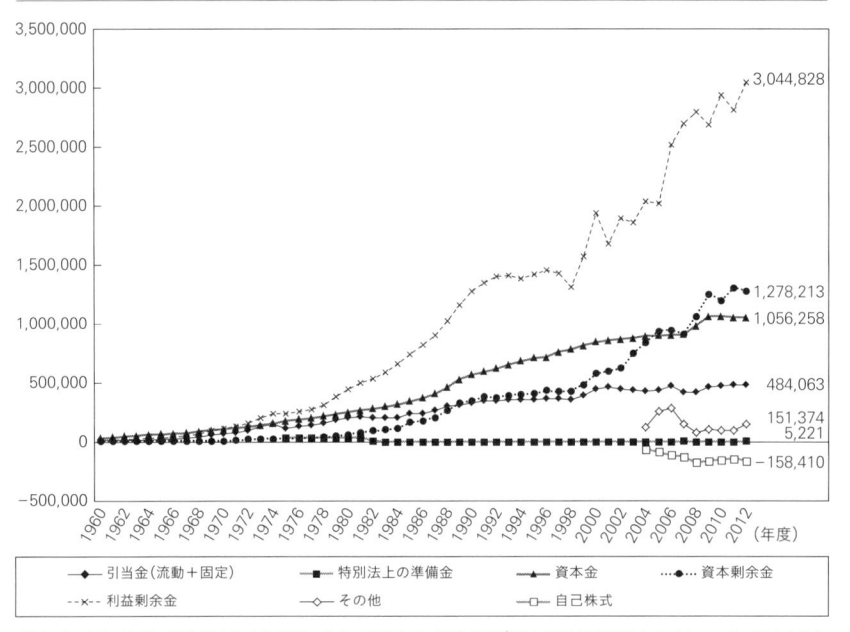

（注）データは、金融・保険業を除く全産業である。引当金は、流動負債部分と固定負債部分を合計している。資本金と自己株式は、実質内部留保に算入しないが、比較のため示している。右側の数値は、2012年度の金額である。
（出所）財務省・財務総合政策研究所『法人企業統計年報』より作成。

債務は、1969年度の31.4％がピークであり、1980年代以降に低下傾向を示して、いわゆるデフレ傾向のなかで2012年度には11.2％まで落ち込んでいる。

　このような1970年代後半からの負債の構成比の低下は、買入債務の減少が大きく起因している。これは低成長期の減量経営による企業間取引の減退およびバブル経済崩壊による長期不況、近年のグローバル化に伴う売上および仕入価格の低下による企業間信用の減少によってもたらされたと考えられる。さらに、2000年代以降における金融機関借入金の低下傾向は、内部留保の進展と反比例して一層負債の依存度を低下さることになったのである。

　このような純資産による成長は、図表17-3に見るように利益剰余金すなわち公表内部留保や資本剰余金などの成長によってもたらされたことがわかる。利益剰余金は、2012年度に300兆円を超えて過去最高額である304兆

図表17-4 全産業、全規模における実質内部留保構成比率の推移（単位：％）

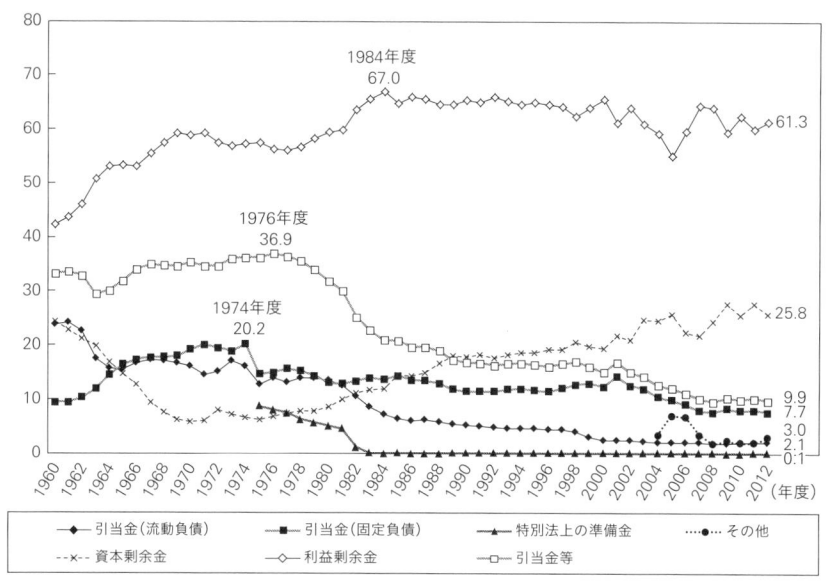

（注）引当金等は、流動負債および固定負債の引当金に特別法上の準備金を加算した金額である。右側の数値は、2012年度の構成比である。
（資料）財務省・財務総合政策研究所『法人企業統計年報』より作成。

円に達している。2012年度に127兆円となった資本剰余金は、2000年代後半から資本金の額を上回って成長し始めている（最高額は2011年度の130兆円である）。また、実質内部留保を構成する引当金（流動負債と固定負債の計上額合計）は、2012年度に利益剰余金と同じく過去最高額の48兆円に達している。この引当金は、内部留保の下支えとして、利益剰余金、資本剰余金に次ぐ大きさであり、傾向的に未だに上昇傾向を示していることがわかる。

図表17-4は、この実質内部留保における構成比率である。この実質内部留保構成比率から見ると利益剰余金は、1960年代の42％から上昇して、1984年度には67％に達した。その後、傾向的におおよそ60％代で推移しており、日本の企業の内部留保の主要な柱となっていることがわかる。1960年代以降35％程度で推移していた引当金等（＝流動及び固定負債の引当金＋特別法上の準備金）は、1980年代以降、構成比としては傾向的に低下してきている。

資本剰余金は、1980年代に上昇し始めて、旺盛なエクイティファイナンス[14]を背景にバブル経済の絶頂期である1989年度に引当金等と逆転しており、引当金等と対照的な動きを示している。その後、2001年度まで資本剰余金は、長期不況により横ばいであったが、戦後最長の好景気となった2002年度以降に再び上昇して2012年度で約26％に達している。日本経済において1970年代まで内部留保の蓄積に大きな役割を演じていた引当金等は、2012年度には約10％に低下して、資本剰余金が利益剰余金に次ぐ内部留保の蓄積構造の柱に取って代わったことになる。特に2000年前後からの引当金等の低下は、税制改正により引当金が損金算入できなくなったことが起因していると考えられる。また、1960年代から1970年代に固定負債の引当金と同程度あるいはそれ以上に構成比が高かった流動負債の引当金は、1980年代以降減少を続けて、ピークであった1960年度の25％から2012年度には2％に低下している。以上のように日本企業における内部留保の蓄積構造のあり方が変化している。

　なお、総資本に対する利益剰余金の構成比、すなわち総資本公表内部留保率を確認すると、1960年代前半に約6％前後であった利益剰余金の構成比は、2012年度に21％と過去最高率となっている。また、公表内部留保に引当金、特別法上の準備金、資本剰余金、評価・換算差額等（その他の包括利益累計額）である「その他」を含めた最広義の総資本実質内部留保率は、1960年代前半には11.5～14.7％であったが、2012年度に34.2％と同じく過去最高率に達している。このようにリーマンショックや東日本大震災とそれに伴う福島第一原発の放射能漏れ事故を経たのちにも日本企業の内部留保の蓄積率は進展していることがわかる。

(2) ▶ 大企業における総資本構成の変化

　日本における大企業[15]の内部留保の詳細について分析する前に、まずは大企業における総資本構成の変化を概観しよう。図表17-5に見るように大企業は、全規模の動向よりいち早く1991年のバブル崩壊以降、負債による成長はすでに横ばいとなり、金融機関借入金や社債などに依存する成長から転

図表17-5 大企業における総資本及びその構成科目の推移（単位：億円）

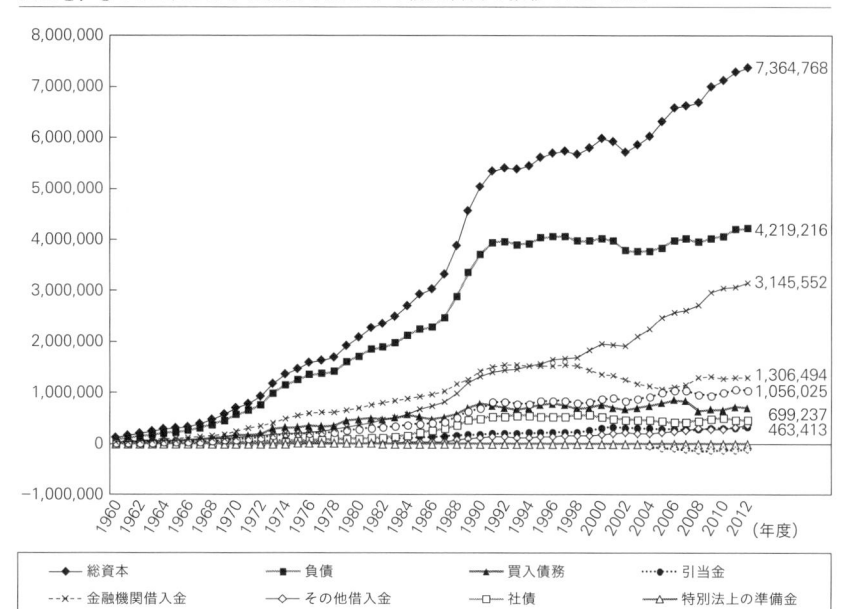

凡例：
- ◆ 総資本
- ■ 負債
- ▲ 買入債務
- ● 引当金
- ✕ 金融機関借入金
- ○ その他借入金
- □ 社債
- △ 特別法上の準備金
- ・ その他負債
- ◆ 純資産
- ◇ 自己株式

2012年度の金額：総資本 7,364,768、負債 4,219,216、3,145,552、1,306,494、1,056,025、699,237、463,413

(注) データは、金融・保険業を除いた全産業である。金融機関借入金、その他借入金、引当金、その他負債は、流動負債部分と固定負債部分を合計している。右側の数値は、2012年度の金額である。2012年度のその他借入金は362,150億円、引当金は326,597億円、特別法上の準備金は5,199億円、自己株式は−116,397億円である。
(出所) 財務省・財務総合政策研究所『法人企業統計年報』より作成。

換した。1990年代からは、純資産、特に利益剰余金すなわち公表内部留保による成長へと転換したのである。ただし、2003年度以降、傾向的に再び負債が逓増してきており、ある程度負債を活用しながら、純資産、特に内部留保の蓄積によって成長するようになっている。

次に図表17-6によって総資本に対する構成比を検討すると、1960年度に大企業の負債と純資産の割合は、73％対27％であったが、第一次石油ショック後の1975年度には、おおよそ日本企業全体の傾向と同じように85％対15％と負債の依存度は最高度に達した。しかし、大企業の金融機関借入金の依存度は、日本企業全体の傾向よりも早く、ピーク時の1975年度にすでに39％を占めるようになっていた。その後、負債の依存度は低下することになり、最も負債の依存度が低下した2010年度では、56％対44％になって

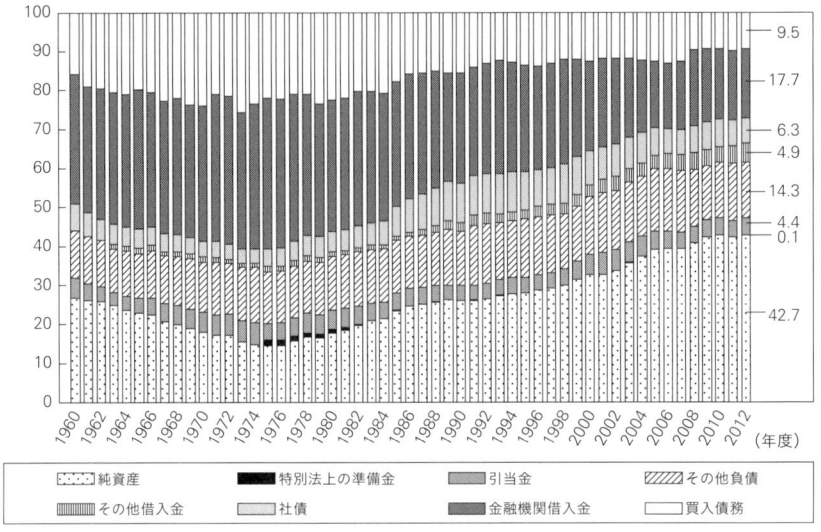

図表17-6　大企業における総資本構成比の推移（単位：％）

右側の数値（2012年度の構成比）：
- 9.5
- 17.7
- 6.3
- 4.9
- 14.3
- 4.4
- 0.1
- 42.7

凡例：純資産／特別法上の準備金／引当金／その他負債／その他借入金／社債／金融機関借入金／買入債務

(注) データは、金融・保険業を除いた全産業である。金融機関借入金、その他借入金、引当金、その他負債は、流動負債部分と固定負債部分を合計している。右側の数値は、2012年度の構成比である。
(出所) 財務省・財務総合政策研究所『法人企業統計年報』より作成。

いる。また、金融機関借入金依存度は同年度に18％まで低下した。大企業においても構成比から見ると低成長期に入った1970年代後半から次第に負債に取って代わって純資産の構成比が拡大していることが確認できる。

以上のように、長期の傾向から見れば、日本の大企業は、総資本の構成比のレベルでは、すでに企業の投資が減退して資金需要が低下した1970年代後半の低成長期から徐々に負債の依存度を低めて、純資産に依存する財務構造にシフトしたのである。また構成比でなく金額から見た場合に、1991年のバブル崩壊を境に長期不況とそれによる銀行を中心とした6大企業集団の溶解・再編が進むなかで、負債による成長は横ばい傾向となり、純資産による成長へと転換した。それは、後に分析するように総資本における純資産、特に資本剰余金と利益剰余金等、すなわち内部留保への成長が高まることでもたらされたのである[16]。しかし、後述するようにこの内部留保の成長とは対照的に人件費は1990年代に入り鈍化し、2000年代には縮小することになる。

4 規模別の内部留保における特質と問題点

(1) ▶ 大企業に集中する内部留保
―――大中小企業における内部留保額の推移

　大企業、中企業、小企業に規模別に区分した場合に内部留保の実態は、どのような状況にあるのだろうか。ここでは、大企業を資本金10億円以上、中企業を5,000万円以上から10億円未満まで、小企業を5,000万円未満として規模別の内部留保を分析する。

　図表17-7は、全産業における公表内部留保と実質内部留保を大中小の規模別に示したものである。2012年度の段階で大企業は、公表内部留保142兆7,770億円、実質内部留保283兆6,376億円を蓄積していることがわかる。これに対して、中企業は、公表内部留保77兆8,425億円、実質内部留保111兆2,330億円、小企業は、公表内部留保83兆8,633億円、実質内部留保101兆4,993億円となっている。全産業における公表内部留保および実質内部留保に占めるそれぞれの割合は、大企業で公表46.9％、実質57.1％、中企業で公表25.6％、実質22.4％、小企業で公表27.5％、実質20.4％である。2012年度の法人企業統計における母集団数（金融保険を除く）を確認すると、大企業は5,205社であり、全規模の企業数273万9,810社のわずか0.19％である。同じく、中企業は8万6,275社、3.15％であり、小企業は264万8,330社、96.66％に上る。したがって、日本の内部留保額が、わずか0.19％の大企業にいかに集中しているかがわかる。特に実質内部留保は、公表内部留保以上に大企業に集中している。図表17-7に見るように2012年度における大企業の公表および実質内部留保は、史上最高額であった。

　長期的な傾向を見ると、バブル経済期に著しい成長を示した大企業の内部留保は、バブル経済が崩壊して長引く不況を経験した1990年代に内部留保の進展が鈍化している。しかし、1990年代までは、前年度の内部留保額を下回ることなく、一貫して内部留保額は増加して行ったのである。ところが、さらに強蓄積を実現した2000年代では、その初頭である2001年度のITバブルの崩壊により、初めて日本の大企業における公表および実質の内

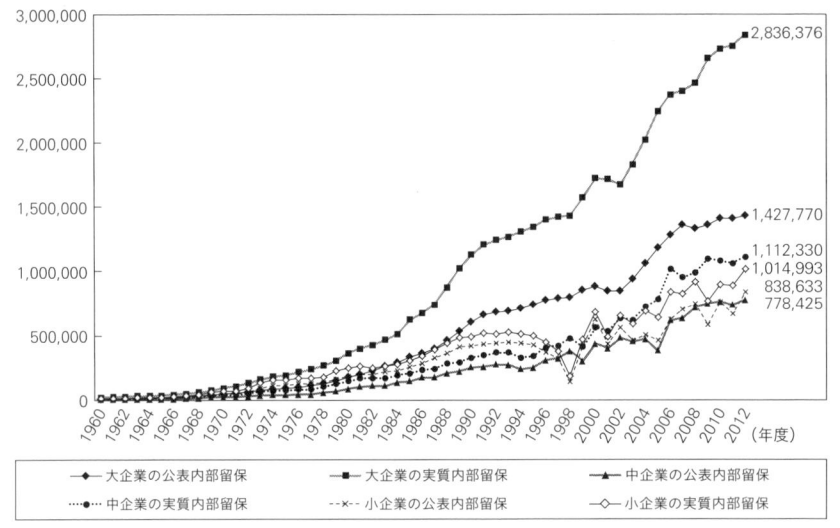

図表17-7 規模別の実質および公表内部留保の推移（単位：億円）

	2012年度の金額
大企業の実質内部留保	2,836,376
大企業の公表内部留保	1,427,770
中企業の実質内部留保	1,112,330
中企業の公表内部留保	1,014,993
小企業の実質内部留保	838,633
小企業の公表内部留保	778,425

（注）1960年度から2012年度までの母集団の増加は、大企業が415社から5,205社に、中企業が2,966社から86,275社に、小企業が493,825社から264,330社になっている。右側の数値は、2012年度の金額である。
（出所）財務省・財務総合政策研究所『法人企業統計年報』より作成。

部留保が対前年に対して減少する事態が生じている。ITバブルの崩壊は日本の大企業の内部留保に大きな影響を与えたことがわかる。さらに2008年度におけるリーマンショックに加えて、2011年度の東日本大震災と福島第一原発放射能漏れ事故などの影響により公表内部留保は、2000年以降、3回にわたり対前年度を下回っている。新自由主義的な経済政策とグローバル化が深化した日本経済において、2000年代以降、日本の大企業は、傾向的に強蓄積を実現する一方で、その反動とも言うべき蓄積の一時的減少に見舞われるという不安定な状況に曝されることになったのである。

これに対して、中企業、小企業では、すでに1980年代までに内部留保の対前年度に対する減少が生じていた。小企業の内部留保は、1990年代前半の停滞期を経て1990年代後半には大企業とは対照的に急激な縮小傾向に陥っていた。特に1997年の消費税の引き上げやアジア・ロシア通貨危機により1998年度には大きな内部留保の縮小をもたらしている。2000年代以降、

中企業、小企業ともに、実質および公表内部留保は、増加傾向を示しながらも、ITバルブの崩壊、サブプライムローン問題やリーマンショックなどの経済的な変動によって大企業以上に内部留保の著しい増減変化を繰り返すようになっている。

　また、図表17-7でもわかるように実質内部留保は拡大してきているが、前述したようにその実質と公表の内部留保額の差額は、中企業・小企業のそれよりも大企業の方が大きい。大企業で1960年に公表と実質の倍率（＝実質／公表）は、2.9倍であったが、その後、1.9倍程度に低下し、再び1976年度に2.2場合に上昇した。1985年度以降は、おおよそ1.9倍前後で推移しており、少なくとも大企業の実質内部留保は、今日において公表内部留保の2倍程度を確保していることが明らかになる。これに対して、1985年度以降、実質内部留保が進展した2005～6年度前後を例外とすると中企業では1.4倍、小企業では1.3倍程度であり、実質内部留保において大企業がさらに強蓄積している状況となっている。

(2) 大中小企業における1社当たりの内部留保額
―― 実質内部留保で強蓄積する独占企業

　以上の規模別の内部留保分析は、その母集団全体の傾向を表したものである。そこで、次に規模別1社当たりの内容を図表17-8で確認しておく。

　2012年度における大企業1社当たり内部留保においても、実質で544.93億円、公表で274.31億円といずれも過去最高の蓄積額を達成している。同じく中企業では、それぞれ12.89億円、9.02億円、小企業では、0.38億円、0.32億円であり、共に過去最高額となっている。2012年度の1社当たりの公表に対する実質の倍率は、大企業で2.0倍、中企業で1.4倍、小企業で1.2倍である。1社当たりの分析においても大企業は、独占的な地位によって実質内部留保の強蓄積を図っていることが確認できる。これに対して規模が小さくなるほど、倍率は低下しており、実質内部留保による蓄積が規模の差によって規定されていることがわかる。

　なお、規模別の1社当たりの内部留保の成長性を1960年度に対する2012年度の倍率で確認すると、大企業の内部留保は、実質11倍、公表で16倍、

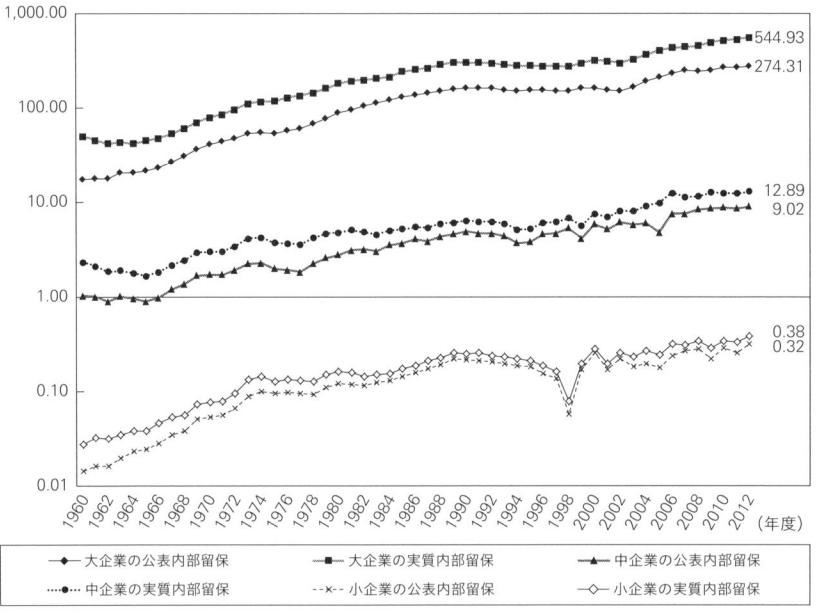

図表17-8 1社当たりの大中小企業の実質および公表内部留保の推移（単位：億円）

	2012年度
大企業の実質内部留保	544.93
大企業の公表内部留保	274.31
中企業の実質内部留保	12.89
中企業の公表内部留保	9.02
小企業の実質内部留保	0.38
小企業の公表内部留保	0.32

（注）グラフは、対数グラフである。右側の数値は、2012年度の金額である。
（出所）財務省・財務総合政策研究所『法人企業統計年報』より作成。

中企業の内部留保は、実質で6倍、公表で9倍の成長であり、中企業は大企業のほぼ半分程度の成長となっている。小企業の実質および公表内部留保の成長はそれぞれ14倍と22倍になるが、これは小企業に対して大企業、中企業がすでに高度成長の前半までに内部留保の蓄積が一定規模に達していたため1960年度を基準とした場合に小企業の成長性が高くなるためであると考えられる。

5 大企業における内部留保の特質と問題点

(1) ▶ 大企業における実質内部留保の蓄積構造

図表17-9は大企業（全産業）における実質内部留保額の構成科目を時系列に示したものである。前述したように大企業は公表内部留保に加えて、これを超える実質内部留保部分でも蓄積を行っている。そこで、このような実質内部留保の蓄積構造がどのようなものであるかについて、その特質を分析しよう。

実質内部留保を構成する科目で最も大きい項目が利益剰余金であるが、大企業においても資本剰余金（そのほとんどが資本準備金である）が近年では実質内部留保の蓄積に貢献している。資本剰余金は、2012年度で96兆1,165億円に達している。時系列で見ると全産業・全規模の状況と同様にバブル期に株価上昇を背景としたエクイティファイナンスにより増加しており、この時期に引当金（流動＋固定）を超えている。資本剰余金は、その後も一貫して上昇を続けているが、特に近年ではリーマンショックによる不況により資金調達の必要性があったために2008年度から2009年度にかけて急増しており、実質内部留保を押し上げていることがわかる。

大企業においても1985年まで利益剰余金に次いで実質内部留保の主要な構成科目であった引当金は、1986年度以降、前述のように資本剰余金に取って代わられている。特に2000年代に入ると引当金は2008年度まで逓減している。その後、若干増加しているが、傾向的には2000年代になってほぼ横ばいで推移している。なお、特別法上の準備金は、1970年代に実質内部留保を若干押し上げる役割を果たしていたが、それ以後は内部留保の構成科目としてはわずかな額となっており、2012年度で5,199億円に止まっている。

「その他」（その他の包括利益累計額）は、主にその他有価証券などの評価換算差額であるので経済状況によって伸縮するが、近年、実質内部留保を押し上げていたことがわかる。ピークであった2006年度には、「その他」だけで実質内部留保を19兆4,859億円膨らませた。なお、2012年度には11兆5,545

図表17-9　大企業における実質内部留保に関連する構成科目の推移（単位：億円）

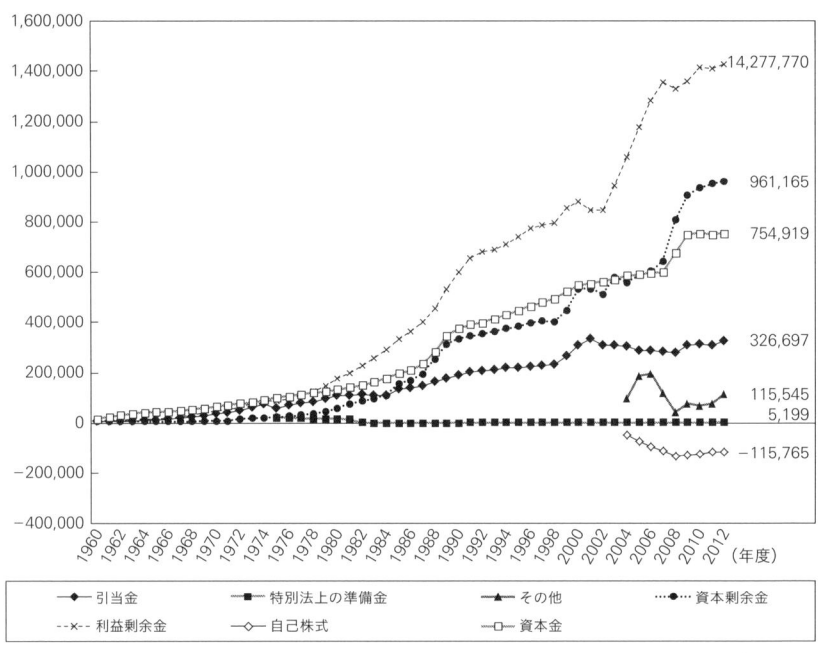

2012年度の金額：
- 利益剰余金　14,277,770
- 資本剰余金　961,165
- 資本金　754,919
- 引当金　326,697
- その他　115,545
- 特別法上の準備金　5,199
- 自己株式　−115,765

凡例：引当金／特別法上の準備金／その他／資本剰余金／利益剰余金／自己株式／資本金

（注）データは、金融・保険業を除いた全産業である。資本金と自己株式は、実質内部留保に算入しないが、比較のため示している。右側の数値は、2012年度の金額である。
（出所）財務省・財務総合政策研究所『法人企業統計年報』より作成。

億円となっている。

　次に図表17-10によって実質内部留保に占める各勘定科目の構成比を検討しよう。1960年度には資本剰余金は35.6％であり、利益剰余金34.8％、引当金等（流動負債および固定負債の引当金に特別法上の準備金を加算した構成比）35.1％を上回っており、最も実質内部留保のウエイトが高かった。しかし、その後、資本剰余金の比重は低下して、全産業・全規模の動向と同じく引当金等が高度成長期における重要な実質内部留保の柱になったことがわかる。大企業の引当金等は、全産業・全規模より高く、1976年度には42.6％（流動負債の引当金12.2％、固定負債の引当金20.6％、特別法上の準備金9.7％）となり、利益剰余金44.7％とともに内部留保の2大項目となっていた（資本剰余金12.7％）。引当金等は、大企業において最も活用されていたのである。しか

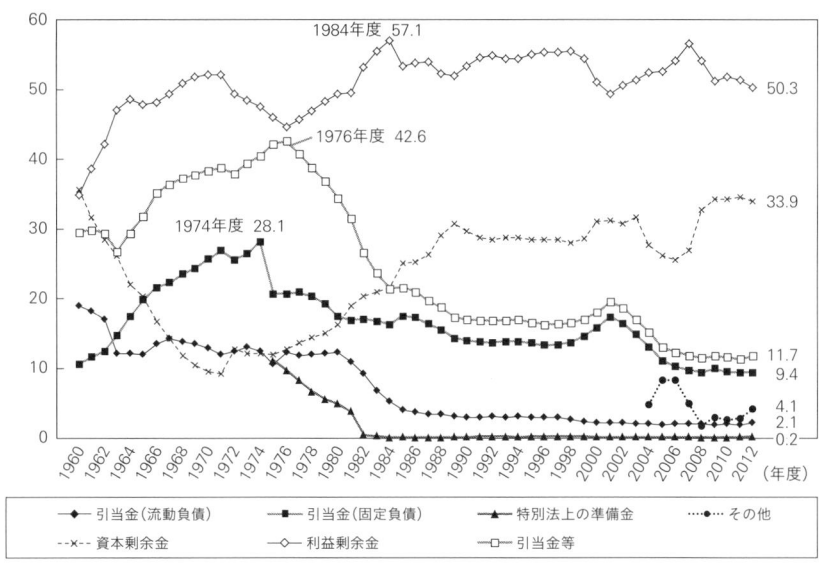

図表 17-10　大企業における実質内部留保の構成比（単位：％）

し、これをピークに引当金等は、その後の15年間、低下し続けて、1990年代には16％前後で推移するようになる。引当金等は、2012年度には11.7％（流動負債の引当金2.1％、固定負債の引当金9.4％、特別法上の準備金0.2％）まで低下して、かつての役割を終えて実質内部留保の下支えという機能に止まるようになっている。このような引当金等と対照的にウエイトを再び高めることになったのが、前述した資本剰余金である。1980年代から大企業の資本剰余金は、1989年度の30.7％まで上昇を続けて、その後、同水準でいったん横ばいになるが、近年では構成比を高めて2012年度で33.9％となっている。1989年度の全産業・全規模の資本剰余金の構成比は17.3％程度であるから、引当金等と同様に大企業においては資本剰余金による蓄積が大きく貢献していることがわかる。

「その他」（その他の包括利益累計額）は、2005年度の8.3％がピークで、2012年度は4.1％のウエイトとなっている。

なお、利益剰余金は、第一次石油ショック後の低成長期には減少して1976年度には44.7%に低下した。しかし、1980年代以降は、おおむね50〜55%前後で推移しており、2012年度で50.3%になっている。この時期、全産業・全規模が65%前後で推移しているが、引当金等や資本剰余金を利用した実質内部留保による蓄積ができる大企業では、利益剰余金のウエイトが低くなる特徴がある。

　以上のように大企業の実質内部留保の蓄積構造は、1960年代前半には資本剰余金、引当金等、利益剰余金が蓄積の3大項目であったが、それ以後は利益剰余金を中心にして、これに高度成長期には引当金等が、また1980年代後半には資本剰余金が実質内部留保の主要な構成要素として機能したことになる。以上のように全産業・全規模に比べると大企業は、実質内部留保によって強蓄積を実現していることがわかる。

(2) ▶ 製造業、非製造業、金融・保険業における内部留保の特質

　大企業における内部留保は、各産業において同じ蓄積の特質を有しているわけではない。そこで、個別の産業における分析に先立って、図表17-11を用いて製造業、非製造業、金融業・保険業に3区分した大企業の公表内部留保および実質内部留保について概観する。なお、法人企業統計は、2008（平成20）年度調査より金融業、保険業と「郵政5社」を調査対象に加えている。また、金融業、保険業を調査対象に加えたことに伴い「金融機関を子会社とする純粋持株会社」も調査対象に加わった[17]。ただし、非製造業の内訳であるサービス業に属する「純粋持株会社」が統計上、独立した業種として表示されたのは、2009（平成21）年度調査からである。

　公表内部留保の金額を見るとリーマンショックが起こる前である2007年度までは、製造業が非製造業の公表内部留保を上回っており、日本の製造業が公表内部留保を最も蓄積してきたことがわかる。ところが、2008年度以降は、製造業と非製造業の公表内部留保額は逆転して、2012年度に非製造業では77兆2,775億円、製造業では65兆4,994億円となっている。金融業・保険業については、2012年度で34兆9,554億円であり、金融・保険業を含

図表17-11 大企業における製造業、非製造業、金融業などの実質・公表内部留保の推移 （単位：億円）

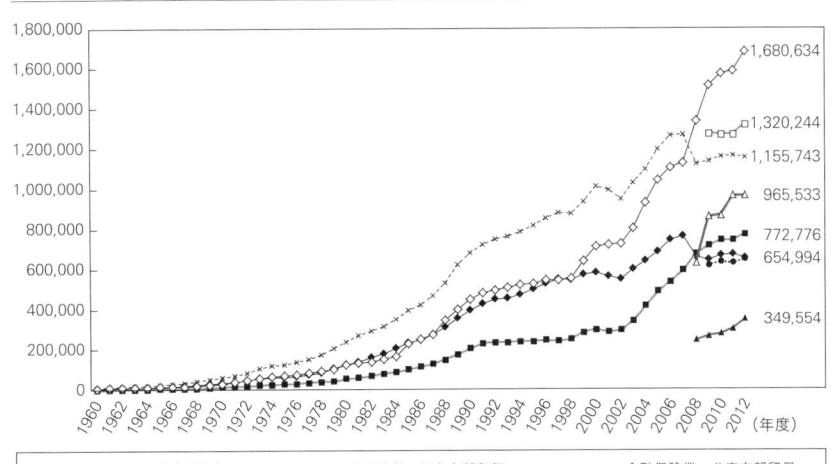

	1,680,634
	1,320,244
	1,155,743
	965,533
	772,776
	654,994
	349,554

凡例：
- ◆ 製造業・公表内部留保
- ■ 非製造業・公表内部留保
- ▲ 金融保険業・公表内部留保
- ● 非製造業・公表内部留保（純粋持株会社を除く）
- × 製造・実質内部留保
- ◇ 非製造業・実質内部留保
- □ 非製造業・実質内部留保（純粋持株会社を除く）
- △ 金融保険業・実質内部留保

（注）1. 純粋持株会社（「金融機関を子会社とする純粋持株会社」）が2008年度より、日本郵政（株）、郵便事業（株）、郵便局（株）が2009年度より非製造業として調査対象に加わった。ただし、純粋持株会社については、2009年度より非製造業の内訳が明らかにされるようになった。右軸の数値は、2012年度の金額である。2012年度の非製造業公表内部留保（純粋持株会社を除く）は、649,225億円である。
2. 金融・保険業は、「金融業、保険業（集約）」のデータを用いている。なお、金融・保険業の実質内部留保には、引当金、特別法上の準備金のデータが集計されていないため加算していない。

（出所）財務省・財務総合政策研究所『法人企業統計年報』より作成。

む大企業全体の内部留保額177兆7,324億円に対して19.7％程度の規模となっている。

　実質内部留保では、製造業と非製造業における金額の差は、一層広がり、2012年度に製造業で115兆5,743億円、非製造業で168兆634億円に達しており、非製造業において実質内部留保での蓄積が進展している。これらに対して金融・保険業では、96兆5,533億円となっている。なお、非製造業について純粋持株会社を除くと、2012年度で非製造業の公表内部留保は64兆9,225億円、実質内部留保は132兆244億円まで減少する。したがって、非製造業の内部留保は、純粋持株会社の内部留保によって押し上げられていることがわかる。

　公表内部留保の蓄積の状況を時系列で見ると、次のように経済的な要因に

より成長と停滞が見て取れる。非製造業の公表内部留保は、特に1991年度のバブル経済の崩壊から1998年度まで大きな停滞期となっている。いったんは、1999年度に上昇に転じたが2001年度のITバブル崩壊による不況の影響を受け、2002年度まで再び停滞を見せている。しかし、2003年度以降は、戦後最長の好況期のもとで非製造業の公表内部留保は一転して急拡大して強蓄積を示すことになるとともに、実質内部留保はそれ以上に拡大している。

製造業の公表内部留保は、バブル経済の崩壊から1998年度まで内部留保の成長に若干の鈍化が見られるが、非製造業ほど停滞を示していない。この期間に公表内部留保および実質内部留保ともに非製造業と製造業の差が開き、製造業の公表および実質の内部留保による蓄積が非製造業に対して相対的に進んだ。

その後、ITバブルの崩壊の影響を受けて製造業の公表および実質内部留保は、2002年度まで減少する。それとともに非製造業の強蓄積により、両者の差は減少していく。さらに、製造業の公表および実質内部留保は2008年度以降停滞傾向にあるが、非製造業は、2012年度まで成長傾向にあり、特に実質内部留保が拡大している。また、金融業・保険業も、リーマンショック以後に一貫して右肩上がりの蓄積傾向を示している。2008年度に対する2012年度の公表および実質内部留保額の倍率は、それぞれ金融業・保険業で1.43倍、1.53倍の成長であるのに対して、製造業は1.00倍、1.03倍、非製造業は1.15倍、1.26倍となっており、金融・保険業の成長に対して製造業が停滞傾向にある。

ところで、純粋持株会社を除く非製造業の公表および実質内部留保を時系列で見ると2012年度を除き停滞していることがわかる。したがって、非製造業における2009年度以降の公表および実質内部留保の成長は、純粋持株会社の内部留保の拡大によってもたらされていることになる。

次に図表17-12で1社当たりの内部留保を確認しよう。これによると製造業の公表内部留保1社当たりのピークは、2007年度の334億円であり、製造業全社の内部留保額と同様に2012年度は312億円に低下している。製造業とは対照的に非製造業、金融・保険業は、右肩上がりの成長となっており、2012年度で非製造業は456億円、金融・保険業は417億円の公表内部留保を

図表17-12 1社当たりの大企業における製造業、非製造業、金融業の公表内部留保の推移（単位：億円）

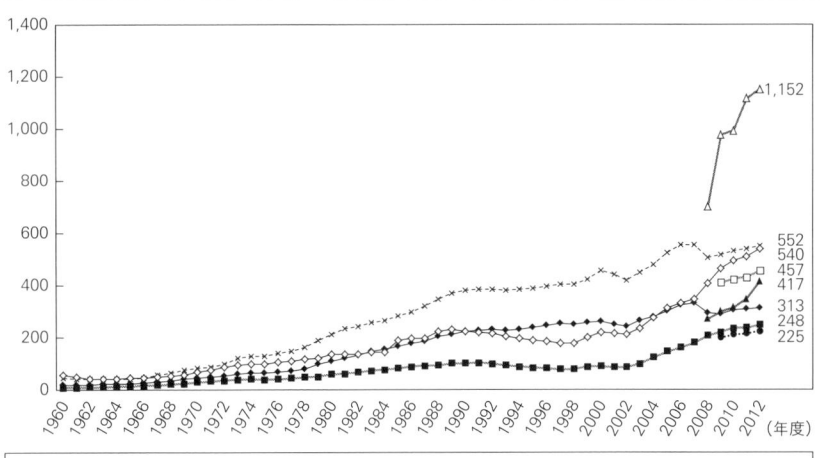

（注）1. 純粋持株会社（「金融機関を子会社とする純粋持株会社」）が2008年度より、日本郵政（株）、郵便事業（株）、郵便局（株）が2009年度より非製造業として調査対象に加わった。ただし、純粋持株会社については、2009年度より非製造業の内訳が明らかにされるようになった。右軸の数値は、2012年度の金額である。
2. 金融保険業は、「金融業、保険業（集約）」のデータを用いている。なお、金融保険業の実質内部留保には、引当金、特別法上の準備金のデータが集計されていないため加算していない。
（出所）財務省・財務総合政策研究所『法人企業統計年報』より作成。

蓄積している。同年度に実質内部留保で製造業は551億円、非製造業は540億円、金融・保険業は1,152億円の公表内部留保を蓄積となっている。1社当たりでの実質内部留保では逆転現象が生じて、金融・保険業が最も大きい留保額であり、非製造業は製造業より留保額が少ない。すなわち独占度が高い産業ほど1社当たりの実質内部留保が高くなる傾向が見て取れる。

時系列で見ると1社当たりの内部留保は、おおよそ全社の公表内部留保と同様の傾向を示しているが、いくつかの特徴が見られる。第一に1992年度から2000年度まで非製造業では公表内部留保の縮小期に入っていたことである。第二に1社当たりでは、2003年度以降の製造業と非製造業の逆転現象は見られず、ほぼ同程度の成長であるため製造業の内部留保が高くなっている。第三にリーマンショックを経た後の2009年度に金融・保険業の内部留保が製造業のそれを逆転している。これはリーマンショックの影響が日本

図表17-13 製造業における実質内部留保構成科目の推移（単位：億円）

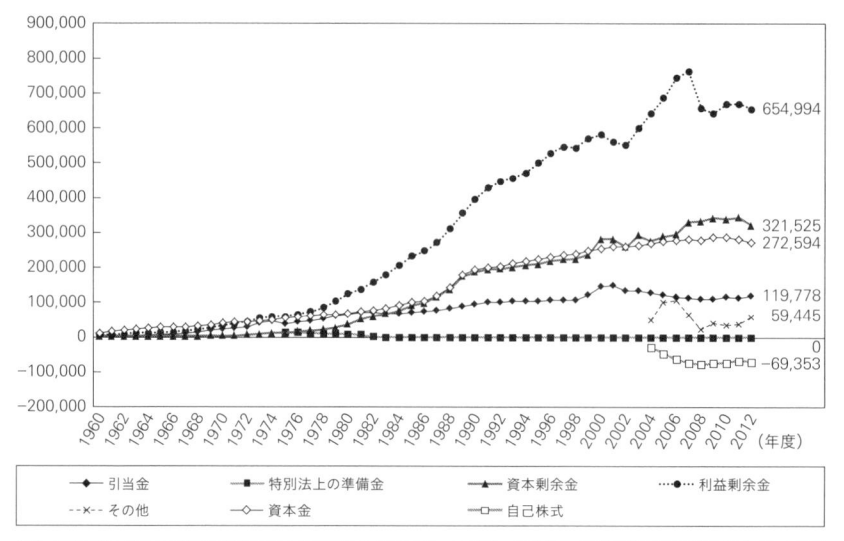

項目	2012年度
利益剰余金	654,994
資本剰余金	321,525
資本金	272,594
引当金	119,778
その他	59,445
特別法上の準備金	0
自己株式	−69,353

（注）金融保険を除く全産業のうち資本金10億円以上の企業のデータである。引当金は、流動負債と固定負債に計上された引当金を合計した金額である。実質内部留保は最広義の内部留保概念を用いている。右軸の数値は、2012年度の金額である。
（出所）財務総合政策研究所『法人企業統計年報』より作成。

図表17-14 非製造業における実質内部留保構成科目の推移（単位：億円）

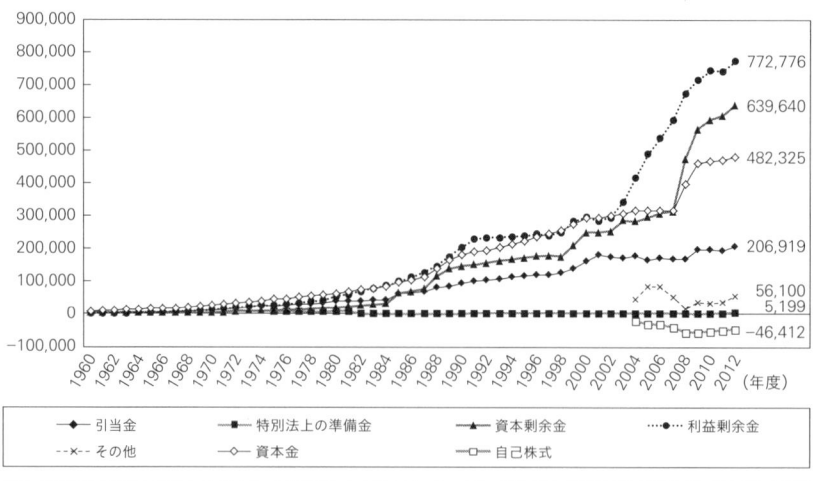

項目	2012年度
利益剰余金	772,776
資本剰余金	639,640
資本金	482,325
引当金	206,919
その他	56,100
特別法上の準備金	5,199
自己株式	−46,412

（注）金融保険を除く全産業のうち資本金10億円以上の企業のデータである。引当金は、流動負債と固定負債に計上された引当金を合計した金額である。実質内部留保は最広義の内部留保概念を用いている。右側の数値は、2012年度の金額である。
（出所）財務総合政策研究所『法人企業統計年報』より作成。

図表 17-15 非製造業(純粋持株会社を除く)における実質内部留保構成科目の推移(単位:億円)

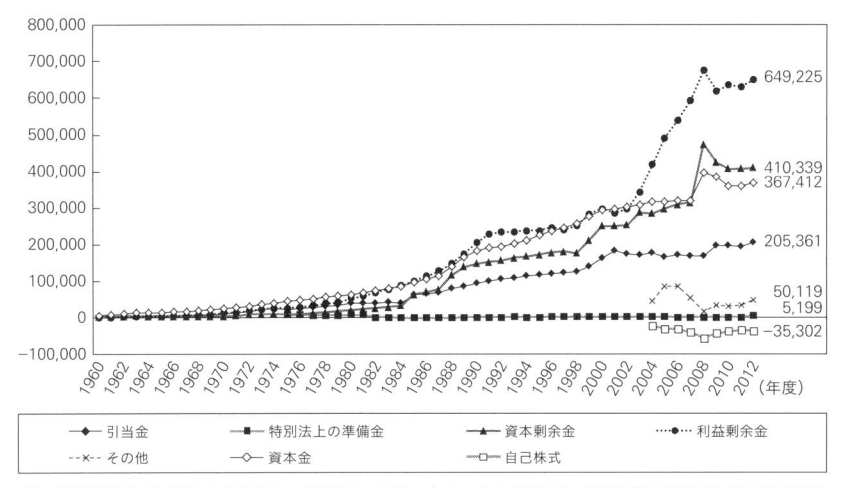

右軸の数値(2012年度):
- 利益剰余金: 649,225
- 資本剰余金: 410,339
- 資本金: 367,412
- 引当金: 205,361
- その他: 50,119
- 特別法上の準備金: 5,199
- 自己株式: −35,302

凡例: ◆ 引当金 / ■ 特別法上の準備金 / ▲ 資本剰余金 / ● 利益剰余金 / ✕ その他 / ◇ 資本金 / □ 自己株式

(注) 金融保険を除く全産業のうち資本金10億円以上の企業のデータである。引当金は、流動負債と固定負債に計上された引当金を合計した金額である。実質内部留保は最広義の内部留保概念を用いている。右軸の数値は、2012年度の金額である。
(出所) 財務総合政策研究所『法人企業統計年報』より作成。

図表 17-16 製造業における実質内部留保構成比の推移(単位:%)

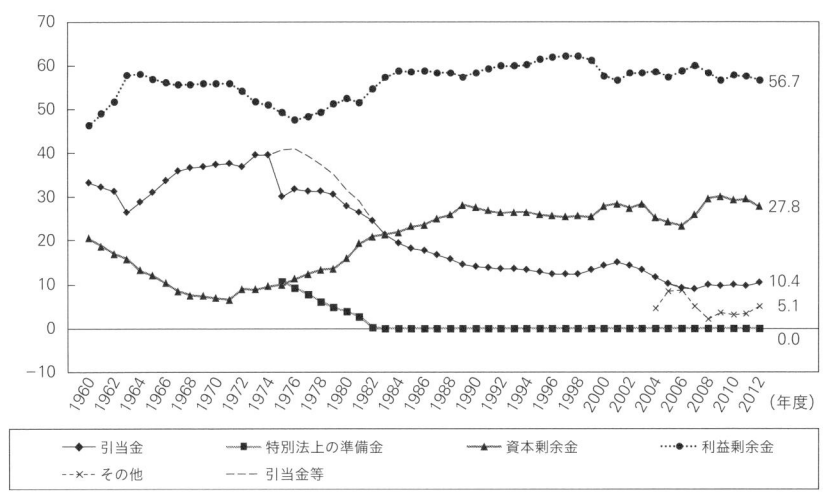

右側の数値(2012年度構成比):
- 利益剰余金: 56.7
- 資本剰余金: 27.8
- 引当金: 10.4
- その他: 5.1
- 特別法上の準備金: 0.0

凡例: ◆ 引当金 / ■ 特別法上の準備金 / ▲ 資本剰余金 / ● 利益剰余金 / ✕ その他 / --- 引当金等

(注) 金融保険を除く全産業のうち資本金10億円以上の企業のデータである。引当金は、流動負債と固定負債に計上された引当金を合計した金額である。引当金等は、引当金に特別法上の準備金を加算したものである。実質内部留保は最広義の内部留保概念を用いている。右側の数値は、2012年度の構成比である。
(出所) 財務総合政策研究所『法人企業統計年報』より作成。

図表17-17 非製造業における実質内部留保構成比の推移（単位：％）

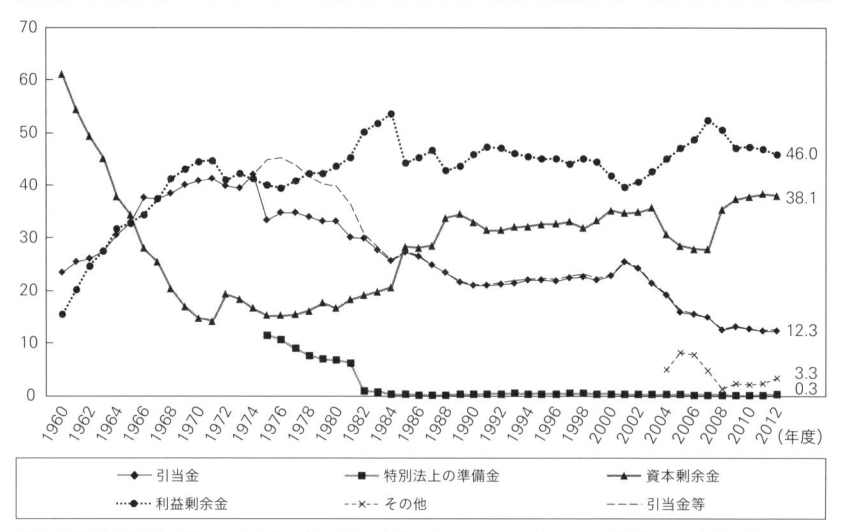

凡例：
- ―◆― 引当金
- ―■― 特別法上の準備金
- ―▲― 資本剰余金
- ⋯●⋯ 利益剰余金
- --×-- その他
- ---- 引当金等

2012年度の比率：
- 利益剰余金 46.0
- 資本剰余金 38.1
- 引当金 12.3
- その他 3.3
- 特別法上の準備金 0.3

（注）金融保険を除く全産業のうち資本金10億円以上の企業のデータである。引当金は、流動負債と固定負債に計上された引当金を合計した金額である。引当金等は、引当金に特別法上の準備金を加算したものである。実質内部留保は最広義の内部留保概念を用いている。右側の数値は、2012年度の比率である。
（出所）財務総合政策研究所『法人企業統計年報』より作成。

の金融・保険業よりも製造業において大きかったことを示している。

次に図表17-13～17-17により主に製造業と非製造業の蓄積構造などを検討する。これらの図表を見ると製造業と非製造業では明らかに蓄積構造および蓄積過程が異なることがわかる。製造業は、1978年の第二次石油ショック以降に、圧倒的に利益剰余金に依存して蓄積を進めていった。ただし、近年ではリーマンショックにより利益剰余金の蓄積が停滞している。利益剰余金の実質内部留保構成比率を見ると、1970年代の低成長期に比率を低下させているが、おおむね60％前後の水準で推移している。なお、製造業の引当金は、2001年度の15兆円をピークに縮小傾向にある。

これに対して、非製造業は、1960年代前半までは製造業とは大きく異なる蓄積構造を示しており、資本剰余金と引当金にかなり依存していた。1976年度に引当金等は45％とピークの構成比となり、利益剰余金39％を上回る蓄積構造であった。利益剰余金は1980年代後半から大旨40～50％の間

を推移しているが、戦後最長の好況期にあった2003年度以降、非製造業では利益剰余金による蓄積が急速に伸び始めている。それとともに、2008年度以降は資本剰余金でも強蓄積を進展させている。利益剰余金は、構成比で一時期52％（2007年度）に達した。ただし、2008年度以降、この利益剰余金と資本剰余金の強蓄積は、前述したように純粋持株会社によって特にもたらされたものであった。

　2012年度の実質内部留保構成比率から見た蓄積構造は図表17-16と図表17-17の通りである。利益剰余金は製造業で57％、非製造業で46％である。資本剰余金は製造業で28％、非製造業で38％である。したがって、製造業で利益剰余金の依存度が高く、非製造業では資本剰余金の依存度が高い傾向にある。ただし、2012年度の純粋持株会社を除いた非製造業では、利益剰余金49％、資本剰余金31％、引当金等16％、「その他」4％となり、資本剰余金の依存度が低下するとともに利益剰余金と引当金等の依存度が高まっている。なお、2012年度の引当金は製造業10％、非製造業12％であり、「その他」は製造業5％、非製造業3％である。引当金と「その他」共に利益剰余金と資本剰余金の下支え機能を果たしているといえる。

（3）▶製造業、非製造業、金融・保険業の内部留保と従業員の状況

　1990年代以降、新自由主義経済と米国型経営が深化するなかで日本の大企業は、公表内部留保を蓄積してきた。このような蓄積の状況は、労働者にどのような影響をもたらしているのだろうか。そこで、この状況を図表17-18によって分析する。図表17-18は、製造業および非製造業における公表内部留保、人件費、従業員数を示したものである。製造業では、1960年度から1981年度まで人件費が公表内部留保の金額を上回っている。特に1973年度から1979年度までは、おおよそ1兆円から3兆円程度の規模で公表内部留保の金額を人件費が上回っていることがわかる。ところが、新自由主義的経済が徐々に浸透してくる1980年代以降、人件費は公表内部留保の額を次第に下回り、その乖離は激しくなっていく。公表内部留保は、ピーク時である2007年度の段階で人件費を約50兆円まで上回る状態になってい

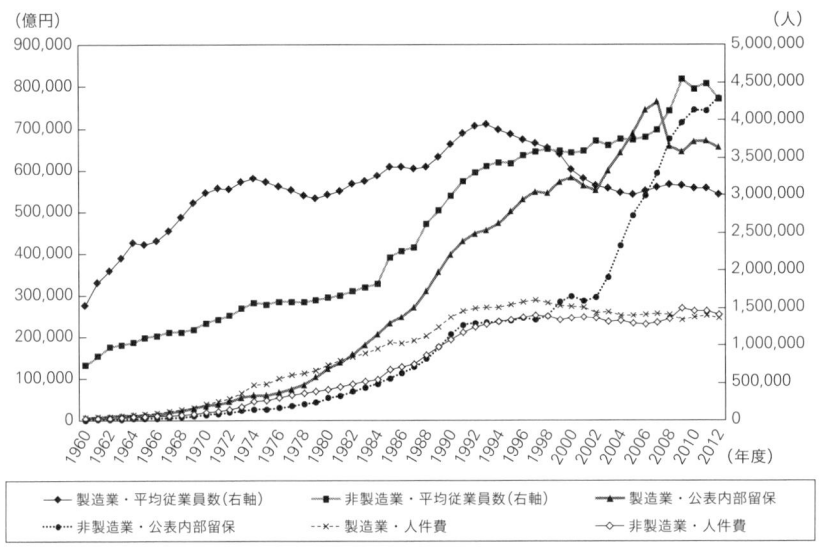

図表17−18 大企業における製造業、非製造業の公表内部留保、人件費、従業員数

（注）人件費は、従業員給与、従業員賞与、福利厚生費の合計である。
（出所）財務総合政策研究所『法人企業統計年報』より作成。

た。

　また非製造業では、1998年度まで傾向的に人件費が内部留保を上回っていたことがわかる。人件費は、製造業と同じように1973年度から公表内部留保を1兆円から2兆円程度大きく上回り、これはバブル経済が始まる1986年まで続いている。1989年度以降は、1995年度から1997年度までの3年間を除き、逆に公表内部留保が人件費を上回るようになり、労働の規制緩和が推進されて新自由主義経済が一層強まり、米国型経営が席巻した2000年代以降は、その乖離は極めて顕著になった。非製造業の公表内部留保のピーク時である2010年度にはその乖離は約48兆円に上っていることがわかる。

　次に従業員数を見ると、製造業では1974年度まで右肩上がりであったが、第一次石油ショックを契機に1979年度まで減少し続けた。それにもかかわらず、この時期、前述のように人件費は、公表内部留保を大きく上回っていた。その後の1980年度から1993年度までは、従業員数が再び上昇して雇用が創造された時期である。ところが、公表内部留保の上昇に比べて人件費の

図表17-19 1社当たりの製造・非製造業における公表内部留保、人件費、従業員数の成長性（1960年度＝100）

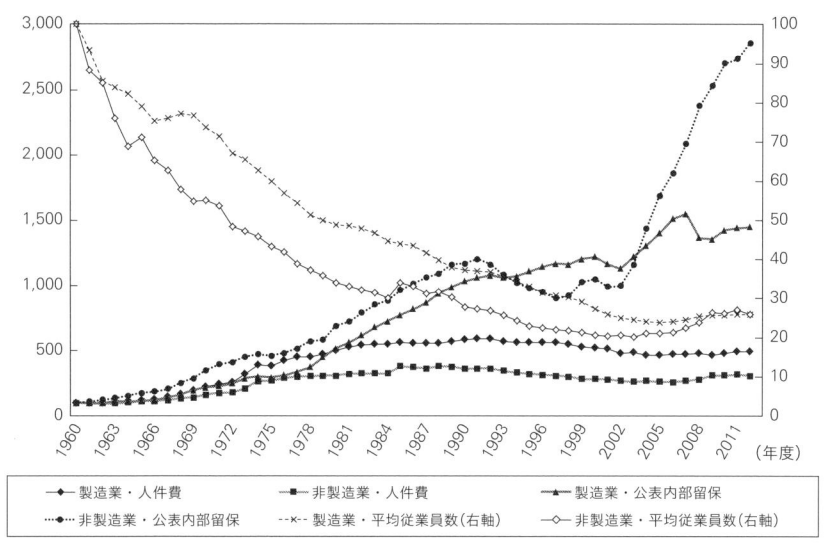

（注）人件費は、従業員給与、従業員賞与、福利厚生費の合計である。
（出所）財務総合政策研究所『法人企業統計年報』より作成。

上昇は伸び悩み、抑制されていることがわかる。さらに1993年度以降、製造業の従業員数は、公表内部留保額の上昇とは反対に傾向的に減少をすることになる。これに対して非製造業の従業員数については、リーマンショック直後の2009年度まで上昇傾向を続けているが、その人件費はバルブ経済崩壊後の1993年度から2008年度までほぼ横ばい傾向で上昇していない。

以上のように製造業では、公表内部留保が右肩上がりで上昇するなかで、1990年代以降に従業員数と人件費が抑制ないし削減さてきたことが見て取れる。こうした状況を見ると、大企業の経営は、1990年代以降、労働者の犠牲の上に公表内部留保を強蓄積していることがわかる。また、1994年度以降、製造業の従業員数の減少が、非製造業の従業員の増加によって代替されているように見える。しかし、非製造業の人件費は前述のように増加しておらず、内部留保にまわされるのが実態であった。このような状況は、非製造業が不安定な雇用条件にある非正規労働者を安価な賃金で使用しながら内

部留保を強蓄積していったことに起因していると考えられる。

　図表17-19は、大企業の製造業と非製造業における1社当たりのストックである公表内部留保とフローである人件費について、1960年度を100として見た場合の成長性について明らかにしたものである。製造業における公表内部留保の成長性は、いくつかの不況期を例外として（たとえばバブル経済崩壊後の1993～1994年度およびITバブル崩壊による2001～2002年度）、2007年度までほぼ傾向的に右肩上がりで成長している。2007年度は、15.5倍（1550ポイント）に成長していた。2012年度には14.5倍（1450）となっている。これに対して製造業の人件費は、ピーク時である1991年度の5.93倍（593）から2004年度の4.75倍（475）まで傾向的に縮小して、2012年度には4.94倍（494）に止まっている。

　非製造業における公表内部留保の成長性は、1991年度の12倍（1202ポイント）を一つの山として2002年度の9.98倍（998）まで縮小傾向にあったが、2003年度以降、一転して急成長を遂げて、ピークである2012年度に28.58倍（2858）の成長となっている。これに対して、非製造業の人件費の成長性は、ピークであった1985年度の3.8倍（380）から2006年度の2.61倍（261）まで縮小を続けて、2012年度でも3.08倍（308）に止まっている。

　また、従業員数の成長性は、1960年度（100ポイント）から急激に減少しており、製造業は2006年度に0.21倍（21）まで、非製造業は2003年度に0.2倍（20）まで傾向的に縮小している。2012年度でも製造業、非製造業ともに0.26倍（26）に縮小している。

　製造業および非製造業の人件費の成長性は、2012年度においてもピーク時の数値にいずれも達していないとともに、従業員数は成長どころか1960年度から縮小している。それにもかかわらず、2012年度において非製造業の公表内部留保は過去最高額に達している。ストックとフローの違いはあるが、これら成長性を分析すると従業員の犠牲により内部留保の成長性が確保されていることがわかる。なお、金融・保険業においても、2008年度に対する2012年度の公表内部留保、人件費、従業員数の成長性は、それぞれ1.53倍、1.13倍、1.12倍と公表内部留保の成長性が高くなっている。

6 　大企業における産業別の内部留保の特質

（1）▶ 大企業における産業別の公表内部留保額

　ここでは、製造業、非製造業、金融業・保険業を構成する代表的な産業をさらに分析することにしたい。

　まず大企業における産業別の公表内部留保を図表17-20で確認する。金融業・保険業（34兆9,554億円）を除いた場合、2012年度の段階で公表内部留保を多く蓄積している上位10産業は、①棚卸・小売業18兆6,759億円（母集団819社）、②自動車14兆8,442億円（同167社）、③化学12兆7,411億円（同360社）、④情報通信業12兆6,927億円（同444社）、⑤純粋持株会社12兆3,551億円（同220社）、⑥サービス業（純粋持株会社を除く）8兆6,107億円（同525社）、⑦運輸・郵便業7兆8,422億円（同280社）、⑧建設業5兆6,816億円（同241社）、⑨電気機械5兆583億円（同176社）、⑩不動産業4兆8,019億円（同352社）である。上位10産業のうち製造業は自動車、化学、電気機械のみとなっている。

　1960年代から時系列で公表内部留保の実態を分析すると1960年度の上位5産業は、①化学1,137億円、②鉄鋼887億円、③電気機械625億円、④自動車561億円、⑤卸売業・小売業371億円であった。1970年度には、①電気機械7,080億円、②化学7,132億円、③自動車4,961億円、④建設業3,844億円、⑤卸売業・小売業3,605億円となり、建設業が鉄鋼に取って代わっている。その後、1980年度から1990年代前半までは、卸売業・小売業と自動車の順位が入れ替わっただけで電気機械、化学、建設業の5産業が変わらず上位を占めていた。たとえば、1995年度の公表内部留保では、①電気機械11兆3,228億円、②卸売業・小売業9兆826億円、③自動車8兆4,444億円、④化学7兆8,660億円、⑤建設業5兆8,742億円の蓄積額に達した。

　2012年度には、金融・保険業と純粋持株会社を除くと、前述したように公表内部留保を蓄積している上位5産業は、製造業が自動車、化学、非製造

図表17-20 大企業における産業別公表内部留保の推移（単位：億円）

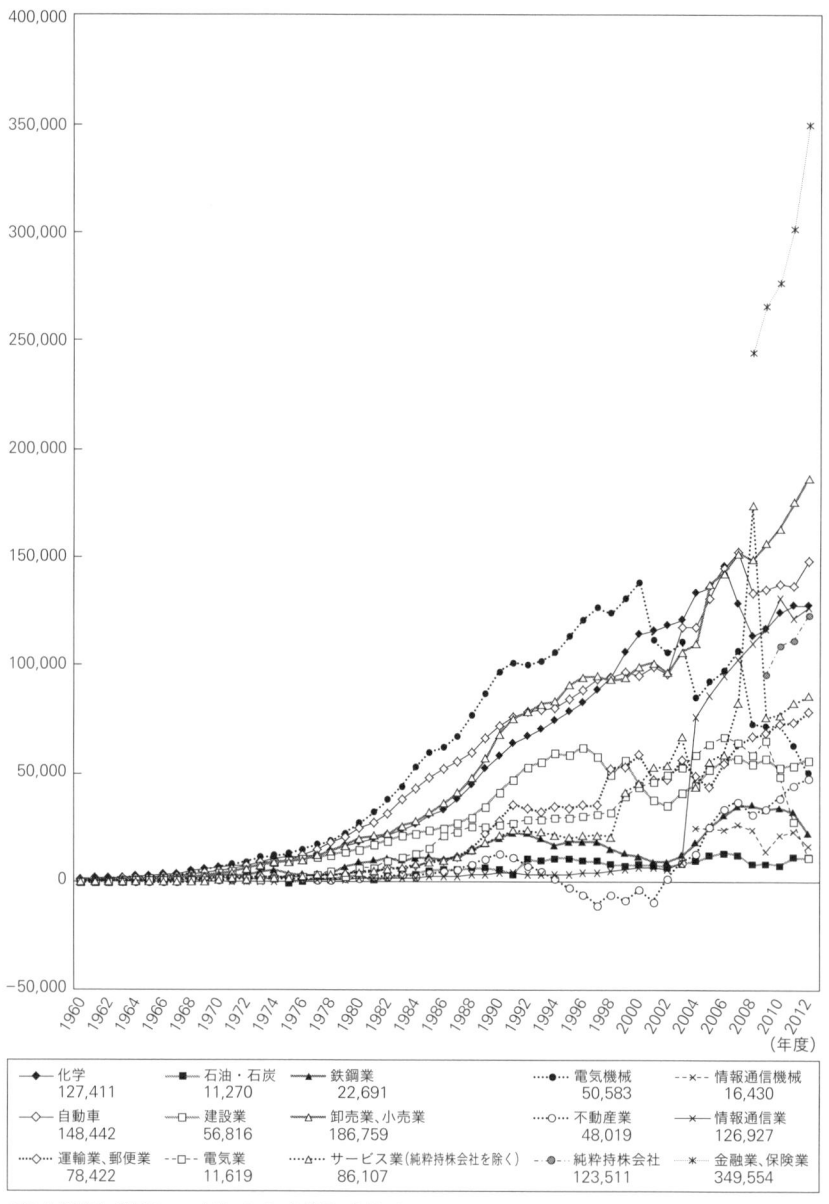

凡例	2012年度金額
◆ 化学	127,411
■ 石油・石炭	11,270
▲ 鉄鋼業	22,691
● 電気機械	50,583
× 情報通信機械	16,430
◇ 自動車	148,442
□ 建設業	56,816
△ 卸売業、小売業	186,759
● 不動産業	48,019
＊ 情報通信業	126,927
◇ 運輸業、郵便業	78,422
□ 電気業	11,619
△ サービス業（純粋持株会社を除く）	86,107
● 純粋持株会社	123,511
＊ 金融業、保険業	349,554

(注) 各凡例下の数値は2012年度における各業種の金額である。
(出所) 財務総合政策研究所『法人企業統計年報』より作成。

業が卸売・小売業、情報通信業、サービス業（純粋持株会社を除く）となっており、新たに非製造業である情報通信業やサービス業などが台頭してきている。特に、近年、金融・保険業、卸売・小売業、情報通信業、純粋持株会社、サービス業（純粋持株会社を除く）、運輸・郵便業、不動産業など金融・保険業および非製造業の公表内部留保が傾向的に進展している。

ところで日本の大企業は内部留保を傾向的に拡大していきているが、内部留保を減少させている産業がある。鉄鋼業は1990年代に、また建設業は1990年代後半に大きく公表内部留保を減少させた。その後は両産業ともにリーマンショック前の2000年代前半まで蓄積を進展させたが、2000年代後半以降、内部留保は横ばいないし逓減傾向となっている。鉄鋼業は、2012年度の公表内部留保が2兆2,691億円となり、前年度に対して9,628億円の公表内部留保を減少させている。鉄鋼業と同様の傾向を持つ情報通信機器も内部留保を減少させている。このような公表内部留保の減少という点で特に特徴的な産業は電気機械である。1990年代まで最も公表内部留保を蓄積してきた電気機械は、2000年代に入り大きく内部留保を減少させている。電気機械は、ピークであった2000年度の13兆8,767億円から2012年度までに8兆8,184億円の内部留保を減少させている。電気機械と同様に電気業も東日本大震災と原子力発電所の放射漏れ事故などで2010年度以降に公表内部留保を減少させている。電気業では、2009年度（6兆5,124億円）から2012年度（1兆1,619億円）までに5兆3,505億円の公表内部留保が減少している。

(2) ▸ 大企業における産業別の実質内部留保額

次に産業別の実質内部留保について図表17-21を用いて分析する。2012年度で金融・保険業82兆5,719億円を除いた実質内部留保が大きい産業は、①純粋持株会社36兆390億円、②卸売・小売業28兆8,852億円、③サービス業（純粋持株会社を除く）25兆897億円、④自動車24兆3,513億円、⑤情報通信業24兆3,176億円、⑥化学20兆9,052億円、⑦運輸・郵便業16兆4,029億円、⑧電気機械10兆7,311億円、⑨建設業10兆593億円、⑩電気業9兆8,383億円の順となる。

図表17-21 大企業における産業別実質内部留保の推移（単位：億円）

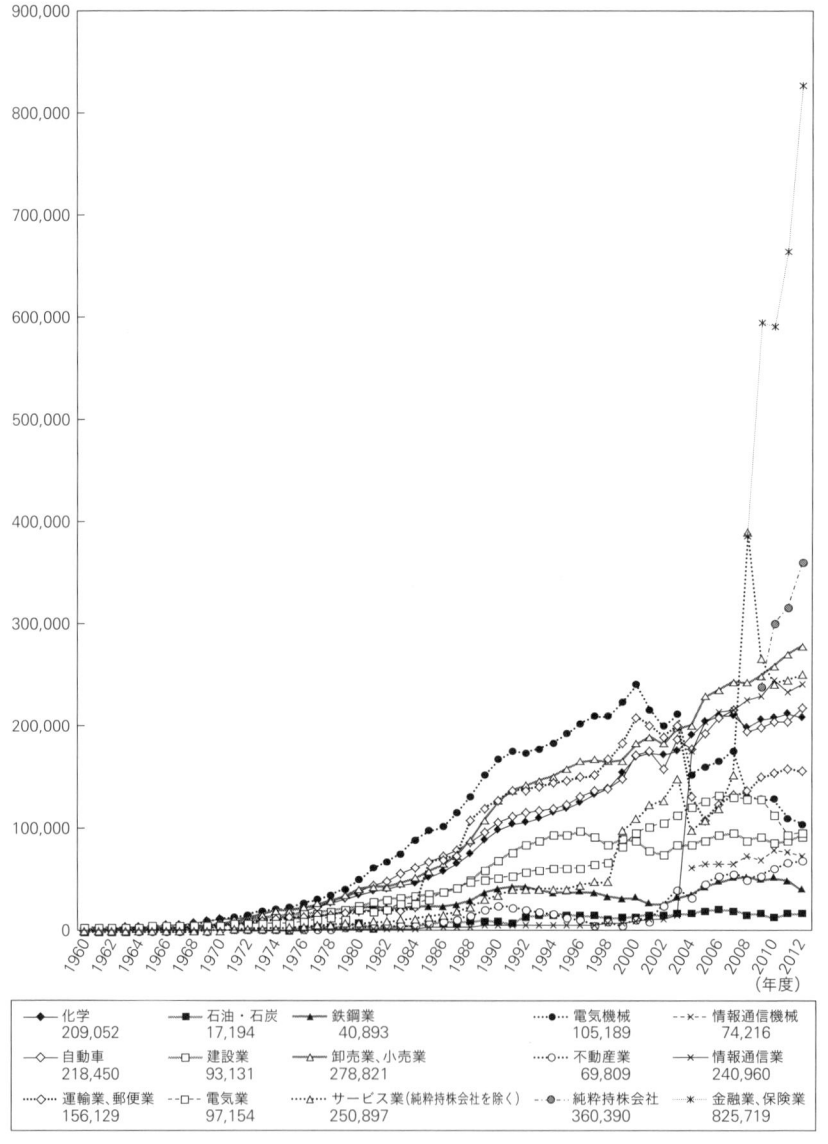

凡例	2012年度金額
◆ 化学	209,052
■ 石油・石炭	17,194
▲ 鉄鋼業	40,893
● 電気機械	105,189
×- 情報通信機械	74,216
◇ 自動車	218,450
□ 建設業	93,131
△ 卸売業、小売業	278,821
○ 不動産業	69,809
― 情報通信	240,960
運輸業、郵便業	156,129
ロ 電気業	97,154
△ サービス業（純粋持株会社を除く）	250,897
● 純粋持株会社	360,390
※ 金融業、保険業	825,719

(注) 金融・保険業については、実質内部留保の計算に関わる統計データが利益剰余金、資本剰余金、その他（その他の包括利益累計額）しか集計されていないため、これらの合計とした。各凡例下の数値は、2012年度における各業種の金額である。
(出所) 財務総合政策研究所『法人企業統計年報』より作成。

第3部　現代的課題　内部留保の実態と活用

図表 17-22 2012年度における産業別の実質と公表内部留保額の差額・倍率

産業	実質−公表(億円) 産業総額	実質−公表(億円) 1社当たり	実質／公表 (倍)
化学	81,640	227	1.64
石油・石炭	7,239	259	1.64
鉄鋼業	21,559	280	1.95
電気機械	56,728	322	2.12
情報通信機械	61,892	336	4.77
自動車	95,071	569	1.64
建設業	43,777	182	1.77
卸売・小売業	102,093	125	1.55
不動産業	37,019	105	1.77
情報通信業	116,248	262	1.92
運輸・郵便業	85,607	306	2.09
電気業	86,763	1,846	8.47
サービス業(純粋持株会社を除く)	164,790	314	2.91
純粋持株会社	236,839	1,077	2.92
金融・保険業	476,165	568	2.36

(出所) 財務総合政策研究所『法人企業統計年報』より作成。

　金融・保険業を除くと特に純粋持株会社が、際立って実質内部留保を蓄積している。また、卸売・小売業、サービス業(純粋持株会社を除く)、自動車、情報通信業、化学が20兆円を超えており、強蓄積を実現している産業であることがわかる。実質内部留保では、公表内部留保で上位に位置していた自動車、化学などの製造業より非製造業が比較的上位を占めているが、これは法人企業統計が減価償却累計額の統計をとっていないため製造業において巨額に上る減価償却累計額の過大償却分を実質内部留保に算入できないことが大きいと考えられる。それでも、おおよそ2003年頃までは、電気機械、卸売・小売業、運輸・郵便業、自動車、化学が上位を占めており、電気機械が最も実質内部留保を強蓄積していた産業であった。

　ところで、実質内部留保の蓄積の程度と構造は、製造業、非製造業で分析したように各産業においても必ずしも同じであるわけではない。そこで2012年度の実質内部留保と公表内部留保の差額と倍率をとったものが図表17-22である。これを見ると産業総額の差額では、金融・保険業が約47兆

6,165億円と最も大きい。次いで、この差額が大きい業種は、純粋持株会社約23兆円、サービス業（純粋持株会社を除く）約16兆、情報通信業約11兆円、卸売・小売業約10兆である。

　これを1社当たりの差額で算出すると、電気業が1,846億円と実質内部留保と公表内部留保の差が最も大きい産業となる。次いで、純粋持株会社1,077億円、自動車569億円、金融・保険業568億円が500億を超えている。

　実質内部留保と公表内部留保の倍率では、電気業の実質が公表の8.47倍となっており、他の産業に比して実質内部留保によって蓄積している産業となっていることがわかる。この倍率の高さは、電気業の場合、東日本大震災と放射能漏れ事故などの影響で公表内部留保が縮小したことに起因するが、その差額は8兆6,763億円に上っている。その他に2倍を超える業種、すなわち公表内部留保以上に実質内部留保で蓄積している業種は、少なくとも情報通信機械4.77倍、純粋持株会社2.92倍、サービス業（純粋持株会社を除く）2.91倍、金融・保険業2.36倍、電気機械2.12倍、運輸・郵便業2.09倍がある。倍率が高い産業の中には、近年の情報通信機械や電気機械のように公表内部留保が減少することで電気業と同様に倍率が上昇しているケースも含まれる。

　なお、実質内部留保における蓄積構造を次に検討すれば、2012年度で実質内部留保のうち公表内部留保すなわち利益剰余金で50％以上内部留保している産業は、卸売・小売業65％、自動車61％、化学61％、石油・石炭61％、建設業56％、不動産業56、情報通信52％、鉄鋼業51％となっている。これら公表内部留保を用いた蓄積に対して、資本剰余金を利用した蓄積のウエイトが最も高い産業は、純粋持株会社64％、情報通信機械61％、サービス業（純粋持株会社を除く）48％である。特に強蓄積となっているサービス業（純粋持株会社を除く）は、公表内部留保とともに、この資本剰余金による拡大が大きく貢献している。また、近年、公表内部留保が減少した電気業は、引当金（固定負債）で73％（7兆1,742億円）を占めており、これに引当金（流動負債）と特別法上の準備金を加えると75％を占めることになる。なお、電気業は、2006年度の段階で公表内部留保49％、引当金（固定負債）43％（引当金〔流動負債〕1％と特別法上の準備金4％を加えると48％）であ

り、電気業においては引当金（固定負債）が重要な内部留保の手段となっていることがわかる。

(3) 大企業における産業別の1社当たりの公表内部留保額と実質内部留保

　続いて、1社当たりの公表内部留保を産業別に検討すると図表17-23のようになる。1社当たりでは、自動車と電気業が極めて巨額な内部留保を強蓄積してきた産業となっている。電気業は産業全体の公表内部留保では大きくないが、電力会社が地域独占であるため1社当たりの内部留保が巨額に上る特徴がある。1980年代前半までは、自動車が電気業を上回ってきたが、それ以後は、電気が1社当たりの公表内部留保を圧倒的な額で蓄積していった。しかし、2000年代前半まで右肩上がりで強蓄積を進めてきた電気業は、東日本大震災と原子力発電所の放射漏れ事故を待つまでもなく2007年度以降、大きく公表内部留保を減少させている。したがって、日本経済において2012年度では自動車が1社当たりで最も強蓄積している産業となっている。時系列で見ると公表内部留保は、この2大産業が突出しており、自動車は2007年度（901億円）、電気業は2006年度（1,571億円）がピークであった。

　前述した各産業における全社の公表内部留保額では、金融・保険業が最も強蓄積している産業であったが、1社当たりでは2012年度に417億円で3位に止まり、自動車の半分弱程度の公表内部留保となっている。なお、純粋持株会社が2012年度では、562億円と2位となっており、他社企業を支配する純粋持株会社が1社当たりでは、日本の資本主義経済において自動車に次いで強蓄積を実現している。

　これら自動車、純粋持株会社、金融・保険業以外では、2012年度では石油・石炭、化学、鉄鋼などの重厚長大産業が続いており、それぞれ402億円、354億円、295億円の蓄積となっている。ただし、石油・石炭と鉄鋼は、バブル経済崩壊による「失われた10年」の影響を受けて1990年代に大きく公表内部留保を減少させた。その結果、2002年度にそれぞれ219億円、124億円まで減少している。なお、電気機械も2007年度までは、石油・石炭、化学、鉄鋼に匹敵する蓄積を実現していた。特に1990年度までは、電気機

図表17-23 大企業における各産業別1社当たり公表内部留保の推移（単位：億円）

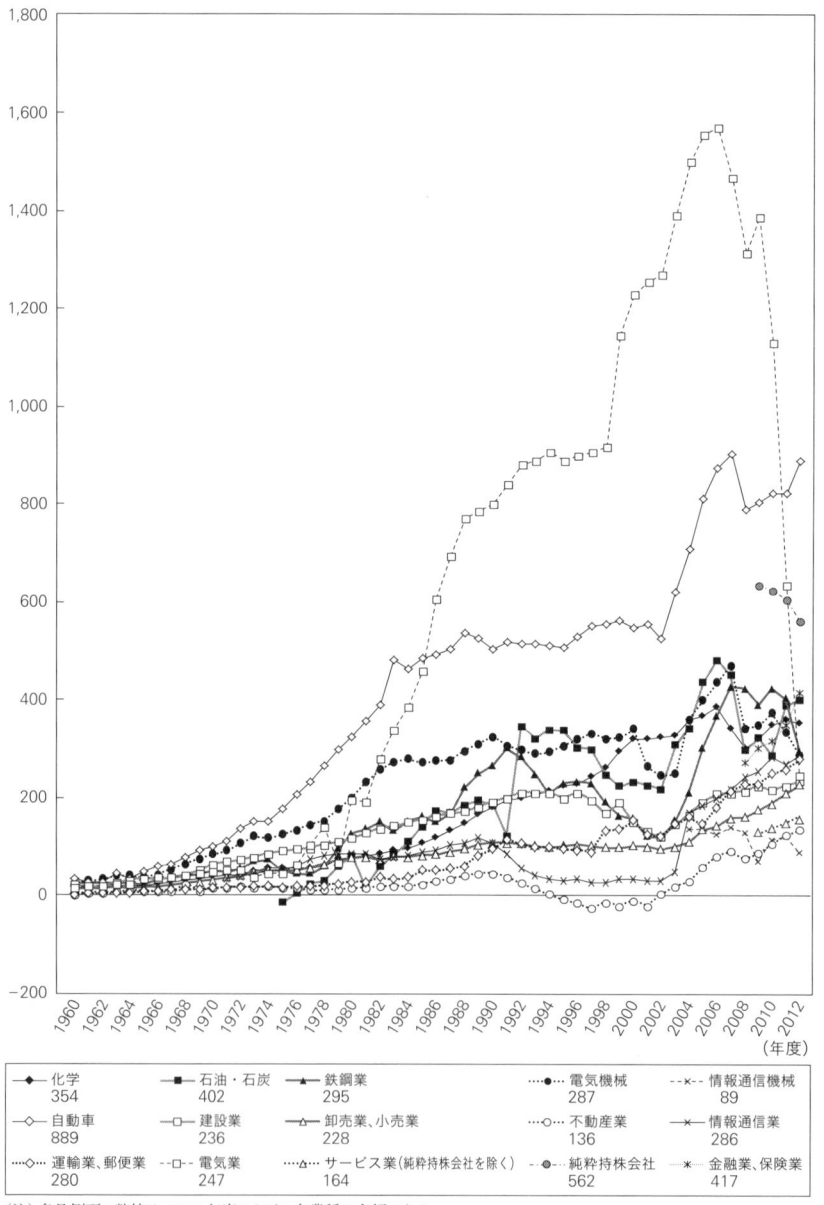

凡例	2012年度金額
化学	354
石油・石炭	402
鉄鋼業	295
電気機械	287
情報通信機械	89
自動車	889
建設業	236
卸売業、小売業	228
不動産	136
情報通信業	286
運輸業、郵便業	280
電気業	247
サービス業（純粋持株会社を除く）	164
純粋持株会社	562
金融業、保険業	417

(注) 各凡例下の数値は、2012年度における各業種の金額である。
(出所) 財務総合政策研究所『法人企業統計年報』より作成。

図表17-24 大企業における産業別1社当たりの実質内部留保（単位：億円）

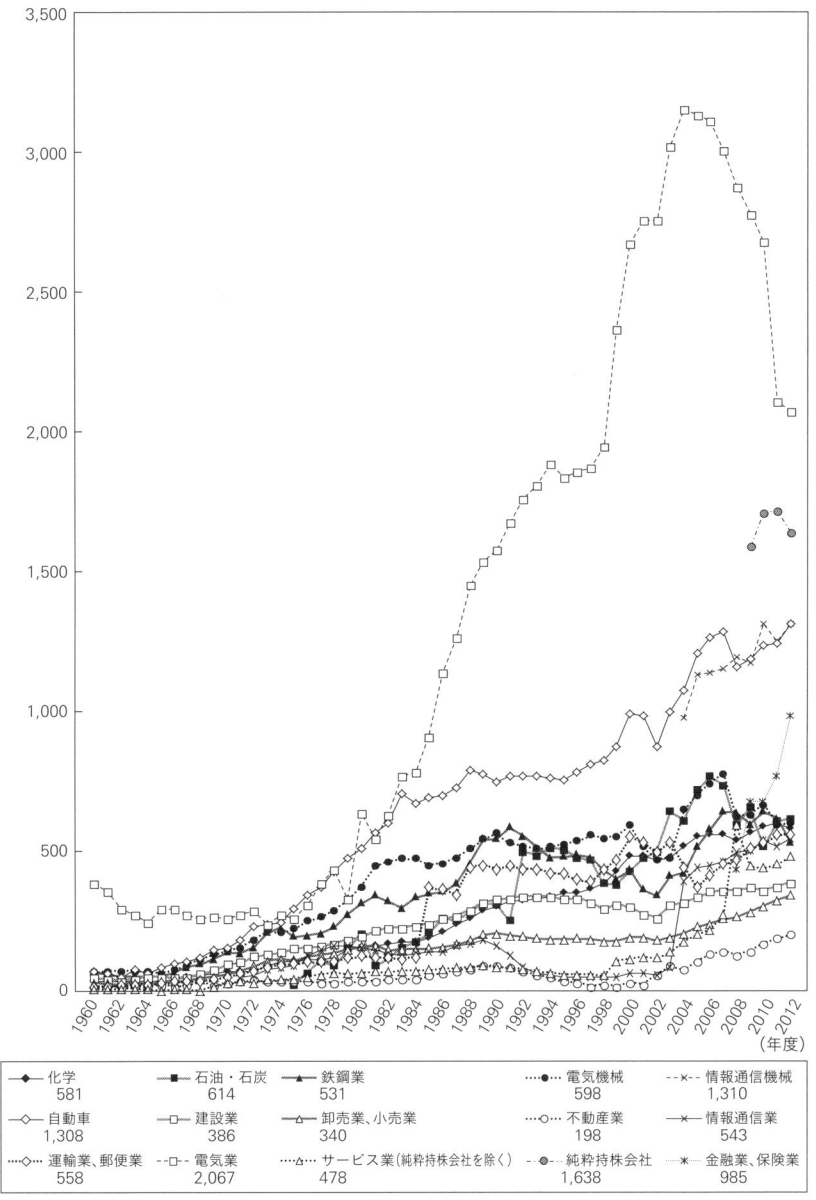

凡例	2012年度金額
◆ 化学	581
■ 石油・石炭	614
▲ 鉄鋼業	531
● 電気機械	598
×情報通信機械	1,310
◇ 自動車	1,308
□ 建設業	386
△ 卸売業、小売業	340
○ 不動産業	198
─ 情報通信業	543
◇ 運輸業、郵便業	558
□ 電気業	2,067
△ サービス業（純粋持株会社を除く）	478
● 純粋持株会社	1,638
＊ 金融業、保険業	985

(注) 各凡例下の数値は、2012年度における各業種の金額である。
(出所) 財務総合政策研究所『法人企業統計年報』より作成。

第17章 内部留保分析から見た日本資本主義の特質

械は、これら産業の公表内部留保を超える蓄積を達成していたが、2007年度の472億円をピークに減少傾向に入り、2012年度には287億円まで縮小している。

　なお、2012年度で見ると情報通信機械が89億円（ただし、ピーク時の1992年度には212億円）、不動産業が136億円、サービス業（純粋持株会社を除く）が164億円であり、今日では、これらは1社当たりの公表内部留保が比較的小さい産業となっている。

　次に図表17-24で1社当たりの実質内部留保を見ると、電気業が1960年代から他の産業に抜きん出て強蓄積している産業であることがわかる。ただし、1973年の第一次石油ショックの頃から自動車と同額程度の実質内部留保になるが、1980年代に入り再び自動車を引き離し電気業の強蓄積が進展した。電気業は2007年度以降に実質内部留保を減少させているが、公表内部留保とは異なり、2012年度の段階で2,067億円と未だに最も高い実質内部留保を確保している産業となっている。

　電気業に次ぐ蓄積を実現している純粋持株会社は、2012年度の段階で1,638億円を蓄積している。また、3位の自動車は、2012年度で過去最高の実質内部留保額1,308億円を留保している。次いで金融・保険業と石油・石炭業が、それぞれ985億円、614億円を留保している。特に自動車や金融・保険業は、リーマンショック後に右肩上がりで蓄積を進展させている。なお、リーマンショック後にこのような産業が増加傾向にあるのに対して、電気業以外に落ち込みが傾向的に続いている産業が電気機械、鉄鋼業である。電気機械の1社当たりの実質内部留保は、図表に見るようにピーク時である2007年度の800億から2012年度までに190億円減少している。鉄鋼業も同じく703億円から129億円減少した。

（4）▶ 大企業における産業別の内部留保率の特質と蓄積構造

　各産業は、総資本あるいは資本に対してどの程度の蓄積を実現しているのであろう。ここでは、図表17-25に見るように公表内部留保率と実質内部留保率を用いて1990年度と2012年度の総資本及び資本に対する蓄積率を検討

図表17-25 大企業における産業別の公表および実質内部留保率(単位：%)

	総資本公表内部留保率		総資本実質内部留保率		株主持分公表内部留保率		株主持分実質内部留保率	
	1990年度	2012年度	1990年度	2012年度	1990年度	2012年度	1990年度	2012年度
化学	19.2	30.8	32.3	50.5	50.4	54.3	84.9	89.2
石油・石炭	—	12.5	—	20.5	—	58.1	—	95.4
鉄鋼業	11.8	14.1	23.9	27.6	41.2	40.3	83.4	78.6
電気機械	21.6	17.8	37.4	37.8	51.2	43.4	88.4	92.0
情報通信機械	—	6.5	—	30.9	—	15.6	—	74.4
自動車	27.3	31.3	40.4	51.4	64.7	58.3	95.8	95.7
建設業	10.2	21.9	17.1	38.8	52.8	55.1	88.6	97.5
卸売業・小売業	7.3	19.6	13.7	30.4	41.5	56.7	77.7	87.7
不動産業	4.5	14.1	8.5	25.0	34.2	45.2	64.7	80.0
情報通信業	38.9	27.1	56.5	51.9	70.3	45.1	102.2	86.4
運輸業・郵便業	6.5	13.5	29.3	28.3	22.5	42.1	102.0	88.0
電気業	7.7	2.5	15.2	21.0	45.6	17.9	89.6	152.0
サービス業(純粋持株会社を除く)	4.6	17.1	7.7	49.8	44.2	29.0	73.7	84.4
純粋持株会社	—	16.1	—	47.0	—	26.1	—	76.0
銀行	—	1.8	—	3.7	—	34.3	—	68.3

(注) 資本金10億円以上を大企業としている。
(出所) 財務総合政策研究所『法人企業統計年報』より作成。

する。

2012年度に総資本公表内部留保率が最も高い産業は自動車であり、31.3%に達している。この他に総資本公表内部留保率が30%代に達しているのは、化学の30.8%である。自動車や化学は、総資本に対して3割を超える公表内部留保を有していることがわかる。

2012年度に対して、1990年度の総資本公表内部留保率を見ると情報通信業が38.9%と最も高い比率を有していた。情報通信業は、1990年度には総資本公表内部留保率だけでなく他の内部留保率が最も高い産業であった。また、2012年度には総資本実質内部留保率でも51.9%と最も高い産業となっており、総資本の半分以上が実質内部留保による蓄積によって賄われている産業であることがわかる。2012年度で総資本実質内部留保率が50%を超えている産業は、この他には自動車51.9%と化学50.5%である。なお、50%にほぼ近い産業がサービス業(純粋持株会社を除く)49.8%と純粋持株会社47.0%となっている。

これに対して、逆に総資本公表内部留保率あるいは総資本実質内部留保が比較的薄い産業が、銀行、重厚長大型の産業である電気業、石油・石炭、鉄鋼業、さらに不動産業などである。このような産業は、産業の特性上、膨大な資産を必要とするとともに、預金や電力債などを通じて巨額の負債による資金調達を行うために総資本に対して内部留保が薄くなる特徴がある。

　次に資本（純資産）に対する内部留保の厚さである株主持分内部留保率を検討しよう。2012年度の資本に対して公表内部留保が厚い産業では、自動車が最も高く58.3％である。株主持分公表内部留保率が50％を超えている産業は、石油・石炭58.1％、卸売・小売業56.7％、建設業55.5％、化学54.3％の順となっている。なお、総資本内部留保率では、低かった石油・石炭業が上位に位置するのは、負債の影響が取り除かれるためである。石油・石炭業に対して電気業は、株主資本公表内部留保率でも17.9％と低い。これは、東日本大震災と原発事故の影響により公表内部留保額そのものが減少しているためであり、1990年度に電力業の同比率は45.6％であった。もっとも、株主持分実質内部留保率を見ると152.0％と電力業が最も高い蓄積率を示している。これは資本の1.5倍の実質内部留保を保有していることを意味している。その次に位置する建設業が95.7％であるので、電力業の株主持分実質内部留保率が著しく高いことがわかる。これは後に見るように巨額の引当金によって実現されている。

　1990年度と2012年度の各産業の総資本内部留保率を比較して見ると多くの産業で内部留保率が上昇しており、傾向的に総資本内部留保率のレベルで大企業の蓄積が進展している。これは大企業の内部留保の増加と負債の抑制によって実現されていると考えられる。これに対して株主持分内部留保率では、上昇している産業と低下している産業が分かれている。これは電気業に見るように産業独自の要因により公表内部留保額などが減少している産業があるためである。この他にグローバル化のなかで海外企業との競争に曝されている鉄鋼業や電気機械などもこれに該当する。

　なお、内部留保率は、1960年代以降、長期的な傾向では留保率を上昇させてきている。たとえば、1960年度の総資本公表内部留保率で10％を超える図表17-25の産業はなかった。内部留保率は、このように長期的な傾向と

図表17-26 自動車(単位：億円)

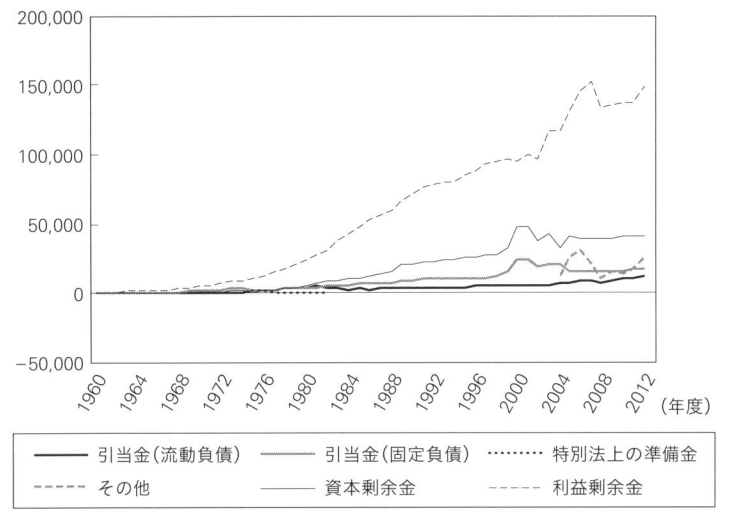

(出所) 財務総合政策研究所『法人企業統計年報』より作成。

して増加している一方で、産業独自の条件により大きく増減する性質を有している。

　最後に特徴的な五つの産業を取り上げて、大企業における蓄積構造と蓄積過程の形態を検討しておこう。図表17-26は、自動車の蓄積構造である。自動車は、基本的に利益剰余金が極めて大きい蓄積構造となっている。利益剰余金は、リーマンショック前まで主要な蓄積科目として右肩上がりで大きく成長している。前述したように2012年度で実質内部留保構成比率は61％である。この巨額な利益剰余金を資本剰余金と引当金が補完する蓄積構造となっている。この自動車に比較的近い蓄積構造および蓄積過程を持つ産業として、化学や卸売・小売業が該当する。

　図表17-27は、鉄鋼業の蓄積構造である。鉄鋼は、バブル経済が始まる前には利益剰余金と引当金で内部留保を蓄積している産業であった。特にこの時期まで鉄鋼業は、大きく引当金に依存していることがわかる。その後、バブル経済期に資本剰余金が上昇して資本剰余金が重要な蓄積科目となっている。鉄鋼業の利益剰余金は、経済状況によって大きく影響を受けて振幅する

図表 17-27 鉄鋼業（単位：億円）

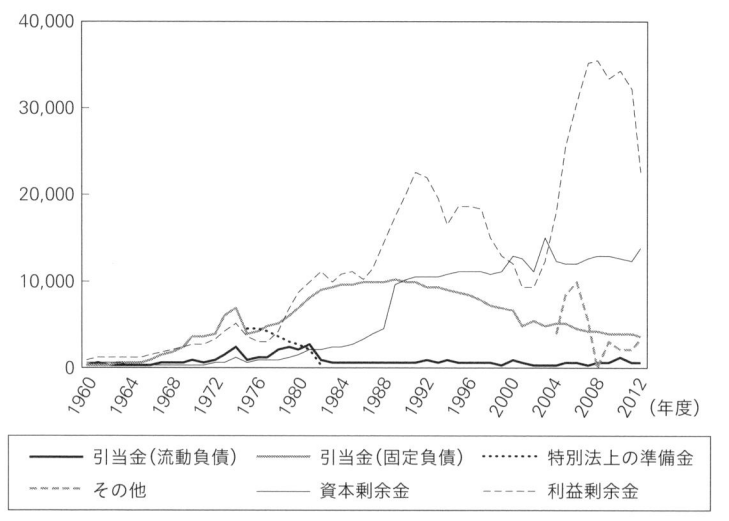

凡例: 引当金（流動負債）／引当金（固定負債）／特別法上の準備金／その他／資本剰余金／利益剰余金

(出所) 財務総合政策研究所『法人企業統計年報』より作成。

図表 17-28 電気機械（単位：億円）

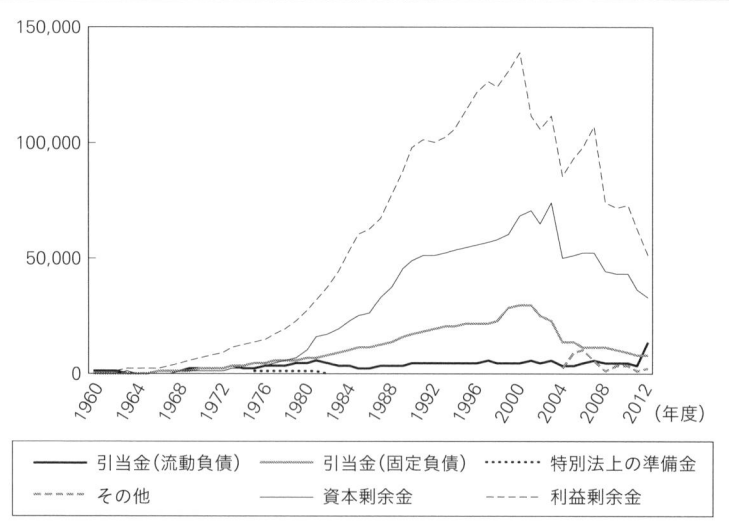

凡例: 引当金（流動負債）／引当金（固定負債）／特別法上の準備金／その他／資本剰余金／利益剰余金

(出所) 財務総合政策研究所『法人企業統計年報』より作成。

図表17-29 電気業(単位：億円)

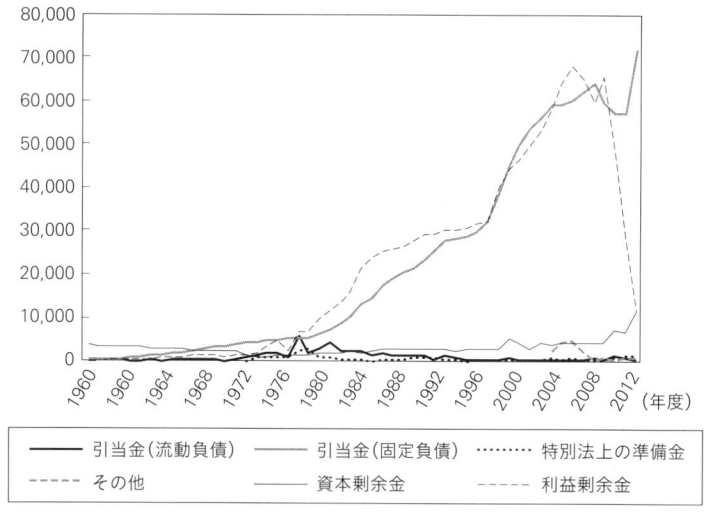

(出所) 財務総合政策研究所『法人企業統計年報』より作成。

特徴がある。また、「その他」（評価換算差額等ないしその他の包括利益累計額）による比重が高い蓄積構造であることがわかる。なお、「その他」は、外的な経済状況によって増減するため、経済ないし証券市場が良好なときには実質内部留保が増幅することになる。鉄鋼は、2012年度になると自動車などの蓄積構造に近いかたちになっている。

図表17-28の電気機械は、2000年代まで利益剰余金が自動車と同じように右肩上がりのパターンを示す産業であったが、特に資本剰余金と引当金が自動車よりも厚い蓄積構造となっていた。2000年代に入り一転して実質内部留保科目全体が縮小していく蓄積過程を示している代表的な産業といえる。なお、電気機械は、電気業と同様に「その他」での蓄積が他の産業よりも薄いという特徴がある。

図表17-29に見るように電気業は、リーマンショックまで大きく引当金と利益剰余金に依存する蓄積構造の産業であり、他の産業と蓄積構造が大きく異なっている。リーマンショック後には利益剰余金が急減して、引当金にさ

図表 17-30 サービス業(純粋持株会社を除く) (単位:億円)

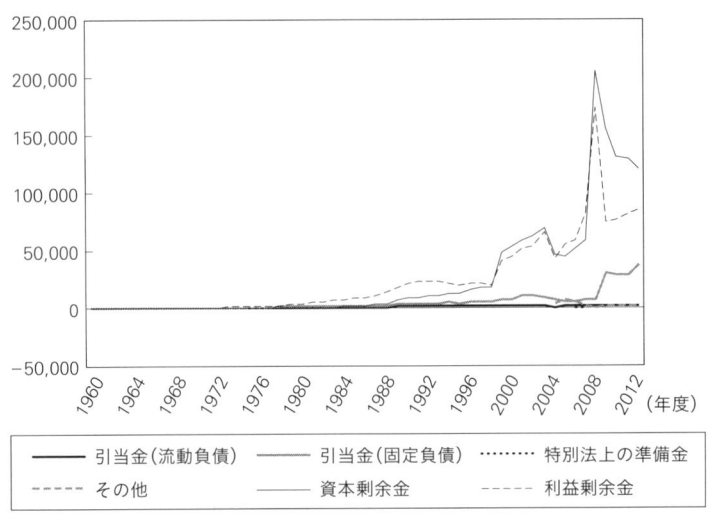

凡例: 引当金(流動負債)　引当金(固定負債)　……… 特別法上の準備金
------ その他　　　資本剰余金　------ 利益剰余金

(出所) 財務総合政策研究所『法人企業統計年報』より作成。

図表 17-31 銀行(単位:億円)

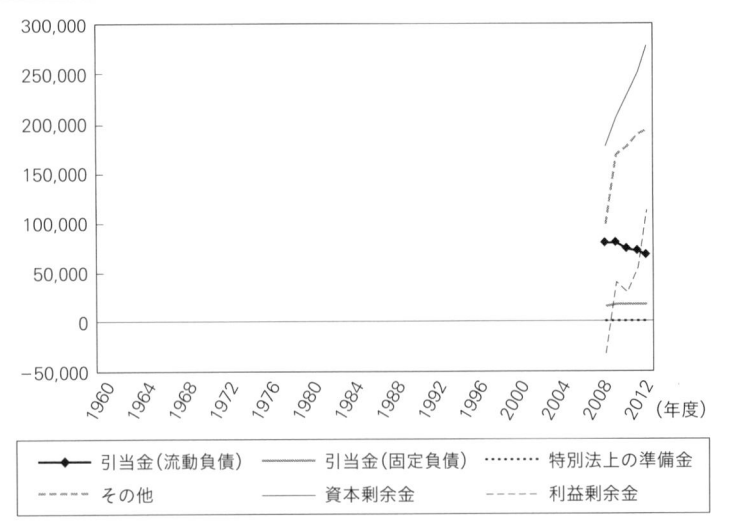

凡例: ◆— 引当金(流動負債)　引当金(固定負債)　……… 特別法上の準備金
------ その他　　　資本剰余金　------ 利益剰余金

(出所) 財務総合政策研究所『法人企業統計年報』より作成。

らに依存する蓄積構造になっている。

　前述のように2012年度で引当金等の実質内部留保構成比率は75％になっており、電気業にとって引当金は、重要な蓄積の柱であることがわかる。

　図表17-30に示したサービス業（純粋持株会社を除く）は、資本剰余金に依存する蓄積構造となっている。資本剰余金が利益剰余金を上回る産業には、この他に情報通信機械や純粋持株会社などがある。特にリーマンショック後は、利益剰余金の減少に伴って資本剰余金の依存度が高まり、前述のように2012年度で資本剰余金の実質内部留保構成比率は48％となっている。また他の産業と異なり、近年、引当金のウエイトが15％と高い蓄積構造となっている。引当金のウエイトが高い産業は、この他に石油・石炭業がある。

　なお、金融・保険業のなかで銀行を図表17-31で示した。銀行は、2012年度の実質内部留保（66兆8,067億円）のなかで利益剰余金（実質内部留保構成比率42％）、資本剰余金（同29％）、の順で蓄積しているが、その次に「その他」（同17％）が蓄積の柱になっているところが特徴的である。なお、「その他」は、「その他の純資産」から新株予約権を控除している。また近年、減少傾向にあるものの銀行という特殊性のため貸倒引当金（同10％）が引当金（同3％）を超える蓄積科目となっている。

　以上のように大企業は、その産業によって蓄積構造および蓄積過程が異なり、また時代とともにこれら産業の蓄積構造自体が変化してきていることがわかる。さらにこれら産業に属する個別資本においても同様に独自の蓄積構造と蓄積構造を有することになる。

7　おわりに

　以上のように日本経済における企業の総資本構成は、6大企業集団が溶解するなかで負債による成長から純資産、特に内部留保による成長へと転換されてきた。そのような転換のなかで、日本企業とって内部留保をいかに蓄積するかが個別資本として一層重要な課題となっているのである。

法人企業統計を用いて日本の企業における内部留保の実態を析出してきたように、日本経済において企業の内部留保は一層進展しており、日本企業の総資本公表内部留保率および総資本実質内部留保率は、2012年度に過去最大になっていた。特に内部留保は、中小企業に比して独占的な大企業に集中しており、この大企業の内部留保は、傾向的に増大するとともに2012年度には公表内部留保および実質内部留保ともに過去最大の蓄積額を達成していたのである。

　また、このような大企業の内部留保は、近年では製造業よりも非製造業と金融・保険業において内部留保が進展しているという状況が生じてきている。ただし、産業のレベルになると必ずしも蓄積構造と蓄積過程は一様でなく、産業ごとに異なる蓄積構造と蓄積過程を持っていた。そのような産業上の条件に規定されながらも今日まで日本の大企業は実質内部留保のレベルでは様々な蓄積科目によって内部留保を実現してきているのである。

　しかるに労働の規制緩和などを標榜する新自由主義的な経済の深化と米国型経営が席巻する経済状況に後押しされてきたこのような蓄積構造のなかで、従業員数および人件費は、日本企業の内部留保の蓄積の増大とは対照的に傾向的に削減されてきている。すなわち、日本企業による内部留保の進展の一因は、雇用破壊ないし雇用の抑制、非正規労働者の活用などによる人件費の抑制や削減などの要因によって実現されていたのである。しかし、従業員や下請企業などを犠牲にした日本経済における強蓄積の構造は早急に転換されなければならない。

【注】

1　先行研究として、このように内部留保を利益の蓄積という視点から捉えて分析する利益ベースないし利益留保アプローチがある。これに対して、内部留保を資金の蓄積という視点から捉えて分析する資金ベースないし資金留保アプローチの考え方がある。ここでは、基本的に前者の考え方、すなわち利益留保アプローチに基づいて論を進めている。
2　すでに小栗崇資によって、「資金需給状況」の「法人企業統計における内部留保」に関連して、「法人企業統計の数値の特徴」と2000年代における内部留保の実態が考察されている。会計理論学会2010年度スタディ・グループ［2011］（小栗崇資「内部留保の実態」

112-118頁)。
3 　企業会計基準委員会「企業会計基準第10号　金融商品に関する会計基準」(最終改正平成20年3月10日)第17項、第73項、第74項。
4 　角瀬［1981］54頁。
5 　大橋［2005］200頁。
6 　会計理論学会2010年度スタディ・グループ［2011］(特に谷江武士ほか執筆箇所参照のこと)。
　なお、第二次世界大戦前の日本において「株式プレミアムは、一部を除いて利益とされ、課税されていた」といわれる(高山［2010］98頁)。また、ドイツの会計制度では、かつて1884年株式改正法において損失填補のために「会社の設立もしくは資本金の増加に際して株式の発行により額面金額を上回って得られる利益」(第185b条2号)などを積立金として設定することが規定されていた。すなわち、株式プレミアムないし株式払込剰余金に相当するものが制度的にも利益と規定されていたのである。なお、この「利益」なる表現は、1897商法(第262条2号)において「金額」に変更されたという(五十嵐［2012］122-123、138頁)。
7 　資本剰余金を実質内部留保に含める点については、田村［2014］217、224-225頁を参照のこと。
8 　企業会計基準委員会「企業会計基準第25号　包括利益の表示に関する会計基準」改正平成2012(平成24)年6月29日、第32項、10頁。
9 　その他の包括利益累計額を実質内部留保に含める考えについては、田村［2014］228-231頁を参照のこと。
10　財務省ホームページにおける法人企業統計のサイト(http://www.e-stat.go.jp/SG1/estat/GL08020103.do?_toGL08020103_&listID=000001087309&disp=Other&requestSender=dsearch)を参照のこと。
11　法人企業統計では、「特別減価償却費」が掲載されている。この「特別減価償却費」は、単年度のフローであるが、ストックとしての減価償却累計額のデータが法人企業統計では得られないため、これを過大償却部分として内部留保に加算することも考えられる。しかし、ここでは、このような計算は考慮しない。
12　自己株式について、詳しくは、田村［2014］226-228頁を参照のこと。
13　馬場［1984］164頁。
　ところで、馬場克三氏は、この高度成長期のメインバンクによる資金調達を「安価な負債」であると見ているが、その理由は示されていない。そこで、この「安価な負債」とは、どのような意味で用いられているかを推測すると、それは、少なくとも二つの意味が考えられる。一つは、メインバンクによる融資が、メインバンクによらない融資より相対的に「安価」であるという意味合いである。もう一つは、資本よりも負債による資金調達の方が「安価」であるという意味合いである。
　そこで、後者の意味合いが該当するか、法人企業統計における資本金10億円以上の大企業の借入金利子率を自己資本(当期純)利益率、配当率およびDOE(株主資本配当率)を用いて時系列に比較してみると、そのなかで借入金利子率が自己資本利益率との関係で

「安価な負債」という表現に該当するものと考えられる。
14　バブル期における株式による資金調達は、公募のほかに新株予約権付社債の行使（転換社債やワラント債）と株主割当が主であったが、近年は、財務体質強化などを目的とした公募や第三者割当、優先株の発行による調達が主である点が異なる。
　　なお、このような旺盛なエクイティファイナンスのなかで、バブル崩壊後にはワラントが無価値になるという社会問題が生じた。
15　以下、大企業とは、『法人企業統計』における金融・保険を除く全産業のうち資本金10億円以上の企業をいう。
16　田村［2011］参照。
17　財務省・財務総合政策研究所『法人企業統計年報特集』（2008（平成20）年度調査）、1頁。

【主要参考文献】

五十嵐邦正［2012］『ドイツ会計制度論』森山書店。
大橋英五［2005］『経営分析』大月書店。
会計理論学会2010年度スタディ・グループ［2011］「経営分析の現代的課題──内部留保を中心に」（最終報告）。
角瀬保雄［1981］「大企業の利潤と蓄積」『経営志林』第18巻第2号
高山朋子［2010］「株式プレミアム拠出資本説の再批判──岡部利良の反批判への反論を中心にして」『東京経大学会誌』第266号。
田村八十一［2011］「大企業の配当政策と株主資本等変動計算書──内部留保の視点から」熊谷重勝・内野一樹編著『社会化の会計──すべての働く人のために』創成社。
―――［2014］「内部留保会計の展開と内部留保分析の検討」竹田範義・相川奈美編著『会計のリラティヴィゼーション』創成社。
馬場克三［1984］『株式会社金融』森山書店。

付録

内部留保論の先行研究

山口孝の内部留保論

1.　文献に見る内部留保論

　本節では山口孝氏（明治大学名誉教授）の内部留保についての考えを、過去の文献とインタビューによって明らかにする。山口が内部留保について明示的に述べた文献として以下の3点がある。

- 山口孝［1977］『企業分析――経済民主主義への基礎』新日本出版社。
- 山口孝［2000］「20世紀の日本の会計史」『経済』（2000年10月）。
- 山口孝［2009］「研究余滴」『経済』（2009年4月）。

　まずここでは最初期であり、これらの中で一番詳しい『企業分析』（1977年、新日本出版社）の内部留保についての考え方を紹介したい。
　山口［1977］の第二部第五章貸借対照表分析と蓄積分析「四　蓄積の分析」において、内部留保について以下のように述べている。

　　利潤を各種の剰余金の設定、評価性引当金、負債性（利益性）引当金の設定を通じて、内部に留保してきました。（山口［2009］258頁）

　具体的には以下のような計算方法を提唱している。

　　内部蓄積計算の控除法（簡便法）
　　①自己資本総額から資本金を差し引いて剰余金をもとめる。
　　②この剰余金に特定引当金を加える。（同上、258-259頁）

さらに以下のような注意点をあげている。

> 資本剰余金や資本準備金は(中略)株式を時価で発行した差額(株式発行差益)や企業を有利に買収した結果などであり、そこからえられた剰余であることは間違いありません。(同上、259頁)

内部蓄積の計算方法として以上にあげた控除法のほかに次の「個別法」を提唱している。

内部蓄積計算の個別法として、日産自動車を例にとって以下の科目リストを挙げる。

> Ⅰ公表留保利益①任意積立金②利益準備金③未処分利益　Ⅱ隠蔽利益①価格変動準備金②海外市場開拓準備金③海外投資損失準備金④特別開発準備金⑤別途償却引当金⑥為替損失準備金⑦その他　以上蓄積利益合計　Ⅲ資本準備金（Ⅰ＋Ⅱ＋Ⅲ＝剰余金総計）　Ⅳ負債性引当金①退職給与引当金②貸倒引当金③納税引当金　Ⅴ減価償却引当金　以上引当金合計　内部資金合計＝ⅠからⅤ (同上、261頁)

このように山口の内部留保概念は広く、留保利益から負債性引当金や減価償却引当金まで計上される理由として次のように説明を加える。

> ①これら引当金は事実より過大に計上されているばあいが多く、その部分は利益の隠蔽である。
> ②これらの引当金はいずれも利益とはいいがたい部分をふくんでいるが、少なくとも収益(売上)から控除され内部資金として活用できる。
> (同上、261-262頁)

ただし、「納税引当金などは翌年、税務署に支払われていきますから、ごく数ヶ月の内部資金になるだけですから、ここから除外してもよいとおもいます」(同上、261-262頁)とも述べている。

山口が利益留保の範囲について非常に広く考えていたことは、次の文言からもわかる。

> 大企業の蓄積はどのように使われているのか気になるところです。(中略)驚くことは土地のふえ方です。投資も(中略)いちじるしく増大し、(中略)有価証券の(中略)膨大な含み益を持っているのです。さらに土地についても(中略)計算していただきたいとおもいます。(同上、293-294頁)

ここから、山口は、有価証券の評価差額金や土地の含み益も蓄積：内部留保に加算したと推定される[1]。

2. 内部留保に関する山口孝インタビュー (2010年3月、山口孝談)

(1) 内部留保に関する先行研究はどのような状況でしたか

内部留保問題についての明確な論文はないと思います。当時の一番の問題は、現代会計についての批判であり、公表会計は巨大資本によって真実がゆがめられているということでした。国や通産省は経済成長、高度成長のため租税特別措置法を制度化し、蓄積のため優遇税制が行われていました。当時、利益留保性の引当金が多く設定されてこれへの批判が前面に出ており、内部留保の議論はその後景にありました。

宮上一男先生(大阪市立大学教授、当時、以下同じ)の工業会計制度の研究は、会計は利益の隠蔽を本質とするものであることを明らかにするものでした。その後、研究内容は抽象的になり、現実から離れていき、最後は借方、貸方という言葉も階級的現実をゴマかすための用語と主張されていました。

宮上一男先生は岩田巖先生(一橋大学教授)の、「利潤計算原理」を意識しておられたと思います。『工業会計制度の研究』(山川出版社)は、簿記は財産＝資本から出発する。財産計算：資産負債実在勘定から利益を計算するとともに、損益計算では資本の営業過程での増減活動を名目的に計算し、両計算は結びつく、それが簿記の論理であるとされています。

宮上先生の考えでは、簿記と会計は違う、簿記は実在勘定と名目勘定の照合から事実を明らかにする、しかし、会計は財務である、会社の財務政策で利益操作のための手段と化している。この考えでは会計計算は虚構になってしまう。内部留保は財務政策の結果ということになる。儲かったときは隠し、溜めたのが内部留保であると宮上先生は考えられたのでしょう。内部留保について直接言及されていないが、そう考えられたのです。

　岡部先生（京都大学教授）は蜷川さんの弟子で統計学も研究されています。岡部先生は会計学は現実の会計が事実に反しているならそこを明らかにして、あるべき会計を探求するべきであると、主張され、特に費用の拡大化を問題にされ、過剰な交際費、誇大広告も問題である、利益性引当金も是正すべしと主張されていました。私が、「誇大広告は大企業には必要なのではないか、是正は無理」というと、「会計学は正しいことを言うべき」と岡部先生にたしなめられました。

　馬場克三先生（九州大学教授）は個別資本の運動を明らかにするのが、損益計算書と貸借対照表である。会計はこの運動を正確に映しだす必要があり、減価償却は正確な価値移転を示す必要がある。それから外れるのは間違った減価償却と考えておられた。しかし現実の償却は極めて政策的である。過大な償却部分は内部留保であると考えられていたのではないか。

　馬場先生によると製鉄所の機械装置は物理的耐用年数にしたがって税法の耐用年数以上に長く使われるので、残存価値など問題にならない。そして投下設備投資は製品に価値移転していく。したがって馬場理論によれば、加速償却（特別償却）などなすべきではないという結論になります。

　中村萬次先生（神戸商科大学教授）は『会計政策論』という著書を出されているが、会計理論は独占資本に奉仕している。会計は独占資本の論理に正確に彩られているという。中村先生の場合も租税特別措置法の基づく過大償却、利益の隠蔽に当たる引当金批判に向けられている。

　これらの諸先生の時代は資本蓄積のための、租税特別措置法による優遇税制の批判が主だっていた。しかし内部留保の詳しい理論は展開されていなかったと思われます。

(2) 内部留保の一般的概念はどのようなものとお考えですか

まず公表留保利益です。貸借対照表上の純資産の部に示されている利益剰余金は、明らかな公表利益の内部留保です。

ところが現会社法による発行株式の2分の1を超えざる部分である資本剰余金はどうでしょうか。関東の多くの批判会計研究者は、以前から株式額面以上の金額で発行されて得られる株式発行差金（額面超過金）や自己株式処分差益は企業価値の増加を示すもの（プレミアム）であるから利益であり、隠された内部留保であるとしていました。しかし、批判会計学者の中にも株式発行差金は株主の出資した部分であるから資本であり、利益ではないとの立場を堅持する立場もあります。

2005年に成立した会社法によれば、この部分を一定の手続きを経て配当可能とすることができる。これはその他の資本剰余金をその他の利益剰余金につぐ配当原資としていることを示しています。

評価換算差額についてですが、「その他有価証券評価差額金」「繰延ヘッジ損益」「再評価差額金」「為替換算調整勘定」等の評価・換算差額等は損益計算をとおさないで直接貸借対照表純資産の部に計上される評価益です。これも利益の内部留保ということができます。

次に収益から直接差し引かれる内部留保として退職給付引当金、貸倒引当金、製品・工事保証引当金等の引当金ですが、これらの引当金を過大に設定することにより、名目上の費用を過大にし、利益を隠蔽できます。

また早期・過大な減価償却費を計上することにより一時的にではあるが費用を過大にし、利益を過少にできます。

また非上場企業では、設備更新引当金、記念事業引当金などの名目で、現在でもなお利益性の引当金を負債に計上している例が見受けられます。これらは負債としての性格を有しておらず、利益剰余金として計上すべきものであり、完全に利益の内部留保です。学校法人では減価償却累計額を特定預金として留保することが広く実施されていますが、これこそ減価償却の内部留保性を端的に示すものです。

のれんの問題ですが、自己発生のれんは買収時に明らかになります。それは超過収益力の現在価値と言うことができます。超過収益力はのれんで明ら

かになります。買入れのれんの即時償却分など利益留保です。

　資本剰余金は利益か資本か、どちらであろうか。関東の批判会計研究者は主に利益と考えてきた。関西では、株主の拠出分であるから利益でなく資本であるという考え方がありました。

　ところで内部留保は貸方の概念です。借方では内部留保額は現金預金、有価証券、投資有価証券、あるいはそれ以外の過大な設備投資として示されます。内部留保の結果を現金預金だけに限って「トヨタ」の「現金預金で残っているのは売上高の1ヶ月分にすぎない」と言った、かつての言説は誤解を招くものです。

(3) 質疑応答

質問：山口先生が研究を始められたころの学問状況はいかがでしたか。

山口：ハットフィールドの1907年のモダンアカウンティング（*Modern Accounting*, 1907）では、引当金を認めていませんでした。利益剰余金こそが将来必要が生じたときに取り崩すための留保利益である、と説明されていました。同じ著者の1920年代アカウンティング（*Accounting*, 1930）では「剰余金と積立金」の章は2章に分かれて、より詳細豊富になるが、引当金の概念はまだ生じていません。第二次世界大戦時には戦後の不況に備えて引当金が容認されていきます。戦後に起こるかもしれない労使紛争（ストライキ）に備えた引当金さえも発生する。戦争や景気変動、恐慌が資本蓄積のための引当金制度を生み出しています。20世紀初頭までの会計では引当金はなく、利益を出し、それを留保してそこから使えばいいという考え方でした。

　批判学派の状況はすでに述べました。伝統の学派では岩田巌先生は「計を合わせるのが会計」という太田哲三先生の考えから出発されています。しかし、財産法と損益法の一致の破綻が発生主義会計のうちで生じてきます。費用のうちの減価償却からはじまって各種の引当金のような見積りが導入されることにより、事実が何かわからなくなってくる。それを補うのが公認会計士監査制度であると考えられています。

　飯野先生はその公認会計士監査では充分役立たない、と考えられたと思

います。それが飯野先生の『資金的貸借対照表への軌跡』(1979年)の著書になったのではないかと思います。

現在、キャッシュフロー計算書が導入されているのもその現れとも考えられます。

質問：最初に内部留保について分析された時期はいつでしょうか？

山口：1960年代でしょうか。解雇事件のとき賃金支払い能力のあるなしの鑑定書を書く必要があり関心を持ちました。

私は企業会計の限界を超えるのは、経営分析だと思いはじめました。経営の真実を知るのは、財務諸表分析だけでなく、非財務事実・証拠との照合によってはじめて妥当な、分析・評価・提言ができる。これが経営分析である。財務諸表分析だけでなく、様々な事実と照合する、そして真実を知るのが経営分析と考え没入していきました。その成果は1969年末から私の編集で始まった『日本の独占企業』全5巻(新日本出版社)に示されています。

その後私は労使紛争、従業員整理解雇等による裁判にかかわり、今日まで54件ほどの鑑定意見書を執筆していますが、その主要な鑑定事項は企業や財団法人の「眞の意味での」支払い能力や蓄積分析です。

そういうことで、当時は利益の隠蔽に関心がありました。子会社、関係会社などによる利益の隠蔽のほかに収益の内部留保も行われていますが、それは各種の引当金です。利益処分として留保するものでなく、費用を拡大して収益から差し引いており、架空費用の計上ともいえます。公表利益を先取りして留保してしまった。これは隠し利益なので、その隠蔽は会計責任の面からも重大です。そのほか取り引きを通じて、関係会社への利益の移転が行われるケースもあり、企業集団の分析が必要でした。

質問：内部留保の範囲についてどう考えますか？　利益による内部留保、収益による内部留保のほか財産価値の上昇による内部留保はありえるのでしょうか？

山口：ありえます。特に固定資産とのれんを通しての内部留保が問題となります。経営者は時価評価のバランスシートを常に意識している。のれんについては株式価値から評価する方法もありえる。ただ内部留保の中でどう位置づけるかという問題は残ります。

質問：内部留保の活用論についてどのように考えますか

山口：日本の企業は諸外国の企業より過剰な内部留保を持っています。賃上げやその他の労働状態の改善や社会還元の方法を考える必要があります。

質問：内部留保を非課税で損益計算書に入れ戻す方法はどうか。

山口：それは臨時措置としては活用できますが、継続的には難しいのではないでしょうか。それより常用労働者やとりわけ非正規労働者等の賃金を上げるべきです。また、大企業が多額の内部留保を抱えている時期に、法人税減税は、なすべきでないと思います。

【注】

1　山口孝はその後、内部留保について以下のように書いている（山口［2000］152-153頁）。

　　　資本の集積　資本の蓄積は利潤を企業内部に留保することによってえられる。（中略）内部留保をしめす「その他の剰余金」（中略）公表されない内部留保（含み資産）は膨大（中略）その最大のものは保有土地の値上がりであり、保有有価証券の評価益である。（中略）資本準備金とすることとし、いっさい利益とはきりはなして蓄積できるのである。税法も内部留保のためにおおいに役立った。（中略）国税庁は（中略）減価償却の耐用年数の短縮を何度もおこなった。（中略）固定資産について巨額の含み資産をもつことができた。税法は膨大な租税特別措置（特別減税）の体系を持っている。

　　　「研究余滴」『経済』2009年4月の「内部留保とはなにか」において内部利益の構成要素として、①最終利益から社外流出を差し引いた分②各種引当金のうち税法限度を超えた部分とも述べている。

角瀬保雄の内部留保論

1.　まとめの方針

2010年3月9日、明治大学において角瀬保雄氏（法政大学名誉教授）への内部留保に関するヒアリング調査が行われたが、本節は、角瀬の著書等を主軸に内部留保概念についてまとめており、ヒアリング内容はその補完的役割を果たすものである。

2.　「内部留保」の概念化への背景と理論展開

「内部留保問題の重要性を認識し、これと正面から取り組み、実証的、方法論的研究を進めてきたのは会計学における批判会計学派と呼ばれるグループ」（角瀬［1982］150頁）であり、関東会計研究会などがその役割を担ってきた。研究会として、労働組合の運動に共鳴し、支援するために分析が行われ、特に高度成長から低成長への移行における団交の一環として企業の蓄積に対する批判が行われた。

角瀬も「批判会計学の新たな課題」（角瀬［1961］）より批判会計学者の立場をとり、企業とりわけ大企業（独占資本）による内部留保を、労働者の雇用や社会還元に向けることを促すとともに、過剰な蓄積の監視、つまり企業に対する民主的規制の必要性を提起してきた。

「内部留保」が概念化される以前より、蓄積に対する社会的認識は高まっており、角瀬も「利潤の費用化」による利益の過小表示または資本蓄積としてその内容を明らかにしてきた。「企業経営分析」（角瀬［1965b］）では蓄積の形成過程へ言及し、「経営分析の意義」（角瀬［1965a］）においては、その蓄積を表面化させるような批判的経営分析の手法である「蓄積分析」の重要性を

唱えた。

　このような論理展開を行いながら、現在の概念に通じた「内部留保」が角瀬の著書等に初めて登場したのは「内部留保とは」（角瀬［1975］）である。ただ、これは上述のように新たな概念というよりもむしろ、それまでの企業による蓄積について改めて概念化したものであった。そして角瀬をはじめとするこの概念化への動きは、イデオロギー的なものではなく、実証研究としての「内部留保」概念の成立を目的とするものであったとしている。

3.　内部留保論

(1) 内部留保概念

　「内部留保」の登場により、その概念の具体化は『経営分析入門』（角瀬［1979］）他で行われている。角瀬は、内部留保を狭義と広義に分け、前者を公表内部留保、後者を実質内部留保とした。

　公表内部留保とは、「利益のうちから、株式配当や役員賞与として処分され、企業の外部に流出していった部分を差し引いた残りの、社内に留保され蓄積されたもの」（角瀬［1979］63頁）で、利益準備金とその他の剰余金がそれに当たる。これは、「企業にふたたび資本として再投資され、運用される」（角瀬［1982］151頁）。

　しかしながら、この定義はミニマムかつ不十分であるため「貸借対照表上に記載されている勘定科目のうちで、内部留保としては公示されていないが、理論的に内部留保とみなす」（同上、153頁）ものを「補足可能な秘密積立金」とし、公表内部留保にこれを加えたものを実質内部留保とした。

　「補足可能な秘密積立金」とは、①資本準備金、②特定引当金、③固定負債性引当金、④評価性引当金で、これらを内部留保とみなす理由は次の通りである。

　①資本準備金

　角瀬は、プレミアム論争において「資本・利益説」を主張しているが「経済学上の資本準備金は、科学的会計学の立場からは、創業利得説に基づいて利益と解する見地が通説的」（角瀬［1981］54頁）であり、大企業の株式プレミ

アムは、「人為的な株価操作によって株価を不当に吊り上げ、株式を売り出しては、不正な利得を手に入れ」（角瀬［1979］70頁）、資本準備金とされる。「現実的に株式プレミアムの4分の3が株主に還元されていない事実を重視する。無機能化された潜在的な所有権は、経済的実体としては奪われたものとみなさざるをえない」（角瀬［1981］54頁）。資本金に組み入れたとしても株主への還元は一部にすぎず、税金も課せられず、「『量的』区別の問題は残るが、『質的』区分を重視する見地からするならば、（中略）資本準備金を全額内部留保に加える立場こそ、最も現実的に妥当性あるもの」としている。

②特定引当金

「負債のように返済すべき債権者が存在せず（中略）高度成長時に企業は、あらゆる名目を掲げて特定引当金を積み、利益隠しの内部留保に狂奔し（中略）実体は利益の内部留保たる『剰余金』と何ら変わりのないもの」（角瀬［1979］70-71頁）である。

③固定負債性引当金

中でも退職給与引当金は必要以上に積み立てられたものであり、「実際に退職金を支払う度に費用に計上しても足り」（同上、72頁）る。これは利益の積み立てと同じでありながら、負債として公表することで利益隠しに利用され、「引当方式による場合には毎期支払う退職金のその何倍もの金額を退職給与引当金として費用に落とすことになる（中略）しかし引当金としていくら積み立てられてあったとしても、それに見合うだけの金が別途に預金などのかたちで用意されているわけではなく、内部留保によってつくられた資金は企業の投資活動に使われているのが普通」（同上、72-4頁）である。利益留保性の性格が主となるものの、労働運動の発展の結果、権利保証は依然不十分でありながら「退職金の支給が企業の側からの一方的な恩恵に基づくものではなく、労働者の権利として確立されるようになった」ため、費用性＝負債性の性格も混在していると認識する。ただし、「『質』的区別を重視する見地と、処理上の便宜性とから（中略）、全額内部留保に算入する立場」（角瀬［1981］54頁）を示している。

なお、流動負債性引当金は「個別的には、その具体的内容を吟味しなければならないもののあることは事実であるが、一般的にはそれを無視し、一様

に負債性として処理しても、金額も僅かであり、その方が実際的」(同上、52頁)としている。

④貸倒引当金

債権の放棄が確定したものではなく「債権全部について貸倒見積額を予想計上したものにすぎず、いまだ未発生の損失である」(同上、55頁)。ゆえに実際に貸し倒れが発生するまでは、内部にため込まれたことになる。また「洗替方式によって戻し入れの処理がおこなわれていることからも明らかなように、課税の繰り延べ効果を意図した以外の何物でもない留保利益性の引当金である。しかし、貸借対照表上での表示が借方の債権金額から控除する形式をとっているため、資産の過小表示による秘密積立金」(同上、55頁)となっている。

このような「補足可能な秘密積立金」を加味した実質内部留保は正確性の観点から問題がないわけではなく、「一つの近似的な接近法」であるが、一層の洗練性と正確性を求めるためには、貸借対照表上からは補足できない秘密積立金について考察する必要があるとの見解を示している。

つまり、実質内部留保(公表内部留保+「補足可能な積立金」)+補足不可能な秘密積立金へと概念は拡大される。この補足不可能なものとは「貸借対照表上に公示されない秘密積立金」(角瀬[1982]155頁)で、①含み資産および簿外資産②企業外蓄積を含めている。

①含み資産および簿外資産

有価証券や土地などの「含み利益は、その資産が売却処分されるまで表面化せず、含み資産となって簿外蓄積を形成」(同上、55頁)する。

償却資産の特別償却および有税償却による過大償却部分や棚卸資産の評価方法によっては「簿価が圧縮され、過小に評価される分だけ含み資産が形成され(中略)費用が過大計上され、利益が圧縮される結果、当然、公表内部留保はそれだけ小さくならざるをえないことになる。しかし、その半面それにみあう含み資産が生まれることになるので、簿外蓄積が進んでゆくのである」(同上、156頁)。棚卸資産に含み利益は短期的に表面化するが、「企業が持続的に成長してゆくという条件のもとにおいては、年ねん含み資産も増大していく」(同上、157頁)ものである。

②企業外蓄積

　個別資本が行う蓄積ではなく、「子会社、関連会社への内部留保の分散、プール化」(同上、159頁)といった資本行動を考慮に入れなくてはならない。

　また、信託銀行や生命保険会社へ企業年金の掛け金が払い込まれた場合も、「企業外蓄積へとかたちをかえるだけであることに目をむける必要がある。その金は金融機関にプールされているので、入用な場合には、そこからの借り入れをすればよいのである。その企業が財閥系の企業集団に属している場合には、いままで企業内蓄積してきたものが、同系列の金融機関への企業外蓄積という迂回にかわっただけのこと」(同上、159頁)であり、企業集団に属さない場合でも、借入の利息の「『節税』分を考慮に入れると、利息を払っても企業内蓄積だけによっていた場合よりも大きな資金の利用可能性を手に入れることができる」(同上、159頁)のである。

(2) 概念の特徴

　内部留保概念は一義的ではないため、「大企業の利潤と蓄積」(角瀬 [1981])、「大企業の内部留保の構造」(角瀬 [1982]) で、諸説の異同比較および相違点を明確にし、そこに存在する問題を浮き彫りにした。

　角瀬は内部留保を「ストック」として強調し、内部留保を増大させながら雇用を軽視した企業姿勢を批判する立場を貫き、それが何に転化 (投資) されるのかを注視してきた。

　公表内部留保とは、利益の中でも社内に留保されるものを指す。しかし、独占企業の「『保守主義の原則』は『安全性』というよりもむしろ、『蓄積性の原則』に変質」(角瀬 [1965b] 275頁) してしまい、公表利益自体、会計制度が是認した「利潤の費用化」により「利益の隠蔽」が図られてきたことは、概念化される以前より批判の対象としてきたことである。それを概念化するに当たり精緻化を追求し、狭義から広義へと「質的」「量的」特質を勘案しながら内部留保概念が形成されていった。また同時に、このような蓄積が制度的に支えられている構造的問題を「不況下での企業収益構造の変化と高蓄積体制」(角瀬 [1983]) や「日本的経営と資本蓄積」(角瀬 [1985]) などで批判することで労働者の立場を代弁してきたといえる。

4. 新会計制度における内部留保

『現代会計基準論——批判から提言へ』(角瀬[1995])には、「大企業の利潤と蓄積」(角瀬[1981])をはじめとする内部留保に関する論文が収録されているが、新たな概念化は行われていない。そしてそれ以降、現在に至るまで新たな会計制度のもとでの概念の提起はない。

角瀬の現在の見解とはいかなるものであるのか。ヒアリングからは、広義の内部留保は諸説存在しているがゆえに、定義が確定していないかぎりは適用に慎重を期す必要があるとしている。そして現在多くの企業が資本剰余金額＜利益剰余金額といった特徴を有することから、狭義の内部留保概念をもって定義することですべてが足りるが、学問的にこのような問題を指摘することは重要であるとの見解を示しつつも、その他資本剰余金が配当の原資となりながら、雇用に活用されない点に疑問を呈している。

【主要参考文献】

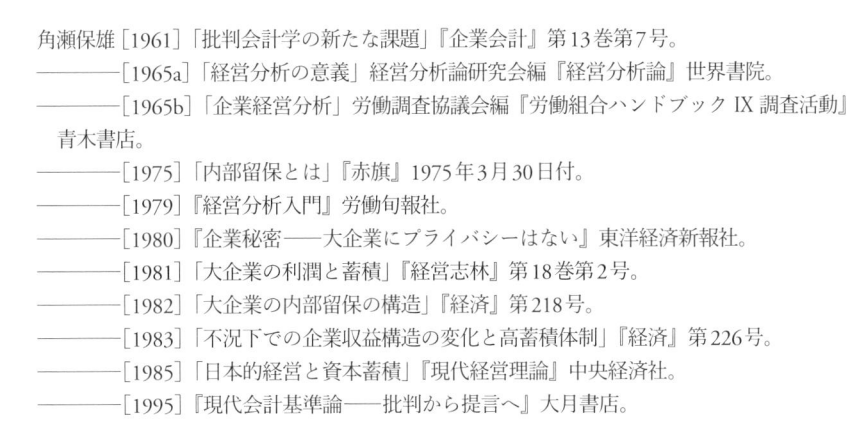

角瀬保雄[1961]「批判会計学の新たな課題」『企業会計』第13巻第7号。
―――――[1965a]「経営分析の意義」経営分析論研究会編『経営分析論』世界書院。
―――――[1965b]「企業経営分析」労働調査協議会編『労働組合ハンドブックⅨ 調査活動』青木書店。
―――――[1975]「内部留保とは」『赤旗』1975年3月30日付。
―――――[1979]『経営分析入門』労働旬報社。
―――――[1980]『企業秘密——大企業にプライバシーはない』東洋経済新報社。
―――――[1981]「大企業の利潤と蓄積」『経営志林』第18巻第2号。
―――――[1982]「大企業の内部留保の構造」『経済』第218号。
―――――[1983]「不況下での企業収益構造の変化と高蓄積体制」『経済』第226号。
―――――[1985]「日本的経営と資本蓄積」『現代経営理論』中央経済社。
―――――[1995]『現代会計基準論——批判から提言へ』大月書店。

野村秀和の内部留保論

1.　はじめに

　2010年3月23日に日本福祉大学・名古屋キャンパスにて、野村秀和氏（京都大学名誉教授）にお越しいただき、野村の内部留保概念と分析視角・分析方法についてヒアリング調査を行う好機を得ることができた。本節では、貴重なヒアリング調査研究と共に、野村の主な業績より内部留保分析の特徴について考察したい。

　なお、野村の内部留保分析に関する主な業績を紹介すると以下となる。

- 野村秀和 [1969]「企業分析の限界認識について」『経濟論叢』第104巻第4・5・6号。
- 野村秀和 [1971]「経営分析方法論の批判的検討——企業分析方法論の研究 (1)」『経濟論叢』第108巻第1号。
- 野村秀和 [1971]「現代企業の分析視角——企業分析方法論の研究 (2)」『経濟論叢』第108巻第6号。
- 野村秀和 [1972]「現代企業の分析指標——企業分析方法論の研究 (3)」『経濟論叢』第109巻第2号。
- 野村秀和 [1977]『現代の企業分析』青木書店。
- 野村秀和・山口孝・成田修身・木戸淳 [1978]「(座談会) 企業分析をどうすすめるか」『経済』第169号。
- 野村秀和 [1983]「内部留保分析批判——角瀬教授の批判に応えて」『経濟論叢』第132巻第5・6号。
- 野村秀和編著 [1990]『企業分析——考え方と実例』青木書店。

2. 内部留保分析の端緒と確立

　野村の内部留保分析における理論的背景には、資本主義における企業の最先端の状況を捉えるには会計分析が必要であり、さらに会計分析は経済学的研究に裏打ちされたものでなければならない、という視点が前提としてある。この理論的視点に基づきつつ、野村の分析方法は実務と理論を考察することにより確立された。野村の分析方法の確立は主に、次の二つが大きく影響した。一つは独占分析研究会での研究であり、もう一つは京都府職員への簿記研修講師である。

　野村は京都における経営研究会に参加する中で、この研究会における議論と研究を新日本出版社による雑誌『経済』へ発表していった（独占分析研究会の参加メンバーとして経営分析事例を執筆）。経営研究会の参加者は経済学研究者が中心であり、この研究会に継続して参加した経営分析の研究者は野村のみであったという。

　さらに1990年までの二十数年間にわたり、野村は京都府の府税職員等を対象に簿記研修を担当された。この研修を担当され、多くの府税職員や中小企業経営者等からの経営相談や質問を通じて、野村は現実の実務と簿記が企業実態をどこまで反映しているのか、について理論的かつ実践的に考える契機となった。

　以上の二つの研究会と研修から、野村は分析方法を確立させていった。具体的には住友金属や武田薬品の分析で分析方法を確立したという。武田薬品の分析においては、国の製薬政策が及ぼす影響について武田薬品を対象として分析し、日本資本主義の問題点を描出しようとしたのである。

　このような野村の基本的な分析視角について、（野村 [1977] 1-2頁）において次のように述べている。

　　　本書の主題は、企業の実証的分析によって、現代資本主義を科学的に認識することである。従来の『経営分析』は、主観的意図としては、企業経営の実態を正確に把握することを追及しながら、公表決算の会計計数を分析資料として使用し、それによって短絡的に結論を急いだため、

多くのばあい、科学的、客観的認識とは言えないものであった。(中略) 企業の現状を現代資本主義の全体像のなかで位置づけ、個別具体的条件を生かした運動方向を政策的に確立することが要求される。このような課題に応えようという問題意識に基づいて、本書のなかでとくに力点をおいたのは、経済学的現状認識(国民経済の全体を再生産構造としてとらえる全体的視点)と会計計数の解釈と利用(経済のミクロ単位である企業次元の計数に基づく視点)の結合であった。何故なら、企業分析が科学的検証に耐えられるか否かは、理論的にいって、経済学的視点による会計知識の全面的な活用がどの程度まで成功しているかにかかわっていると考えたからである。

独占分析研究会に参加された関東の会計学研究者の内部留保分析と異なる点は、野村の以上のような分析視角が基底にあることを指摘しておきたい (野村他［1978］277頁以下)。

3. 内部留保分析の内容と特徴

内部留保を考える前に、野村は会計データの性格を把握する必要があるという。会計データの性格は、企業をどのように捉えるのかに関わる問題である。会計データの性格は、①制度上のものであること、②企業個別で公表されるものであること、③個別企業＝個別資本と把握することに疑問があること、④個別独占体としてどう捉えるべきかについては武田薬品の分析で確立したこと、をヒアリングにおいて指摘している。

簿記の実態については、資本主義的な所有(資本主義的私的所有)が前提であり、会計データは経済実態を反映しないことを指摘される。さらに、会計制度や会計政策により、企業は粉飾をすることが通常であり、制度的に許された会計計算にも幅が存在することを認識することが重要であるという。

野村は留保概念を大別して、企業内留保と企業外留保に分類している。前者を分析の中心としつつ、野村は後者についても重視している。すなわち、「留保をもっとも広く解釈するばあいには、企業内留保だけでなく、実質的

な支配力のもとにある企業外留保まで含める必要がある。しかし、留保の概念は、もともと、企業計算を前提としているので、企業外留保という考え方は、普通にとられていない。けれども、今日の企業単位計算を利用した子会社、関連会社の活用をみるとき、個別資本の蓄積運動の全体像をみるためには、法的に別会社をとっている子会社や関連会社の状態を問題にしなければならない」（野村［1977］175頁）とし、野村の経済学的分析視角を重視する姿勢が現れている。

　内部留保分析の中心である企業内留保については、広狭の内部留保概念に分類している。すなわち、「企業内留保の第一は、狭義の内部留保として定義づけられる公表利益留保である。その累積額は、決算日現在の貸借対照表の『利益準備金』と『その他剰余金』のなかの『任意積立金』の各勘定残高に、利益処分計算書にでてくるこれらの勘定への追加額を加えた金額である。当期の期間増加額は、利益処分計算書において、これらの公表利益留保に追加された金額である」（野村［1977］176頁）と述べ、狭義の内部留保概念を「利益準備金＋任意積立金」とし、これを公表利益留保としている。

　さらに広義の内部留保概念については、次のように述べている。「第二の企業内内部留保は、広義の解釈による自己（内部）金融資金源泉も含めた、いわゆる計算制度上の留保ともいうべきものである。これを含めるのは、会計計算上、費用と考えられるものにも、条件によれば、企業の実質的に活用可能な資金力となることが可能なものがあるという理由からである。この項目は、特定引当金、評価性引当金、固定負債引当金から構成される」（野村［1977］176頁）。すなわち、広義の内部留保概念として制度的留保を重視しており、野村の内部留保分析において特徴的である。制度的留保は、「特定引当金＋評価性引当金（減価償却引当金、貸倒引当金）＋固定負債引当金（退職給与引当金など）」という算式で算出される。この制度的留保概念は内部留保概念の一般化・普遍化を目指した概念・分類であり、理論構築を行うために限定的に分類したものである。

　野村の留保概念を図で表すと、以下となると考えられる。

　ここで制度的留保を構成する、特定引当金、評価性引当金、固定負債引当金について、野村の考えを確認しておくと、次のようになる（野村［1977］

図表 付録-1　野村秀和の内部留保概念

```
                    ┌ 企業内留保 ┌ 狭義：公表利益留保＝利益準備金＋任意積立金
留保概念 ┤           │
                    │            └ 広義：制度的留保＝特定引当金＋評価性引当金＋固定負債引当金
                    └ 企業外留保
```

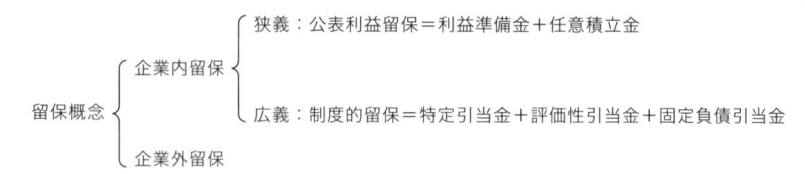

176-182頁)。

①特定引当金：特定引当金は、形式的には、負債の部に計上されてはいるものの、実質的には利益留保を意味し、利益性引当金ともいわれる性格のもので、法令によって設定を認められている制度的留保の一つである。

②評価性引当金：評価性引当金は、現行制度では、貸倒引当金と減価償却引当金の二つである。

②-1. 貸倒引当金：貸倒引当金は、決算時点では、未発生の予想計上額であるので、理論的には、利益性留保の性格をもっている。実際上は、大手企業にとっては、貸倒損失の発生は皆無ではないにしても、発生率は少なく、また、発生のばあいの実損回避のために担保取得を行っていることが多い。

②-2. 減価償却引当金：減価償却引当金は、もともと有形固定資産の更新のための費用配分を企業内に回収・留保したものである。理論的には、毎期計上される減価償却費が正しいかどうか、とくに過大計上による利益償却（利益圧縮）が問題となるが、どこまでが正当な減価償却費であるかを、金額的に確定することは不可能といわざるをえない。したがって、理論的には、過大計上額は利益留保の性格をもつのであるが、計算確実性の面から、これを決定できないという事情が実務の面で発生する。（中略）したがって、過大・過小の問題やその計算区分に立ち入ることは行わない。理論的に過大計上分も含めて、減価償却費は、当該有形固定資産の現実的現物更新による資金支出の時点までは、減価償却引当金として、企業内に留保されることになり、これに

見合う流動資産は、自己（内部）金融資金として活用可能な状態にあるといえる。
③固定負債引当金：主として、退職給与引当金といってもよい固定負債引当金は、将来、確実に後払賃金として支出となるという意味では、当期繰入額や累積限度額における現行基準の妥当性について疑問が残るとはいえ、内容的には、費用性を認めてよい引当金である。現行基準は、税法上、現員の50％の自己都合による必要退職金を累積限度にしているが、解散を予定したり、倒産の危険が強まった例外的なばあいを除くと、必要以上の繰入れ、累積限度基準といえる。

以上が野村の見解であるが、次に内部留保概念について角瀬保雄氏との見解の差異を検討してみたい。野村によると、その見解の差異は次の3点に絞られる。①資本準備金は内部留保に含めないこと、②減価償却引当金を内部留保に含めること、③退職給与引当金については計算処理では一致するが、概念規定では異なること、の3点である（野村［1983］17-19頁）。

野村が主張する狭義の内部留保概念である公表利益留保は、角瀬の公表内部留保と一致しているとされる。しかし、広義の内部留保概念である制度的留保と角瀬の実質内部留保については、見解に異なる点があることを指摘している。資本準備金について野村は、「会計計算上、資本金と資本準備金は、拠出資本としての性格を有するので、自己資金ではあるが、理論的には、内部留保を構成しないとみるべきであろう」（野村［1977］178頁）と述べ、角瀬の見解と異なった見解を示している。

過大な引当金については、引当金の過大分を区分することは実際上困難であるとし、個別企業では可能な場合があろうが、一般的にはできないと考える。制度的に「利潤の費用化」と「利益留保」は混在し、区分することは困難であり、計算制度上は一体として捉えるべきとする。すなわち、制度として設定された減価償却引当金と退職給与引当金を、一方を費用、一方を利益留保として扱うことは論理的でないと考えるのである。

野村によれば、計算制度を分析方法のコアに置くことにより、長期的な項目を重視し、短期の引当金や回転差金は個別で入れてもよいが、一般化・

普遍化の観点から計算制度としては留保に含めないとする。この考え方（制度的留保概念）は、会計制度と経済学を分類して理解しようとする考え方であり、特徴的である。

4. まとめとして

本節のまとめとして、野村の内部留保論に基づいて分析された藤井秀樹氏による論稿「内部留保分析指標の吟味」（野村［1990］114-118頁）を紹介したい。

本論文においては、内部留保を「損益計算制度にもとづく集積」と定義づけ、内部留保をフローとストックの両面から把握していることに注目したい。

①内部留保フロー
＝（当期純利益－配当金等の社外流出額）＋減価償却費
　＋退職給与引当金繰入額＋貸倒引当金繰入額

②内部留保ストック
＝利益準備金＋剰余金（または「その他剰余金」）＋減価償却累計額
　＋退職給与引当金＋貸倒引当金

本節では、フロー金額とストック増加額が一致しないことを前提に、トヨタ自動車の事例をフロー金額とストック増加額の不一致の推移を分析していることが注目される。会計観、利益概念が変遷している現在の会計制度において、内部留保をフローとストックの両面から把握し、両者の不一致を分析する方法は示唆に富むのではなかろうか。今後の課題として、検討を進めて行きたい。

大橋英五の内部留保論

1. 内部留保分析と大橋英五

　2010年7月18日、明治大学・駿河台校舎において大橋英五氏（立教大学名誉教授）を招き、内部留保分析について自由にお話を頂いた。本節では、この貴重なヒアリング調査に基づき、大橋の主な業績と併せて、大橋の内部留保分析を考察する。

　大橋は多くの業績をあげているが、まずここでは特に内部留保分析に関するヒアリング調査を実施するに当って参考にした大橋の執筆文献を次にあげる。

- 大橋英五［1971］「第3章IV 減価償却」河合信雄編『現代企業税制批判』ミネルヴァ書房。
- 大橋英五［1981］「第2章 収益と費用」大橋英五他『企業分析と会計』学文社。
- 大橋英五［1985］『独占企業と減価償却』大月書店。
- 大橋英五［1990］「第1章 現代企業と経営分析」「第2章 産業構造の転換と経営分析」大橋英五他編著『企業再構築と経営分析』ミネルヴァ書房。
- 大橋英五［1993］「第III編21 現代企業の内部留保分析」大橋英五他編著『現代会計――課題と展望』ミネルヴァ書房。
- 大橋英五［1994］『現代企業と経営分析』大月書店。
- 大橋英五［1997］「財政危機下で進む大企業の強蓄積」『日本の科学者』Vol.32, No.6。
- 大橋英五［2005］『経営分析』大月書店。

大橋は、『現代企業税制批判』（1971年）において税制上の減価償却制度について論文をまとめている。特別償却の効果が「無利子の国家融資」であることについて批判的に論述しており（大橋［1971］133-134頁）、その後の研究の出発点であることが感じられた。
　ヒアリング調査では、経営分析を始められたのは『企業分析と会計』（1981年）であるとし、そこでは資本利益率を中心に展開している。
　『企業再編と経営分析』（1990年）では、大企業における内部資金の拡大することの意味について分析し、特に内部資金のうち「減価償却」が大きな割合を占めていることを指摘している（大橋［1990］59頁）。
　『現代会計課題と展望』（1993年）では、1970年代から展開されてきた山口孝や野村秀和や角瀬保雄や藤井秀樹の内部留保項目を整理し、それらを踏まえ企業の実態を把握した上で大橋独自の内部留保項目を整理し、内部留保分析を展開している。大企業（製造業）の内部留保率の上昇を指摘し、また、企業規模別の公表利益率と実質利益率を算定し、特に大企業の実質利益率が高いことを指摘している。高度経済成長期に高蓄積を実現してきた大企業が、その後の低収益性の中で、証券市場での株式発行による株式プレミアムの取得によって、収益性の低下をふせぎ、1975年以降、資本利益率を上昇させてきたことを明らかにしている（大橋［1993］254-255頁）。
　『現代企業と経営分析』（1994年）では、産業レベルでの内部留保分析に加え個別企業レベルでの内部留保分析を行っている。個別企業レベルでは、大企業の内部留保の実態についてトヨタと日立をあげて分析している。
　『経営分析』（2005年）では、有価証券報告書から得られる情報により分析が容易になるよう内部留保項目を示した内部留保分析シートを掲載している（大橋［2005］203頁、分析表13）。
　大橋の内部留保分析の特徴は、景気動向の変化や産業構造の変化と併せて、『法人企業統計年報』（財務省）等の統計データを使用し、資本金規模ごとや産業ごとの資本利益率の推移を長期的に算定して、それらを踏まえた上で、内部留保分析や個別企業の分析を行っていることにある。
　ヒアリング調査においても内部留保分析の視点として次のように述べている。

経済学上の概念である剰余価値率の配分や社会の依存度を踏まえて、産業ごとの内部留保分析を行う。そして、産業構造が製造業から金融業やサービス業にシフトする中で、全体的に分析する。個別企業の分析だけでは不十分であると考えた。

2. 内部留保項目について

内部留保項目は分析者によってまちまちであり、ヒアリング調査においても問題となった。そのような中で、内部留保項目に対する大橋の見解は以下の通りであった。

(1) 資本準備金

資本準備金は内部留保であるとし、資本準備金の繰り入れ状況などの実態が根拠とされる。著書においても次のように記述している。

東京証券取引所上場会社の場合、1982年以降では、「資本金(券面)10%、その他資本剰余金40%、資本準備金50%となっているのが実態であろう。いいかえると、株式による資本調達のうち10%が額面金額であり、90%が実質的には株主が権利を行使することができない株式プレミアムから構成されていると考えられる」(大橋[1994]99頁)。

さらに、著書の中では資本準備金の性格を次のように記述している。

> 株価騰貴を前提とした時価発行による払込額(中略)その実態は、株価あるいは土地の異常な高騰というわが国経済のバブル化の中での証券市場においての国民大衆、中小企業からの収奪にほかならない。この収奪は、国民大衆、中小資本からの所得移転にすぎず、なんら社会的に資本が増大することを意味しないことはいうまでもない。(大橋[1994]100頁)

こうして、資本準備金は、財務、金融活動を通じて実現した利益を資本化するものであると考えなければならないとし、内部留保の分析では資本準備金を内部留保に含めるとしている。

(2) 減価償却

　成長期には減価償却費は絶対的に大きくなること、税法上の耐用年数が短いことを根拠に、減価償却累計額の2、3割は内部留保であるとした。著書の中でも減価償却費は少なくとも20%あまりは過大償却であるとし、税法上の減価償却規定や会計上の減価償却規定、さらに統計データによる実態等から、以下のように記述している。

> 　独占的な大企業の短期・加速度償却は一般的なものとなっており、償却額の20%〜30%は、適正な耐用年数に基づく定額法による償却を基礎に考えると過大な償却額と考えなければならない。（大橋［1994］73頁）

(3) 含み益

　経営者は時価をいつも考えているため、それと同じように社会も認識する必要があるとし、含み益も内部留保に入れるとした。著書の中では以下のように記述している。

> 　株式、土地の時価評価による内部留保についても、本来の企業活動の結果ではなく、国民、中小企業を犠牲にした経済政策のもとで発生した含み資産である。含み資産は原価主義のもとでは未実現利益であるとはいえ、現実の企業活動のなかでは時価評価額で機能している。その評価額の確定にはそれなりの不確定さがあるとはいえ、一定の評価基準に基づいて内部留保として算定することによって、企業の実態、経済の実態を認識することができる。（大橋［1994］190頁）

　1970年代から展開される内部留保研究を踏まえると、大橋の内部留保の構成は次のようになる（図表 付録-2）。
　大橋は、図表の内部留保の構成をもとに次のように内部留保率と実質内部留保率の算定を行っている（大橋［2005］201頁）。

図表 付録-2 内部留保の構成

I. 利益剰余金 　1. 利益準備金 　2. 任意積立金 　3. 当期未処分利益	公表内部留保		決算書にもとづく 実質内部留保	実質内部留保
II. 引当金 　1. 退職給与引当金 　2. 貸倒引当金	費用の過大計上による内部留保	隠し利益による内部留保		
III. 減価償却累計額 　（過大償却分）				
IV. 資本準備金	利益の資本化による内部留保			
V. 資産含み益 　1. 有価証券 　2. 土地	原価主義による未実現利益の非計上による内部留保			

(出所) 大橋 [2005] 201頁。

$$内部留保率 = \frac{内部留保}{総資本} \times 100$$

実質内部留保率（％）

$$= \frac{公表内部留保（I\,II）+ 引当金（III）+ 減価償却累計額 \times 0.2（IV）+ 資本準備金（V）}{総資本（引当金 + 減価償却累計額 \times 0.2 を含む）} \times 100$$

3. 剰余価値率

　大橋の内部留保分析では、剰余価値率、利潤率、利益率により、今どのような方向に経済が動いているか位置づける必要がある。経済状況の変化や産業構造の変化を踏まえて分析することが重要であり、特に経済学上の概念である剰余価値率や利潤率の研究がベースにある。ヒアリング調査の中では戸田慎太郎や広田純の名前があがった。剰余価値率は、「資本の生産過程における資本の価値増殖率を最も基礎的な次元で示したものであって（中略）可変資本に対する剰余価値の比率であると同時に、必要労働時間にたいする剰余労働時間の比率でもあり、資本による労働力の搾取度の正確な表現である（経済学辞典編集委員会 [1979] 504頁）」という。剰余価値率の推計における主な研究として、戸田推計と広田推計があり、〈利潤額／生産労働者の賃金額〉という算式で計算されている。どちらの調査においても、1960年から1970

年において剰余価値率は上昇しているとの結果が出ている（経済学辞典編集委員会［1979］505頁）。ヒアリング調査においても剰余価値率の上昇を背景に内部留保率について分析すべきであるという話があった。

4. 課税率と資本利益率

　大橋は、大企業の蓄積構造を明らかにするため、課税率と資本利益率の算定を行っている（大橋［1997］）。

　大橋は、実際の企業の利益がどのような状況（傾向）にあるのかを明らかにするため、資本利益率を使い、企業規模別に『法人企業統計年報』（財務省）で分析している（大橋［1997］15-19頁）。資本利益率は、一年間に投下した資本がどれだけの利益を実現できるかという資本の増殖率を表しているとし、公表資本利益率（使用総資本に対する公表された税引前当期純利益の割合）と実質資本利益率（使用総資本に対する利益の縮小表示での主要な内容になっている引当金の増加額、減価償却の過大分として減価償却費の20％、資本準備金の増加額をふりもどして計算した実質的な利益額の割合）を算定している。特に大企業の実質資本利益率が公表資本利益率よりも1.5倍と高く、他の規模の企業よりも高い水準にあることを指摘し、大企業は中小企業と比べて高い増殖率（蓄積率）をもっているという。

　さらに、実際の企業利益に対する法人税等の納付額を実質課税率（実質資本率における利益額に対する法人税及び住民税の割合）として示している。大企業の実質的な所得（利益）に対する課税率は、中小企業に比べて10％から15％も低い水準にあることを指摘している。投下資本の増殖率としての資本利益率のレベルで、この減免税の額を考えると、大企業は中小企業に比べて、より大きな蓄積率が保証されているという。

　こういった大企業の蓄積構造を踏まえて、内部留保分析を行い、大企業の内部留保率が1975年以降、急速に上昇している状況を分析している。

5. まとめ

　ヒアリング調査の終盤において、内部留保分析の課題について大橋にうかがった。内部留保分析がどのような目的をもって行われるかの位置づけと、大きな仕組みの中で何が起こっているのかという視点も重要であるとした。
　最後に、大橋の経営分析の視点を著書の中から示すと次のようになる。

> 　今日の、独占的な大企業の実施する会計は、独占企業の資本の蓄積構造の一環を形成しており、独占的な高利潤の拡大のために機能している。戦後わが国の独占企業は、近代会計学の導入による公表会計制度をテコにして、世界に類をみないほどの高蓄積を実現してきた。この高蓄積構造は、国民、中小企業を犠牲にして構成されており、国民的な批判とわが国経済のいきづまりによって、もはや現状のまま維持・発展させることは困難となっている。経済、産業についての政策の転換がせまられている。（大橋［1994］12頁）

　独占的な大企業の高蓄積構造について言及し、さらに、経営分析の課題として次のように記述している。

> 　今日、わが国の経済においては、中小企業、国民生活を犠牲にした構造的な転換がしいられている。こうした状況において、経営分析は、わが国企業の現状を分析し、さらに産業構造の転換過程を分析することによって、バランスをとった産業構造、さらに独占的な大企業、中小企業にとって、どのような経営政策、さらには産業政策が展開されなければならないかを明らかにしなければならない。経営分析は、たんに個別企業の分析にとどまることはできず、その存立の状況を検討すると、企業集団、コンツェルンさらにはわが国資本主義分析の一環として、企業のあり方を検討するという課題に向かわざるをえないのである。
> 　こうした意味で、企業の再構築のための経営分析は、今後の企業の方向を、産業政策、経済政策を含めて、たとえば、わが国の今後の産業構

造のあり方、エネルギー政策、重化学工業のあり方、先端技術化、情報化などについて、具体的な検討を踏まえて展開していかねばならない。このことは、今日すすめられている企業の生き残り戦略が、労働者、中小企業を犠牲にした繁栄と拡大をめざすのではなく、産業、経済の再構成のなかで豊かで安定した国民生活をもたらすものでなければならないことを示している。そして、経営分析は、このための企業の再構築に向けられたものでなければならない。(大橋[1994] 13-14頁)

【主要参考文献】

経済学辞典編集委員会編 [1979]『大月 経済学辞典』大月書店。
戸田慎太郎 [1976]『現代資本主義論』

【編著者紹介】(50音順)

小栗崇資

駒澤大学経済学部教授。1987年明治大学大学院商学研究科博士後期課程修了、商学博士（明治大学）。主な著書に、『株式会社会計の基本構造』（中央経済社、2014年）（会計理論学会賞）、『アメリカ連結会計生成史論』（日本経済評論社、2002年）（日本会計史学会賞）、『内部留保の経営分析——過剰蓄積の実態と活用』（共編著、学習の友社、2010年）、『国際会計基準を考える——変わる会計と経済』（共編著、大月書店、2003年）。

谷江武士

名城大学経営学部教授。1975年駒澤大学大学院商学研究科博士課程修了、商学博士（駒澤大学）。主な著書に、『ユーゴ会計制度の研究』（大月書店、2000年）、『内部留保の経営分析——過剰蓄積の実態と活用』（共著、学習の友社、2010年）、『グループ企業の経営分析』（中央経済社、2014年）。

山口不二夫

明治大学専門職大学院グローバル・ビジネス研究科教授。1987年東京大学経済学研究科第二種博士課程単位取得退学、経済学博士（東京大学）。主な著書に、『日本郵船会計史——財務会計篇』（白桃書房、1998年）、『日本郵船会計史——予算・原価計算篇』（白桃書房、2000年）。

【著者紹介】(50音順)

高橋伸子

国士舘大学21世紀アジア学部教授。2000年米国公認会計士（U.S.C.P.A）、2004年青山学院大学大学院国際マネジメント研究科博士後期課程修了、国際経営学博士（青山学院大学）。主な著書に『欠如・逆欠如の観点から見た日本の生活文化』（共著、思文閣出版、2005年）。

高橋円香

文京学院大学経営学部助教。2011年明治大学大学院商学研究科博士後期課程修了、商学博士（明治大学）。主な著書・論文に、『現代日本の多国籍企業』（共著、新日本出版、2012年）、「SPCに係る会計基準改定の影響と課題――SPCの連結を中心に」（『会計理論学会年報』No.28、会計理論学会、2014年）。

田中里美

津市立三重短期大学法経科准教授。2010年明治大学大学院商学研究科博士後期課程修了、商学博士（明治大学）。主な著書に、『内部留保の経営分析――過剰蓄積の実態と活用』（共著、学習の友社、2010年）。

田村八十一

日本大学商学部教授。日本大学大学院商学研究科博士後期課程満期退学。主な著書・論文に、『会計のリラティヴィゼーション』（共著、創成社、2014年）、「世界の巨大企業における内部留保の状況」（『経済』2012年9月号、新日本出版社）。

長谷川美千留

八戸学院大学ビジネス学部教授。1999年明治大学大学院商学研究科単位取得満期退学。主な著書に、『日本のリーディングカンパニーを分析するNo.4 流通テレコム』（共著、唯学書房、2007年）、『国際会計テキスト』（共著、創成社、2009年）。

松田真由美

公益財団法人政治経済研究所主任研究員。2004年法政大学大学院社会科学研究科経営学専攻博士課程単位取得満期退学。主な著書に、『社会化の会計』（共著、創成社、2011年）、『環境会計の理論と実態』（共著、中央経済社、2004年）。

柳田純也

名城大学経営学部准教授。2005年青山学院大学大学院国際マネジメント研究科博士後期課程修了、国際経営学博士（青山学院大学）。主な著書に、『社会化の会計――すべての働く人のために』（共著、創成社、2011年）。

山﨑真理子

東京高等教育研究所運営委員。2012年明治大学大学院商学研究科博士後期課程修了、商学博士（明治大学）。主な著作・論文に「排出量取引をめぐる諸問題」（『会計理論学会年報』No.23、会計理論学会、2009年）、『ファンド規制と労働組合』（共著、新日本出版、2013年）。

内部留保の研究

2015年9月30日　第1版第1刷発行　※定価はカバーに表示してあります。

編著者　――　小栗崇資、谷江武士、山口不二夫

発　行　――　有限会社 唯学書房
〒101-0061　東京都千代田区三崎町2-6-9　三栄ビル302
TEL 03-3237-7073　FAX 03-5215-1953
E-mail yuigaku@atlas.plala.or.jp
URL http://www.yuigaku.com/

発　売　――　有限会社 アジール・プロダクション

装　幀　――　米谷 豪

印刷・製本 - 中央精版印刷株式会社

©All the authors 2015 Printed in Japan
乱丁・落丁はお取り替えいたします。
ISBN978-4-902225-96-9 C3034